JN117300

刀水歴史全書 26

モンタイユー（下）

ピレネーの村　1294～1324

［新装版］

エマニュエル・ル・ロワ・ラデュリ
井上幸治・渡邊昌美・波木居純一 訳

草刈鎌を研ぐ農夫（ボンモンの農事暦　13世紀）

刀水書房

MONTAILLOU,
village occitan de 1294 à 1324

by

Emmanuel Le Roy Ladurie

刀水歴史全書26　モンタイユー　ピレネーの村　1294〜1324（下）

目次

上巻目次

新装版カバー装丁　的井　圭

凡　例

＊原注は（1）（2）で、訳注は〔一〕〔二〕で示した。
＊（　）は原著注記、〔　〕は訳者注。

モンタイユー

ピレネーの村　1294〜1324（下）

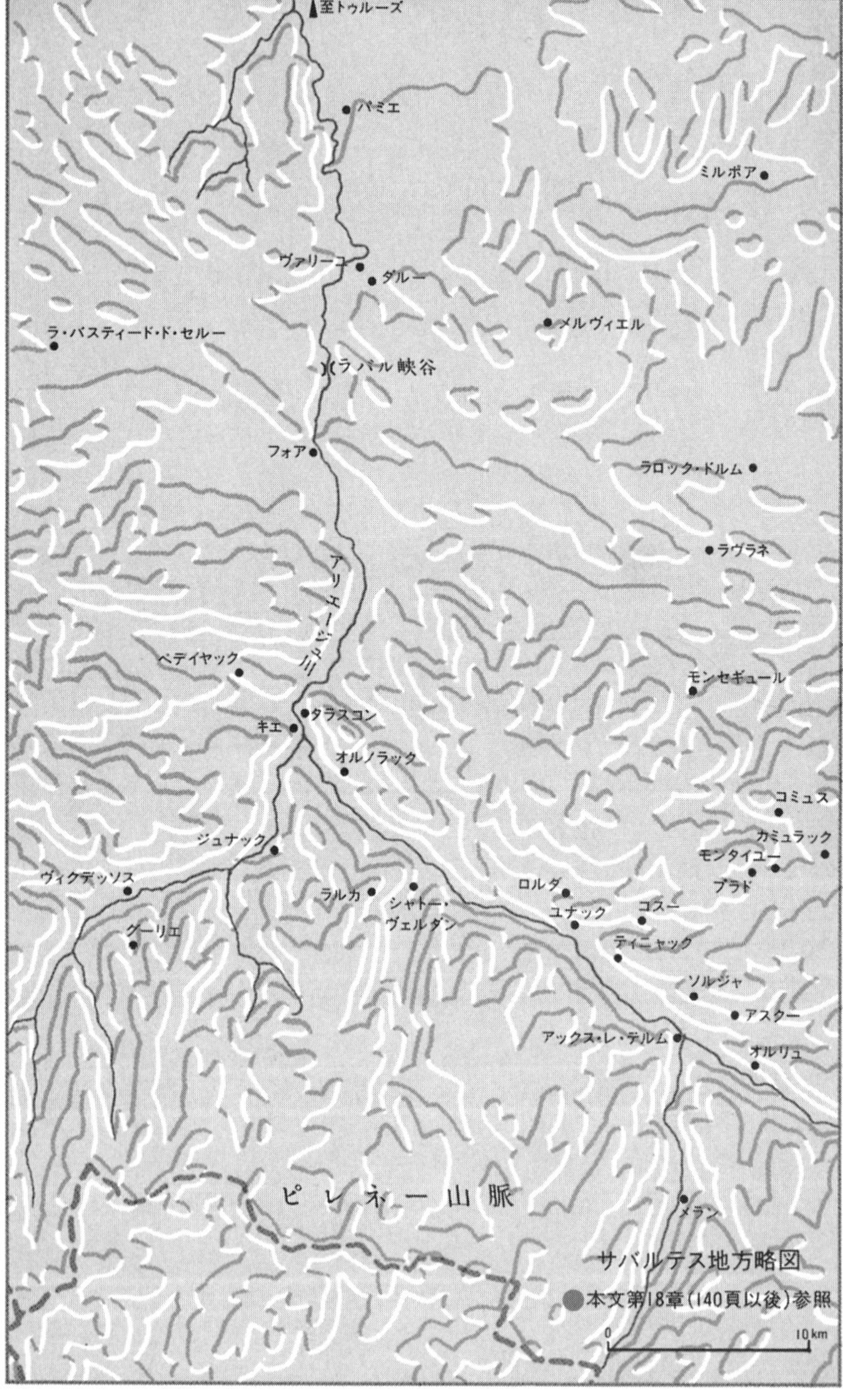
至トゥルーズ
パミエ
ミルポア
ヴァリーユ
ダルー
メルヴィエル
ラ・バスティード・ド・セルー
ラ・バル峡谷
フォア
ラロック・ドルム
ラヴラネ
アリエージュ川
ベデイヤック
モンセギュール
タラスコン
キエ
オルノラック
コミュス
カミュラック
ジュナック
モンタイユー
プラド
ヴィクデッソス
ラルカ
シャトー・ヴェルダン
ロルダ
ユナック
コスー
グーリエ
ティニャック
ソルジャ
アスクー
アックス・レ・テルム
オルリュ
ピレネー山脈
メラン
サバルテス地方略図
本文第18章（140頁以後）参照
0
10km

第十三章　子供の時代。人生の諸時期

モンタイユーの結婚生活を眺めたからには、その当然の結果（少なくとも当時にあっては）たる子供についても、多少は触れておく必要があるだろう。

アイヨン地方の子供を語る時、まず数的な確定が不可欠である。大体の見当では、この村は旧制度下の農民家族という点では標準的な位置を占めている。つまり、子沢山だ。クレルグ家のマンガルドとポンス夫婦には息子が四人、判っているだけで娘が二人いる。ギユメット・ブロには息子四人に娘二人がいた。ブネ家のギョームとギユメット夫婦は、少なくとも二男三女の子持ちだった。レモン・バイユには息子が四人あった（娘の有無は不明）。モール家のピエールとマンガルド夫婦は四男一女。マルティ家は四人兄弟である。モリ家のレモンとアラザイス夫婦には息子が六人、それに少なくとも娘が二人いた。

無論、これほど賑やかでない家もある。判っている限りでは、クレルグ家のベルナールとゴージア夫婦には子供は一人、一男一女しかいない。モール家のレモンとギユメット夫婦、それに同じくモール家のベルナールとギユメット夫婦にはいずれも息子は二人しかいなかった。もっとも、娘については数も名前も判っていない……。モンタイユーの諸世帯について入手できる正確なデータをまとめると、全部で一八組の夫婦が浮びあがる。計算の基礎にできるのはこれだけである。

次世代を作るだけの時間に恵まれたと見做してよいのがこの一八組の夫婦で、その中には「完成した」家族と「未完の」家族の両方がいるが、時間的にも完全な家族を形成する時間を経験しているか、そうでない場合にも理論的に完全な家族になる――配偶の一方の死による中断さえなければ――可能性をもっていたものたちである。いずれも一二八〇年から一三二四年までという人口動態上の時期について、ジャック・フルニエの審問記録から検出される。完成と未完とを問わずこの一八家族には、少なくとも男児四二人と女児二〇人がいる。明らかに、女児の数には、数えもれないし記載もれがある。男児の数についても、幼時死亡、つまり出生時から満一歳未満で死んだ者は、間違いなく算入されていない。また、どの程度かは確定できないが、夭折、特に満一歳から満五歳までに死んだ者が記録されていない場合がある。このように統計資料は劣悪なのだが、それでも平均をとって一夫婦が二・三人の男児を生んでいると見ることができる。したがって、さまざまの不測の要因を考慮にいれるなら、完未完を問わず一家族あたり男女嫡出子四・五人と見当をつけてよい(1)。だから、十四世紀初めのモンタイユーの出生率は、非常に多産だった近代ボーヴェ地方のそれに匹敵する(その上、モンタイユーの私生子出生率はボーヴェ地方を上回っている)。

もちろん、モンタイユーの多産についてもいくつか注意が必要である。

第一。多産の理由の一つは娘たちの早婚だが、これは特に、一三〇〇年前後モンタイユーを支配した牧羊経営の有力家族で、カタリ派的かつ内婚的な中核部分においていちじるしい。たがいに姻戚関係で結ばれたクレルグ、モリ、マルティ、バイユ、ブネ、ブロなどの諸家のことを言っているので、そこにはたがいに婚約を取り交わした何十人もの孫や孫娘がいた。村でもいくつかの正統の家、たとえばアゼマなどは、理由は定かでないが、異端の家に比べると子供も少ないし相互に姻戚関係を結ぶことも少ない。ローマ教会の信仰に踏みとどまったモンタイユーの少数家族が一時劣勢に立った原因の一つはこれである。

第二。多産にも、諸方面に限界があった。最富強の一家たるクレルグ家も、ピエールとベルナールの代になると産児制限の方法（呪(まじな)いの薬草、というより多分性交中断(コイトウス・インテルルプトウス)）にある程度の関心を示している。とにかく、ポンス・クレルグの大勢の息子たちは、私生児は何人か残したものの、嫡出子は残さなかった（村内に別のクレルグ家が続いて家名を伝えた）。他方、羊飼いなど下層の住民には貧窮を言い立てて（現実であることも多かったのだが）、結婚を避ける傾向があった。最後に、一三〇八年の大捜査と一三二〇年から二五年にわたる異端審問の間に結婚したもっとも新しい夫婦は、総じて怯えきっていて、なすところを知らない。収監者が増加するにつれて、絶望した夫婦はおそらく性的禁欲へと逃げ込み、あるいは避妊に走ったと思われる。とにかく、経済にも生存にも困難の多かった一三一〇年代の一〇年間、モンタイユーの出生率は低下しているように見える。

第三。にもかかわらず、一二八〇年から一三〇五年に至る村の基調としてはベビイブーム、嬰児過剰が続いている。この現象は周辺一帯に共通で、モンタイユー以外でも二兄弟ないし四兄弟の世帯がざらに見られた。人々は高出生率をごく当り前のことと考えていた。齢(とし)を取りすぎていなければのことだが、子供をひとりなくしても、また作ればよいと皆が思っていた。カタリ派の輪廻転生説をいい加減に解釈して、死児から去った魂は弟か妹となって再び母親のもとへ帰って来ると考えたのである[1]。オルノラックの代官ギヨーム・オースタッツが供述している[2]。

「わたくしのあい親でありますアラザイス・ミュニエはひどく嘆いておりました。相次いで四人の息子を失ったからであります。その悲しみようを見て理由を問いましたところ、次のように申したのであります。短い間に四人も良い息子が亡くなっては、嘆かずにいられようか。そこで、わたくしは申しました。

あい親どの、嘆くでない。息子たちにはまた会えるのだから。

ああ、きっと天国で。

そうでない。間違いなくこの世で会えるのだ。お前はまだ若いから、すぐ孕(はら)むだろう。死んだ子のうち誰か一人の魂は新しい胎児に入るはずだし、ほかの子も次々にそうなるはずだから」

容易に判ることだが、ギヨーム・オースタッツは当時の文化をごく自然に反映していて、ミュニエの妻女が八人の子を孕む（それまでに四人、今後四人）と予言して何の違和感も感じていない。

より一般的に見て、オルノラックのギヨーム・オースタッツや、モンタイユーのジャン・モリ、ピエール・モリなど、当時の農山村住民は一三〇〇年頃の人口圧迫と、それがとりわけ今述べたような高出生率の結果であることをはっきり感じていた。この三人はそれぞれ別のところで、次のように言っている。

「死んだ人間全部の、それにまだ生きている人間全部の、こんなに沢山の魂の置場は一体どうなっているのだろう。この調子では、世界中が魂であふれてしまう！　トゥルーズの町からメラン峠（ピレネー）までの広さがあっても、到底全部は入り切れまい」

有難いことに霊魂のインフレーションに対する対策を神さまが見つけた、とギヨーム・オースタッツは続けている。つまり、一つの霊魂が何度も使えるのである。

「人が死ぬと魂は体から抜け出て、すぐ別の人間の体に入るのだ。いつもこうなのだ」

こういう具合で、この山国にあって輪廻転生説はいちじるしい多産の空想的な結論なのだ。また、家（ドムス）という鍵となる制度の前提でもある。

多くのモンタイユー住民の間で信じられ、しかも細部においてひどく誤解されていたカタリ派教説が結婚を、したがって出産を敵視したというのは、理論上はまさにその通りである。もっとも教育のある、完徳者あるいは偽完徳者（ベリバストのように）の序列に昇ったカタリ派農民が、この点に関する教義を知らなかったはずがない。聖人は「童貞によって、今一つの世に現世の命の種子を持って行きたい」(3)と望んで、次のように言っている。

「どの男たちも体でもって女と交わるのはよくないと思う。息子も娘も産まれない方がよいと思う。というのは、皆がこうして不産不毛に甘んじるなら、神の被造物は全部まとめても（天国で）ほんの少しになるからだ。わたしは、そうあって欲しいと思っている」

やや違った発想からではあったが、モンタイユーのピエール・クレルグが避妊（呪術がかった？）を試みたのは、すでに見た。しかし、この黄十字をはりつけられた村で、果して何人がここまでの思考に達したであろうか。とにかく、不産不毛の義務は善信者だけのもので、ただの帰依者には関係なかった。モンタイユーの農民は、異端の教説に共感している時でさえ、依然として大勢の子供を作り続けたのである。高地の村が土地、とりわけ牧羊経済において人々に仕事をくれる放牧地に不足することはない。村は取るに足りぬ小さな世界だが、いつでも広がることができるのだ。ベリバストが言ったように「放牧場も、羊のための山々もあり余っている」カタールニャは、モンタイユーから溢れた若者を大手をひろげて待っている。そこへ行って、羊飼いからば曳きに雇われさえすればよいのだ。事情がこうなら、何を思い煩うことがあろう。子供はすぐ大きくなるから、子沢山の家（ドムス）とは、とりもなおさず働き手の多い家（ドムス）、端的に言えば豊かな家（ドムス）のことなのだ。こう考えれば、経営者たるモンタイユーの有力家族、ブロ、モリ、マルティ等の面々が小さな男の子を大勢かかえていたことの説明がつく。少なくとも、後からのこじつけはできる。まったく労働せずにすむほど豊かだったのは、クレルグ家の最終世代だけである。彼らは、家族労働力の多少に家としての関心をまったく示さない。つまり、彼らは、そして彼らだけが、避妊とか結婚反対とか、実際の必要に根差した類例のない思想の高みに達することができたのである。

☆

モンタイユーの一般家庭で生れる大勢の子供たちは、すぐには何の稼ぎももたらさない！　さしあたり、養い育てねばならない。とりあえず、授乳しなければならない(4)。われわれの村のような農村社会では、乳母に預けることは極めて稀である。この種の雇い人は大身の貴族の場合は別として、ほとんどいなかったし、貴族でもかならず雇ったとは限らない。

シャトーヴェルダンのある領主夫人は異端に入った人物だが、自分の子を乳母に預けていた(5)。この奥方は子育ての労を免れたかわりに、この世のありとあらゆる労苦を引受けたのである。決まり切ったことだが、貴族の赤ん坊の世話をする乳母という職業は、農婦の生涯の一時期を占めることがある。山育ちの娘だったルース・ゴノーは最初にある貴族のもとで召使となり、次いで別の貴族夫人のもとで乳母を勤めた。だから、彼女はその間に妊娠していたのである。その後、村の代官の住み込み妾となり、最後は一農夫の正妻として人生の軌跡を終了した。彼女の履歴は、まるでオペラの筋書きそっくりである(6)。

しかし、判っている限りでは、モンタイユーで里子に出している例は一件しかない。それも貧しい娘が下女奉公するために、やむなく自分の赤ん坊を手離したのである。レモンド・アルサンのケースがそれなので、前に見た通り、下女としてブロ家に入るに当って小さな児を農村の里親から別の里親に預け替えている。皮肉なことに、ブロ家に雇われてからは同家の娘が生んだ子の世話をすることになった(7)。ともあれ、モンタイユーでは雇い人の乳に対する需要は決して大きくない。それどころか、供給過剰になることさえあった。多分一三〇二年の復活祭の頃、われわれにもお馴染みの貧しい私生児、少々愚かなブリュンヌ・プルセルは隣人アラザイス・リーヴの訪問を受けた。ブリュンヌは供述している。

「当時わたくしの乳を飲んでおりました生れてやっと半年になったばかりの息子レモンを、自分の家へ連れてお出でとアラザイスはわたくしに申したのであります。アラザイスはこう申しました。というのも家にラゼス生れの女が来ているが、乳が張って辛い思いをしているから。

わたくしは答えました。とんでもない。その女の乳はうちの子には良くないだろう。

結局、いつまでも頼むので断り切れず、隣家へ参ったのでありますが、実際にラゼスから来た女がいて、炉端で身を暖めておりました」

こういう特殊な、あるいは極めて特殊な例――下女奉公の女や病気の女――を別にすれば、モンタイユーや近辺の似たような村では、もっとも豊かな牧羊業の家でも、母乳で育てるのが普通であった(8)。授乳期間はかなり長かったらしい。今日、かつての農家の子供は満二歳を過ぎてもまだ乳離れをしなかった、などというのを聞く。子供は乳房に届こうと小さな椅子や腰掛を持ち出して背伸びをしたものだ、などともいう。一三〇〇年から一三一〇年頃の、アリエージュ上流やローラゲーの牧羊家の情景が、果してどれだけ違っていただろうか。豊かな経営農家で牧羊家だったシビル・ピエールの息子は「一歳か二歳だった」が、母親の胸で乳を飲んでいた。これに関連して、授乳が一時的不妊をもたらす、換言すれば妊娠休止期間を延長する効果を重視するのは、あまり意味がない。この種の避妊に似た妊娠遅延は生理過程に……より端的に言えば授乳中の性的タブーに由来するのである。

☆

歴史家の観点からすれば、授乳の問題は何と言っても単なる付けたりにすぎない……。真の、そして大きな問題は、フィリップ・アリエス、その次にはフランソア・ルブランが重要な著書で論じたような子供に対する考え方の問題である。彼らの論説はよく知られているが、その中から基本的な考えを二つ取り出すことができる。

第一。子供、特に小さな子供に対するわれわれの愛情は比較的新しい情念であって、中世末から近代にかけて王室、貴族、ブルジョアジーなど上流階級のもとで、宗教的および世俗的文化によって位置を与えられた。その後で、より下層の庶民や農民の間に徐々に小さな子供に好意的な傾向が普及した。それまでの長い間、下層では子供や赤ん坊の死など特に嘆くほどのことでもないと考えて来た(9)。

第二。幼少年、次に青年という独自の役割ないし固有のイメージは、学校への出入や子供服の創案などの結果たる新しい社会的観念を通じて、極めて徐々に確定されたにすぎない。長い間、中世の一般大衆にとって、ちょうどオットー朝の写本細密画に見るように〔二〕、子供はまだ成人の縮小版にすぎなかった(10)。

これらの命題については、二つの予備的な、そしてある程度批判的な指摘が必要と思われる。それは次の通りである。

(イ) アリエスの考えのうち、第一のものに比べて第二の方が、より確かだと思われる。幼少年および青年の役割は時代時代の文化に強く規定される。だとすれば、原則として、今日われわれが知っているような役割がごく近年に定まったということは、十分考えられるところだ。これに引替え、母親と赤ん坊、あるいは父親と幼い子の間に織りなされる情愛ははなはだ神秘的で、ほとんど記録の対象となったことがない。だから、昔の半ば冷たい感情を表明している史料の断片や図像があるにしても、保留つきでなければ受入れることはできない。

(ロ) ここではまさしく、史料（テクスト）のことを言いたいのだ。アリエスの史料の使い方はほとんど全部、昔の作家たちからの都合のよい部分の引用と、この画廊に通暁した歴史家が空想上の子供美術館に集めた絵画と版画の見事なコレクションに立脚している。

しかし、どんなに魅力的でも、ある種の文学的幻想をもってする、こういうやり方が正しいとは言いがたいのではないだろうか。子供に対する感情が文学や絵画に出現したことをもって、ただちに下層階級の感情という記述されたことのない巨大な現実における子供への愛情の発現を結論できるであろうか。それに、幼い者たちに対するやさしい感情は、ずっと以前から農村や職人社会のいたるところに存在したと考えるに足る十分な証拠がある(11)。文章化され図像化された大文化は、何か特殊な理由があって、ずっと後になるまでこの種の感情に関心をもつに至らなかったのではないだろうか……。

この点については、前にも指摘したのだけれど、もう一度考えておきたい。ドゥニ・ド・ルージュモンの著書が出てからというもの、今日われわれが時折経験するような情熱愛（アムール・パッシオン）はオクシタニーの先駆的な宮廷詩作の試みと関連して、それも比較的後代になって生じたという説を受容れるのが上品なこと、あるいは正しいこととされている〔三〕。ところが、この「文学的」確信を揺すぶるには、先にもそうしたけれど、アリエージュ上流の農村を一瞥するだけで十分なのだ。モンタイユーやサバルテスのわが農民は、一度だって吟遊詩人の作品など読んだことはない。パミエその他の資料で判るとおり、詩人たちの直接の影響が及んだのは、パミエないし周辺の山々の城館の貴族出身の、教養を身につけた聖職者までであった。詩など一向に知らなくても、アイヨン地方の農村では男も女も、あの遠い昔に、洗練された恋人として振舞う術（すべ）を知っていた。彼らは本質的にロマンティックな情熱愛（アムール・パッシオン）（熱愛（アダマーレ）するという動詞で記述されている）と親愛（アムール・アンクリナシオン）（好（ディリゲレ）ましいと訳すだけで十分と考えられた）を区別していたのである(12)。

この区別が農民たちの心に思い浮んだのは、聞き覚えた文学の間接的影響のせいなどではない。愛の二つの形を識別する能力は、実に、情感豊かな農民文化と一体のものだったのである。もし影響があったとするならば、それはむしろ反対の方向に及んだのである。つまり愛の識別は、吟遊詩人が創出したのではなくて、彼らが詩を作るよりもずっと以前からオクシタニーの民衆文化の中に存在していたものを、吟遊詩人たちがそのまま書き、あるいは歌い、要するに文献で照らし出せる所へ持ち込んだのだというのが実情であろう(13)。

本題たる子供の問題に立返って、モンタイユーやサバルテスの人々が心の奥底に子供に対して、生れたばかりの小さい子に対してさえ、強い、おのずからなる、際立った情愛を抱いていたことを確認しておかねばならない。この種の感情は地域文化と切り離せない、もっとも「基本的」なものだからである。上流階級に由来する感情で、しかも近代になって持込まれ接ぎ木されたのだなどと考えねばならない理由はまったくない。歴史家があくまで後代の導入を断定しようとしても、背負い切れないほどの論拠を持ち出しても、まず無駄であろう。

☆

最初の最初、つまり受胎から始めよう。結婚したからには妊娠はまさにそうあるべきこと、極めて自然なこと、それどころか望ましいことと考えられた。結婚していない場合、許らざる私生児の妊娠に対する気持は複雑だが、それでも情愛を覚えないわけではない。「わたしは坊主だから、子供がほしいとは思わない」。ピエール・クレルグは最初こう言った。情人のベアトリスも口を合わせて、「身ごもったら何としよう。そんなことにでもなったら、不面目きわまりない」と言っている。しかし、その後少しずつ調子が変わって情事の結実に乗り気になり、最後には豹変してこう言ったのだ。「お前の父親が世を去った後でなら、わたしたちに子供があってもよいと思う」。

モンタイユーの大ていの家では、子供はまず「カタリ派の」胎児として生存を始める。受胎後ただちに霊魂がひとつ備わり、この時胎児は情愛のみならずなおざりにできない価値を獲得する。というのも、この世は韋駄天のように「駆け巡っている霊魂で一杯」(アイヨン地方に流布したアルビジョア派の聖書)だからだ。もし、この霊魂が罪深いまま死んだ者の体から出たものであるならば、隙間を通って「間違いなく、受胎したばかりでまだ霊魂の備わっていない、犬といわず兎といわず馬といわず、ありとあらゆる牝の動物の胎内」に入り込む(14)。これに対して、さまよう霊魂が罪なき一生を送った死者の肉体から出たものであるなら、人間の妊婦の胎内に入って、受胎したばかりの胎児に命を与えることもできる。

したがって、早々に罪なき霊魂を備えた以上、カタリ派モンタイユーの胎児はすべて善良という折り紙付きである。胎内にいるうちから母親が子供を慈しむことを、これくらいうまく説明するものはない。「しかし、わたしは身ごもっている。お前と一緒に異端者たちの所へ逃げたら、おなかの子はどうなるだろう」と、ベアトリス・ド・プラニッソルは差配に言った(差配がしきりに彼女の決断を迫った時のことである)。モンタイユーの奥方が生れて来る子に母親らしい配慮を示したのを、これは貴族女性のケースだ、貴族の心情の方が粗野な田舎者に比べてずっとやさしいのだ、などという読者がいるかも知れない。決してそんなことはないので、このような異論は「階級的偏見」の発露以外の何物でもないだろう。オルノラックのただの農婦、アラザイス・ド・ボルドの場合にも、生れんとする胎内の者への危惧と愛情に満ちた気持がはっきり見て取れる。彼女はこう語っているのだ。

「覚えているだろうか。……先に、わたしたちが舟でアリエージュを渡った時、ちょうど洪水だった。皆、舟が沈んで溺れ死ぬのではないかと気が気でなかったのだけれど、とりわけわたしは不安だった。というのは、その時、身ごもっていたから」

溺死しかねない情況の中でアラザイスがひどく怯えたのが自分の身を案じてのことでなく、おなかの子も一緒に死ぬのではないかと心配したためだということが、対話の続きではっきりする。それに、ジャック・フルニエの審問記録に避妊は出ても堕胎がまったく出ないのは、はたして偶然だろうか(15)。

こういうわけで、子供の出生は何度も何度も繰り返される配慮と懸念の同義語ともなり得る。それでも、誕生が文化的にも個人感情の上でももっとも基本的な喜びであったことに変りはない。ピエール・モリの求めに応じてジャック・オーティエがした説教では、悪魔は次のように言ったとされている。

「お前たちには子供を持たせてやろう。たった一人子供がいるだけでも、今この天国でお前たちのものになっている休息を全部合わせたより遥かに楽しいはずだ」(四)。

カタリ派伝道師は神話の中に、堕落を決意した天界の霊たちにせがまれて悪魔がした演説を挿入したのである。しかし、この演説はほかでもない、村人たちの自然の態度――誕生を喜び赤ん坊を可愛がる――そのものを反映しているので、カタリ派の公式教義が反対しても所詮無駄であった。洗礼が祝祭と慶賀の源泉であって、この喜びを通じて赤ん坊の代父母があい親として固い友情で結ばれるということは、モンタイユーでもそのほかでも、ピエール・モリだけでなく皆がよく知っていたのだ。ベリバストはピエール・モリに向って嫌味めいた口調で言っている。

「お前は子供の洗礼に立会っては、大勢とあい親になった。物入りだったけれど、友達はできたというわけだ……」

赤ん坊は司祭が水を振りかけるのを嫌がって、泣いたり喚いたりするかも知れないが、そんなことは洗礼を巡って渦巻く一同の喜びにとって少しも邪魔にはならない。

子供が生れて幾月にもならないうちから、アリエージュの母親はまったく自然に可愛がったり（ミニョタージュ）、あやしたり（ドルロタージュ）する。これはフィリップ・アリエスが近代、あるいは中世末の新しい発明だと言っている風習である(16)。アリエージュ上流の村についてレモン・ルーセルが述べたところを見るがよい。村の差配だったレモンは直接目撃した風習を述べているのだが、それは十四世紀前半においてすでに新しい風習ではなかったのである。

「アリシアもセレーナもシャトーヴェルダンの領主一族の女であります。そのうち一人の方には揺籃に入っている赤ん坊がありました。彼女は出発する前に（家を出て異端者たちのもとへおもむく前に）、子供を一目見たいと思ったのであります。彼女は子供を見て抱き締めました。すると赤ん坊は笑い始めたのであります。子供の寝かされている小さな部屋を出かけて、また立ち戻ったのでありますが、子供はこの時も笑いました。何度も何度もこういう具合で、どうしても赤ん坊のもとを離れかねたのでありますが、最後に召使に申しました。この子を家の外に連れてお行き」こうして彼女は、やっとのことで自分も家を離れることができた……。離れたのも、それは夜道をかける旅、やがて子を思う若い母親を火刑台まで連れてゆくはずの旅に出るためであった。

このように動かしがたい愛情があったとなると、幼い子の死、あるいはただの病気や別れでさえも(17)、両親の心にとって悩みの種、心底からの悲しみの種となり得たし、事実しばしばそうだったのである。もちろん、特に母親の場合、悲しみははなはだしかった。現代の歴史家たちが書くものはこの反対を立証しようとしているが、それはまったく当らない。オルノラックの代官ピエール・オースタッツが供述している。

「わたくしどもの村に、バルトロメット・デュルスという女がいて、自宅に住んでおりました（ヴィクデッソス生れのアルノー・デュルスの家内だった女であります）。同女には幼い息子がありまして、自分の寝床に寝かせていたのでありますが、ある朝、目覚めてみますとこの子が傍らで死んでおりました。当然、同女は涙を流し大いに嘆いたのであります。そこで、わたくしは同女に申しました。泣くでない。お前の死んだ子の魂は、男か女かは判らぬが次にお前が身ごもる子に、神さまが授けて下さるはずだ。そうならないにしても（輪廻転生が実現しない場合も、の意）、あの子の魂はどこかよそへ行って結構な所に住むことになるのだから」

オルノラックの代官は母親の悲嘆に直面して、輪廻転生説を下敷きにした手軽な悔やみを思いついたのである。彼が同じようなことを言うのは前にも見たが、このために彼は八年間の獄中生活の上に出獄後も二重の黄十字を縫い付けられるという償（つぐな）いをしなければならなかった。

幼くして、あるいは若くして子を失った時の親の悲嘆なるものは、アリエージュ上流農村一帯について確認できる現象である。この事実を前にすれば、子供という観念は近代になって上流階級の間で発見されたものだ、さらにまた遠い昔の庶民ないし農民、ひいてはブルジョア階級は子供に対して相対的に無関心だったなどという研究者には、たとえどんなに傑出した研究者であっても、素直に耳を傾けてはなるまいという気になる。もちろん、究極的に、子供への愛情が家組織（ドムス）の枠の中で問題になっていたのは確かである。つまるところ、子供は若い成人を確保するための希望である。彼らは強壮な腕でもって農業に役立ち、早くも旧世代を訪れる老いを支えてくれるだろう。ベリバストがピエール・モリに向かって口癖の独身反対の小言を述べたのも、この次元の気持を知っていたからである。

「結婚するがよい。女房がいれば、お前が病気になっても介抱してくれる。それどころではない。やがて子供ができれば、お前も可愛いと思うだろう」

この点、アラザイス・アゼマはもっと明確にモンタイユー農民の感情を述べている。ギヨーム・ブネが息子を失ってひどく落胆していた時のことを、こう語っているのだ。

「ギヨーム・ブネの息子レモン・ブネが死んで二週間たったころ、ギヨーム・ブネの家に参ったのでありますが、彼は泣いておりました。わたくしを見て彼は申しました。アラザイス、倅のレモンが死んで、わたしは今まで持っていたものを全部なくしたも同然だ。私に代わって働いてくれるものは誰もいなくなった」

そこでアラザイスは、「人生とはこうしたものだ……」という調子のストア派めいた悔やみを試みる。

「諦めなされ。本当のところ、人は何も持つことはできないのだから……」

明らかに、ギョーム・ブネにとって男の子は一個の労働力を意味し、しかもそれが死によって消え失せたのである。しかし、その子はただの労働力以上の大きな存在だった。ギョームはレモンその者を愛していたのだ。息子が死ぬ前にギョーム・オーティエの手で異端者にしてもらったことが、せめてもの慰めだった。して見れば息子の方が、この涙の谷にひとり残された父親よりも、まだしも幸せなのだ。ギョームはこう言った。

「あれは、今わたしがいる所よりはましな所にいると思っている」

娘を失って涙にくれたモンタイユーのギユメット・ブネの場合にも、挫折した愛情の反応は同じである。アラザイス・アゼマはギユメットの家へ悔やみに行って、やさしく慰めた。

「力を落しなさるな。まだ娘が二人もいるではないか。それに、死んだ者は帰っては来ないのだから」

死んだ子への情愛を断ち切れないギユメットは、こう答えている。

「娘が死んだことを思うと、今まで以上に悲しくなりそうだ。しかし、神さま(デオー・グラティアス)にお礼を！　死ぬ前の晩にあれが異端者になれたのが慰めだ。真夜中で吹雪だったのにギョーム・オーティエは駆けつけてくれた」

肉体は死んでも霊魂は救われる。真に愛する者にとって、これは決して小さな問題ではない。愛情は心底からのものだが、それでも儀礼化され社会化されて、人々が参加しないわけには行かない。ギョームやギユメットたち、ブネ家の身内の間では生ける父から死せる息子に、同じく母から娘に涙が注がれる。同様に、隣人や知人からも情況に応じて——というのは死んだのが息子か娘かによって——しかるべく父親あるいは母親に哀悼の意が述べられる。

ピエール家の歴史には、父や母に寄せられたさまざまの情誼がそっくりそのまま記録されている。一歳未満の女児の死が問題になっているだけに、その挿話は一層興味深い。人が何と論じようと、その子こそ、まさしく鍾愛の的だったのだ。

レモン・ピエールは、山岳移動放牧の出発点にあたるアルク村の牧羊家である。妻シビルとの間にひとり娘ジャコットが生れた。満一歳にもならぬうちにジャコットは重病にかかる。そこで、シビルとレモンは、この子を愛するあまり、異端の定めでは許されないことではあるけれど死ぬ前にこの子を異端者にしてもらおうと決心した。いささか気難しいピエール・オーティエが後で問題にしたとおり、教義上はこんなに小さい者を異端者にしてはならなかったのである。一歳にも満たないジャコットは「善悪の分別もついていない」からであった。しかし、完徳者プラド・タヴェルニエはオーティエ兄弟よりも寛容で、この子を異端者にする儀式をしたしく執行してくれた。どんなに小さな子をこの種の儀式にあずからせていたところで、失うものは何もない、というのが彼の意見だった(18)。所詮、人は提案するだけで裁可するのは神だからである（より正確に、タヴェルニエ自身の言葉で言えば、人間は人間にできることを行う。神は神の望むところをなしたまう）。だから、タヴェルニエは幼な児に対する救慰礼（コンソラメントゥム）の執行に踏切ったのだ。「彼はその子に幾度も幾度も頭を下げさせ、手を挙げさせ」た後、これぞ秘儀中の秘儀たる、書物を子供の頭に載せたのであった。農村社会では、書物はほとんど目にする機会もない。儀式が終ってからというもの、レモン・ピエールはただ安堵するばかりで、晴れ晴れとして妻にこう言ったのだ。

「ジャコットは死んだら神さまの天使になるのだ。あの異端者が娘を異端に入れてくれたような幸せは、わたしだってお前だって、あの子に授けてやれるものではない」

幸せで一杯になった――幼な児に対する崇高無私なまことの愛に満たされて――レモン・ピエールは家を離れ、プラド・タヴェルニエにつき添って別の地点まで送り届けた。出発前に完徳者はシビルに向かって、赤ん坊に乳も肉も食べさせないよう何度も念を押した。仮にジャコットが生延びたにしても、魚と野菜のほかは食べてはならないのである。一歳の子供にとって、しかもこの時代の食生活の中で、これは賭（かけ）そのものだ。事実上、完徳者と亭主が出かけた時点では、ジャコットが間もなく死ぬ、耐忍（エンドウラ）（死に至る断食）のうちに死ぬことは了解ずみだったのである。

しかし実際、何が起こるか判らない！　シビル・ピエールのわが娘（こ）に対する愛情は本質的に熱烈な現世のそれで、レモンのように精神的でも崇高でもなかった。シビルの母性愛はカタリ派の機構を麻痺させてしまう。シビルが供述している。

「夫とプラド・タヴェルニエが家を去った後、わたくしはいいつけを守ることができませんでした。娘が目の前で死んで行くのを見るに忍びなかったのであります。そこで、わたくしは乳を与えました。夫が帰って参り、わたくしが乳を呑ませたことを知りますと、ひどく残念がって呻き声をあげ、悩んだのであります。ピエール・モリ（レモン・ピエールに雇われた羊飼いとして、ちょうどその場に居合わせた）が夫をなだめようとして、こう申しました。お前さまの落度ではないのだから。そして、ピエールは赤ん坊に申したのであります。悪いお袋さまをもったものだ。わたくしにはこう申しました。お前さまは悪い母親だ。女は皆、悪霊だ。夫は泣きながら、わたくしを罵り、脅かしました。このことがあってから長い間、夫はあの子を好か（ディリゲレ）なくなりましたし、わたくしをも好か（ディリゲレ）なくなったのであります。夫が誤りに気付いたのは後のことでありました（レモン・ピエールが自己批判して、それと同時に妻への愛情も蘇ったのは、アルク住民の一斉棄教の時のことである。この時住民一同、カタリ派を棄てることに決めた）」

シビルはこう締め括っている。

「娘のジャコットはその時から一年生きました。その後で死んだのであります」

農婦シビルの母性愛は、まぎれもなく本物の、純粋でしかも普遍的な愛情である。一歳にも満たない赤ん坊に対する父親の愛情にしてもそうである。レモン・ピエールもあの事件の起きるまでは、シビルにもジャコットにも愛情を抱いていた。旧制度下の農民は自分の子に対して冷淡だったと何の根拠もなしに主張されているような、木石の心をもっていたのでは絶対にない(19)。ただ、決定的な危機に直面して、一時その愛情が狂信のせいで歪められたにすぎない。

これらの例からも、家族愛に二つの形態があったと考えてよいだろう。つまり、母親と娘のもっともやさしい繋がり、および父親と息子の繋がりである。これとは別に、男児に対する思い込み、ないし偏愛がうかがわれるのも事実である。理屈では集合名詞息子たち（フィリイ）は男の子を指すので、女の子を意味しないはずだ。ところが、アリエージュの連中は男女ひっくるめて子供全員を指すのにこの語を使っている（もちろん、記録のラテン語訳でのことだが……）。あたかも、子供全体を代表するには男児の方が女児よりもふさわしいかのようなのだ。

　この微妙な差別には、これ以上立入らないでおく。そもそも、フィリップ・アリエスが別の時期について、より正しく言えば別種の史料に基づいて立論したような、子供に対する人々の感情が現在と昔とではまったく違っていたという事実は、モンタイユーないしアリエージュ上流では認められないことを言おうとしたのであった。精神の点では愚鈍（ミヌス・ハベンス）といってよいような貧しい娘ですら、立派な母親として振舞っている。乳が張って苦しんでいる女のために六ケ月になった赤ん坊をしばらく預からせてくれとしつこく言われた時、ブリュンヌ・プルセルは結局は隣人の気紛れを承知したものの、二度までためらった。レモンド・アルサンは仕事先を替えるに当って、私生児の娘をもっと近くて便利な所の里親に預け替えるだけの配慮をしている。兄弟の家で生れたばかりの子が死にそうだとなれば、姉妹（あるいは従姉妹）は仕事を捨てて駆けつけ、世話をした例すらある。若い母親はもういなかったのだが（おそらく死んだのであろうか）、代りの女に子供の死を看取ってもらうことにこの兄弟はひどくこだわっていた。オルノラックのギユメット・ブネが次のように語っている。

「オルノラックのレモン・ブネの息子は生れたばかりなのに死にそうでありました。わたくしが森で薪を束ねておりますと、呼びに参りました。瀕死の子を看取ってほしいと申すのであります。わたくしは朝から夕方、その子が死にますまで看取りました」

　要するに、ジャック・フルニエの審問記録の至るところに両親と幼い子供たちの間の結びつきが見て取れるのである。しかも、そこにはフィリップ・アリエスやフランソア・ルブランが描出したような「失格」の両親は出て来ない[20]。おそらく、これら有能な歴史家が用いた史料——文学上の大きな作品、さもなくば極度に無味乾燥な理論の書物——を問題にすべきなのであろう。その性質上、史料にはそれぞれ民衆の心の向う側のものもあれば、こちら側のものもある。忘れてならないのは、彼が重きをおいた材料の性質からして当然のことだが、アリエスの報告は何よりもまず宮廷やブルジョアジー、つまり都市上流階級を扱っているということだ。上流階級では決まって子供を里子に出していた。若い労働力をほしがり、そのために子供を慈しむ農村の家のような経済上の必要に基づく動機も理由も、彼らはもっていない。こういう文脈で見れば、アリエスが指摘した相対的かつ一時的な上流階級の心情の冷たさも理解できる。しかも、彼らは古典主義時代（十七、八世紀）の中頃から子供に対してやさしくならざるを得なかった。わが農民、とりわけモンタイユーの農民についても、彼らの子供に対する愛情には今日われわれが子供に対して抱く愛情に比べてある種の独自性があった。もちろん、愛情が弱かったわけでも、目立たなかったわけでもない。それに、おそらく甘やかさなかったわけでもないだろう(21)。ただ、現在に比べて遥かに子沢山だったために、当然、一家庭の中での愛情の割当は少なくならざるを得なかった。また、良かれ悪しかれ、現代よりも遥かに高い幼児死亡率に適応せざるを得なかった。要するに、多くの夫婦の場合、ひどく小さい子供に対する愛情に顕著な無関心の色彩がつきまとっているのである(22)。と言っても、昨今主張されたほどはなはだしい無関心ではないのだが(23)。

☆

しかしながら、「未成年」を全体として捉えようとしても、所詮は一つの抽象概念になってしまう。というのも、未成年期がいくつもの段階に分かれているのだし、しかも各段階がそれぞれ「人生の諸時期」という全体の流れに組込まれているからである。モンタイユーやその近隣諸村では、第一の段階は出生から離乳（一歳から二歳までの間？　あるいは二歳前後）までの赤ん坊である。この黄十字の村で、赤ん坊を布切れにくるみこんでいたかどうかは判らない(24)。他方、自明のことだが、乳母車も哺乳ビンもなかったから、子供が今日よりもずっと強く母親や乳母や下女に依存していたことは判る。哺乳ビンがないとなれば乳房なのは言うまでもない。乳母車がないから、今日よりもずっとしばしば母親のやさしく頼もしい腕に頼ることになる。ギユメット・クレルグが言っている(25)。

「祭りの日、わたくしはモンタイユーの広場におりました。小さい娘を腕に抱いていたのであります。その時伯父のベルナール・タヴェルニエがプラドから参り、兄弟を見なかったかと尋ねたのであります……」

明らかに、祝祭の折り人々は赤ん坊を抱いたまま人中へ出たのである。下女のレモンド・アルサンが供述している。

「レモン・ブロの結婚のために家族が集まりました時、わたくしは炉の後ろの方にいたのでありますが、レモンの姉妹アラザイスの娘を腕に抱いておりました」

子供の依存は離乳後も形を変えて続く。夜中に窒息しないように、一歳未満の赤ん坊は両親の寝床に寝かさないのが普通であろう——そうでなければ無思慮、あるいは犯罪的ですらあるということになる(26)。これに対し、一歳以上あるいは二歳程度の子供はしばしば両親や母親の寝床で寝ている。豊かな牧羊家の妻シビル・ピエールが言っている。

「皆がやすむ刻限でありました。わたくしももう五歳にはなっておりました娘のベルナデットを連れて寝床に入ったのであります」

先に見たとおり、ある朝、農婦バルトロメ・デュルスは目覚めて号泣した。自分の寝床の中、傍らで小さな息子が死んでいたのだ。

いうまでもないが、どこでも原則として田舎の子は学校へ行かない……、学校がないのだから、学校へ行こうなどという気の起きるわけがない。とは言え、モンタイユーやプラドのあたりでも、ジャンという名の生徒（エコリエ）がいて、司祭のもとに住み込んでいる。この少年は主としてピエール・クレルグのために使い走りや逢引きの連絡など下男の仕事をしていた。

低平地、それにアリエージュでも谷間の平地では、貴族や名士たちの子女のための学校がそこかしこにかなり規則的に開かれていた。この種の零細な施設を預かる聖職者は、どうかすると生徒の母親の押し付けがましい誘惑にさらされる。若者の知的教育を目的とした真にその名に値する学校は、パミエのような比較的重要な都市にしかなかった。

このように農民階級のための学校がどこにもない状態の下で、どのようにして文化の継受が可能だったのであろう。まず第一に、共同作業がある。少年は父親と一緒に蕪を掘り起こす。少女は母親と一緒に麦の穂を摘む〔五〕。大人から若者への、つまり先祖から子孫への、絶えざるおしゃべりが集団作業の特徴である。家族の食卓でも饒舌は絶えることがない。織布工レモン・モリが息子の羊飼いたちにカタリ派の神話を語ったのも自宅でのことであった。最後に、子供はしばしば使いに出される、つまり情報の告知者ないし供給者として利用される。そのためには、記憶するという責任を負わされる。ピエール・モリが言っている。

「レモン・ピエールという名の貧しい子供を寄越しました。どこの子だったかは思い出すことができません。そのピエールがわたくしに申したのであります。レモンの家へ来てくれ。レモンはお前に用がある」

「子供がイスラム教徒の占い師の家を教えてくれました。ギユメット・モリの羊のことで相談したいと思っていたのであります」

別のところでも、ピエール・モリが言っている。

マンガルド・ビュスカイユの証言はこうだ。

「復活祭のころでありました。ある日、わたくしは昼食のために野良から家に帰りました。わたくしは夫や義理の兄弟と暮らしていたのであります。ねり鉢の中にパンの粉がこねてあるのを見つけましたので、ギユメットという名の八歳になる小娘に聞きました。誰がこねた？　この子はメランの生れでありますが、親の名は知りません。この小娘は当時わたくしどもの家に暮らしていたのでありますが、こう答えました。ベルナール・ド・サヴィニャンのお上さんのブリュンヌが男の人二人のためにこねた……」

その子は重大な報告をしたのだった。問題の二人の男のうち一人は完徳者プラド・タヴェルニエにほかならなかったのだから……。

伝言を託するということは、徒歩の旅、それに何よりも子供の記憶力を前提としている。バルテルミー・アミヤックの言うところはこうだ(27)。

「聖ヨハネ祭の次の月曜日のことでありました。ベアトリス・ド・プラニッソルがベルペックから子供を使いに寄越しました(28)。その子はわざわざそのために当時わたくしがおりましたメゼルヴィル（ここで聖職を勤めていたのである）まで参ったのであります。その子は申しました。ベルペックにいるお前さまの知合いの女の人が、そこまで会いに来てほしいと言えと言いました」

バルテルミーは続ける。

「しかし、ベルペックには知合いの女の心当りがありませんでしたので、その子に聞いたのであります。お前を使いに出した女の様子が言えるか。すると、その子は女の姿を述べ始め、ベアトリスのことだと判ったのであります。ただちにベルペックに参りますと、ベアトリスは城の近くの家におりました」

ベアトリスはほかにもよく子供を使っている。かつて「真っ暗な夜道」をプラドのサン・ピエール教会まで供をさせたのは、ピエール・クレルグの幼い生徒ジャンであった。司祭はジャンに命じて教会の内陣に二人の情事のための寝床をしつらえさせたのである。

それはともかく、家族の夕食に話題を戻すと、普通、子供たちは早く眠ってしまう。いつまでも炉辺の夜語りが続く大御馳走の宵に、子供の姿の見られることはほとんどない。六歳になったレモン・ピエールの娘ベルナデットも、食事の時にはもう床に入っていた。よその子供たちも大ていは同様だったであろう……。モンタイユーの子供が自叙伝を書くとしたら書き出しは決まって、あの有名な一行になるはずだ。「その夜も、早くから寝床に入っていました……」〔六〕。

われわれの資料では、誕生から二歳までの子供は幼児（インファンス）、なかんずく息子（フィリウス）あるいは娘（フィリア）と記されている。二歳から一二歳までは、かならずしも厳密な用法ではないものの、少年（プエル）である。それを過ぎて一二歳、一三歳、せいぜい一四歳までが「若者（アドレスケンスまたはユーヴェニス）」で、モンタイユーではこれこそ職業につく年齢であった。ジャン・ペリッシエ、ジャン・モリ、ピエール・モリ、ギヨーム・ギヤベールなどの場合は一二歳になるかならぬか、あるいは一二歳をほんのすこし過ぎた齢であった。それ以後、彼らは岩場の猫同然、よじ登ったり駆け回ったり、父親や雇い主の羊の番をする。雇い主といったのは、このような小さな子供を徒弟として雇うことがあったからである(29)。運命によってカタリ派伝道者になったこの辺りの名士たちの言うように、一二歳といえば分別のつく齢でもある。

「人が理非を弁えてわれわれの信仰を受け入れるのは一二歳、それにとりわけ一八歳だ」

これはピエール・オーティエが羊飼いピエール・モリに言った言葉だが、ピエール・モリの方でも経験に基づいた同じ考えを述べている。

「ギヨーム・エスコニエの姉妹でミシェル・レトの妻ガイヤルド、ならびに今一人の姉妹エスクラルモンドはほぼ一二歳で異端の帰依者でありました」

異端審問はモンタイユー住民のうち一二歳以上の者を一まとめに拘束したが、これは決して間違いではなかったのだ。そんな時に、いちいち選び分ける必要はない。神はおのれに属する者を知りたまう(30)〔七〕。

しかし、女の子の場合には特別な事情がある。少なくとも、職業という観点から見ればそうである。女の子が一二歳、遅くとも一四歳になると、もう羊の番はしない。モンタイユーには小さなジャンヌ・ダルクはいないのだ。いつかは移動放牧に出かけねばならないオック語の国の羊飼いは皆、男と決まっている（オイル語地帯、人びとが村から出ようとしないロレーヌとは何という違いだろう）。職業生活に入らない代わり——と思うのだが——青春期に入るための通過儀礼を体験しなければならない。儀礼といってもわれわれの村の場合、母と娘の率直な話合いという形で社会化された慣習に帰着する。ベアトリス・ド・プラニッソルは娘フィリッパの目をじっと見つめて、なぜ気分が悪いのかと尋ねた。その日から、フィリッパの夫探しが始まったのである……。

もう少し大きい村で、もう少し賑やかでもあれば開放的（将棋が行われるくらい）でもあるプラド・ダイヨンでは、一五歳前後あるいはもっと上の若者の特別の集団があって、祭の時期にはダンスや遊戯をしていた（しかし、遊ぶ時を別にすれば、一二歳以下の子供たちが後に村々に学校が普及した頃に広がったような自分たちだけの仲間を作っていたと考える材料はない）。プラド同様、モンタイユーでも若者や娘たちはそれぞれ仲間を一つか二つ作っていたと考えてよいだろう。細分化された息の詰まるような家（ドムス）制度の枠内では、この種の集団は自律的な活動ができるような存在ではない。黄十字をつけられたわれわれの村には、古典主義時代（十七世紀）のプロヴァンスでお馴染みの若者組や若者頭に似たものはまったくない。まして、いわずもがなだが、十九世紀の農村徴兵予定青年団を思わせるものなどあるわけがなかった……。しかも、娘たちは若くして――十代（ティーンズ）で――結婚するから、若い独身者仲間に長くはとどまらない。若い男の方も、すぐ大人の男たち（若いのも、そんなに若くないのも、立派に一人前なのも、既婚者も未婚者もひっくるめた）の仲間にされてしまう。それ自体統一されてはいないけれども、それでもこの仲間はモンタイユーでは幅が利いたのだ。

この本のあとの方で、この村の男女成人の交際（ソシアビリテ）について再度考えることにするが、私の見るところではその方が子供や若者の交際関係より重要である。子供や若者の活力は家（ドムス）に分断されているから、その交際も限られた役割しか果さないのである。

ところで、「人生の諸時期」に触れて、本章を締め括ることにしたい。その過程では、今まで駆足で見て来た子供や若者の領域を離れ、壮年および第三の時期を瞥見せねばならない。

この場合にもまた、男女の違いを指摘する必要がある。女性の老年は男性の老年と同じではないのだ。押さえつけられた嫁から息子たちに敬愛される母刀自へという、モンタイユーの女性の変遷についてはすでに少なからず述べた。これに対し、男性の描く曲線はかなり違う。ブロ家の男たち、クレルグ家の男たち、モリ家の男たち、そのほか村の立派な家に生れた男の若者たちは体力、魅力、責任感によって若いうちから村で重きをなした。彼らが代官、司祭、予言者、羊飼い頭、あるいは農業経営の雇い主として、モンタイユー村内にも離散（ディアスポラ）の村民にも掟を課していた働き盛りの年齢は、二〇歳から五〇歳までの間だったと思われる(31)。彼らの三〇代は、それこそ男盛りだ。オクシタニーの四〇代はまだ強壮である。これに引きかえ、当時五〇歳を過ぎて本当に年を取った男には、年とともに威信が高まるなどということは絶対にない。まさにその反対だった。第三の時期の価値は、老女の場合とは違うのだ。

何よりも、男の老人は教区にも非常に少ない(32)。寡婦は数の上でも大勢力でV字型の年齢構成をしているのに、男の方は頂上に行くほど狭くなるピラミッド型をしている。その次に、まだ死なないでモンタイユーにいる古物は、例えばナ・ロッカ、ギユメット・ブロ、マンガルド・クレルグその他アイヨン地方に大勢いた有力な老女のように、静穏な敬意と愛情でもって囲まれるなどということはなかった(33)。老ポンス・クレルグは息子の司祭に対して何の権威ももっていない。どうすることもできぬまま、息子が道に外れた告発者になって行くのを嘆くだけであった。彼が死んだのは、家長であることを止めてから久しい後である。ポンス・リーヴもまた、一家の采配を振るう大きな息子の前で震えていた。娘が家の馬小屋のらばを貸してくれと言った時でさえ、今では一家の頭となった自分の息子の同意を恐る恐る求めている始末だ。付け加えれば、十三世紀、死に損いの村の屑といってもよいような長命の老人の間には、祖父として生きる術を考えた者は一人もいない。その発明はどう見てもユゴー爺さんより以前のはずなのに、十四世紀のアリエージュ上流にはまだよく知られていなかったのである。一三〇〇年から一三二〇年頃のアイヨン地方で老骨となるのは、決して愉快なことではなかった。少なくとも、男性（セクス・フォール）の場合はそうである。これに対して、若夫婦と同居する寡婦であること、さらに正式にはともかく、事実上の女家長であることは、どんなに快適なことだったであろうか。情のやさしい息子たちの側で、姑のあり方を工夫するのは、どんなに楽しかったであろうか(34)。母なる地中海よ。お前は、モンタイユーなるわれらの心を離れたことはないのだ。

第十四章　村で死ぬ

人口学者(デモグラフ)としては結婚、誕生、幼年、人生の諸時期、そして老年の問題を見た後には当然、死および死因の問題、つまり異端審問の結果死んだのか病死したのか等々の問題に直面せざるを得ない。われわれの資料は死亡統計には詳しくないのだが、ヴールゼー女史は苦心の結果、この観点からカタルーニャへ亡命したアリエージュ出身者二五名の運命を調べ上げた。そのうち約半数がモンタイユー出身である。われわれの知り得る年代つまり一三〇八年から一三二三年まで、この二五名はピレネー山脈の南に住んだ。九名（三六パーセント）が病死し、一名が木材伐採中に事故死している。八名は異端審問に捕らえられた（うち二名が火刑台上の死を遂げた）。残り七名がこの時期を生き延びているが、もちろんその後の運命は知るよしもない(1)。カタルーニャにいた離散(デイアスポラ)のカタリ派二五名中モンタイユー出身者一二名だけに絞って考えれば、病死四、逮捕四、生存四となる。集団全体の二五亡命者が若者あるいは壮年で、老人はいない。まぎれもなく、現代の標準——ほぼ対応する年齢層の——に比べて病死の割合が大きいが、またそうでなかったとしたら不思議だろう。異端審問による被害はもちろん論外である！

しかしながら、カタルーニャ亡命者の「集団」はモンタイユー本来の住民の「縮小版」としては役に立たない。しからば、その教区の死亡率はどうなっていたのだろうか。

しかるに何たることか、この黄十字を張り付けられた村にはカトリック教会の記録が残っていない。年齢層ごとの死亡情況がはっきり判るはずのそのような記録は、当時そもそも存在しなかったのだ。だから、皮肉なことに救慰礼（コンソラメントゥム）、すなわち死ぬ間際に普通の帰依者（クロワヤン）に施されるカタリ派の儀式に関する記述で我慢するしかない。知り得るかぎりでは、モンタイユー住民一一名が臨終の床で「救慰礼を授けられ」、史料の表現に従えば「異端にされ」、その後で死んでいる。そのうち三名の年齢は判らない。三名とはレモン・バンキ、レモン・バール、およびレモン・モールである(2)。五名は若者、少なくともまだ若い者たちで、名前は次の通りである。

1. ギユメット・フォレ。バール家の出身で、ピエール・フォレの若い妻。

2. エスクラルモンド・クレルグ。ベルナール・クレルグ（代官とは別人）とその妻ゴージアの娘。病気になり、父の家で異端に入信してそのまま死んだ。入信式にはブロ家のギヨームとレモン、ブネ家のギヨームとギユメットが列席した。いずれも村におけるカタリ派の中心人物である(3)。

3. アラザイス・ブネ。ギユメット・ブネの娘でアックスのバルテルミーの若い妻。治る見込みのない病気になり、母の家でギヨーム・オーティエによって異端に入れられた。列席者はギユメット・ブネのほか、ブロ家のギヨームおよびレモン。彼女はその夜死んだ。

4. レモン・ブネ。ギユメット・ブネの若い息子。その姉妹より数ヶ月おくれて同じく父の家で死んだ。欣然としてギヨーム・オーティエにより異端とされた。列席したのは両親たるブネ家のギヨームとギユメット、ブロ家のギヨームとアルノー、それにアルノー・ヴィタルが立会っていた。両親以外の三人は完徳者に付き添って病人の家まで来たのである。

5. ギヨーム・ギヤベール。一五歳くらいの羊飼い。吐血して、母親のいるところで異端にしてもらった。村の女三人が列席。ギヨーム・ブロも立会った。

以上五名の若い者たちのほかに、次に述べるもっと年上の、率直に言えば年寄りが三人いる。もちろん、モンタイユーでのことである。

1．ギヨーム・ブネ。ギユメット・ブネの夫。冬に娘が死に、聖霊降臨の主日に息子が死んだのに続いて、「九月の聖ミカエル祭」当日自宅で死んだ。妻ギユメット・ブネおよび息子ベルナールのいるところで、ギヨーム・オーティエの手で異端者にされた。ブロ家のギヨームとレモン、それにベルナール・クレルグが立会った。儀式が行われたのはブネ家の一隅、家畜が寝ている場所で、ここに病父の床がしつらえてあったのだ。おそらく、家畜の体温を病人のために利用しようとしたのであろう。

2．ナ・ロッカ。モンタイユーの老いたる女家長。彼女が重体になって執行された異端入信の儀式には、ギヨーム・ブロ、ブネ家のギヨームとレモン、それにリグザンド・ジュリア（ブネ家の親戚か）が参加した。異端に入った後臨終まで村の女が三人（ブリュンヌ・プルセル、リグザンド・ジュリア、アラザイス・ペリッシエ）看護した。彼女は食物を拒んで、二日後に死んだ。二人の女（アラザイス・ペリッシエとブリュンヌ・プルセル）が経帷子（きょうかたびら）に着せかえる役を買って出、その夜のうちに村の教会の墓地に埋葬した。

3．ギユメット・ブロ。代官ベルナール・ブロの義母(4)。

一目で気付くことだが、この短い目録ではまだ若い者の方が多い――「年寄り」三に対して「若者」五なのだ。上述したカタルーニャ逃亡先の数字と一致していて、モンタイユーでも病気の圧力が比較的若い層にかかっていたことを教えてくれる。

ジャック・フルニエのおかげで知ることのできる自然死のうち異端に入って死んだ者全員（モンタイユーその他諸村出身）を含む、より完全な計算をすれば、おおよそ年齢層を推定できる。この型の異端入信者、全一五名のうち「若者」八に対して「年寄り」七という数字が得られる（自明のことながら、異端にする儀式を施された赤ん坊は勘定に入れていない。彼らは嬰児死亡率の手がかりになるかも知れないが、現在のところ嬰児死亡率が非常に高かったことが推測できるだけで到底数量化できる段階ではない）。また、手短に「年寄り」と一括した人びとの中にはせいぜい四〇歳に手が届く程度の母親（すでに成人した既婚の娘のいるような）も何人か含まれていることも、いい添えておきたい。繰り返して言うが、このアリエージュ上流ではペスト以前においてさえ、いかに若年層、あるいは比較的若年層の死亡率が高かったか、われわれの理解を超えるものがあるのだ(5)。

具体的に述べよう。タラスコンのエスペルト・セルヴェルの述懐は、ほんの少し変えればアリエージュやモンタイユーの大ていの女たちに当てはまるはずである。エスペルトは妻のころは虐待され母になってからは疫病に見舞われたのだが、この種の艱難が例外だったとは思われないのだ。エスペルトは供述している。

「わたくしには子供が三人ありました。うち二人が男の子で、二人ともレリダで死にました。三番目のマテナは、兄弟たちが死にました時三歳くらいにはなっていたかも知れません。息子が死にましたのは、一人は一一歳、もう一人は七歳くらいだったはずであります。上の子の死んだのが今から六年か七年前であります。同じ年に夫も死んだのであります」

モンタイユーそのものでも、ギユメット・ブネは一年もたたないうちに夫と二人の息子を失っている。オルノラックの代官ギヨーム・オースタッツの若いあい親アラザイス・ミュニエの方でも、次のように言っている。

「短い間に、子供を四人失いました」

さらにまた、ごく短期間にジャンヌ・ブフェイもその母親も夫も死んだことが思出される。母と娘は伝染病に倒れたのだし、夫の方は妻と義母に先立って仕事中の事故で墓場へ行ったのであった。アリエージュ上流のジュナックでは、ファブリス（家の名は不明）と、「お人よし」と呼ばれていた娘が同じ年（一三〇三年頃）に流行病で死んだ。一人は御公現の祝日、今一人は聖母御潔めの祝日に死んだのである〔一〕。この娘は正当な手続きに従って異端になっているから、赤ん坊でなかったことは確かである。アリエージュ上流における一三〇〇―〇五年という年代は、高死亡率の目立つ時期で、明らかに細菌性の疾病、それに穀物不足が原因であった(6)。

ルイ十四世時代のボーヴェ地方でのことだが、ピエール・グーベールの記すところでは、四人子供が生れると一人は一歳未満で死に、もう一人は一歳から二〇歳になるまでの間に死ぬとある。したがってボーヴェ周辺の嬰児（一歳未満）死亡と夭折（一歳から二〇歳まで）の率は、五〇パーセントになる。残酷な話だが、この高率死亡が人口停滞を支えていたのであった。

モンタイユーについては到底、ボーヴェのような注目すべき数字はおろか近似値すら手に入らない。言えるのは、この黄十字の村でも子供、若者、若い成人の死亡はおそらく高率だったであろうということだけで、それ以上の明確化は不可能である。この観点からすれば、異端審問官の牢獄は若干の若者にとって致命的だったが、疫病その他の不吉な効果に少し上乗せしただけのことである。

赤ん坊（一歳未満の）の死亡に、カトリック教会からの弾圧はほとんど影響を及ぼしていない（両親の難儀に起因する間接的影響は別である）。しかも、それは救慰礼（コンソラメントゥム）で計算することもできない（モンタイユー以外の風変わりで常軌を逸したケースを別にすれば(7)）。だからこの問題については、純粋に質的な、しかもひどく散発的な観測で満足するほかない。同時代人が幼児死亡率を圧倒的なものと考えていたのは確かである。救済のためには洗礼は何の役にも立たないとベリバストが言ったのに対して、モンタイユーの羊飼いピエール・モリが異論を唱えた。聖人に向かって断固たる口調でこう言ったのだ。

「それなら、毎日死んで行くあんな大勢の洗礼を受けた子供はどうすれば救われるのだ」

われわれの資料が教えてくれる個々のケースは印象的だが(8)、まとまりをなしていない。幼い者たちの死を数量化できる材料は、大まかな材料すら、まったくないのが実情である。

☆

人口史家は、旧制度の時代、飢饉のために死ぬよりも疫病のために死ぬ方が多かったと言っている。一三〇〇年から一三二〇年までの間に、モンタイユーにも餓死者がいたであろうか。十分あり得たことだが、確証することはできない。史料がこの点について述べているのは、住民離散であって死亡ではないからである。エスペルト・セルヴェルの言うところはこうだ。

「わたくしは食料不足のために郷里を（カタルーニャへ向かって）離れたのであります。値上がりのため、わたくしどもの家族にはもはや生きる術がありませんでした」

死亡の圧倒的かつ基本的な原因たる病気について、モンタイユーでもアリエージュでも農民の認識がお粗末なのには驚かざるを得ない。例えば、一三一〇年代の初めアリエージュ上流で検証できる重大な流行病の場合にも、疫病という現象は大勢がたまたま同じ時期に死んだ一家族内の「偶発事件」として捉えられているので(9)、決して「事態あるがままに」受取られてはいないのだ。一三四八年に始まるペストの大波をかぶって初めて、農民の意識に感染という災厄が浸透したのであろうか(10)。病気の分類――無論、「病理学上の分類」などではない――だけでも、いちじるしい無知が察せられる。民衆の言葉に出て来る分類は、所詮体の、それも大ていは体の外側のどこそこが痛むという「症状」の確認にすぎない(11)。症状への関心が病因へのそれを圧倒しているのだ。子供たちが死んだ時、ギユメット・ブネは「耳が痛かった」。レモンド・ビュスカイユは「腸が流れ出して」死んだと、姑は信じている。羊飼いのレモン・モールは内臓料理（悪くなった?）を丸呑みにしたあと具合が悪くなったとあるだけで、何ら明確なことは言っていない。床屋に瀉血してもらって少しよくなったものの、一五キロほど歩いてまた悪くなり数日後に死んだ。若い羊飼いギヨーム・ギヤベールは「ひどく悪くなって血を吐いた」。ギユメット・クレルグは「俗にいうアヴァリダを右目に患っていました」と、供述している。メルヴィエルのオード・フォレは「聖パオロの発作」（癲癇？ 痙攣性のヒステリー？）にかかっていた。ベリバストの情婦レモンドは心臓が悪かったが、その上「激痛と発作のおそれがあった」（イスラム教徒の占い師によれば）。羊飼いベルナール・マルティは雇い主ギヨーム・カステルの家で二週間過ごした後「熱を出した」。それ以外に詳しいことは何も言っていない。アルノー・シクルの年老いた伯母は滴（しずく）に打たれ、歩けなくなった。「瘰癧（るいれき）」、「腿の腫物」、「潰瘍」、「膿瘍」等々も記録されている。もっとも、罵りの言葉に出て来るのだが……。

ほかの病気よりも沢山名前の出て来るのは皮膚病――頭部皮疹、疥癬、癩、聖アントアーヌの火、聖マルシアルの火など――で、人々は皮膚病に苦しんだのである(11)。アックス・レ・テルムの硫黄泉がこれに効いたし、アリエージュ上流へ巡礼に出かけるための口実にもなった。表向き疥癬を癒すためと言いながら、その実、善信者に会うためだったのである。パミエの貴族で古くからのカタリ派共鳴者だったベルトラン・ド・タイクスが供述している。

「サバルテス（アリエージュ上流）へ登って行ってひそかに善信者に会いたいものと、念願しておりました。そこで、疥癬にかかったと申して、ありったけの力でわれとわが腕を掻きむしったのであります。そして、会う人ごとに嘘を申しました。わしはアックスへ湯治に行きたい！ ところが、妻（カタリ派にひどく反感をもっていた）が申したのであります。とんでもない。お前さまが湯治に行くことはない。その上、来会わせた人たちにまで念を押したのであります。アックスの湯治の効能を誉めて下さるな。主人が行こうという気をおこすから」

癩となると話が違う。村でも町でも癩は、必ならず直ちに旅に出ることを意味した。山国で急に誰かが姿をくらますようなことがあったとしよう。土地の噂では、逃亡の説明は三つしかない。負債があったか、異端だったか、さもなければ癩にかかったか、である。癩の場合には低平地へ「降って」、パミエかサヴェルダンの癩院（レプロズリー）に収容されねばならなかった(12)。

こういうわけで、癩と疥癬は別だが、人々の病理に関する認識はひどくお粗末である。医療機関も同様に不足している。

確かに、時たま医者がモンタイユーまで登って来てはいる。さもない時には、病人の方から医者の薬房まで降りて行っている。

「娘のエスクラルモンドが病気でありましたので、大勢の医者に見せましたが、誰ひとり治してくれる者はありませんでした」

自分の手で畑の蕪を掘起こすようなただの農婦なのに、ゴージア・クレルグはこう言っているのだ。娘のため、肉体の医師のおかげで疲弊したゴージアは藁をも摑む気持で霊魂の医師、つまり善信者にすがる気になった。この方が、さぞかし偉いに決まっている大学（ファキュルテ）の先生様（メッシュー）に比べれば、地元では遥かに熱心だったのである(13)。

地理的にモンタイユーの一番近くに「住んでいる」医者は、ロルダのアルノー・テッセールだった。このあたりでは万能の物知りで通っている人物である。タラスコンまで行って病人を診る一方、公証人を仕事にしていた。国中を駆け巡って文書を受取っては、小さな窓の明かりだけが頼りの寝室兼用の仕事部屋に保管していた。どう見てもアルノー・テッセールは、患者が届けて寄越す尿の壜より、羊皮紙の証書の方に忙しい。ピエール・オーティエの娘婿たる、この医師兼公証人はアリエージュ上流で立派に生きた人物、一度も生活に飽きたことのない人物で通っていた。ただし、彼も山国の死亡率を大して引下げてはいない。いずれにせよ、モンタイユーの農民はこの遠方の、たった一人の、賢明な博士で満足するしかなかった。眼病にかかった時は、プラド・ダイヨンの村の女治療師ナ・フェレリアを頼りにしたので、それ以上遠くまで出かけることはなかった(14)。モンタイユー、サバルテス、その他アリエージュの住民にとって、ちょっとした症状など、基本的には病気の数に入らない。問題は死である。ギロチンの刃のように落ちかかる、有無を言わせぬ、死そのものである。予告のない死。少なくともわれわれの証人たちが何ひとつ予兆を語っていない死である。死は若者をも、強壮な大人をも襲う。年を取って衰える余裕を与えず、さっさと片付けてしまうのだ(15)。

このように敵味方たがいに反目する国では、断末魔の瀬戸際においてすら、いや瀬戸際なればこそ、狂信的で絶対に他を認めない宗教上の信念はとどまるところを知らない。死にかけたカトリック教徒はうろつく完徳者を追い払おうとする。完徳者の方は何とかして彼らを死に際で異端に引入れようとし、多少の成功は収める。「悪魔どもめ。わしを苦しめんでくれ」と、プラド・ダイヨンのアルノー・サヴィニャンは執拗な土地のアルビジョア派（アルノーの衰弱につけ込んで、本人の気持などお構いなしに救慰礼を執行しようとした）に向かって三度も繰り返した。カトリックの信仰は不確かだったが、かと言ってカタリ派ではなかったジャン・モリも、ギュメット・モリの企てに対しては断乎として身を守るほかなかった。ジャンの重病を利用して女主人はベリバストに救慰礼を施させようとたくらんだのであった。しかも、その次には耐忍（エンドウラ）、つまり自殺的な断食をさせようと思っていた。ジャンはこう答えたのである。

「いつ死ぬかは、神さまのお決めなさることだ。自分で決めることではない。そんなことばかり言うのは止めてくれ。さもないと、お前さまを捕らえ（異端審問に）させるぞ」

ローマ教会の聖職者が死に行く者の霊魂を取り戻そうとするのに対して、カタリ派が吐いた言葉も同じように手荒い。臨終の床で聖体を授けようとした司祭に、ある大胆な思想家は「汚くって臭い田舎坊主め。貴様のくれるものなど、お断りだ」と毒づいている。ギュメット・ブロは息を引取る間際で、しかも耐忍のせいで弱り切っていながら、カミュラックの司祭を見ると、「サンクタ・マリア。サンクタ・マリア。悪魔がいる」と言った（この司祭は老女のためを思って、聖体を捧持して来たのだった）。アリエージュ上流では、カタリ派もカトリックも、相手にとっては悪魔だったのである。

もちろんモンタイユーにも、死にともなう社会慣行があった。ただ、十八世紀プロヴァンスで見られたほど大げさではない。この行事には取り分け女がかかわるのだが、家（ドムス）という細胞組織が圧倒的な役割を演じる。仮に母か姑が死んだか、まさに臨終、あるいは単に危篤であっても、娘や嫁が決まりきった悲嘆の声をあげたのである。地中海地方の泣き女（ラメントウー）はカタリ派よりも、それどころかキリスト教そのものよりも古い。しかしモンタイユーの場合には家（ドムス）の中にはめ込まれているので、一斉に村の女たち全員が悲嘆することはなかった。善信者たちは独自の救済論を振りかざして、こんな哀れっぽい慣習は止めさせようとした。この点で典型的なのがギユメット・ブロの臨終である。老女が息を引取る頃は、異端になったあとの耐忍（エンドウラ）のせいで、そうでなくても衰弱していたのが一層弱っていた。当然、瀕死の老女の床のまわりで娘たちのお定まりの泣き声が聞こえているはずであった（村人の言によれば）。ところが、何も聞こえなかった。村の女二人、レモンド・テスタニエールとギユメット・アゼマはいぶかるだけで、わけがわからない(16)。

「ギユメット・ブロはこんなに弱って、長くもたないというのに、娘たちの泣き声が聞こえないのはどうしたことだ」

三人目のあい親ギユメット・ブネには、答えは簡単だ。歯の間から（まだ歯が残っていたとして）もぐもぐ答えた。

「馬鹿な女どもだ。ギユメット・ブロには泣いてもらう必要がないのだ。もう何も要らないように、全部婿がしたのだから」

前に見たとおり、ベルナール・クレルグがギユメット・ブロを異端に入れ、耐忍という死に至る絶食をさせたのである。

どうかすると臨終どころか、死ぬかも知れぬと思っただけでも女たちは泣き声をあげた。むろん、それなりに本気で泣いたのである。たとえば、ベアトリス・ド・プラニッソルに逮捕の危険が迫っているのを知ると、娘たちはヴァリーユの家の母のもとに集まって、一斉に泣き声をあげた。

尊属の死後、葬送の途上にも娘や嫁たちの泣き声は続いている(17)。流涕をともなう心からの悲嘆と、涙の出ない純粋に儀礼的な悲嘆は見分けることができる。マンガルド・ビュスカイユが言っている。

「姑が死にました時、埋葬に立会いました。皆が大声で泣いたのでありますが、わたくしには涙は出ませんでした。姑がまだ息のあるうちに異端にしてもらったことを知っていたからであります」(18)

もっと一般的な言い方をするならば、モンタイユーでも他と同様、女性は「葬礼の諸役のうちでも……月経があって呪力をもっているがゆえに」(19)意味があったらしい。息を引取るのを見守るだけでなく、葬儀屋も専門家もいない以上、女たちが死者の身づくろい（簡単な）で主役を勤めるし、それと同時に死者の毛髪や爪も切取る。屍衣を着せるのも女たちである(20)。埋葬は死後ほとんど日を置かずに行われ、大勢が葬列に従うのだが、その後でわれ勝ちに批評を述べ噂話をするのも女たちである。まさしく埋葬の時、アリエージュの村々を貫く男女の違いがはっきり浮かび上がる。死者が男か女かで、村の鐘の鳴らし方が違うのだ(21)。女性をひどく蔑視した土地のカタリ派は死を男性化しようと試みた。これについては先にも見たが、モンタイユーの救慰礼(コンソラメントゥム)の列席者（病人本人と完徳者は別として）は男、たとえばブロ家、クレルグ家、ブネ家の息子たちのような敬虔で積極的なアルビジョア派の男であることが多かった。しかし、異端色をつけたところで、あるいは異端色がついたからこそなのかも知れないが、排他的男性主義はほとんど成功しなかった。やがて、ある善きカトリック信者が一カタリ派医師の息子に、女にだって死後には復活の権利があることを思出させる場面を見るであろう。

他方、死は各個人の地位を思出す機会ともなる。「豊かな」女たるマンガルド・クレルグは土地の教会の中、モンタイユーの聖母の祭壇の下に埋葬された。その他大勢(ヴルグム・ペクス)は壁の外、教会に沿った墓地へ行くほかない。そこは定期的に墓を一掃して、もと先祖が横たわっていたあとに新来の死者のための場所をつくるところである(22)。

死の社交的構造（まだ十八世紀ほど繁雑にはなっていなかったが）以上に死に行く者、その近親、愛する者たちに気掛かりなことがあった。それは、少なくとも建前上は、死そのものの不安ではない。死後の救いに関する懸念である。この問題は宗教的態度に関する章で詳しく述べるつもりだが、今ここでも若干の指摘をしておきたい。

善きカトリック教徒にとって（モンタイユーにも彼らはいたのである。ただ、ジャック・フルニエの審問記録が彼らに関心を示さなかっただけである）、善い死に方とはできるだけ善い状態で神の心に身を委ねることに他ならなかった。ジャン・モリのちょっとした言葉は先に指摘したが、彼は危篤の状態、ほとんど死ぬ寸前と言ってもよいほどだった。まさしくこの切羽詰まった瞬間に、彼は老いたる異端の女怪ども言うがままになるまいと決心した。耐忍(エンドウラ)による事実上の自殺を説き続ける女たちに、「死ぬのを決めるのは神さまで、わたしではない」と言い返したのだった(23)。ともあれ、カトリックの救いにはこの種の完全な信頼だけでは不十分で、もしできるならば故人の霊魂の平安のために死後のミサを挙げることが望ましかった。今言っているのはバロック時代のプロヴァンスで行われたような何千回ものミサ、遺言人が司祭に押し付けた際限もない弔いの勤行のことではない㉔。それでも、一三〇〇―一三二〇年、アリエージュ上流の田舎町のカトリック教徒の間にミサの欲求が存在したのは確かで、どうかすれば放浪する人々に出費と旅行という犠牲を強いる場合さえあった。エスペルト・セルヴェルは夫が異端の過ちを犯したにもかかわらず、その夫のためにローマ教会の勤めを果す心優しい女であった。エスペルトは言っている。

「峠に着いて、夫はわたくしと別れたのであります。……しばらくして夫はペルテュス峠で死に、ペルテュスの聖マリア教会の墓地に葬られました。……その頃わたくしはレリダに住んでおり、そこで息子二人も死んだのであります。……夫の死後一年か二年たって、従兄弟のギヨーム・ダン・オルタとともにペルテュスまで参りました。これは夫の代理人であった者であります。かの地では夫の霊魂の平安のためのミサを唱えてもらい、墓地の夫には罪障消滅の祈りをあげてもらいました。夫の墓のある場所は、今となっては定かには覚えておりません」

供述しているエスペルト・セルヴェルがイベリア半島に流亡中の貧しい女で、貧に迫られて取入れの季節労働で辛うじて生きていたことに注意したい。それにまた、ペルテュスの聖マリア教会墓地の中での夫の墓の正確な位置はすぐ忘れたくらいだから、エスペルトが死骸の迷信とはまったく無縁だったことにも注意しておきたい。寄るべのない貧しい女が亡き夫の霊魂の平安という救いの勤めを大事に思い、それこそ善きカトリック教徒たる心掛けから、何はさて置き高額の費用を払って案内を頼んだのである。この場合、霊魂の平安とは妻と従兄弟がミサを唱えてもらうことと同義である。故人は在世中かならずしも模範的な夫ではなかったのだけれど、エスペルトはおよそ恨みというものを知らない。

いずれにせよ、ローマ教会に比較的忠実だった人びとの死は、断片的な材料を通じてしか知ることができない。これに対して、カタリ派の死については資料が集中しているおかげで、統計化はできないまでも少なくとも特徴を摑むことができる。それならば異端の村、モンタイユーにおけるカタリ派の死は手軽な死にすぎなかったのだろうか。

黄十字の村でも、救済に関する勤めはカトリックの場合と本質的な相違はない。違いは目的でなく方法に、天上の到達点でなく地上の仲介者にある。ピエール・モリのいうところでは、「托鉢僧団」の会士に霊魂を救うことなどできはしない(23)。奴らと来たら臨終の秘蹟を授けてしまうと食卓へ急いでたらふく詰込むことしか考えない。そこで、善き羊飼いはじめモンタイユーの村人の結論は決まり切っていた。「善信者に縋ろう！　あの人たちなら魂を救えるだろう」。審問記録のどのページでも、完徳者や救慰礼や耐忍が問題になりさえすれば必ず出てくる言葉はこれである。そして善信者の方では、常時（もちろん豪雨の時は別だが）山々を駆け巡って求めに応ずる用意をしていた(25)。

だから、モンタイユーの農民たちは事情を知り抜いた上で、病気になっても最低限の意識が残っているうちに近づく死に備える術を心得ていたと言える。彼らは、救慰礼につきものの危険、言い替えれば耐忍の苦痛（異端になった後の）を承知の上で受入れていたのである。耐忍は病気から来る当然の苦痛に加えて飢えの、それに何より渇きの苦悶を付け加えるはずである(26)。

農婦ギユメット・ブネの夫ギヨームおよび息子レモンの場合には、もう起上がることもできないほど末期的な段階になった当人たちが「望みかつ願って」、つまり完全な自発意志によって、救慰礼を授けよう、そして必要となれば死ぬまで耐忍に入っては、という申し出をあい次いで受入れた。情深い死が速やかに訪れたために、二人は最後の約束を守らずにすんだ。ギヨーム・オーティエに救慰礼を授けられた後、その夜のうちに死んだのである。

モンタイユーの老女ギユメット・ブロおよびナ・ロッカの場合は、これほど恵まれていなかった。それでも、二人は限界に近い試練に耐えたのである。耐忍の最中、ギユメットは聖体を捧持して訪れた司祭の助けを拒絶した。ナ・ロッカの方は、病死するまで英雄的に飢えと渇きのストライキを続けた。ブリュンヌ・プルセルの語るところはこうである。

「一五年あるいは一七年前のことであります。復活祭のある日の夕方、ギヨーム・ブロ、レモン・ブネ（これはギヨーム・ブネの息子であります）、それにモンタイユー生れのリグザンド・ジュリアが、ナ・ロッカをブーラ（粗織の麻布）に包んでわたくしの家まで運んで参りました。ナ・ロッカは重病でありまして、異端にしてもらったばかりでありました。皆はわたくしに申したのであります。食べ物も飲み物も上げないように。絶対にいけないのだから！その夜、わたくしはリグザンド・ジュリアやアラザイス・ペリッシエと一緒にナ・ロッカに付きそっておりました。わたくしどもは何度も勧めたのであります。話をして！　何か話して！しかし、彼女はくいしばった歯を緩めようとはしませんでした。わたくしは豚の塩漬肉のスープを食べさせようと思ったのでありますが、口を開けさせることはできませんでした。何か飲ませようと、色々試みます度に彼女は力一杯口を閉じたのであります。二日二夜このままでおりましたが、三日目の夜、それも明け方近くに死にました。息を引取りました時、家の屋根に普通梟（ふくろう）と申します夜鳥が二羽飛んで参り、屋根の上で鳴いたのであります。それを聞いて、わたくしは叫びました。死んだナ・ロッカの魂を取りに悪魔が来たんだ！」

見事な史料というほかない(27)。父親に嫌われたこと、私生児だったこと、それに愚かだったことも手伝って、話し手のブリュンヌ・プルセルは一知半解のキリスト教と悪魔信仰、とりもなおさず異教的な迷信の混合に逆戻りしている。おそらく、これはカタリ派が地域に根を下ろす前のモンタイユーの宗教的心情の一側面だったはずである(28)。文字通り天国の救いを得ようと喜んで耐忍の決心をした老農婦ナ・ロッカの勇気など、ブリュンヌ・プルセルには到底理解できない。しかし、ブリュンヌは自分の心の動きには忠実である。塩漬豚のスープで瀕死の老女の命を救おうと願ったのだ。

モンタイユーのエスクラルモンド・クレルグの臨終も、これに劣らず示唆的である。彼女はベルナール・クレルグ（代官とは同名異人）とその妻ゴージアの娘である。ベルナールとゴージアは農家の夫婦で、妻は畑で蕪を取入れ、夫の方は雑用に手を出すこともあって、錐を手にして自分の家の屋根に板を張り付けることもできた。娘のエスクラルモンドの幸先は上々だった。まだ若かったが、コミュス村のアデーユなる者に嫁いだ。「結構な縁組みだ。これでエスクラルモンドはまだ」と、若い嫁の代父で保護者の、その上ゴージアとはあい親の間柄にあたるギョーム・ブネはすっかり満足だった。しかるに、何たることか！　エスクラルモンドは重病にかかる。そこで、それが当然だったが、父ベルナール・クレルグの家に帰って死を待つことになった。実家では台所の火のそばに病床が用意された。母ゴージアは心をこめて看病し、夜は一緒に眠るほどだった。父のベルナール・クレルグの方は隣の部屋に寝た。ゴージアは娘を愛していたが、所詮この娘（こ）は助からない、むしろ神さまがお連れになるようにと思っていた。娘を治すための薬や医者で、彼女はすでに破産していたからである。何という空しい破産！

　ギョーム・ブネは代父として名付け子の救いに明白な責任があると考えていた。そこで、エスクラルモンドを異端にするよう、あい親のゴージアを説得する。あとは若い病人の同意を求めるだけである。そして、心からの同意が得られた。もっとも、もうよく話せないほどに弱っていたので、代父の方に手を差し出して承諾の合図をしただけである。このような情況では、鬼でもないかぎり救慰礼を阻むことなどできはしない。大急ぎで完徳者プラド・タヴェルニエが呼び迎えられる。例によって授礼にはブロ、ブネ両家の男女が立会った。金曜日の夜、人々の就寝の時刻、台所で、エスクラルモンドの父親の知らないうちに執行された。父親は隣室で熟睡していたのである。定めに従ってレモン・ブロが蠟燭を携えてきた。明かりのためには台所の火を燃やすまでもなかった。四旬節の頃で瀕死の病人の部屋は寒かったが、肉体の安楽、よしんば危篤の肉体のためであっても、肉体の安楽よりは霊魂の幸福の方が大事だったのである。

　ともあれ、こうしてエスクラルモンドの救慰礼（コンソラメントゥム）が済むと、完徳者はねぎらいの酒手を貰って立去った。残る問題は、救慰礼を受け異端にしてもらった者の耐忍（エンドウラ）である。これについてゴージア・クレルグはいかにも情愛深い母親らしい反応を示して、厳格な男性優位主義者たちに敢然と反抗した。断食は娘に課されてはいるけれど、それは自殺的だというのだ。レモン・ブロが母親に忠告した。

「どんなに欲しがっても、食べ物も飲み物も与えるでない」

ゴージア・クレルグは何よりも母として反対する。

「あれが食べ物か飲み物を欲しがったら、言うとおりにするつもりだ」

「そんなことをしたら、エスクラルモンドの魂のためにならない」

ブロ家の息子は悲しげに口をつぐんだ。

モンタイユーの連中の和合という点ではまことに幸運だったが、食べ物の論議は二度とむしかえされなかったはずである。エスクラルモンド・クレルグは翌日曜日、三時課の刻限に死んだし、それまで食べ物も欲しがらなかったからである。この慎みが勇気によるのか、それとも衰弱のせいだったのか、もちろん知る術（すべ）もない。それにしても、この若い農婦は救慰礼と死に先立つ瞬間、霊魂、つまり自分の救済に対する感動的な配慮を示している。

同様の彼岸での救済に対する希求、しかもさらに明確な自発意志に基づく希求は、モンタイユーの若い羊飼いギョーム・ギヤベールの振舞にも見ることができる（この場合にもまた、母親の過度の愛情に妨げられそうになっている）(29)。一五歳といえば、若い羊飼いが父親など及びもつかないほど敏捷に急峻な山腹を駆け登り、岩場にたどりついて仔羊を連れ戻す年ごろなのだが、その年でギョーム・ギヤベールは羊の群から離れねばならなくなった。吐血した（肺結核？）のだ。彼は床につく身となった。年上の友人、ギョーム・ブロとレモン・ブネは二人ともカタリ派だったが、若い病人に強い影響を及ぼす。そうでなくても、ギヤベール家はさまざまの関係で戦闘的な腹の底からのアルビジョア派たるギョーム・ブロと結び付いていたから、それがまた宗教上の従属をさらに強めたのである。ギヤベール家は実に希有の位置にいたと言える。同家はギョーム・ブロの強烈な人格から発する、より一般的にいえばブロ家そのものから発する異端の影響を熱烈に受入れた。モンタイユーではごく当り前のことだが、ブロ、ギヤベール両家の繋がりは代父母関係（コンペラージュ）によって、さらに間接的には情事関係（コンキュビナージュ）によって補強されていた。ギョーム・ブロはわれわれの結核患者の姉妹アラザイス・ギヤベールが最近嫁いだばかりの夫アルノー・フォレの代父であった。このアラザイスはアルノーと結婚する寸前まで若気の過ちで靴直しのアルノー・ヴィタルと情交があった。しかも、アルノー・ヴィタルはといえば、ブロ兄弟の親友で食事仲間だった人物である。だから、アルノー・ヴィタルはブロ家とギヤベール家の間の思想ならびに情事の両面にわたる媒介者だったことになる。

病気で衰弱していたギヨーム・ギヤベールを異端にするよう、皆が心を合わせた（ここで少々触れておくと、同家には病気が取りついていた。われわれのギヨームの姉妹でジェベツ村のジャン・クレマンの妻だったギユメットも実家で病臥していた。身体を壊したためはるばる婚家から一時帰っていたのである。彼女はギヤベール家の台所で、兄弟のギヨームが死ぬ寝床と並んで寝ていた(30)。しかも、赤ん坊と一緒に！）。ギヨーム少年はギヨーム・ブロに面倒を見てもらったが、同時にギヨーム・ブロは救慰礼を受けさせるためにも全力を尽くした。アルノー・フォレの妻アラザイスも、弟のためにはそれが一番の解決だと思っていた。彼女が異端の教えを頼りにしていたのは事実だが、同時に一石二鳥をも狙っていたのだ。そうなれば、自分の結婚以来父親のジャン・ギヤベールと夫アルノー・フォレの間に根を下ろした家族間の確執も終わるだろうと考えたからである。ジャンはアルノーにアラザイスの婚資を一文も払わなかったのだ！　アルノー・フォレの方は、女房や義母アルマンド・ギヤベールや代父ギヨーム・ブロの言いなりであった。名案というほかない。アラザイスはギヨーム少年の異端入信を利用して夫と父親、兄弟を仲直りさせようというのだ。一人は死の瀬戸際にいる義理の兄弟二人、ギヨームとアルノーが相手の過ちを許しあうなど、実に感動的な場面ではないか。

突然、完璧な悲劇が襲う。特筆に値する立派な会話がギヨーム青年と友人ギヨーム・ブロおよび母アルマンド・ギヤベールの間に交わされる。母親は心から息子を愛していたが、家（ドムス）の行く末も気になるのだ。もし少年の救慰礼が異端審問官に露見したら、家は確実に巻込まれる。すでに目が見えなくなりかけたギヨーム・ギヤベールにギヨーム・ブロが話しかけた。

「友よ。お前のために魂の医者を探しに行ってやろうか」

ギヨームが答えた。

「是非とも、そうしてほしい。わたしを信仰と宗門に入れてくれ、良い死に方をさせてくれる善信者を探して来てほしい」

母のアルマンドはその前から不安で、あれかこれかと悩んでいたが、これを聞いて病人に言った。

「坊や、そんなことをするでない。息子は一人しかいないのに、お前を失うだけでもう沢山だ。この上、お前のおかげで家財までなくす（告発の結果）ことはない」

ギヨームが答えた。彼は母親を丁寧に（ヴーヴォアイエ）呼んでいる。母親の方は親しみ（テュトアイエ）をこめて呼んでいる。

「おお、母さん。お願いだから、わたしの魂を救ってくれる善信者を呼びに行かせて」

「そんなことをするでない」

「母さん。お願いだ。望みをかなえて。邪魔をしないで」

結局、ギヨームの姉妹のアラザイスが情熱的にかき口説いた末、善信者を迎えるよう母親を説き伏せた。何しろ、善信者は若者の霊魂を救うに違いないのだから。アルマンドはまだ不安だったけれど、いい負かされ、説き伏せられて譲歩した。ギヨーム・ブロが口を添えた。隠れカタリ派の司祭ピエール・クレルグが勢力をもっているから、この村では異端審問官も異端入信に係わった者に大した面倒は掛けないだろうと言ったのである。

だから、完徳者プラド・タヴェルニエが執行したギヨーム・ギヤベールの救慰礼接授は、死に行く若者の親族全員、姉妹たち、母親、義理の兄弟の前で行われたのである。少年はその後間もなく死んだ。油一壷、羊毛の塊り幾つかが完徳者の勤めに対する謝礼だった。気前のよい報酬である。

☆

ナ・ロッカやギョーム・ギャベール、その他これに匹敵する者たちは勇気の限界を広げた。しかし、このような理想主義は問題を生むし、緊張を作り出す。前に見たようにモンタイユーでも、所詮は蛮行にすぎない壮挙に対し心が優しくて分別のある女たちは、大した成功を収めたとはいえないにしても、ささやかな抵抗をしていた。

「耐忍と称して、自分の子を飢え死にさせてよいだろうか。子供の異端入信が露見して家財を失う危険を犯してよいだろうか」

黄十字のついたモンタイユーの場合には集団の英雄的全体主義のせいで疑念に対する免疫ができていたからまだしもだが、ほかの土地では一層明白な、しかも取り返しのつかない形で挫折があらわれている。キエ、アルク、ジュナックなどの村々、それにプラドにさえ、集団としてのカタリ派の核はできていなかった。幾人かが個人的に、それも一時的に、救慰礼を受けて死にたいという誘惑に捉えられることはあったものの、そのあとでは耐忍の苛酷さに対して反抗している。とりわけ母性愛が至上の権利を主張した。前にも見たが、アルクの牧羊家の妻シビル・ピエールは赤ん坊を異端に入れた（このこと自体、教義上論議の余地がある）あと、授乳を禁じられて拒絶した。シビルだけの例ではない。モンタイユーから一里（リュウ）ばかり離れたプラドのことだが、マンガルド・ビュスカイユの生後二、三ケ月になる赤ん坊が危篤になった。マンガルドの義理の兄弟ギョーム・ビュスカイユが、「天使にしてもらうため」と称して、息のあるうちに赤ん坊に救慰礼を受けさせ――この考えは異端の中の、さらにまた異端である――次いで耐忍をさせたらと勧めた。マンガルドの毅然たる返答はこうであった。

「乳を与えてはならぬなどと言われても、この子の生きている限りお断りします」

アックス・レ・テルムでは、牧羊家ギョーム・エスコニエの母が救慰礼を受け、次いで耐忍に入った。もちろん肉を食べるわけには行かない。そこで母親はこの解決を仕組んだ子供たちに反抗した。彼女の場合、肉に対する嗜好の方が天国への愛よりも強いことが暴露されたのである。ガイヤルドは食事を要求し、よかれと願って応じなかった娘を罵倒した。

ジュナックでは、ベルナール・マルティが重体となってギョーム・オーティエから救慰礼を受けた。二日二夜は水だけで、「身を養い」、食物を取らないでいることができた。三日目になって飢えを訴え、降参し、耐忍を断念した。断食を監視していた兄弟や姉妹も譲歩して、パンも葡萄酒も肉も与えた。およそ世の最良の意志をもってしても、またいかに完璧なカタリ派であっても、これが自殺であることに変りはない。快適であろうはずがないのだ。

こうして要求過多となった末に異端信仰がぐらつくと、それでも救済を切望——ただし最小の負担で——し続ける人々にはカトリック教会による死が代わりの解決策となる。マンガルド・ビュスカイユも一時は赤ん坊のためにこれを考えた。マンガルドの姑レモンドはかわるがわる両方を体験した。善信者と司祭が順次臨終の枕頭に詰めたのである。

☆

ところで肝心の村、モンタイユーそのものに立返って本章を終えよう。

記録に出る異端入信ではどの場合でも、死を前にしたこの村の農民、老若男女一様に同じ関心を抱き、同じ態度をとっているのが見られる。最大の、そして振り払うことのできない関心事は、羊飼いギョーム・ギヤベールが心底から吐露したように、霊魂の救済の問題であった。死んで無に帰することへの苦悩は、そのままの形では問題になっていない。霊魂救済の関心は社会化されることが有り得たので、例えばギョーム・ギヤベールの場合には家族、近親、知友、代父、さらに近親の愛人に至るまで、集団によって異端入信の手筈（てはず）が進められている。同じ関心がこれとは反対に、完全に個人のものとして出現することも有り得た。不屈の断食者として誰の目にも明らかな孤独のうちに断末魔を迎えたナ・ロッカがその例である。死を前にした時まず現れる態度という意味での救済の関心は、実は文化的現象である。それは家（ドムス）の集団に由来している。村民のほとんど集団的な圧力を受けては、プラド・タヴェルニエもカタリ派の公式戒律を枉（ま）げざるを得なかった。すでに意識を失った病人にも救慰礼を授けるほかなかったし、いわんや赤ん坊に授礼するに至っては、アルビジョア派の精神からすれば醜聞以外の何物でもなかったのだが……。

だから、これは文化的かつ社会的な関心なのだが、同時に、突き詰めれば語の伝統的な意味におけるキリスト教的な、それどころかカトリック的ですらあるところの関心でもある。すぐに気付くことだが、われわれの農民は、あの孤独になって直接神とだけ対話したユグノーとは違って、天国に到達するために仲介者を必要としたのである(四)。カトリック正統にとどまった者たちの仲介者は司祭だし、ナ・ロッカやモンタイユー住民のように聖職者やフランチェスコ会士はどうしようもなく堕落していると考えて信頼できなくなった者たちの仲介者は善信者であった。つまり、聖職者であるか完徳者であるかは別として、神と人間との間に第三者の介在が不可欠だったのである。可能なかぎり、人は家(ドムス)の者たち、さらに親族に囲まれて死ぬ。しかしまず何よりも、異端であれ正統であれ、つまり善信者であれ聖職者であれ、自分の選んだ(時と所の信条(クレドー)に従って)執りなし手に付き添われて死ぬのである。一人きりで死ぬことなく、しかも救われる。これこそ変らぬ願いであった。

第十五章　文化交流と社会的結合の構造 ——書物と夜語り——

今までに家（ドムス）も、羊飼いの小屋暮らしの世界も眺めた。その次には暮らしぶり、結婚、誕生、年齢層、死亡も見た。これからはモンタイユー農民の文化と心性（マンタリテ）を調べてみようと思う。文化と心性。書物による媒介の有無にかかわらず、それはまず第一義的に、濃密な交際を通じて行われる文化の伝達の問題である。また、時間、空間、自然に対する農民の態度の問題でもある。要するに、そのようなものがあり得るとしてのことだが、モンタイユーの哲学をまとめたいのだ。調査が進むにつれて、土着の宗教および反宗教の膨大な資料が問題になるだろう。それは異教的民俗、カトリック信仰、カタリ派、反教会感情、自然主義、ひいては農民的唯物論など、変化に富んでいるはずである（いうまでもないがカタリ派の地層に関連してアルビジョア派教義の全体系を叙述するつもりはない。ただ、いかにその教義が社会現象の深奥部、村の心臓部に浸透していたか、折りに触れて指摘するにとどめる）。そのほかにも、例えば個人および集団の倫理、価値体系、規範に関する問題がある。しかも、これらを検討すれば、政治的および宗教的な社会的結合（ソシアビリテ）の考察が不可避となるに違いない〔一〕。さらにその結果、死を前にした時の農民の態度という大問題に再度——先に指摘した時とは別の視角から——立返らざるを得なくなるだろう。死を前にしてと言ったが、死の後を考えてと言った方が良いかも知れない。このような見方をするなら、普通「呪術」および迷信という一般概念で指示される現象の大部分をも視野に入れることになる。モンタイユーの場合、民俗ないし地域の心性において、呪術も迷信も生者の村と死者の村が相互に取り結ぶ本質的な諸関係とかかわりをもっているのである。

☆

心性の鏡ともいうべきわれわれの基本史料について、二つのことを言っておく。誤解があってはならないが、ジャック・フルニエの審問記録が提供する証言は、全部が全部というわけではないにしても、農民「文化」に関して稀有の価値をもつものである。質が高いという第一の理由は、それがはっきり焦点を絞っていることにある。パミエ司教が記録した証言は一つの村全体にどぎつい光を当てている。むろん、同時に近隣諸村の心の情景をも照らし出しているので、それもおざりにはできない。それどころか、問題の村を確証する材料である。第二の理由は厳密に社会的な考察に関するものである。ジャック・フルニエが調査に乗出す口実の一つにしたカタリ派異端は、この一三〇〇年から一三二〇年にいたる時期にはもはや都市的ないしは貴族的現象ではなくなっている(1)。それは農村世界、山国の農民の方へ身を屈めている。「愛想よく迎えてくれる隠れ家やつつましい納屋」のおかげで、異端は生き延びる場所ができた。良かれ悪しかれ、十分の一税が一層強くのしかかったために生じた農村の反教会感情から養分を汲み上げ、子供たちが親たちの思想を受継ぐ文化伝達方式の中に潜り込んで越冬した。こうして異端は四分の一世紀という時間を稼ぎ、農村でささやかな再興（リヴァイヴァル）を実現することができたのだが、これは都市の同類の思い及ばぬところであった。都市は隙間もなく見張られ、托鉢僧団、フランチェスコ会士や異端審問の手先等々が入り込んでいる。アルビジョア派異端が農村化したおかげで、カタリ派そのもの（本書の目的ではないが）だけでなく、農村の心性を研究する便宜が得られることになったのである。十四世紀初め、異端教説の「農村化」はおおいがたい事実である。歴史書の中では非農民、特に職人こそすぐれて革新思想の伝達者、荷担者であると、度々指摘されてきた。モンタイユーはじめフォア伯領の村々では、彼らはほんの僅かな役割しか果していない。「一枚の革で世にも見事な靴を仕上げる」と言われた靴屋アルノー・シクルは偽カタリ派……実のところは密偵にすぎない。織布工プラド・タヴェルニエは後に完徳者となったが、彼がこの危険な道を選んだのは何よりも「織ることに飽きた」からであった。一三〇〇年から一三二〇年頃にかけてのアリエージュ上流では、異端はもはや織られ紡がれる羊毛の娘ではない(1)。単純明快、土地と牧羊の産物になり切っている点、地元産のチーズと同じである。鍛冶屋に異端がいたのは事実である(幾人かのアルビジョア派の蹄鉄工、たとえばタラスコンとジュナックのセルヴェル家やマルティ家など)。ローマ教会の偶像や奇蹟を信じている無邪気な、あるいは無邪気と思われた連中を、ベリバストが――侮蔑がこもっていないとは言えないが――山猿(ガヴエ)、つまり北国から来た山男と呼んだのは理由のないことではない。農村職人が指導者の役を果す場合があったのは事実だが、それでも彼らを超えて土地の農民が異端に最後の花を開かせる土壌であったことに変りはない。たとえばベリバストその人、ピエール・モリのような羊飼い、ブネ、ブロ、フォール、そしてクレルグのように根を下ろし枝葉を広げた有力農民の家々が、それぞれに、あるいは一体となって異端を支えた。そして、ほかならぬ彼らが農村集団の心性をわれわれに明かしてくれるのだ。

一三〇〇年代から一三二〇年代にかけてのモンタイユーでは、異端が住民の大部分を占めていただけに、彼らが教えてくれるところは一層豊富である。ほかのところ、例えばサバルテス、カプシール、ナルボネ南部などの「汚染」村落の場合、異端は少数集団、それどころか零細集団であるのが普通で、時には個々の人物、ただしそれなりに目立つ地位にいる人物にすぎない場合すらあった(2)。もっとも、そのような彼らにも反教会感情が集約されている場合はある。要するに、普段は沈黙している地元民大多数にかかわっていたかも知れず、事と次第では共同体全体を左右しかねない意識を、彼らの存在が白日の下に引出すことになったのだ。

従って、われわれの審問記録の中には、このような「農民」文化が影を落としているどころか、むしろそっくり映し出されているのだ。ところが、安易な軽蔑の念から、この価値が見落とされがちである。今日――実は、一三〇〇年来そうなのだが――あまりにも多くの人が農民は「愚鈍」だと考えている。農民特有の寡黙、内気、自我主張の抑制、羞恥を無教養と混同しているのだ。これら「愚鈍な連中」を社会的にひどく低く評価するなら、彼らの心性について発見があったところで、もともと軽く考えているのだから大して興味を引かないに決まっている。田舎者に対する軽蔑が次第に広がると、本書で考察している時代にまで及びかねない。少なくとも、エリートたちが決め込んだ価値判断を信ずればそうなる(3)。程度の差こそあれ、このような思い上がりは一三〇〇年ないし一三一〇年以降のわがモンタイユーの住民、特に富裕な農民の間にも見られたのだ。ある男は臨終の床で司祭に向かって、「賎しい臭い百姓」と叫んだ。差配が深夜寝床の中にもぐり込むという無礼を働いた時、目を覚ましたベアトリス・ド・プラニッソルは憤激の余り、「百姓」と罵った。ピエール・クレルグはモンタイユーの「百姓ども」に仕返しをしてやるのだと、思い上がった言い方をしている（相手は彼自身の同類、つまり兄弟や親族なので、ただ人を見下すときのささやかな序列の中でほんの少し彼より低いところにいたにすぎないのに）。

しかし所詮、このような事例にはさしたる意味がない。誰彼が腹立ち紛れに罵言を口にしたところで、われわれの史料に見られる豊富なテキストに比べれば物の数ではないからである。人口流出が起きて田園から農村エリートがいなくなってしまう時期より六世紀の昔、われわれの見る農民や羊飼い――モリ、モール、コルティル――は抽象的な思考、実に哲学や形而上学を愛好しているので、およそ愚鈍どころではない。彼らは何の苦もなく町から来た異端伝道者や法律家と対で話している。村の付合いが細やかなこと、それにオック語が滑らかなことが会話を助けている。彼らは、農民や羊飼いと貴族、聖職者、商人、職人の親方の間に財産の隔たりはあっても、身分間の疎隔が曖昧な社会にいたのだ(4)。ここでは、手の労働、特に職人の労働が卑しめられることはなかった(5)（職人たちはしばしば、一方では農民、他方ではより高い社会集団の間に立って媒介者、交渉者の役割を果している(6)）。最後に付け加えるが、村人たちは途切れる間もなく、実によく話している。野良でも、食事時でも、それに何より夜間、時には鶏鳴にいたるまで……。全体として、どちらかと言えば閉鎖的な内婚制とひどく開放的な内部交流（個人個人の秘密にもかかわらず）が、地域レヴェルで同じ世界、同じ血統の人々の思想の交換を容易にしたのだ。

☆

モンタイユー文化全体に関する総論を閉じるに当り、最後に一言しておく。繰り返すが、異端審問官の急襲、捜索、捕縛、掃蕩にもかかわらず（あるいは、そのために……）、そこにあるのははなはだ活力に満ちた文化である。これに対して、カタルーニャの田舎町へ亡命した連中は、人もその心理構造もともにひどく不安定である。日常生活の気苦労にもまして、流離、孤独、信頼できる者同士の分散などから生ずる崩壊現象につきまとわれている。この先、子供もなく、どうかすれば生活の資もなしに細々と生き、ただ老いて行くだけなのではないかという心配があった。カタルーニャ離散者の文化崩壊の危険の最大の原因は周辺社会から来る誘惑であった。周りからは奪回地型、スペイン型独特のローマ・カトリック（現地ではそれなりに有効だったのだが……）が全身に浸透して来る〔三〕。故郷で生れカタルーニャで育った亡命者中の若い世代が、この魅力に動かされないはずがない。アリエージュ上流の村では想像もできなかったような激しい世代間の対立が生れ、両親に反抗して乱暴に及ぶ場合さえ生じた(7)。農民的カタリ派信仰は、異質の環境と亡命者の都市化によって急速に腐食された(8)。だから、山国の人々の集団的心性を本来の生き生きとした姿で見ることができるのは、羊飼いたちの高地の小屋にもまして、まさしくモンタイユーなのである。

☆

モンタイユーおよび同型の諸村落において、文化の醸成ないし伝承は書物によって、より広く見て文字によって、なされたであろうか。われわれの村にとって決定的な事件となったオーティエ兄弟の伝道開始のためには、書物の影響は不可欠だった。農婦シビル・ピエールが供述している。

「オーティエ家のピエールとギョームは公証人でありまして、法律を承知しておりました。妻も子供もおり、裕福だったのでありますが、ある日ピエールは自宅で一冊の本の中のどこやらを読んでおりました。しばらくしてピエールはギョームがたまたま居合わせましたので、この者にも同じ場所を読むようにと申したのであります。兄弟のギョームに尋ねました。どう思うかね。ギョームが答えました。われわれの魂は破滅したような気がする。そこでピエールが決めたのでありました。出掛けよう。魂の救いを探しに行こう。二人は全財産を捨ててロンバルディアに参りまして、そこで善信者になり、人々の魂を救う力を手に入れたのでありました。アックス・レ・テルムに戻って参ったのはその後であります……」

オーティエ兄弟がカタリ派に目覚める機縁となった書物については推測するしかないが、一つ確かなことがある。十二、三世紀の経済と法の復興のおかげで活動の場を得た公証人たちの稼業は(9)、書物、ささやかでも書棚なしでは成立たない。そして、それら書物の間から異端が発芽したのだ。紙の普及とオック語で記述する慣行の一般化が、公証人の職業活動と並んでこの危険な傾向を助長した。モンタイユーに決定的な影響を及ぼしたオーティエ一族は、このような公証人の中でも大物である。ピエール・ド・ガイヤックはタラスコン・シュル・アリエージュ生れで、アルノー・テッセール宅に住込んで書記をしていたが（アルノー自身はロルダの医者で、ピエール・オーティエの婿にあたる(10)）、次のように供述している。

「一四年前のことであります。わたくしは半年ばかりアルノー・テッセールの家におりました。書斎でアルノーが受取った契約を文書にする仕事をしていたのであります。ある日、反古(ほご)の堆(やま)をかきまわして心覚えの本を探しておりましたところ、俗語を紙に書いて古びた羊皮紙の表紙をつけた本が書類の間から出てきたのであります。しばらく読み耽ったのでありますが、それはマニ派異端とカトリックの教義について理屈、むしろ双方の論争を俗語で書いたものでありまして、マニ派の意見に賛成してカトリックを非難した箇所もあればその反対の箇所もありました。読んでおりますうちに、雇い主のアルノー・テッセールが入って参りました。まったく突然のことであります。狂ったようになって、わたくしの手から書物を引ったくると、どこかへ隠しました。その夜、見つかるような所に書物を置いたと言って、彼が妻と息子で私生児のギヨームを叩く物音を聞きました。そのため、わたくしは居たたまらず、タラスコン・シュル・アリエージュの実家へ帰ったのであります。さらにその翌日、アルノー・テッセールが尋ねて参り、わたくしを連戻したのでありました」

この件（くだり）は書物の危険をよく物語っている。反対に、幾人かの農民はカタリ嫌いが昂じた結果、あらゆる書き物が異端のものだと思い込んでいる始末である。牛飼いのミシェル・セルダンが供述している(11)。

「満月に近い頃のある夜明けでありました。夏であります。日の出前に起きて牛を牧草地に連れて参ろうとしたのであります。アルノー・テッセールの家の裏の草地で男たちが何か書いた物を月の光で読んでいるのを見つけました。

わたくしは異端に違いないと確信したのであります」

農村地帯をも含めてアリエージュ、オード流域には、ささやかながら書籍製造のための「社会的、経済的基盤」が存在していた。知的中心だったパミエのことは言うまでもないが、ベルペックやミュルヴィエルのような取るに足りない村にまで羊皮紙工や書籍の筆写工がいたのである。それだけいれば、ごく少量ではあっても善信者の手を通じてサバルテスやアイヨン地方を「汚染」するに十分な書物を作り出すことができた。羊皮紙が稀少となったために初めて紙が導入されたが、その結果はかえって伝播を促進することになった。だから、学識者たちの文化と民衆の文化の間には関係が、それも往復の関係があったので、それはまだ極めて僅かだったとは言え書籍の普及によって促進されたのである。もちろん、今日に比べれば、この往復はおそろしく緩慢だし、不確実でもある。

こうして限られた規模ながら書物は普及し始めているのだが、書物が貴重だったことに変りはない。文字を知らない村人たちが書物に対して抱いた畏敬の念は、学識や学識ある人びとに対する理屈抜きの敬意の当然の結果であった。モンタイユーからカタルーニャへ亡命したギユメット・モリはラルカ生れの完徳者レモン・イッソーラの前に出た時、賛嘆のあまりうっとりするほどだった。

「あの方は上手に教えなさる。信心について沢山ご存じだ」

女主人ギユメットがギヨーム・ベリバストに促されて崇敬の念を吐露したのはレモン・イッソーラその人に対してだけではない。人を超えて、カタリ派の書物そのもの（天の高みにて聖なるおん父の編みたもうた）を崇敬したのである(12)。して見れば、本をもっていない善信者など、銃のない兵士同然であろう。完徳者レモン・ド・カステルノーは四〇がらみ、赤ら顔で白い房毛をした、かなり背の高い、トゥルーズ訛りの男だったが、胸をさいなむ悲痛な悔恨を打ち開けてモンタイユーの羊飼いたちを驚かせた。

「わしは本をカステルサラザンに置いて来てしまった」

正確に言えば、ほとんど誰一人として書物に触れる者がなかったからこそ、書物が尊ばれたのである。村で本を持っていたり、借りて来たりして読むことのできたのは、善信者を別にすれば聖職者くらいのものであった。聖職者だったバルテルミー・アミヤックも時祷書を一冊もっていた(13)(四)。後に投獄された際、アルビジョア派のベルナール・クレルグが嘲笑の種にした本である。ほかにも、バルテルミーは、情人を連れてリムーへ逃亡する路用の足しに本を質に入れようか、それとも売ろうかと考えたことがある。ピエール・モリが偶然出会ったガスコーニュ生れの聖職者は、緑色の眼、褐色の髪をした三〇歳くらいの男だったということしか判っていないが、その聖職者は紅色の革で装丁した『異端者の信仰の書』を所持していた。農夫と山鍛冶の村ジュナックでのことだが、ヴィクデッソス駐在の助祭アミエル・ド・リーヴは『説教集』を所持していた。そうでないまでも、少なくとも教区教会備付けの本を自由に読んでいた。その中から異端に都合のよい解釈を抜き出して、説教の際に司祭や土地の領主たちはじめ教区民多数の前で読上げたのである。モンタイユーでも、司祭ピエール・クレルグがカリスマめいた権威と勢力を振るえたのは、一つにはしばらくの間『暦』を手にしていたせいである。これは『異端の書』とも、『異端者の聖なる信仰の書』とも呼ばれ、ギョーム・オーティエから借り受けたものであった。一冊の本にさまざまな呼び名がついているところを見れば、その正体は実際に暦の本で、ただ「教訓の短い文章が前か後ろに一緒に綴じ込んであった」ものと思われる(14)。まさしくここには、後代の「民衆図書」に成長すべきものの発端がある。誰でも知っている通り、一七〇〇年ごろの「小型青表紙本（プティ・リーヴル・ブルー）」も暦や日用便覧（アルマナック）や宗教書を一緒に印刷したものであった。ともあれ、このたった一冊の本（三冊もあったオーティエ兄弟の巡回図書館から借出した）は、そう長く司祭の手元にとどまってはいない(15)。幾夜かモンタイユーの夜語りに皆の前で朗読されたあと、ギョーム・ブロを介してもとの持主に送り返されたからである。それでも、この本がしばらくの間クレルグの家（オスタル）にあったこと自体、村では一つの事件であった。少なくとも供述者四名の注意を引いたので、その中には文字を知らない下女レモンド・アルサンさえいる。司祭以下クレルグ四兄弟がカタリ派に改宗しようと決心したのはこの『暦』のせいだと、羊飼いジャン・モリは述べている。実際、村では「学者」で通っていたベルナール・クレルグの場合、書物から受けた衝撃は無視できないものがある。兄弟の司祭の方はもともと職掌から最小限の知識の「鞄」はもっていたのだから、書物から影響を受けるのは当然であった(16)。

ほかにもプラド・タヴェルニエのような善信者のおかげで、ごく僅かながらモンタイユーに書物が回ってくることがあった。ギユメット・クレルグの供述はこうなっている。

「ある日、わたくしはらばを野良へ曳いて行こうと思いました。蕪の取入れのためであります。まず、らばに干草を与えねばなりませんでしたので、母のもっておりました干草と藁の小屋へ参ったのでありますが、兄弟に見つからないように致しました。兄弟は干草をもって行かせまいと思ったからであります。その時、初めて気付いたのでありますが、プラド・タヴェルニエが小屋の屋根の陽の当るところに坐って掌（てのひら）くらいの大きさの黒い本を読んでいたのであります。プラドは驚いて立ち上がり、隠れようとしたようでありましたが、わたくしに申しました。お前だったのか。
ギユメット。そうですとも。お師匠（ムッシュー）さま。わたしです」

織布工あがりの「善信者」、「お師匠（ムッシュー）さま」の権威を正直な村娘の前で高めようという、ただそれだけの目的で、プラド・タヴェルニエは本を逆さまに持っていたのではないか（きっと彼は字が読めなかったのだ）。しかし、この失敬な推測はおそらく当っていない。プラドにラテン語が読めなかったのは確実だが、俗語なら多分読めたであろう(17)。

疑わしい書物を読む場合、モンタイユーでは一人きりで読むということはなかった。世を忍ぶ学問のある完徳者は、時折、家（ドムス）の夜語りに書物を朗読して文盲の村人に恩恵を施したのである。アラザイス・アゼマ（チーズを売り歩いていた後家）が供述している。

「わたくしが異端者のもとへ足繁く出入りしていた時分のことであります。ある宵、異端者が来ているなどとは知らずに、レモン・ブロの家に参りますと、炉のそばに異端者のギヨーム・オーティエとポンス・シクルが坐っておりました。ブロ家の三兄弟レモン、ベルナール、ギヨームも、母親のギユメット・ブロもおりました。異端者ギヨーム・オーティエは居合わせる者たちに、本を読み聞かせては話をしていたのであります。……彼は使徒の聖ペテロ、聖パオロ、聖ヨハネのことを話しました。その時わたくしはギユメットと並んで腰掛に坐っておりました。ブロ家の兄弟はもう一つの腰掛に、異端者たちは三つめの腰掛に掛けていたのであります。話の終るまでそうでありました」

村の夜の、家族間の、そしてカタリ派の読書というつつましい情景である……。しかも、アラザイスの持って来たチーズがあるから、申し分のない集い（つど）となる。女たちは一方に離れ、男たちは他方にかたまり、それぞれ座を占めて、書物とギヨーム・オーティエの口から流れ出る蜜の糸のような真理に皆が耳を傾けている(18)。

黄十字の村に比べれば、まだしも都市的で賑やかな田舎町（ブールガード）になると、司祭や善信者だけでなく、俗人の中にも文字を識ってオック語、時にはラテン語さえ読める者がいた。アックス・レ・テルムのレモン・ヴェッシエールが供述している。

「一九年、あるいは二〇年前のことであります。当時わたくしの持物でありましたアックスの家（その家は後になって、今のジュナックの司祭の妾でありましたアルマンドに売渡したのであります）の背戸で陽に当っておりました(19)。四、五間(ブラス)離れたところではギヨーム・アンドランが母親のガイヤルドに大きな声で本を読んでやっておりました。わたくしは尋ねたのであります。何を読んでいるのだ。見たいか、とギヨームが問い返しました。そうだな、とわたくしは答えました。ギヨームが本を持って参りましたので、初めに言葉ありき云々と読めたのであります〔五〕。それはラテン語とロマン語の混ざった『福音書』でありまして、以前に異端者ピエール・オーティエが聞かせてくれたことが沢山書いてありました。ギヨーム・アンドランの申したところでは、その本はある商人から手に入れたということであります」

☆

モンタイユーはじめ村々や田舎町の書物、あるいは書物類似のものを調べていると、どうしても都市と農村の対比の問題に突き当る。十八世紀のことだが、ニコラ・レティフがサシーやニトリーからオーセール、さらにパリへ出た時、この強烈な対照を感じたものであった。父の農場のあるサシーにいた頃のニコラは、せいぜい行商人のもって来る青表紙本、『ロベール・ル・ディアーブル』〔六〕、昔ながらの陽気な物語、フランスの降誕祭の本などを読んだだけだが〔七〕、ひと度オーセールの鋪石に足を下ろした時からコルネイユ、ラシーヌ、モリエール、その他ラテン語や俗語の作家たちに直面したのだった……。啓蒙主義(リュミエール)の時代に比べれば、十四世紀に出回った本の量は極端に少ない——いうまでもないことだ。しかし、都市と農村の対照はこの頃すでに目につく。地元では大都市に違いないパミエでは、男色家アルノー・ヴェルニオルがオウィディウスを読んでいた。避難してきたユダヤ人もいれば、住み着いたワルドー派もいる。学校教師もいれば、小さいながらまぎれもない書棚を備えた寄宿寮もあった。これに引換え農村となると、低地ならカトリックの、山国ならカタリ派の、いずれにしても何冊かの教訓書が入っているだけである。極言すればアリエージュ上流で異端のささやかな勝利に利したのは、アルビジョア派の僅かな書物が先着者の特権を発揮したためと言ってもよいであろう。

☆

何と言っても自由にできる本が決定的に少ない——そのために、余計本が有難がられたのも事実だが——ということから、先に指摘したように文盲、識字、教養の問題を考えざるを得なくなる。ここでは、モンタイユーとその思想の持主たちとに関連して、上から順に各層を分けて考えよう。

A. まず、文字を知っていて、カリスマ的な権威であるエリートがいる。オーティエ兄弟や、カタルーニャの離散者(ディアスポラ)の間を巡回していたイッソーラやカステルノーのような若干の完徳者がもっぱらこの層を代表する。ジャック・オーティエが言ったように、彼らは両方の文書に精通していることによって高い権威を得ている。両方とは、ローマ教会から出た偽りの、病める、悪しき文書と、善信者だけが通暁している救いをもたらす善き文書のことで、もちろん後者は神のおん子より出たものである。

B. 次に、文字を知っていて、何とかラテン語を読み書きするが、特にカリスマ的な権威はもっていないエリートが来る。モンタイユーとさして違わないほかの村については、この種の人びとがかなり記録に出て来る。グーリエに正真正銘の農民でベルナール・フランなる者がいた。ご多分に漏れず畑を掘起こして粟を作っているのだが、同時に下級の僧位を授けられた聖職者でもあって、ラテン語を知っていた。グーリエのレモン・ミエジュヴィルが供述している。「四年前のある日曜日のことであります。ミサのためグーリエのサン・ミシェル教会に人びとが集まったのでありますが、わたくしはずっと内陣、祭壇の近くにおりました。一緒にいたのはアルノー・オージエ、ギヨーム・スゲラ、レモン・シュブラ、ベルナール・マリア、ベルナール・フランでありまして、いずれもグーリエの者であります。その時、ベルナール・フランとアルノー・オージエの二人が、両人とも聖職者でありますが、この二人がラテン語で議論を始めました。先ほど名を挙げましたわたくしども俗人には、二人が何をいい合っているのか判りませんでした。ラテン語の議論の後、ベルナール・フランは突然俗語で話し始め、そして断言したのであります。神さまは二人いる。一方が善くて、もう一方が悪いのだ。そこでわたくしどもは大いに異を唱えたのであります」

レモン・ミエジュヴィルのような農民にとっては、ラテン語を知っている者と俗語しか知らない者の区分は、単純明快に聖職者と俗人の区分と同義であった。同様にアックス・レ・テルムでは、土地の司祭は司教に手紙（ラテン語の）が書けるといって尊敬されていた。モンタイユーでは、司祭クレルグ、および後任ないし代理のレモン・トリーユが同じ理由で一目置かれていた(20)。

C. 聖職者といっても一般農民と一向に変らない場合もあったのだが、とにかくラテン語を解する聖職者の下に、これとは異なる教養水準、つまりもっとも教養のある俗人の層を識別することができる。彼らはラテン語でなくオック語、つまり「俗語」で書かれたものでありさえすれば、文章を読む能力をもっていた。記録の上では「無文字の（シーネ・リテリース）」誰それとされているが、これはラテン語を知らないという意味にほかならない。純朴な人びとの気持では、この識字第二層の威信はラテン語層に比べて格段に劣ったのである。このあたりの事情は、織布工あがりのプラド・タヴェルニエのことを牧羊家のレモン・ピエールが見下したような調子で話しているのを見ればよく判る。必要な知識があるかどうかろくに確かめもしないで、プラドは突然完徳者に叙任されたのだった。レモン・ピエールは供述している。

「オーティエ家のピエール、ギヨーム、ジャックは皆学識のある人びとで、皆が大いに敬愛したのであります。彼らに贈物をすれば、贈る側の功徳にもなったのであります。こういうわけで、オーティエたちは贈物攻めにあい、何ひとつ不自由致しませんでした。これに引代え、アンドレ・プラド・タヴェルニエはそれほど重くは扱われておりません(21)。彼は文字を知りません。学識も皆の敬愛もオーティエたちに比べれば遥かに下であります。彼が貧乏なのはそのためであります。そこで、着るものや書物など色々のものをもたせるために、彼には贈物をしてやらねばなりません……」

注目すべき一文である！ プラド・タヴェルニエにも本は読めたのだ。ただ、機織りの労働をしていた男はラテン語も知らないし、教育もない。そこで、どんな贈物も貰えないということになる。人は豊かな者にしか贈物をしないのだ。こういうわけで、独学のプラド・タヴェルニエはオーティエ一族に対して苦渋にみちた不満を募らせることになる(22)。教団の中でも、あの一族は知識も賄賂もいっぱい持っている、というわけだ。彼から見れば、ラテン語はそれだけで「越え難い階級の障壁」にほかならない。

D．最後に今一つの境界線が、俗語なら読める僅かの者と文盲のその他大勢の間にあって、村の分厚い階層の中を仕切っている。これは同時に、文化の実態を示すものでもある。しかし、この最下段の境界線の上にいる者と下にいる連中の間では、別に摩擦も自尊心の傷つくこともなかったらしい。考えて見れば、両方とも所詮同じ一つの世界の中にいたのである。

文盲の大衆そのものが、書物に由来する思想の伝達に関する印象的な問題を提起している。モンタイユーの住民およそ二五〇人のうち、確実に文字を知っていたのはほぼ四人しかいない(23)。その中の二、三人は多分ラテン語を生かじりしたことがある。元城代夫人ベアトリスすら文字を知らなかったと考えたほうがよいだろう。その点、娘たちは別で、文盲でなかったのは確かである。ベアトリスは書物をよく知っている情人に甘い言葉を書き送ることもできなかったし、切羽詰まったときは子供に伝言を託して口上と手振りで意を伝えさせるほかなかった(24)。

こういう情況だから、本の内容を完全に口頭で人びとに伝えることが特別の意味をもって来る。モンタイユーその他で確認されている異端の夜の集い何十回かのうち、完徳者が書物を手にしていたと確証できるのは僅か二回にすぎない。その他の集いではいずれも、もっぱら「口頭による」講話が行われ、思想は善信者から帰依者へ、さらに同調者へと流れているので、ただの一行も書物が朗読された形跡はない。モンタイユーでは多くの場合、書物は品物として、救慰礼の締めくくりの段階で数分間断末魔の病人の頭上に載せるために使われているだけである。さもなければ（モンタイユー以外の例だが）、証人や友人や仲間が誓いを立てる際に手を載せる特別の品として使われているにすぎない(25)。実際、真理（異端者の言い方に従えば善）は大ていい眼でなく耳から入ったので、人々は善を聴聞したり、聴聞しなかったりしたのである。そこで、見たことであれ聞いたことであれ記憶力が重要となるのだが、書かれた文書がないだけに、この点モンタイユーの連中は抜群だった。同様に説教や雄弁も重要になる。南仏（ミディ）はずっと後まで文盲状態が続いた地方なので、政治でも宗教でも雄弁には第一級の価値があったのである。モンタイユー城代の差配だったレモン・ルーセルが供述している。

「善信者たちが話すのを聞いたあとでは、もう彼らなしではすまされなくなるのであります。それ以後はずっと善信者の言いなりであります」

まるで麻薬のようなものだ。また事実、「天使の口」をしていたピエール・オーティエや息子のジャック・オーティエは非凡な説教者として永く記憶された。農民や羊飼いのいうところを信ずるなら、弟子のギョーム・ベリバストは二人に遠く及ばなかったらしい。彼とて雄弁には違いなかったが、とかく凡庸さが目立つのである。

したがって、「黄金の口」あるいは「天使の口」たる善信者が文盲の聴衆のために書物の内容を語ったということは、十分考えられる。しかし、このほかにも「文献」と「口承」の間には回路があった。例を挙げると、ある種の観念、つまり世界の永続という観念（当時としては極めて大胆な）がアリエージュ上流の農民や職人の間に流布しているのが見られた(八)。もちろん基盤に民俗があるのだが、同時に書物による文学的哲学的な文化の中から生じた（口頭の伝達を介して）ものでもある。それが、さらに危険思想の持主たる教育者から民衆の中へと投げ返されているのだ。タラスコン・シュル・アリエージュに石切り場をもっていたアルノー・ド・サヴィニャンは、教会の教えに逆らって、世界には始めもなければ終末もないと言い張った。どこでそんな命題を覚えたかと糾明されて、出所を二つ供述している。

①地域民間の諺。「いつだって、男は他人の女房と寝るだろう」

②タラスコンの学校監督だった彼の善き師匠アルノー・トリュスの教育（おそらく書物に材を得た）。

今一つ例を挙げれば、吟遊詩人の影響があるが、モンタイユーや類似の村には、少なくとも直接的な関係はほとんどない。吟遊詩人の時代が過ぎ去ろうとしているこの時期、ジャック・フルニエの審問記録（この観点からは決して徹底的な取調べをしたわけではない）が正面からこの問題を聞出しているのは、いくつかの城館を別にすれば、パミエについてだけである。しかも、パミエのような都市的環境においてすら、そしてまた大領主の居館にはちょっとした図書室があったにもせよ、詩は本質的には口から耳へという経路で普及したのである。パミエでは教会の内陣でさえ、人々はペール・カルドナルの一節を囁きあったり口ずさんだりしていたのだ(九)。

☆

書物そのものが、宗教の、というより新しい民間信仰の潮流の出発点に位置している（遠いか近いかは別として）ことは十分あり得たのだが、モンタイユーの文化再生産過程の中心に書物が存在するということはなかった(26)。決定的な役割を果したのは本以外のものだったので、言うまでもなく、その中には身振りによる直接の伝達も含まれる。例えば父親から息子へ（あるいは母親から娘へ、叔母から姪へ、兄から弟へ、年長の従兄弟から年少の従兄弟へ、など）の伝達がそれである(27)。ピエール・モリが言っている。

「モンタイユーの父の家は、異端のかどで三度も取り壊しの憂目を見たのであります(28)。辱めを受けて償いをいたすのは一向気にいたしておりません。ただ、わたくしは父の信仰を捨てるわけには参らないのであります」

同様に善き羊飼いの兄弟ジャン・モリも述べている。

「当時わたくしは一二歳でありまして、父の仔羊の番をしておりました。ある晩、家に帰ってみますと、炉のそばに父、母、兄弟四人、姉妹二人が坐っておりました。母や兄弟姉妹のいるところで父はわたくしに申したのであります。フィリップ・ダレイラックとレモン・フォールは本当のキリスト教徒で善信者だ。あの方々は誠実で嘘をつかない……」

読者は、ベルナール・ベリバストとピエール・モリが交した示唆的な対話を想起して頂きたい。たった六歳の「幼い許婚」ベルナデットに関する話で、ピエールが養子になってもよいというなら、先々のためにベルナデットと夫婦約束をさせようという話であった。ピエールが聞いたのである。

「ベルナデットが大きくなった時、善悪を弁える（正しい信仰を抱く）などということが、どうして今から判るのだ。」

ベリバストの答えはこうでありました。父親が真っとうに育てるから、神さまのお蔭で娘も善悪を弁えるようになるのだ」

前にも見た通り、若者の誰彼に生き方や考え方を教えるのは父親でなければ母親、あるいは叔母であった。例えばギョーム・オースタッツが異端思想を抱くに至った原因の一つは、母親の影響だった。当の母親は直接ピエール・オーティエの宣伝に屈したのである。夜長の炉辺で、あるいはカルカッソンヌ街道の道すがら、母と息子はカタリ派伝道師の考えを語り合った。ほかにも大勢、例えばジャン・ペリッシエやヴュイッサーヌ・ド・テスタニエールなども、叔母や母親から異端の影響を受けたのであった。

総じて、「対等の仲間」つまり平等者集団を通じては、文化は伝播していない。例えば、モンタイユーで若者の仲間は実際面でははなはだ重要な存在だったけれど、文化伝達の機能は果していない。年長者の特権とでもいうべきものが基本的な役割を果したので(29)、文化を伝達ないし再伝達する権利は年長たることによってはじめて獲得できる特権であった（教区民に対する司祭、雇い人に対する雇い主、牧草利用者に対する牧草地所有者など、社会的地位が優越している場合にも同様である）。今日の農村小学校には教員は一人しかいないのが普通だが、当時は年長世代全員が全体として年少世代に対する「教員」だったのである。

この場合、年長者は尊属、つまり父、母、叔母などであることが多かったが、夫、年上の従兄弟、あるいは単に雇い主の場合もある。ピエール・モリが言っている(30)。

「わたくしに異端の信仰をもたせようと、従兄弟のレモン・モランはレモン・ピエール（牧羊家）と肚を合わせておりました。当時わたくしはレモン・ピエール宅に住み込んで（羊飼いとして）いたのであります」

若者たち内部の年齢差も、その開きが歴然としている時には——はなはだ稀なことだったが——友人、義理の兄弟、従兄弟などという「水平」ないし「疑似水平」連絡網によって、年長の若者から年少の若者へと文化伝達の機能を果した。例えば、ブロ家の兄弟たちはまだ独身の若者だったが、ピエール・モリやギヨーム・ギヤベールなど年下（一五ないし一八歳）の「仲間」をカタリ派に引込んでいる。

モンタイユーの男の老人の立場はひどく不安定だったと、先に述べたことがある。老いを重ねるに連れて、年長男子の威信は擦り減ってしまい、最後にはただの老いぼれとなる。こうして最高齢層は「問題外」なのだが、それでも成熟年齢層が思想と文化を支配する特権を握っていたことに変りはない。若者たちに対してもそうだったし、奇妙な、革命的（当時としては）な意見に関してもそうだった。ティニャックのレモン・ド・レールが供述している。

「およそ二〇年前のことであります。コスーのピエール・ロージのものでありました、ジュナックの近くの牧草地に生えている草を買取ることになり、二人は刈取りの日を決めて牧草地で落合うことにいたしました。ピエール・ロージはコスーから、わたくしはティニャックから参って出会ったのでありますが、ピエール・ロージは草を刈るために鎌を研ぎ始め、研ぎながらわたくしに申したのであります。神さまや聖母マリアさまが大したものだなどと、信じるかね。

わたくしは答えたのであります。もちろん、そう信じている。

すると、ピエールが申したのであります。神さまや聖処女のマリアなどは、おれたちの周りの目に見える世界と同じで、何物でもないのだ。おれたちが見たり聞いたりする物と何の変りもないのだ。

ピエール・ロージの方が年上でありましたので、言う通りだと思ったのであります。神さまも聖処女マリアさまも自分の周りの世界と何の変りもないと、本気で思い込んで、七年か一〇年ほどそう信じていたのであります」[31]

もともとレモン・ド・レールは年長者を敬う質（たち）だった。ある日、同じティニャックの村人で同名のギョーム・ド・レールと一緒にらばの番をしていると、ギョームがらばを放してもう大分稔っていた麦（五月だったので）を存分に食わせた。この侵害行為に驚いたレモンに向ってギョームはつぎのように答えたのである。

「これで良いのだ。この畑の持主と同じ立派な魂がらばにもあるのだ。らばがあの持主と同じに麦を食っただけでも、結構なことなのだ」

その頃レモンは若者か、そうでなければ少年だったはずである。またしてもレモンは、年上とは言えただの仕事仲間が教えた、およそ正統らしからぬ考えを真実だと――この時も七年か一〇年の間――信じ込んだ。後になって供述している。

「わたくしは全部信じました。ギョーム・ド・レールが年上だったからであります」

レモンが愚かだったわけでは決してない。それとは自覚せぬまま一個の唯物論者として、確かに動物の霊魂も人間の霊魂と同じ価値がある、なぜなら両方とも同じ血筋だから、と考えたのである。ただ、相手が年長ということから来る権威のせいで、一風変ったレモン少年の心に素朴自然主義者の考えが確固たる根を下ろしたのである。それ以後、このらば追いの少年は本気で信じていた。

「神さまとは、この世のことだ。人でも動物でも、霊魂の大本は血の仕組みでできている。だから、人も動物も大きな違いはない」

文化は年長者から年少者へと流れる。そのために革新がまったく不可能になるというわけではないにしても、困難になるのは確かだし、その範囲も限定されざるを得ない。反対の進路、例えば息子から父や母へという具合に下流から上流への逆流は、まず見出しがたいと思われる[32]。前にジャンヌ・ブフェイの例を挙げたことがある。カタルーニャ亡命中にローマ教会の信仰に開眼した娘だが、これに対してモンタイユー出身の農婦だった母親のエメルサンドは依然アルビジョア派のままで、まったく理解しようとせず、果てはカタリ派の母とカトリックの娘が叩き合う始末であった[33]。息子が聖職者になって、教養の点では村の農民のままでいる両親よりはるかに優れている場合でさえ、両親に及ぼす影響は知れたものである。ギユメット・クレルグが述べている。

「ある祝祭の日のことでありました。わたくしは幼い娘を抱いてモンタイユーの広場におりました。……父の家のそばの、この家にくっついている羊小屋のところにギユメット・ジャンがおりまして、わたくしを呼んで申したのでありります。この女はプラドのピエール・ジャンの妻で、わたくしの母の姉妹であります。兄弟のプラド・タヴェルニエ（完徳者）に話したいことがある。……異端者つまり善信者は魂を救ってくれるのに……聖職者たちは善信者を迫害しているのだから。叔母はさらに付け加えて申しました。息子のピエール・プラドは聖職者で今ジュークーにいるけれど、わたしがプラド・タヴェルニエと話しにここへ来ていると知ったなら、二度とわたしに会わないだろうし、わたしにはもう何もしてはくれまい」

ギユメット・クレルグはこう話を締め括った。

「事実、後になりまして聖職者のピエール・プラドは母親のギュメット・ジャンをジュークーへ来させ、そこでギュメットは生涯を終えたのであります。ピエールがそういたしましたのは、そうでもしなければわたくしの叔母が異端者たちの一味になると思ったからであります」

ギュメット・ジャンの場合、聖職者たる息子の影響は、最後には一緒に住めと強制して初めて効果を見た。母親の方は子供の知的優越を全然納得していない。ピエール・プラドはただ力があるという理由だけで母親に一目置かせたのである。とにかく、ピエール・プラドは目的を達した。気に入ろうが入るまいが、母親を善信者に会わせなかった。キエの牧羊農家レモン・ド・ラビュラの場合は、息子の聖職者は何ひとつ影響力がなかった。レモンはカタリ派と接触があり、徹底した教会嫌いだった。これには明確な理由があったので、つまり羊に重い十分の一税がかかるのを憤慨していたのである。この坊主嫌いの息子が聖職についたのだが、だからと言って父親の気持を和らげることはできなかった。十分の一税に対する怒りのあまり、レモンは叫んだ。

「坊主など全部死んでしまえばいいのだ。息子も坊主だというなら、彼奴も一緒に死ぬがいい」(34)

一般にアリエージュ上流では教区の司祭や聖職者が、さして身持ちは良くなかったにもかかわらず、大きな文化的影響力（人類学的な意味で）をもっていたことを考えると、上記のように息子が聖職者であっても日常稼いで暮している人びとにはほとんど影響を及ぼしていないという事実は注目すべきことと思われる。ともあれ、父親から息子へ一方通行の影響という原則が一番力をもっていたらしい。老カタリ派ポンス・クレルグもまた、息子の司祭ピエールの最終的な変節とカトリック転向を納得しなかった。老いの日々、息子に制圧されることはあり得ても(35)、息子たちが自分と違う考えを抱いた場合同調して転向しようとはしなかった。切羽詰まった時にも、農民の男たちは思想の点で女房や義母のいいなりになるくらいのもので(36)、決して息子の言う通りにはならなかった(37)。

まさしくここに、アリエージュの家（ドムス）の権威主義的な性格（パターン）を認めることができるので、下級世代（息子や娘）に対する上級世代（父、父がいなければ母）の権力は不可侵のものだったのである。オーティエ一族の宣伝が大成功を収めた理由の一つは、彼らの才能の問題を別にすれば、まさしくここにあったのではないだろうか。アックス・レ・テルムのカタリ派伝道団は若者に接近して、彼らを通じて同年配の友人や長上を改宗させようなどとはしなかった。オーティエ家の三人、ピエールとギョーム（兄弟）およびジャック（ピエールの息子）は、権威ある兄弟共同の家（ドムス）を形成して巡回した。これ程の名望家ではないにしても自分の権利を十分承知している家々を回って、次々に改宗させて行ったのである。改宗の過程は権力から権力へと、分子ごとに進展した。そして息子の父に対する、年少者の年長者に対する服従の原則はどこでも保証されていたのである。

☆

したがって、モンタイユーの文化は大量の書物や文書の介在なしに、階層制的構造をもった地域の社会的結合（ソシアビリテ）を通じて生産ないし再生産されていたと言うことができる。すでに古典的となった一連の労作において、モーリス・アギュロンは、このような南フランスの社会的結合が十七世紀から十九世紀までの宗教や民間信仰の伝播とラングドック・プロヴァンス村落の政治化の第一要因となったと述べた(38)。このエクス・アン・プロヴァンスの歴史家が詳しく述べたところだが、悔悛者（ペニタン）の同胞団（コンフレリー）はすでにルネサンスの頃から後代と同じような組織をもっていた〔一〇〕。一五五〇年から一七〇〇年まで、トゥールからトゥルーズまで、彼らは広大な範囲にわたってバロック風の繁雑怪奇なスタイルで活動し続けた。それは貧しい死者の埋葬、特に覆面頭巾（カグール）と孤児たちの行列を目的としていて、その時には百に近い町中の鐘という鐘を一斉に打ち鳴らすのが常であった。十八世紀のロココ文化でやや明るい展望が開け、恐るべき死の脅迫観念が後退するにつれて、悔悛者同胞団はどうかすると美食や馬鹿騒ぎの集まりに変質したり、フリーメイソンの支部化したり、さらには無神論の傾向を帯びる場合すらあった。

いうまでもないが、南フランス的社交（ソシアビリテ）（あるいは単に社交と言った方がよいかも知れない）は、一三〇〇年頃のモンタイユーでも活発だった。だからと言って、後代の覆面頭巾華やかなりし頃にそうなりがちだったような服喪風、あるいはその反対の陽気な形態がすでにモンタイユーに見られたわけではない。トゥルーズをはじめオック語世界の大都市には、慈善、職業、聖者崇拝などを目的としたおびただしい同胞団（コンフレリー）がすでに十四世紀には存在し(39)、托鉢僧団が都市に集中的な伝道を繰り広げた結果、同胞団の普及に拍車がかかった。しかし、モンタイユーに関する限り、フランチェスコ会士の影響はほとんど見出すことができない。それは黄十字の村からは遥か彼方、北方の低平地に限られた現象で、そうでないとしてもずっと南、ピュイグセルダのようなカタルーニャの町でのことであった(40)。アイヨン地方にはほんの時たま影響が及んだに過ぎないのである。司祭クレルグがある程度の知識をもって聖職を果し、秘蹟の店を経営したのは事実である。ただ、何分にも美しい女教区民のもとで職務外の仕事をするのに忙しくて、信仰の同胞団という社交組織を地域に根付かせるだけの余裕がなかった。あるいは、そこまで思い及ばなかった。近隣教区の司祭たちにしても同じことで、クレルグほど放埒でも華々しくもなかったけれども、アリエージュ上流の村々に同胞団活動を盛んにしようとした形跡はない。大体、司祭たちは托鉢僧団の会士ほどこの種の活動に明るくなかったし、われわれの山国にはこの肝心の会士たちが欠けていたのである。繰り返していうが、この組織上の欠落（アルビジョア派がこれを見逃すはずもなく、ただちにそこを埋めようとしたのだが）があったればこそ、何よりもまず（むろん唯一というわけではないにしても）家（ドムス）が、そして、家（ドムス）の時刻表の中では夜の集いが社交の機構たらざるを得なかったのである。

ここでまず、この種の夜の集いの具体的な実例を挙げてみたい。アックス・レ・テルムに近いアスクーでのことである。環境から見て純粋に農民的でしかも潜在的なカタリ派の村だから、モンタイユーで繰り返された類似の夜語り——これほどよくは知ることのできない——と正確に一致するはずである。ある宵、アスクー村のレモン・シクルは女房と喧嘩して首尾よくいい負かした。頭ごなしに「老いぼれの牝豚（トルイッサ）」ときめつけたのである。それで気もおさまって、家畜を見ておこうと家を出、ジャン・ピエール・アミエルの家の前を通った。ジャン・ピエール（おそらく家長）は母親のリグザンド・アミエルと二人暮らしだった（これより六年前、リグザンドは亭主のピエール・アミエルに付添われて村を離れた前歴のある女である。ピエールが癩にかかったという悪い噂もあったし、一説には夫婦揃って異端なのだとも言われていた。とにかく、しばらくするとリグザンドだけが村へ帰り、それ以後は亭主抜きで息子の家に暮らしていたのである。ピエールは消え失せたわけだが、どこへ行ったのか、どうなったのか、誰にも判らない）。

閑話休題、レモン・シクルがアミエル家の前に来かかると灯がもれていた。一目で夜語りだと判ったが、レモンは招かれていなかった。好奇心を押さえかねて戸を開けたものの、ブーラッス（厚手の布の垂れ幕）が屋根から戸口の下まで下がっていて客が誰なのか見分けることはできなかった。ぶしつけな振舞というほかないのだが、シクルは中に潜り込んで、向うからは見られずに何を話しているかと聞き耳を立てたのである。その時は食べ物、とりわけパンが話題になっている最中で、リグザンド・アミエルがさも恐縮した様子で客たちに言うところだった。

「わたしが焼いたパンだけれど、お気に召さないのではないかと心配です。わたしども山国の女には目の細かい篩（ふるい）が手に入らないし、上手な粉の練り方も知らないので」

「とんでもない。あんたのパンは申し分なかったよ」

見たことのない客が答えた。

気をよくしたリグザンドが言った。

「気に入ってもらって本当に嬉しい」

レモン・シクルはますます好奇心に駆られて、アミエル家の集いに現れたのは一体何者か見極めようとする。彼が起こした行動はこの集いの行われた農家がいかに粗末な代物だったかを如実に教えてくれる。シクルはこう言っているのだ。

「わたくしは家の隅に入り込みました。入口のすぐそばであります。頭でこの家の屋根を持ち上げたのでありますが、屋根を壊さぬよう気を付けました。そこで、一つの腰掛（台所の）に男が二人坐っているのが見えたのであります。火に当っていて、わたくしには背を向けておりました。頭巾をかぶっていましたので、顔は判りませんでした」

しばらくして、つまりパンを食べ終ってチーズに移った時、客の一人が言った。

「このチーズは実に結構だ」

すると、ジャン・ピエール・アミエルがおそるおそる言った。

「この山国では極上のチーズができます」

相手はやや無作法な返事をした。

「そうでもないだろう。オルリュやメランの方がもっと良いチーズができる」

チーズでは話が弾まないと見て、青い頭巾をかぶった誰とも判らないもう一人の客が「魚」の話を切り出した。

「チーズも結構だったが、さっき出してもらった魚はうまかった。本当にうまかった」

渡りに船とばかり、第一の青頭巾が繰り返した。

「まったくその通りだ。あの魚は普段アスクーやオルリュの谷で食べているのよりずっとうまいし、活きもいい」(41)

リグザンドは料理上手で当夜の客にさまざまの料理を出したのだったが、気の利く女でもあったのですぐさま口を挟んだ。

「そう言ってもらえると、魚を届けてくれた人も喜ぶでしょう。それにアスクーのガイヤルドもわたしには大変よくしてくれたので、魚料理の油を届けてくれました。それもこっそり、人目をはばかりながら届けてくれたのです。あの人は善人で、村の女のうちで一番人が善い。ただ、夫を恐がっています」

青頭巾の一人が相槌を打った。

「ガイヤルドはまっとうな女だ。だが、亭主と来たらどうしようもない百姓で、頭は腫物だらけだし、偽(にせ)信者で、耳も切られている」

つい先刻リグザンド自身、ガイヤルドは夫を恐れていると言ったばかりなのに、当惑して、隣人の夫を弁護しようと息子の同意を求めた末、こう言った。

「ガイヤルドの連れ合いはまっとうな男です。人と話す時も丁寧で、結構なお隣です。種播きのすんだ他人の畑を荒らすようなこともしないかわり、自分の方でもそんなことをされて黙っているような人ではない」

気詰まりな沈黙が生じた。何とか紛らそうと、皆は女主人の出したワインのコップを傾ける。突然、話は一段と熱を帯びる。教会や教区など地域のかかえる問題に話題が到達した。それからは青頭巾二人が話題を独占し、次第に宣伝に傾いて行く。第一の頭巾がいう。

「アスクーとソルジャの衆が共同で教会を建てるのがよいと思う。そうすれば、わざわざアックス・レ・テルムの教会まで山を降りて行かなくともよくなる」

第二の頭巾がいう。

「そうは思わん。アスクーの衆にはアックスの教会だけの方がよい。そうでなければ、かかりが大きくなる。それはともかくとして、よそでもそうだが、アックスの坊主どもはアスクーの衆にきちんと物を教えておらん。坊主どもは皆に草を食わせるだけだ。羊飼いが杖で仔羊を集めて草を食わせるのと全然変らん」

すると、第一の頭巾。

「司祭たちはほとんど人びとの教育をしておらんのだ。あれらの説教を聞きに来て、少しでも判るのは村の衆の半分ぐらいだ」

この後、アミエルの家の親子と二人の青頭巾がどんな話を交したか、知る術はない。レモン・シクルにはこれ以上思い出すことができなかった。何しろ一五年も経っているのだ。とにかくレモンが屋根の片隅の監視所を離れ、仔羊の世話をしに行ったことは確かである。それでも著者があの晩の会話をほとんどそっくり伝えたいと思ったのは、アスクー同様モンタイユーでもしばしば行われた農民の夜語りの様子をこれでうかがい知ることができるからである。人びとは料理を賞味し、隣人をほめ、用心しながら悪口を言っていた。村に教会のないことも判った。そして、婉曲に近くの教区司祭をくさしかけるところだった。アミエル家の客だった二人の青頭巾は、とっくに気付いた通りカタリ派の伝道者で、一人はほかならぬ公証人ピエール・オーティエである〔二一〕。アックス・レ・テルムの公証人どのは人びとの気質や習慣に驚くほど精通している。それも道理で、自分も牛の世話をしたり人にさせたりしているのだから、彼自身多少は農夫だったと言ってよいのだ。普段牛に触っているだけに、民衆の話に加わって挙句の果てには教会非難の方へ話を持って行くくらい何でもない。彼の心算ではカタリ派説教の前置だったのである。

モンタイユーでも、モンタイユー農民の亡命先でも、夜の集いで宗教儀礼も含めてこのような長話が行われるのは珍しくなかった。実際、カタルーニャにできたカタリ派の小さな定住地（コローニー）は、モンタイユーやキュビエールからピレネー山脈の南斜面の彼方に転移した癌のようなものである。この定住地では日中時を定めず、農民や職人の集いが花盛りだった。朝や昼のちょっとした食事、一二人から一五人も集まる宴会は思想色を帯びた会話の場所となることが多かったのである。何かにつけて、人びとはハムを梁から取り下ろし、肉を食べない完徳者のためには市へ出掛けて魚を仕入れた。たっぷり仕入れ、主婦が魚の鱗を落してしまうと、一同はベリバストの方に向き直ってせがむのだ。

「さあ、お話だ。お話だ」

このあとは完徳者が言われた通りに実行するのみで、天使堕落のカタリ派神話を話すのである。そして聴衆は何度も聞いた物語を熱心に傾聴する。

こうして多様な社交の形態があったのだが、ヴールゼー女史はもっぱらカタールニャにおけるアリエージュ移民を考察した本（未刊）の中で、庶民階級の日常教育の機会として夕食と夜語りの独特の重要性をまたしても強調している。夕食がもっとも重要な場面だったのは確かで、食べ物の一番良いところは夕食のために取っておいた。端的に言って、カナの婚宴のために良いワインを取りのけたキリストのようなものだ。アルノー・シクルが供述している。異端とはベリバストのことである。

「わたくしどもは一番小さい魚を食べました。異端がピエール・モリとギユメット・モリに申したのであります。一番大きいのは夕食に取っておけ。ギユメットの息子アルノーやジャン、それに二人の兄弟ピエールも帰って来てわたしたちと一緒に食べるだろうから……」

別の宵には善き羊飼いの兄弟ジャン・モリがギユメット・モリ宅の晩餐を賑わすべく屠殺した羊――盗んだのだ――を肩に担いで来た(42)。

サン・マテオでは(モンタイユー出の女主人の家でのことだ)、夕食のあと火のそばで農家風の長い夜語りが始まる。羊の番さえなければ女主人の大きな息子二人も、その友人も、ピエール・モリはじめ親戚も座に連なる。旅の完徳者、ほろ酔い機嫌の司祭やその妻、貧しい乞食、ギユメットの経営する梳毛場に雇われている梳毛職人などの顔が見えることもある。新客はワインを持って来て、ちょっと格好をつける。

宵の集いは時によって人数も変るが、交される論議も同じではない。身内ばかりの時は異端の教説を話すが、よそ者が聞いて覚え込みかねないような時にはまったく別の話題になる。だから夜語りには、往時の勇敢なカタリ派闘士の思い出、帰依者の誰それが異端審問の手先よりも悪賢く立ち回って一杯食わせた話、裏切り者、つまりジャンヌ・ブフェイのような性悪娘は殺してしまおうではないかという相談、もっと身近なところでは息子の縁談や身体の具合や羊にかけられた魔法除けの話しなど、何に限らず次々に話されたのである。これが残り火を灰に埋めねばならない刻限まで続くのだが、とてつもない饒舌家がいる時など鶏鳴に至ることもあった。大ていの客はそれほどだらしなくはない。潮時を見て寝に行く。この家に用意してある寝床の寝具一組に二人か三人ずつ一緒に眠るのである。

しかし何と言っても、モンタイユーはじめオードやアリエージュ上流の村々でこそ、夜の集いの本来の姿を眺めることができる。ブロ家にはオーティエ一族がしばしば逗留したり立ち寄ったりして、素晴らしい弁舌で夜語りに光彩を添えた。一度ならず、オーティエたちは火の回りの腰掛にとりどりに座を占める家族の間にいたのである。陽気な集まりもあった。ピエール・モリの両親の家の集いがそうで、一三〇四年あるいは一三〇五年の降誕祭は大勢の子供に囲まれたお祭り騒ぎだった。モンタイユーから出る移動放牧のオード河流域での到達点たるアルクでは、レモン・ピエール家の台所で催された大晩餐会にピエール・モリが出席している。そのあとの夜語りには完徳者の姿が見られた。キュビエールの裕福な農家ベリバスト家の晩餐にはナルボンヌ大司教の手代ピエール・ジラール師が来て、何のこだわりも見せずに坐っていた。それが当り前だったと言った方がよいのかも知れない。ここは身分のあるなしにかかわらず、皆が同じ種族の地に住み、同じ方言を語る世界だったのだし、繰り返して言えば社会的な隔絶は今日の地方と都市の差ほどにも目立たぬ世界だったのだ。ベリバスト家の晩餐のあとは、異端も加わって夜語りとなる。さすがに主人側としては、ジラール師の存在は少々具合が悪い。そこで食事が済むと、師は丁寧に寝床へと案内される。

モンタイユーの農家の集いに関する最良の報告はかの善き羊飼いピエール・モリの兄弟ジャン・モリの供述である(43)。ここでは善信者の来臨あって教えを聞く光栄に浴した。だからこそ、異端審問の吟味を受けるだけの値打ちがあったのだ。そうでなくても比較的平凡、つまり典型的な特徴を示しているので、決して大盤振舞などではない。たまたま一三二三年ジャン・モリは、一三〇七年ないしその翌年、黄十字の村なるわが家の二度にわたる晩餐を供述する羽目になった。二度とも食事のあとは夜語りであった。最初の集いにはジャンの両親も、兄弟四人つまりピエール、アルノー、ベルナール、ギヨームもいた（後にジャン自身をも含めて彼ら全員が牢獄の石壁を撫でまわすことになる運命なのだ）。ジャンの姉妹二人、ギユメットとレモンドも同席していた。後に一人はラロック・ドルムへ、一人はモンタイユーで、ともに若くして嫁いだ娘たちである。そのほか完徳者が二人、フィリップ・ダレイラックとルシヨン生れのレモン・フォールがいた。二人とも夜語りの始まる頃、着いたばかりである（これで善信者の仕事の仕方が判る。宣教は「家内(イントラドムス)」的な小会合で、せいぜい一ないし二家族を前にして行われたのである）。

当時ジャン・モリ自身は一二歳だった。父親の羊の番をしていたのだが、帰って見るとほかの連中はもう台所にいた。食事では一家の成人の男だけが――つまり父親と長男のギョームだけが――完徳者二人と並んで食卓についていた。母親と娘たちは給仕にかかりきりである。年少の息子たちは炉の隅に坐り込んで食べた。家長が分けて寄越すパンを大事そうに食べるのである（おそらく完徳者が祝福したパンなのだ）。完徳者に出したのは丸パンと油を添えたキャベツという家庭的な、むしろ平凡な食事である。食後、男たちは一つの腰掛に移る。主婦（女であるがゆえに不浄だから）は別の腰掛に坐って完徳者に汚れが及ばないようにした。子供たちは早くから寝に行って、大人たちの重要な討論の場を離れた（余談ながら、青少年に与える効果という点では、モンタイユーの教育は後のイエズス会学舎に及ばないと言わざるを得ない。夜語りの議論が熱を帯びる頃に子供を排除したので、すでに成人と言ってよいような若者だけに関心を示したという意味では、現在の大学とまったく同じである。年頃の若者は天下晴れて、主人や主婦、それに当日の客人と一緒に夜を過ごした）。まだ食事が終わったばかりでジャン・モリも起きていた時刻だけについて言うと、最初はジャンの父親が話題を独占し、次いで完徳者フィリップ・ダレイラックがこれに代わった。完徳者は常に大いなる兄弟であるから、農民聴衆の言に耳を傾けるのでなく自分の方から話しかけるのである。

夜語りの最高潮を待たずに早々と寝かされたジャン・モリ少年は朝も早く起きねばならない。翌朝、日の出前には家を出て羊の番をしに行っていた。

これとは別の時の集いも、もちろんモンタイユーのモリ家でのことだが、今述べた集いとそっくりである。一月のことで、それにとりわけ雪の多い年だった。宣伝家の顔触れもほとんど変らない。またしても旅の途中のフィリップ・ダレイラックがいた。ジャン・モリ少年はいつものようにその日の羊番を終えて帰って来る。席の区分も前回通りで、完徳者フィリップ、モリ家の父親、同じく長男、それに雪の中を異端者に付添って案内して来た隣家のギョーム・ブロが食卓で食事した。その間、小さい息子たち、母親、娘たちは炉の片隅で食べかつ身を温めた。フィリップの配慮で祝福のパンの切れはしが食卓から炉の傍らに陣取った若い連中に回される。

男女、長幼と厳かに席を分けた炉辺の集いは、モンタイユーではごく普通であった。照明は全然問題になっていない。ただ、台所以外の部屋で夜間に異端入信の儀式が行われる時などには、月の光、松明（たいまつ）、蠟燭が利用されている。暖房のあるのは中心になる部屋だけで、聖霊降臨祭の頃まで必要に応じて台所の火がいつまでも喋り続ける人びとを温めた〔一二〕。炉ばたから葡萄酒まではほんの一歩である。そんなものはすぐ跳び越えてしまう。少なくとも、山国であっても低地のぶどう畑からそう遠くない村の連中の場合はそうであった。この点では、かなりの標高にあるモンタイユーはぎりぎりのケースである。もともとモンタイユーの村人は酒呑みというより水呑みだったのだが、それでも葡萄酒の味はよく知っている。これも女酒屋ファブリス・リーヴのおかげだ。夜の集いではコップが回される(44)。めでたいことでもあれば食事の時にも飲むが、度を過ごすことはない。モンタイユーの連中にとって、毎日がぶ飲みするなど思いも寄らない。それは低平地ぶどう栽培地帯の、それもルネサンス以後のことだ。しかしどう見ても、葡萄酒はどちらかと言えば男の飲物だった。女、取り分け若い娘たちは気取ってちょっと味わうだけである(45)。それに女性に酒を勧めるなど問題外であった……。しかし、都市では、それにぶどう畑の一杯ある地方のただ中にいたモンタイユー離散民（ディアスポラ）の場合は、もっと砕けている。多くは男同士だが、土地の居酒屋へ出掛けて酒の瓶を買ったり、「流し込んだり」したのである。山国の夜の集いが酒盛りに堕落することはない。ここはノルマンディでも、フランドルでもないのだ。審問記録にたまに出て来る酩酊の話はあくまで個別例、それも都市の例である(46)。

葡萄酒はお添えものに過ぎない。夜の集いの本質は「言葉（ヴェルブ）」をたたえることにあった。すでにこの頃からアリエージュの農民は完全に南フランス風雄弁の感覚を具えていた。みずから弁舌を振るわないまでも、雄弁の品定めにかけては耳が肥えていた。炉の周りに集まった人びとが、「お話を！ 結構なお話を！」とせがむのは、少なくともカタルーニャでは、ベリバストが座にいる時であった。これに応えてベリバストは一座を制し、神話のあれこれを語ったのである。ところが悪意はないにしてもピエール・モリのいうところでは、この聖人はピエール・オーティエやジャック・オーティエに比べると凡庸な弁士に過ぎない。羊飼いは言っている。

「ピエール・オーティエさまやジャック・オーティエさまの説教が聞けるのは、それはもう、光栄そのものでありまず！ モレリャの師匠（ベリバスト）ときたら説教の仕方も知りません」(47)

つまり、ピエール・モリは家(ドムス)の集いにおける雄弁の栄冠をオーティエ父子に与え、第二席、それもずっと離れた席をギヨーム・ベリバストに与えているのだ。そして自分自身については例のごとき慎ましさでもって、最末席、つまり場外と決めている。ある宵、結構な魚の夕食を食べ終わったあと、話を始めるはずのモンタイユーの完徳者がいなかったので、ギユメット・モリと客たちはモンタイユーの羊飼いの方に向き直って熱心にせがんだものである。

「さあ、ピエール。お話だ。結構なお話だ」

しかしピエールは「言葉(フラーズ)」を扱う資格がないと言って辞退した。講話をするどころか、こう言ったのだ。

「皆も知っての通り、わたしは弁舌家ではない。綺麗な言い回しなど何一つ知らない」

☆

家族であると否とを問わず五人から一二人程度の小さな会合で行われる、地味な文化活動は職人と農民だけのものではない。田舎では司祭たちもまた独自の夜語りを利用して教会関係者間の熾烈な思想論争調整の場としていた。ジュナックの常任代理司祭アミエル・ド・リーヴ宅では、あちこちの村から来た俗人や聖職者が炉の前で話している。あれこれと取り留めのないことを話しているのだが、いざとなれば肉体の復活に関する説教書の諸命題を論ずることも辞さなかった。聖職者同士、最終審判の後も肉体は生き続けると言ったり、そうでないと言ったりしたのである。ジュナックの司祭の下女アラザイスが、ごく自然にこの言葉の競技の席に連なっている。経済や社会の地位の相違は否定できないにしても、夜語りにおける主人と召使のへだたりはそれほど小さかったのだ(48)。たった一つの部屋で台所も食堂も居間も客間も兼ねている世界だということを忘れないようにしよう。

第十六章　社会的結合の構造　――女・男・若者――

夜の集いをまたずとも、家（ドムス）はそれだけで立派に、文化伝達のみならず社交の主要な細胞となっている。とは言え、家を超えた、活発で一層包括的な今一つの社交関係があったのも事実である。それは村人口の半分ずつに当る女同士、男同士の交際で、その交差するところにそれぞれの家（ドムス）が位置を占めている。

まず女だが、お祭しの通り女たちがまさしく女たちの団体として組織されていたわけではない（極めて特殊なケースだが、修道女の次元でもそうなのだ。アイヨン地方のずっと下流、たとえばアリエージュの合流点タラスコンやヴィクデッソスあたりまで行かなければ、半俗の尼、修道女ないし女鐘楼守を見かけることはない。サヴァールの聖マリア教会には二人の修道女、ブリュンヌ・ド・モンテルとマリーが配属されていた。大胆な娘たちで、旅の聖職者ないし自称聖職者を泊め、サヴァルテス地方の名物料理を供していた。他方、十分の一税滞納で破門された農民に対しては大層厳しく、聖マリア堂内へ一歩も入れようとしない。ところで、この快活な女鐘楼守の二人組が、これだけで「女子修道院」を形成していたと言うわけには行かないだろう）(1)。

事実そうだったか表面そう見えただけなのかは別として、「女性社交」が欠けている状態は長く続く。十八、九世紀プロヴァンスの村々には、在郷軍人会、クラブ、カフェなど続々できたが、この種の社交関係活発化はほとんどもっぱら男のためだった。敢えて言えば女性は「自然の中に」、少なくとも「非公式」のところにとどまっていたのである。「非公式」というのは、完全な孤立を意味しない。十四世紀のアリエージュでも村次元で漠然とした女性連帯の感覚は存在したので、場合によっては男性に対抗しようという色彩を帯びた。アスクーのリグザンド・アミエルが言っている。

「アスクーのガイヤルドはおそらくこの村で一番立派な、一番勇気のある女と言えるでしょう。ただ、あれほど夫を恐れさえしなければ」

しかし、このような曖昧な共同体帰属感覚よりも、村落内部のいくつかの交友関係の核、つまり有力な女性の小さなグループの方がはるかに重要である。マンガルド・クレルグ、ギユメット・ブロ、ナ・ロッカというモンタイユーの刀自三人の間に親交、つまりいかにも農民らしく気やすい日常の付合いがあったことは、先に述べた。三人は富裕階級の女で、いわば村の上流、指導的な集団を代表している。三人はたがいに訪ねあい、クレルグ家の穴倉の入口のそばに坐って一緒に陽に当り、三人のうち誰かが異端審問の獄に繋がれでもすれば差入れの包みを届けた。向う意気は強いけれど気のよい三人は、モンタイユーにおける女性アルビジョア派のもっとも堅固な核であった。このほか、異端の影響を受けた女たち（全部でおよそ一〇人いたことが判っている）は、社会的盲従の揚句異端になった者たちだった。つまり、個人的にはさして深い信仰心もないけれど、すでに異端に感染していた両親や仲のよい家（ドムス）の「心からなる勧め」に屈したのである。

モンタイユーで熱心な女異端グループ、いわば友の会を作っていたのは上記三人組だけではない。三人組ほど確固たる信念ではなかったものの、よく似たゴージア・クレルグ、ギユメット・モリ、ギユメット・ブネ、シビル・フォールの四人組がある。これはモンタイユーの経営農民の女房たちで、いわば村の骨格をなす「中流」ないし「中流下層」を代表している。四人とも大の仲好しであった(2)。異端の信念という点では、刀自たちの三人組に比べてはるかに劣る。友情の絆にはあい親関係の絆が重複している。十四世紀、村のあい親の関係は動かしがたい力をもっていた(3)。

このようなさまざまの非公式の女性同士の繋がりは、カタリ派伝道の入ってくる前から存在していて、伝道者がこれを利用したのである。たとえば、ピエール・オーティエは共鳴者の女友達のネットワークをアリエージュ上流にもっていて、本格的に利用しようとしている。あまり明確ではないがシビル・ピエールの告発したところでは、その中にはアックス・レ・テルムの人妻や娘がいた。ギヨーム・オーティエの方はもっぱらモンタイユーやジュナックの女たちの仲間が企てる秘密の会合での説教が得意であった。

女性の交際は社会階級を超えていた。農村教区の場合、特にそうである。城代の奥方は、別にそうしなければならないということはなかったのに、完全な孤独を免れるべく地元の女たちのところに出入りするようにつとめている。黄十字の村の元城代夫人ベアトリス・ド・プラニッソルには、ダルーに移って後、親しい友達、「内緒の話を打ち開けてもよい」友達が少なくとも五人はいた(4)。農婦、平民、あるいはただの下女で、ほとんど皆、既婚者だったらしい（下女たちは女主人と一緒の部屋に寝ることもあるだけに、情事の味方でもあった。諫言者でも取持ち役でもあったのだが、とにかく夫に知られては困るようなことも承知していた。また、これほど信頼された下女の方でも、奉公している家の秘事を進んで女主人に教えたのである。彼女たちは村の情報組織の柱の一つでもあれば、下に向かって文化を伝達するパイプでもあった）(5)。

モンタイユー、次いでプラドに住んでいた頃から、ベアトリスはコスーやジュナックまで、かなりの道のりを出かけることも苦にしていない。産褥にある姉妹を見舞ったり、レモンド・ド・リュズナックに会うためである。

「レモンドはわたくしを胸に抱き締め、口づけを致しました。わたくしとは血のつながる者でありましたので」

モンタイユーでも、ベアトリスの交際範囲はただの農婦にまで及んでいる。レモンド・モリやアラザイス・アゼマなどと一緒に農家の炉の傍らで長い時を過ごし、カタリ派のことであれ何であれ、村の話を聞いた。異端問題に触れ勝ちだった座談の末、どうかするとエリートが下層階級の議論に感銘を受ける例にもれず、美しい奥方は田舎者の話に心を動かされて、どうか善信者にと小麦粉の袋を差出すのである。

アリエージュ地方なら町であれカトリックの強いところであれ、貴族女性が女同士の付合いをするのは普通のことだった。その点、農村とも、カタリ派の村とも変りはない。パミエでは、領主ギョーム・ド・ヴォアザンの妻がサン・ジャン・マルティールのお堂へミサ参聴に出かける時は、同階級の仲間あるいは腰巾着の女と一緒だった。どの村でも領主の奥方と田舎女との間にはご贔屓(ひいき)という特別のつながりのあるのが普通だった。モンタイユーの小売商アラザイス・アゼマがチーズを仕入れるのは、リュズナックのチーズ商で土地の貧乏貴族の愛人だったリグザンド・パヤレスのところであった(6)。少し後になって、アラザイスはリグザンドの別の顧客に出会う。それがここに領地をもっている上述レモンド・ド・リュズナックである。異端完徳者たるべき道を歩んでいる女小売商の息子に対する共通の愛情から、レモンドはアラザイスを抱き締めるのであった。

あらゆる活動領域、あらゆる場所で、女性の、わけても農民女性の交際は花盛りだった。これをただの無駄話と考えるのは速断にすぎる。たとえば、チーズの商売にしても、山国のつつましい奥さまがたにとっては欠くべからざる情報伝達の機会だったのである。リグザンド・パヤレスはチーズの商いに打込んでいるが、同時に職業的な使者でもあったので、リムーからロルダへ、アックス・レ・テルムからタラスコンへと、休む間もなく旅している。遠出をする都度ありとあらゆる思想を持ち帰るが、それはいつも正統の思想とは限らない。モンタイユーの豚飼いでチーズの小売りをしていたアラザイス・アゼマ後家の行動にしても同様である。自身供述している。

「ある日、チーズの仕入にソルジャへ参りましたところ、レモン・エスコニエの女房ガイヤルドが自宅の戸口に坐っておりました。ガイヤルドはわたくしの従姉妹に当りますので、わたくしも隣に坐ったのであります。ガイヤルドが申しました。お前さんはオーティエたちが帰って来たのを知っておいでか。わたくしは答えたのであります。して見るとどこへ行っていたのだろう。ロンバルディアだよ。向こうで全財産を使って異端者にしてもらったのさ。その異端者というのは、一体何者だろう。善良で尊い人のことじゃないか。ああ神さま。それなら結構なことに違いない。

　こう申してわたくしはその場を離れたのであります」

アラザイスがチーズを売って廻るのと符節を合わせて、オーティエ帰郷の噂がたちまちアイヨン地方を駆け巡った様子が目に浮かぶ。口から口へという、いわゆる「アラブ式電話」は決して二十世紀の発明ではない。

　このほかにも、女性が集まって話す場所として特に重要なのが水車小屋だった。アリエージュ上流の一般的な役割分担では、麦をらばの背につけて粉屋へ運ぶのは女の仕事だった。もちろん、粉になったものも家へ持帰るのである。一三一九年、フォア伯領主権に属するアックス・レ・テルムの水車小屋には、周辺住民の女たちが犇(ひし)めいていた。このハーレムを取締るのが粉屋のギヨーム・コスーだが、男は彼一人だけなので到底手に負える仕事ではなかった。ほとんど女ばかりの集まりでは議論が沸騰していた。というのも、地元のカタリ派びいきの貴族の遠縁に当るアックスのヴァランタン・バラなる男が殺害された直後だったのである。夜はバラを埋葬した墓地からこの世のものとは思えない叫び声が挙がったので、司祭も教会で寝るのは止めたほどであった。粉屋の客がこの話で持ちきりなのに付け込んで、ジャケット・ダン・カロという女が奥さまがた一同を前にして肉体の復活など有り得ないと言い出した！

　「マリアさまにかけて。死んだ後でも父や母に会えるなんて！……死から生へまた返るなんて！　一体全体、そんなことがあっていいものか」

そしてジャケットは、篩(ふるい)からあけたばかりの細かい粉にかけて、肉体の復活など一言も信じないと誓ったのである。粉屋は落着かなくなる。そして、「本や書き付けにそう書いてあると、フランチェスコ会士や司祭が言うのだから」復活は確かに本当だと言っては見たものの、結局敵しかねる。ギヨーム・コスーはジャケット以下女の軍団を離れて粉ひきの仕事に帰った。司祭の下女をしていた一二歳の貧しい小娘――この日たまたま水車小屋の女たちの中にいたのだ――が、後になってジャケット・ダン・カロを冒瀆と喋り過ぎのかどで密告した(7)。

　このほかにも、女性特有の仕事で意見の交換に便利なものといえば、水汲みの作業がある。村から少し離れた泉へ水甕(みずがめ)

を頭に載せて集まるのが普通だった。モンタイユーのレモンド・マルティが供述している。

「一五年前のことであります。モンタイユーのギユメット・アルジェリエと連立って水汲みから帰って参ります時、ギユメットがわたくしに申しました。お前の父親のところで善信者に会っただろう。善信者とは異端者のことであります。そこで、わたくしは答えました。ああ、その通りだよ。するとギユメットが申したのであります。善信者たちは立派なキリスト教徒だ。使徒のペテロさま、パオロさま、ヨハネさまの頃のローマの信仰を今でももっておいでなさる」

女性の交際はこのほかさまざまの場所で繰り広げられる。たとえば、晩祷の刻限、まだ男たちが仕事から帰って来ないうちの台所で。一つの寝床に三人くらいは寝ていたのだが、その寝床で百姓の女と貴族の奥方の間に。たがいに虱（しらみ）を取りながら。村の広場で（ただし広場はどちらかと言えば政治的、男性的な社交に関係がある）。生前の幼かった頃と同じく再び自分たちのものとなった死骸の傍らで、その身じまいをし、通夜をし、埋葬し、おまけに生前の噂までしてやりながら。もっと端的に言えば、女たちは毎日顔を合わせているのだ。家（ドムス）から家（ドムス）へ、貧しい世帯から少しは暮らしの楽な世帯へ、篩（ふるい）を借りに、あるいはパン焼き竈（かまど）を使わせて貰いに女たちは動き廻っているし、羊毛を紡ぐのも一緒だった。そして、それにはお喋べりがつきものだ。この点、モンタイユーではアラザイス・リーヴやブリュンヌ・プルセルが好例であろう(8)。

壮大な山鳴りにも似て、どの村からも女たちの噂話の声が立ち昇っている。とりわけ、どこの男が異端の説を吐いたとか、どの女が誰とできているなどということが絶好の話題になった(9)。噂やお喋りは決して無視してよいようなものではないのだが、それを正当に評価するためまず強調しておかなければならないことがある。それは、当時原則として田舎の女は物識りということにかけては連れ合いに少しも劣らなかったということだ。後代の教区学校は何よりもまず男児のためのものだったが、それが長い間に導入した男女分離は当時まだ存在しなかったし、もちろん機能していなかった。だから、当時女の話すことには男と同じ意味と迫力があったのだ。つまり、男を持ち上げる学校教育の普及によって女が低く見られるようになる以前のことなのである。もちろん、当時でも女の地位が低かったことは争えない。だが、それは体力の弱さや低次元と見なされた仕事（炊事、菜園、水汲み、出産、育児など）から来るので、言説という点ではいささかも男に引けをとらない。

正午前後はもっぱら女の言葉が村を制圧したと言ってもよい。ギユメット・クレルグは食料不足を補うためタラスコンまで買いに行こうと考え、両親の家へらばを連出しに行ったら戸口が閉っていた。これはごく当然のことである。男たちは蕪の取入れに、らばを曳いて野良に出ていたのだ。これに引きかえ女たちは村にいて、通りや戸口の敷居に近所の者同士騒がしく群れている。ただ、時折一人だけの男が通りかかって、居合わせるご婦人に冗談や馬鹿げたことを言ったり、「ご愛嬌に」ふざけかかったりする。構われた方は大てい既婚者だが、多かれ少なかれ怯えたふりをする。

「この碌でなし！」

「パミエの司教さまよりはましだろう！」

俄かサテュロスの方は、悪戯を得意がって言い返す(一)。

女性の交際は密度が高いだけでなく、一日中続く。おまけに反復、来る日も来る日も繰り返される。アラザイス・フォレが供述している。

「モンタイユーでは、ギユメット・ブネ、ギユメット・アルジェリエ、ゴージア・ブロたち、それに司祭の母のマンガルドは、ほとんど毎日レモン・ブロの家（異端の）に出入りしておりました」

オクシタニーの農村女性はたがいに言葉をやり取りせずにはいられない、抑えがたい欲求をもっていたらしい。女性にとってこれはある程度、男から権力や富の切れはしを取り戻すことを意味した(10)。もっとも大胆な連中は気の弱い者にそうしろと激励することすら辞さない。言われた方は我意を通すだけ……つまり結局もとのまま亭主に抑えられているのだが。モンタイユーのレモンド・マルティが語っている(11)。

「一四年前のことであります。同じくモンタイユーの義理の兄弟ベルナール・マルティの家に参りますと、戸口にギユメット・ブネとアラザイス・リーヴが坐っておりました(12)。アラザイスはベルナール・リーヴの妻であります。二人が申しました。ちょっと、一緒にここへお坐り。しかし、わたくしは立ったままでいたのであります。すると、二人がはっきり申しました。お前は異端者に寄進をしなければいけないよ。羊毛にしたって、そのほか亭主の持物にしたってそうだが、この世の宝を両手に抱えているというのに、贈り物をしないなんて良くないことだ！　異端者は有難い人たちなのだから。

異端者はわたしの物など喜ばないよ。わたくしは二人にそう答えたのであります。お前は悪い女だ！　冷たい女だ！

そう二人が申しましたが、わたくしは背を向けたのであります」

しかし、女性社交そのものの目的としては権力や財産の回復はほんの添え物にすぎない。権力も財産も本質的に依然男の手中にとどまる運命にある。女の交際は本来の意味における権力というより、情報と交流の次元に本領がある。ルイ・フェルディナン・セリーヌは次のように書いた(13)(二)。「ご婦人がたの無駄話ほど強いものはない！……男どもが法律を作ったり変えたりしている間に、ご婦人がたはもっと重大な仕事、つまり世論にかかりきりだ！……女から敵だと思われたら、川に跳びこんで死んでしまうがいい！……諸君の奥方は馬鹿で間抜けだというのか？　それならますます結構。愚かで頑固で手のつけられない間抜けな女ほど力を握っているのだ！」。『夜の終わりの旅』の作者の判断はどう見ても直截、不当、女性蔑視に過ぎて気分が悪くなるほどだが、モンタイユーにも粗暴なセリーヌが見抜いたのと同じような男女区分があったのは事実である。つまり、結論はこうである。黄十字の村で、本質的な権力機構を握っているのは男だが、女の方は交際を通じて情報サーヴィスの主要部分を担当したのだ。こう見て来れば、男に対して本質的な事実を構成するのはモンタイユー女の好奇心にほかならない。今とは事情がまるで違ったせいだろうか？　とにかく、彼女たちの好奇心は伝説になるだけの値打ちがある。レモンド・テスタニエールが供述している。

「わたくしがレモン・ブロとその兄弟たちの家にいた頃のことであります。ブロ家の人たちは台所の上に新しく屋根部屋を建てました。……わたくしは、異端者が来た時ここで寝るのかしらと思ったのであります。それで、ある日、晩祷の刻限でありましたが、水汲みから帰って参りますと屋根部屋で低い話声がしていたのであります。ブロ家のベルナールとレモンの兄弟や兄弟の母親ギユメットは台所の火に当っておりましたので、そこを抜け出して家の中庭に入り込んだのであります。中庭には堆肥がうず高く積んであって、そのてっぺんに登れば壁の割れ目から屋根部屋の様子が見えるのであります。わたくしは堆肥の山によじ登って割れ目から屋根部屋の中を覗いたのでありますが、部屋の隅にいたのはギヨーム・ブロ、ベルナール・クレルグ、それに異端のピエール・オーティエで、三人は低い声で話し合っておりました。突然下にギヨーム・クレルグがやって参ったので、わたくしは怖くなって堆肥の山を降りました。ギヨームが聞きました。中庭で何を探しているのだ。水甕を頭に載せる時に使う座布団を探している、と答えましたところ、早く行け、仕事に戻れ、もう時間だ、とギヨームが申したのであります」

アイヨン地方の「か弱き性」の特徴ともいうべきこの種の飽くなき好奇心と触れ歩きの例を挙げ始めたら、それこそ切りがない。プラドではレモンド・カップブランシュが聞きたがり屋たち、中でもエメルサンド・ガルサンに話している。

「ピエール・オーティエだかギヨーム・オーティエだかが病人を異端にするのを、扉の穴から見たんだよ」

レモンドが得意になって自分の探検を喋り廻るものだから、いつか異端審問が彼女の両親の家を壊しに来るのではないかと皆が心配したほどであった。これはまたモンタイユーでのことだが、ギユメット・クレルグが水甕を頭に載せて通りかかった際、緑色の着物を着た男が二人ブロ家にいるのを見つけた。見極めようと振り返ったが、慌てて隠れた。異端に違いなかったのだ。アラザイス・アゼマとなると、これほどの用心さえしない。ブロ家——またしてもブロ家なのだが——に忍び込んで善信者の様子を探った。ギユメット・ブロが気付いて大声を出したが、何の役にも立たなかった。再びプラドでのことになるが、マンガルド・サヴィニャンとアラザイス・ロミューの二人は完徳者ギヨーム・オーティエの妻ガイヤルド・オーティエから頭ごなしに行って寝ろ——一つ寝床に二人寝るのである——と言われた。ガイヤルドは、善信者ギヨームが危篤になったマンガルドの義父アルノー・サヴィニャンを異端者にする夜の儀式をできるだけ秘密にしたかったのである。しかし好奇心で一杯のちっちゃな蝿みたいなマンガルドは、まさにサヴィニャン老人が死なんとする台所と部屋の間の扉を細めに開けて置いた。こうしてマンガルドは扉の隙間に眼を押し当てて、台所の炉の灰をかぶせられた熾の薄赤い照り返しの中で繰り広げられる異端入信の一部始終をつぶさに目撃したのであった。最後にモンタイユーでの話だが、女たちの二つの党派が——教皇派のあい親たちとカタリ派のあい親たち——たがいに探り合い、ギユメット・ブロの葬式の時には相手側の女たちの囁きに聞き耳を立てた。

アリエージュ上流の特定の男たちの場合だったら、好奇心は不健全とされたかも知れない。だが、女たちにあってはそんなことは絶対にない。そこには第二の性によるオクシタニー的構造が形成されているのだ。女たちのスパイ合戦が衰える、少なくともやや静まるには、私生活に関心を集中する今少し市民的な文明の到来、つまり現代まで待つしかないであろう。

☆

派手なスパイ合戦。同時に、病的な聞きたがり。モンタイユーの女たち、特に若い女たちはたがいに質問の一斉射撃を浴びせあう。性懲りもなく質問を繰り返しているのは苛々するほどだし、とどの詰まりは子供っぽいことを暴露している。モンタイユーの収穫の季節、水汲みの途中でレモンド・ギユーがレモンド・リジエに問いかけているのを見るがよい。

「それで、ギユメット・ブロに何をしてやったの？　それで、あの結構な人たち（善信者）はどうだったの？　それで、どうしてあの人たちが聖人だと判るの？」

別のところでは、虱を取る方（レモンド・ギュー）が取ってもらう方（マンガルド・クレルグ）に向かって問いかけている。

「それで、以前レモンド・リジエがわたしに何て言ったか知ってるかい？（答は、何と言ったんだい、だった）……それで、どうしてあの人たちが有難いのだろう？……それで、どうしてそうなるんだろう？……キリストの体を預っている司祭より、善信者の方がよく救ってくれるというのは本当だろうか？」

ギユメット・クレルグも義姉妹のアラザイス・ルーセルやタヴェルニエ夫婦との話では、相手と同じ質問術を駆使している。

「どうして亭主に撲たれたのさ？……それで、叔父（プラド・タヴェルニエ）はどこへ行ったんだろう？……それで、今晩はどこで寝るのかしら？……それで、叔父はどこにいるのだろう？……それで、なぜあんたのおっ母さんのアラザイスが来ないのだろう？」

質問はごく身近な事項の散文的な問から始まって、哲学や地域に関する大きな問題に展開して行く場合があった。ここでも、ギユメット・クレルグを見るがよい。母親と一緒に取入れに出て、麦を摘みながら矢つぎばやに質問するのだ。

「それで、兄弟のポンスはどこへ行ったの？」（答。「プラド・タヴェルニエ叔父と一緒に出かけたのさ」）

「それで、プラド・タヴェルニエはシャトーヴェルダンのステファニーに何をしたの？　なぜ叔父は家も仕事も投げ出し、持物も売ってしまったの？」（答。「プラドとステファニーはバルセローナへ発ったのさ」）

「それで、どうして二人はバルセローナへ行ったの？」（答。「善信者という有難い人たちに会いに行ったのさ」）

「それで、有難いってどういうこと？」（答。「あの人たちは女にも肉にも触れない。異端者と言われているけれど」）

「それなら、異端と言われるのに、どうして有難いの？」（母アラザイス・リーヴの答。「お前はほんとに物を知らない馬鹿だよ。人びとの魂を天国へ送ってくれるから善信者なんだ」）

「それなら、異端だったら魂を天国へ送れるの？　坊さまが懺悔を聞いたり主の肉を扱ったりするのは魂を救うためだと聞いたけど」（母親の最後の答。「お前がまだ若くって物を知らないってことがよく判ったよ」）

☆

モンタイユーでは、より広く見てアリエージュ上流の農山村では、第二の性の好奇心ないし社交の背後に女性固有の価値体系が存在したのであろうか(14)。魅力的な設問なのだが、明快な解答を期待できないことは言うまでもない。それでも、さまざまな手がかりが肯定的な答えの方向を指しているのを確認できる。いくつかの大きな例外はあるものの、全体としてはモンタイユーの女たちはカタリ派伝道の主体でなく、むしろ対象だったことが判っている(15)。大ていの女は――男と違って――異端の教えを与えられたものと感じていたのであって、熱烈な帰依ないし回心によって心の内奥から湧き出たものではない。あたかも天から、あるいは他所からやって来た贈り物でもあるかのように、漫然とカタリ派を受け入れたのだ。というのも、夫や父親や兄弟や愛人や知人や使用人や従兄弟や隣人などが女たちを引込んだり、場合によっては罠にはめたりして、地域アルビジョア派の儀式に馴染ませたのだからである。前にも述べた刀自たちは別として、モンタイユーの女がこの目新しい信仰箇条に加担していた期間は比較的短く、それも口先だけのことが多い。やむを得なければ、異端のかどで火刑台におもむくのも辞さぬというほどの覚悟があったわけではない。事実、女たちはお仕着せの異端の実体に対しては、何か身にそぐわぬものを感じていたのだ。女たちの証言を信じるなら、執拗な違和感が「心臓（こころ）」から出て来るもののように気持につきまとっていたのである。この場合、心臓とは理屈を超えた器官で、伝統的思考および如何ともなしがたい好悪の感情でできている。たとえば、貧しい私生児ブリュンヌ・プルセルは一時アラザイス・リーヴの言説に影響された。アラザイスは単純明快に、今世を忍んでいる善信者だけが霊魂を救うことができると説いたのである。しかし、愚かなプルセルの土俗的な心情はどうしてもアルビジョア派の理論に馴染めなかったと見えて、間もなく立ち直る。次のように言っている。

「アラザイスの家の中庭を出ないうちに、わたくしはわれに返りました。そこで、相手に申したのであります。一体全体、善信者とやらは、自分が逃げ隠れしている始末なのに、どうして他人の魂を救えるんだい?」

もう少し高い次元ながらベアトリス・ド・プラニッソルも、何とか善信者に会わせようという異端宣伝工作の的になった。ところが、結局こう言い切ったのである。

「わたしは善信者に会ったこともないし、それにどう考えても善信者に会って見たいという気持にならない」(16)

だから、モンタイユーの女たちが村の男を探索したり昔ながらの信仰のままでいたりしたのも、もののはずみで必要以上に深入りしてしまったと感じていたからである。結局、一番強く女たちに命令したのは「心臓」である。本質において女性の交友関係は相互競争的ではない。むしろ、常に自分を失わず「調和、場合によってはナルシズムの方向」に向いている。女の交友、それは黙契(コンプリシテ)というものだ(17)。

☆

男の社交関係は、女のそれに比べてはるかに包括的である。さらに、村全体という次元から見て一層重要、政治的でもある。先に見たが、男の社交は夜の集いという形を取ることがある。カタリ派の女人不浄アレルギーが、男を別格扱いにする古来の傾向に拍車をかけた。男は食卓で食べたり暖炉の正面のよく暖まる腰掛に陣取るのに、女は離れて炉の隅にうずくまる。そのほか、農作業では男同士が出会う。耕耘や収穫の季節、特にそういうことが多い。最後に、男だけの交際遊んだり歌ったりする付き合いがある。モンタイユーのすぐそばのプラド・ダイヨンの、仇名を赤毛(ル・ルージュ)といったピエール・

ミシェルの家には村人が七人、それも男ばかり定期的に集まって骰子(さいころ)や将棋に興じていた。連中は完全に勝負に夢中だったので、プジョルのレモンド（ミシェルの娘）の言を信じるなら、

「父の家の穴倉にプラド・タヴェルニエが潜んでいたのでありますが、この人たちは完徳者に会うため席を立とうともしませんでした」

という有様だった。明らかに、この連中はもっぱら賭け事のために集まっていたのである。それに、男の会合が「鳴り物入り」である例も、一再ならず見られる。どんな羊飼いでも荷物にフルートは入れていた（零落した羊飼いのことを、モンタイユーでは「フルートさえもっていない」と言った）。男の会食では、よく小唄が出た。聖母被昇天祭の日、ユーグ・ド・スールニア宅の大晩餐会には男ばかり八人出席した[三]。一人は托鉢の小僧で、慈善(シャリテ)のために食卓の端に坐らされていた。食事が始まる前、皆はこの小僧に「アヴェ・マリア」を歌えと言った。この要求は趣味的な関心に基づくもので、敬虔の念から出たものではない。少年が宗教感情をこめて歌ったところ、会食者たちが不満の声を挙げているからである。パミエでも同じように、教会の内陣（男だけに立入が許されていたのだろうか）では吟遊詩人ペール・カルドナルの聖職者を非難した作品のいく節かを小声で歌っていた。

しかし、もっと意味深いのは、村の通りや広場、村の楡(にれ)の木陰に土地の男が集まって来て現出する、ほとんど村議会にも似た会合である。日曜日などによく見られた情景である。これこそ地中海地方共同体の、永遠なるアゴラにほかならない[四]。ただ、ミサによってキリスト教化されているだけである。そこでは女たちのこと、そして取り分け宗教が論じられた。一三二〇年、オルノラックの農民で代官を勤めているギヨーム・オースタッツの供述を見よう。

「その年、パミエの近くで異端レモン・ド・ラ・コートが火刑に処された後のことであります。ある日曜日、オルノラックの男が六人、この村の広場の楡の木のそばに出ており、異端者の火焙りについて話しておりました[18]。わたくしは通りかかって申したのであります。これだけは言っておきたい。焼き殺された男は立派な坊さまだったのだ……」

これもオルノラックでのことだが、別の時同じ広場にまた男が七人いた(うち四、五人は先にもいた男である)(19)。今や議論は死後の霊魂の運命のこと、毎日死んで行く数え切れない霊魂を受入れるには天国の大きさはどのくらいなければならないか、などという問題に移っていた。またしても代官ギヨーム・オースタッツが通りかかり、弁士たちを制し、皆を安心させた。天国はトゥルーズからピレネーのメラン峠まで届くほどの屋敷よりももっと広い、だから当分の間天国には住まいの心配はない、と七人の聴衆に教えたのである。

一三二三年、ベデイヤックの男の集まりのちょっとした場面は、村の司祭ベルナール・ジャンが描写している。

「この年のある祝祭の日、聖ヨハネ祭の前の日曜日だったと思うのでありますが、昼食の後、九時課と晩祷の間の頃、わたくし自身ならびにアルノー・ド・ベデイヤック、その他村の男たち、そのうち名を覚えているのは三人だけでありますが、とにかくわたくしどもはベデイヤックの教会墓地の近くの楡の木陰にいたのであります(五)。わたくしだけが坐っていて、ほかの者は立ったままでありました。一人が申しました。収穫ではいつも心配させられる。だが、今年は豊作だ。まったく神さまのおかげだ」

すると、そばにいたアルノー・ド・ベデイヤックが、穀物の世話をするのは神さまなんぞではない、自然がひとりでに収穫を産み出すのだ、と答えた。司祭はぎょっとして、思わず声を立てる。アルノーは横目で見ていたが、皆の顰蹙を買ったのを知って結局こっそりとその場を立去る……。

このような男だけによる非公式の広場の会合は、ベデイヤックでは夏の間かなり頻繁に行われている。今の事件の数日後、また集まりがあった。荒れ気味でもあれば、民間信仰に関係してもいる会合だった。アデマール・ド・ベデイヤックが供述している。

「同じ年、わたくし、アルノー・ド・ベデイヤック、司祭ベルナール・ジャン、その他名を思い出せない男たちがベデイヤックの教会の前の楡の木陰で、クーズラン司教区にあります、ある泉のことを話していたのであります。昔、それも大昔、この泉のそばで魚を鍋で揚げている者があった。ところが、揚げている最中に魚が跳ねて泉に跳びこんだ。今でもその泉には片側だけ焦げた魚が泳いでいる、と言われているのであります」

その時、例によって気の強いアルノー・ド・ベデイヤックが議論に割って入って鋭い声で指摘した。

「あの頃なら、神さまも沢山の奇蹟をおこしたのさ！」

またしても腹を立てた司祭ベルナール・ジャンがアルノーを咎め、そのためなおさらアルノーが自然主義的な冒瀆の言辞を繰り返した……。して見れば、村の広場は機能的に――簡単に言えば、寸分の違いもなく――十九世紀の自由思想家たちのカフェと同じ役割を果している。グーリエ（ヴィクデッソス教区）では、事態はさらにはなはだしい。粟の収穫期がめぐって来る度に地元のアゴラは、聖職者兼耕作農民とただの農民の間の男同士の議論の舞台と化し、女が何人か加わることもあった。論争の過程では、「二つの神」の存在をめぐるカタリ派びいきの意見が、まるで殴りあいでもするように激しく飛び交った。

家の中や農作業中に身内同士、親子の間に繰り広げられる論争のあれこれが、そのまま公共の広場の集まりでむしかえされる場合もあった。しかしながら、男の社交は家族からははっきり離れていたと言ってよいように思われる。実はそこに、家々の群れとも、女の世界とも、さらに男女の世界とも違う地域男性集団の特質があるのだ。ティニャックの農民でおそろしく大胆な自由思想家だった（復活もキリストの磔刑も降誕も頭から否定した！）レモン・ド・レールの供述を見てほしい。ある日彼は村の広場で三、四人あるいはそれ以上の村人と話していた。レモンは相手に向かってためらいもせず、霊魂とは血液にほかならない、霊魂は死ぬ運命にある、現世以外に別の世界も別の世もあるはずがない、などと言い放った。それだけでは、詰まるところありふれた意見だ。少なくとも後にパミエで審査されることになった人びとの観点からすればそうだ。しかし、レモン・ド・レールに対するジャック・フルニエの糾明は急であった。

「お前は、その誤った考えを妻のシビルとも話したのか」

レモンは単なる夫婦の内緒話などよりはずっと重大な過誤をすらすらと（破廉恥にも）司教に白状しているのに、これは否定した。

「いいえ」

「それならば、義理の姉妹のレモンド・レイとは話したのか。義理の姉妹だというのに一時お前が妾にしていたレモンドとは」

またしても、返事は否定だった。

「それならば、息子のレモンとはどうか」

「息子とも話してはおりません」

☆

男の交際は、思想の論争を超えて制度を問題にするところまで行く。田舎の人びとは世俗の制度よりも、特に教会の制度を問題にした。男仲間は教会組織に責任のある人物を手ひどく批判した。牧羊家たちは家畜から十分の一税を取り立てる司教その人を攻撃する。一三二〇年、ロルダでは広場の楡の木陰で土地の男が五人、目前に迫った仔羊の十分の一税つまり羊肉税（カルヌラージュ）の支払をめぐって議論していた。一人が言った。

「羊肉税を払わねばならんだろう……」

別の男が言った。

「払わないで置こう。あれを払うくらいなら、銭（ぜに）の一〇〇リーヴルもこしらえて、司教を殺してくれる男にやろう」

三番目の男が結論した。

「わたしは喜んで割前を出すよ。こんな結構な投資はない……」

☆

男仲間の会合の様子が一番よく判るのは、アリエージュ上流地方でもモンタイユーより下流にある、モンタイユーとよく似たキエの村である。それは、対立があると同時に、極めて共同体的でもあった。牧羊家でぶどう作りを兼ねているレモン・ド・ラビュラが、復活祭や枝の主日に村の社会的範囲のかなり多数が参加した、何回かの非公式の男の会合を詳しく供述している(20)〔十八〕。今「地理的範囲」と言わずにわざわざ「社会的範囲」と言ったのは、タラスコンの集会でもそうだったが、キエの男の集会には村域外の者が、少なくとも一部参加しているからである。関係者たちはタラスコン・シュル・アリエージュの「町」にも、サヴァールの教会の前庭にも出没していた。この教会はキエ住民の教区聖所として使われているし、同じ場所で開かれる市にも彼らはよく出かけたのである。彼らの姿はサヴァールの、カベッスの織物水車(ムーラン・ドラピエ)の近くでも見かける〔七〕(織物水車に男が集まったのは穀物水車に女が蝟集したのと好一対だった)。重ねて言うが、キエの「農村」住民との関係でサヴァール・タラスコンの「都市」教会が果した役割には独特のものがある。この場合には、男の交際が都市と農村の連結符号(ハイフン)となっているのだ(ガリアがキリスト教化された頃に似ているので、おそらくずっと昔の情況が残っていると言ってよいのであろう。原始キリスト教時代、農村の住民にとって礼拝に参加することは都市の聖所まで長い旅をすることを意味した)。

それはとにかく、また村域からはみ出ているにもせよ、教会、教会前の広場、ミサ、それに何よりミサの前と後は何にもまして、男の社交の舞台であった。アリエージュ上流の農民は教区教会の中(内陣)に、自分たちだけの席をもっていたであろうか。知る術はない。いずれにせよ、人口の半分を占める男たちが村の教会を、事実それに違いないのだが、自分のものと思っていたのは確かである。喜んで奉仕したか駆り出されたかは別として、地元の働き手が掌を豆だらけにして建てたのだ……。だから司教や司祭など教会職階の者には、ただ礼拝の家を使わせてやっているぐらいにしか思っていない。

「教会も鐘もおれたちのものだ。おれたちが作ったのだ。必要なものも全部おれたちが備えつけるか、買うかしたのだ。維持しているのもおれたちだ。そのおれたちを教会から締め出した司教や坊主はくたばるがいい。やつらはおれたちにミサも聴かせず、戸外の雨の中に立たせっぱなしではないか」

これは破門された村の男たちを前にして、レモン・ド・ラビュラが言った言葉である(21)。彼らのように、十分の一税を怠ると破門されたのである。自分のものでありながら教会を追い出されて正式のミサにあずかれないとなると、野天で自発的なミサを求めるほかなくなる……。

男たちのアゴラにあがる大きな声の背景に浮かび上がっているのは、男性支配の農村共同体の姿である。その関心は共同の家たる教会やミサへの出席、さらにはミサ前後の出会いや集まりに集中している。このような男同士の出会いないし集まりが非公式の共同体を形成するので、おそらくそれが警吏や触れ役や肝煎り(コンシュル)を備えた「公式」の共同体を成立たせる根源なのであろう。事実、肝煎りは家の主(あるじ)たちによって選出されたり補充されたりしているのだ……〔八〕。

共同体を語ることは慣習を語ることでもある。男たちの非公式集団は高僧たちが十分の一税をかけて来るという新事態に対して、山国の慣習となっている権利を擁護する。司教区や聖職のお偉方が教会の特権、実に寄生虫じみた特権を農村に押し付けようとするのに対しては、働く者たちは露骨な暴力、物理的な暴力に言及するのも辞さない。

「坊主や司祭だけで土を掘ったり耕したりできるものかどうか、見てやりたい……。司教と峠（山の）で出くわしたら、羊肉税のことで殴りあいだ。あの司教の太鼓腹に何が詰まっているか、しっかり見てやる」

司教の役人と肝煎り(コンシュル)が悪名高い家畜の十分の一税を取立てに来た時、一二人ばかり農夫が集まっている前でレモン・ド・

ラビュラが、またしても彼なのだが、こう喚き立てた。

モンタイユーでは、それにアリエージュ上流全体でも、男の社交はキエやロルダより地味だし、あれほど華々しくはない。われわれの村の広場がやや男らしさに欠けていたのは、少しは異端がいるなどという生やさしい状態ではなかったこの村の大きな内部対立、密告の心配、それに教会制度の信用が大いに失墜していたせいである(22)。その上に付け加えねばならないのは、旅する羊飼いの故郷たるモンタイユーの本物の男の集会はしばしば村を遠く離れたところで行われたということである。教会の前、村の楡の木陰などよりも、たとえばピレネーの峠、山の小屋(カパーヌ)、剪毛や搾乳の合間、あるいは羊毛や仔羊を売りに出る町の市場などの方が多かった(23)。とは言っても、このために狭いアイヨン地方の共同体が男のものでなくなったわけではない。プラドでもモンタイユーでも、教区の異端問題のあれこれに関して司教から通達状が来れば、公証人立会いのもと、男たちやお歴々(その中にはブネ、クレルグ、アルジェリエ等々、われわれに親しい名も見える)の前で読み上げられる。この集団は村の住民中おそらく「最良の」――この場合、男だけの――部分を構成していたのである。だから、ここでも肝煎り(コンシュル)制という公的な制度の下に指導的な男たちの集団がひそんでいて、地域社会の骨組みとなっていたのである。余談ながら、このような男たちが共同体の中で特権的な地位を占めたことは彼らの呼び名で誇示されている。モンタイユーのすぐ近く、プラド・ダイヨンにはプラドの地名を自分の名にしている男が少なくとも七人はいる(プラド・タヴェルニエ、プラド・ビュスカイユ、など)。ここで強調されているのは住民の中のほかならぬ男たちと土地の名、いわば土地の霊(ジェニー)とを結ぶほとんど血の繋がりと言ってもよいような不可分の関係である。

☆

女の、そして男の社会的結合(ソシアビリテ)を見た以上、今度は少年期と青春期にまたがる若い人びととの場合を眺めねばならない。モンタイユーではすべての社交機構が細分化されて家(ドムス)に吸収される傾向があり、どの家の中でも兄弟たちは鰥夫(やもめ)、後家、夫婦など形はともあれ年長世代を「戴いて」いる、つまり統制されている。だから、黄十字の村には「若衆頭」など有り得なかった。これは前に述べた通りである。それに、十九世紀にまず自治体の小学校が、次いで徴兵委員会が農村の若者の間に持込んだ「世代断絶」など、十四世紀モンタイユーの文字も知らなければ兵役もない若者に生じるはずもないのである。こうした欠落があっても、それでもなおわれわれのアリエージュ上流農民史料には若者、むしろ子供の交際関係がかすかに現れているように思われる(24)。ラ・バスティード・ド・セルーやジュナックの子供たちは牛や豚の番をし、蕪をかじりながら子供同士で遊んでいる。遊び仲間の一人は輪切りにした蕪を、ちょうど司祭がミサの聖体を顕示するのとおなじように、両手で高く捧げている（少し後、十六世紀ピレネーの魔術にも蕪の聖体は出て来る）。ほかの所では、粟の取入れに雇われた若者たちが、寝場所にあてがわれた納屋の中でありとあらゆる悪戯をしている。雇い主は納屋の寝床に大勢の若者を一緒くたに詰込んだのだ。悪ふざけは、今日いうところの枕投げの域をすぐ越えてしまう。幼い労働者の一人ピエール・アセスは急ごしらえの寝部屋で一度ならず蕪で聖体奉挙の真似をし、水飲みの器を聖杯になぞらえた。ほかの連中は憤慨し、不安になった。というのも何日かすると、ふざけ過ぎ、喋り過ぎで有害と判断した雇い主が年の行かない作男ピエール・アセスを解雇したからである。その場にいた者のひとりをナイフでおどかして無理矢理密告させた結果、このふざけ屋はジャック・フルニエの法廷へ送られた。

若者たちの遊び、笑い、悪ふざけにもそれなりの意味や文化的内容がないわけではないのは、見ての通りである。ところで、アリエージュやオードなどの地方で、これらは若者という年齢層集団が認知されていたこと、あるいは遊びの次元ではあっても若者の仲間に固有の何らかの活動があったことを意味するのであろうか。十分あり得ることである。オード・フォレはラファージュ（オード県）生れでメルヴィエル（アリエージュ県）に嫁いだ。一七歳か一八歳だったのに、それまで一度も聖体を拝領したことがなかった〔九〕。夫は口やかましい方だったので、問いただした。

「何故、そんなに遠慮したのだ」

答えはこうだった。

「わたしの生れたラファージュの村では、男でも女でも若い者はキリストの聖体を頂かない習わしなので」

して見れば、その辺りには若年層の一集団が存在したことになる。もちろん、二つの下級集団（男と女）に再区分されている。一九歳か二〇歳の「初聖体」で初めてこの集団から脱けるので、これが成人への通過儀礼とみなされていたのである（娘たちの場合、初聖体は結婚と同時のことが多い）(25)。このような儀礼を見ない地域でも、若者集団とその男女二つの区分はおそらく実体をなしていたはずである。言うまでもないが、後のプロヴァンスのように、若者頭を置いてこの集団を公然化しようという考えの生れる前のことなのだ。二〇歳以下あるいは二五歳以下の若者は歌が好きだ（成人になるかならぬかのピエール・モリがアックス・レ・テルムの酒屋へ「娘っ子を連れて行った」時のような、異性との遊びにつきものの酒の歌のことである）。そうでなくてもこの年頃の若者は、結婚したばかりの若い夫婦も加えて、遊びや踊りに熱中する。モンタイユーで生れモンタイユーで世帯をもったギユメット・クレルグが言っている。

「聖ペテロ・パオロ祭の日のことでありました(一〇)。ミサと昼食の後、わたくしはプラドの村の若者や娘たちと一緒に遊んだり踊ったりしようと思って、出かけたのであります。その晩はプラドの叔父の家で夕食を頂きました」

男色家のアルノー・ヴェルニオルが誘惑した少年たちも同じように、欲望を満たす前に闘ったり踊ったりしていた。もっとも、踊りは若者だけのものではない。一二九六年、ベアトリス・ド・プラニッソルの婚礼では、「跳ね子」の中にもう成人のギヨーム・オーティエの姿が見られた。後に彼は踊りが上手だということでモンタイユーの人気を博したのである。

したがって、職業上の活動は別として、村の女たちの社会的結合（ソシアビリテ）は内部の利用に供せられる情報や諜報活動に、男たちのそれは政治的決定や外部社会との対決に特色があったのだ。若者の交際は、それがそのようなものとして行われる場合に限ってのことだが、知識や教育や何らかの行動などよりも気紛れで自然発生的な遊びや踊りに関係がある。歌や踊り、つまり本質的に音楽教育にほかならない女子教育は、この後何世紀もの長い間このような考え方を持ち続けたわけだが、これに対して男の子にはもっと抑圧的かつ知的な教育が少しずつ課されて行ったのである。

第十七章　居酒屋、ミサ、党派

男、女、それに子供から思春期を経て若者に至るまでの者などという三種類の社会集団に区分して（さらにそれぞれの内部を再区分して）論ずるなど、およそ無意味だと思われるかも知れない。これに対しては、分析には全権があるのだと答えるつもりだが、同時に全村包括的な交際の基盤が現に存在したことも強調しておきたい。これはある程度までは自明のことだ。虱取りでも、野良でも、街路でも、家(ドムス)でも、男や女や子供は一緒にいるのだから。これ以外に、もっと明確に限定できる「包括的な溜り場」としては、とりわけ居酒屋(タヴェルヌ)、教区のミサなどを挙げることができる。

完全に発達した形の居酒屋なら、女性あるいは夫婦者が経営し、客の大半は男だが「それでも女の客だって」見かけるであろう。エピナール版画で見る限り居酒屋は、ちょうど一九〇〇年から一九五〇年にかけての酒場(ビストロ)と同じく男性社交の独壇場であったが、そのようなイメージが十四世紀のアリエージュ上流はおろか、アンシアン・レジーム期のフランス全体に当てはまるはずもない(1)。

モンタイユーに限らず、純粋の農業村落でしかも葡萄酒を外部からの搬入に仰ぐような所ならどこでも、酒屋は萌芽的な形態のものしか存在しなかった。例えば、黄十字の村で「酒屋をやっている」ファブリス・リーヴのようなものである。ファブリスは飲みに来る――まさしくそのために来る客を店に迎えていたであろうか。あり得ることだが、確かではない。

彼女の仕事は主として、注文がある度に、クレルグやブネなど、多かれ少なかれ富裕な住民の家まで「葡萄酒を届ける」ことであった。大体、すでに見た通りファブリスはさしたる元手も持ってはいないのである。

　飲み手を迎えるための広間のある本格的な居酒屋は小都市か町、交換や取引の行われる所でなければまず見られない。そういう所では市の立つ折に農夫や農婦が訪れて、よその地域、別の環境からやって来た男や女や娘、聖職者や俗人と話す機会がある。フォアの一番大きな居酒屋はピエール・ケイラ夫婦の店だった。葡萄酒を量るのは女房のガイヤルドの受持ちである。町の者も、通りがかりのフォア伯領内農村住民も――ほとんどが男で、女は付けたりだったが――一緒になって、火刑になったワルドー派異端の噂をし、その時の不思議な出来事をこと細かに話しあった。

「縛ってあった縄が焼き切れると、囚人は両手を天に差し上げたのだぞ」

　フォアのベランジェ・エスクーランのような連中は、市中の居酒屋を梯子酒してまわった。行く先々で噂を仕入れ、また振撒いたのである。こうして酒場（カバレ）は、口伝えのニュースを広げる共鳴箱と化す。飲みながらの、あるいは飲んだ後の座談は次々と反響し、また聞き（ぎ）を介して山の村にまで到達する。その結果場合によっては、異端の火刑や十分の一税に対する全農民層あげての抗議が噴出することさえある。さらに、特定の居酒屋は異端者の会合場所ともなった。アックスのギョーム・エスコニエが言っている。

「わたくしがアックス・レ・テルムへ参りました時にはクーストッサを通りまして、そこの居酒屋に立寄って飲んだのであります。その場におりました客の何人かはわたくしが帰依者でありますことを知っていたのでありますが、わたくしに尋ねたのであります。どこへ行くのかね。わたくしは答えました。アックスだ。母が重態なので、異端に入れてくれる異端者を呼びに行くのだ。居合わせた若い男が申しました。一人で行くことはない。わたしが付いて行ってやろう。そこで、わたくしどもは二人連れでアックスへ向かったのであります」

☆

しかしながら、居酒屋は二の次である。家からであれ放牧場からであれ、日曜日ごとに膨張運動を起こして村人が大勢集まる大きな社交の機会はミサである。農民が顔を出すとは言っても居酒屋は村の連中のものというより、所詮都市住民のもの、せいぜい田舎町(ブールガード)住民のものである。そこへ行くと、ミサは至るところで行われる。それは歌うだけではない。話をするものなのだ。あらゆる教区でそうなのだ（もっとも、一つ留保しなければならない。村によっては教会のない所がある。そういう村では最寄りの田舎町(ブール)の教会まで出掛けることになる）。

不信心者、カタリ派の場合はどうであろう。その場合でも、ミサはそれなりに有用だったので、たとえば新人を釣り上げるための会合の場所となる。カトリック信者の場合は一層明白で、礼拝に参加するのは信仰成就のための最大の機会である。フォアの居酒屋の女房ガイヤルド・ケイラでさえ言うのだ。

「わたくしどもの救いは、もっぱらミサにかかっています」

モンタイユーについて言うなら、ピエール・モリのような移住者であるとベアトリス・ド・プラニッソルのような定住者であるとを問わず、カタリ派同調者ですらかなり規則的に、あるいは少なくとも間欠的には、ミサに出席している。時には、祭壇に向かってカトリック信者そのものといってもよいような恭(うやうや)しい態度さえ示して、しかも一向に矛盾を感じる様子もないのに奇異の感を覚えるほどである（当時としては、このような「二股(ふたまた)」は別に非難するほどのことでもなかったらしい）。ベアトリスは聖母に色つきの蠟燭を、ピエール・モリは羊毛を聖アントアーヌに捧げているのだ。

こう見て来て、民俗学的にいうならば、アイヨン地方の日曜日ごとのミサも、インディアン部族の者たちが決まった日ごと聖所に集まって行ういかにも異教らしい何がしかの宗教儀式も、本質上の違いはない。村人が、それも男女を問わず、ミサに集まるのは到底居酒屋の比ではない。村の男と教区教会との特権的な繋がりは、たしか前にも強調したはずだ。教会は、男たちあるいは先祖が男手と奉仕をもって建立したのだ（これに対して今日では、教会との結びつきはむしろ女の方が強い。十九世紀このかた、それまでの夫たちにとって代わって、女性の方が教会通いに熱心なのだから）。ともあれ、ミサは全村包括的な儀式である。モンタイユーで定めしはなはだしかったはずの個人個人の欠陥がどうであれ、そこには老若男女、大勢の住民が参集しているのだ。

だから、村々に過激思想を宣伝する上でもミサが大きな役割を果したことが判るだろう。ミサを非難したから異端が広がったとは限らないので、むしろミサを通じて広がったのだ。過激思想は半知識人の司祭が書物の中から拾い出し、その次には日曜説教ごとに文字を識らない教区民へと注がれる。例を挙げれば、ジュナックの常任助祭アミエル・ド・リューは、日曜礼拝に集まった村民およそ五〇人を前にして未来における肉体の復活を否定した。アミエルは信徒の群を一人の人間ででもあるかのように「お前」と呼んで、こう言ったのだ。

「よく覚えておくのだ。最期の審判の時、お前は肉体と霊魂の両方を備えて復活する。だから、体も魂ももったお前が判決を承ることになる。だが、審判が終ったら、お前の魂は天国か地獄のどちらかへ行き、体の方は墓へ帰って埃になる……」

身じろぎもせず聴き入っている聴衆にとどめを刺すかのように、アミエルはこう締め括った。

「これは全部、わしが読んだ本に書いてあったことだ！」

教区民五〇人は最後の断言に呪縛されてしまい、ミサのあいだじゅう助祭の説教をおとなしく聞いたのである。

もちろん、どうかすると偏狭な山国根性が頭をもたげて、ミサの話も歌も全部「くだらない」と抗議することがある。しかし、ミサを信じもしなければ勤勉な出席の模範とも言いがたいモンタイユーでも、善かれ悪しかれ、日曜日、ミサが断然、人びとの交流の場だったことに変わりはない。

☆

男、女、若者と、村民は紋章の模様のようにはっきり分かれている。かと言って、年齢と性別によるこの大きな区分が村全体の社会的結合に間接的に含まれなかったわけではない。むしろ、そのひとつひとつが全体統合を作り上げる要素だったのである。アリエージュ上流、モンタイユーでは成人男性の支配に対して女が反乱を起こしたとか、若者が蜂起したなどということはない。男性支配はどちらかと言えば好意的に受入れられているし、皆がこれに参加しているのである。

社交機構を分断しかねない真の亀裂は、たがいに分裂対抗する村内の党派に求めるべきであろう。それぞれの党派が一連の家（ドムス）や家（ドムス）の破片を自分の方に引入れようとする。終いには党派の両極対立が村を真っ二つに引裂きかねないところまで行った。もっとも、両派の勢力はひどく不均衡だったけれども。モンタイユーが悲劇的な混乱に陥った危機の時期には、両方がたがいに相手に対する可変関数のような情況を呈した。

われわれの考察の出発点たる一二九五年ないし一三〇〇年には、クレルグ家とその一味の党派が共同体を制圧していた。あまり上品とは言いがたいが司祭の言を借りれば、村を「股（また）の間に挟んで」いたのである。何分、強大な党派だったから、それだけで地元社会全体をそっくりそのまま包摂しかねないところまで行ったのである。アルマンド・ギャベールが病気の息子を異端に入れてもらおうかと考えた時、娘のアラザイス・フォレは是非そうするようにと説いた。その折、アラザイスは母にこう言っている。

「司祭のピエール・クレルグは、この村の皆からわたしたちを守ってくれている。わたしたちを訴えるような者は一人もいないはず……」

モンタイユーを支配する家々（ブロ、ブネ、クレルグ、フォール、モリ、マルティ、リーヴ[2]）にとって、最初カタリ派は連帯の手段のようなものだった。その中でも中心的な三家、ブロ、ブネ、クレルグが、クレルグ家を頭に頂く三角同盟を形成し、婚姻関係でたがいに癒着していた。結婚が取引材料に使えることは百も承知していながら、代官ベルナール・クレルグはレモンド・ブロにロマンティックな愛情を捧げて結婚した。地域での社会的地位の高さから言えば、当然もっと大きな婚資のついた娘を迎えることもできたはずなのに、自分でも言っているように、彼はこの恋愛結婚によって愛の絆（きずな）と党派の連帯の存在を誇示する方を選んだのである。そう決意したベルナール・クレルグが未来の義母、後家で、したがって事実上の女家長たるギユメット・ブロを敬って求愛の伺候を続けた様子は前に述べたが、心をこめた奉仕の結果両家の関係は揺るがぬものとなった。ベルナール・クレルグは広大な田地からの上がりに不自由しなかったから、小麦といわず粉といわず葡萄酒といわず革袋に詰めては「百回以上も」許婚の資産管理者たる老女ギユメットに贈った。受取った品は、老女が家にかくまっている異端者のもとへせっせと運んだことはいうまでもない。

「大事な完徳者が不自由するくらいなら、自分が飢えに苦しんだ方がまし」

と、老女は思っていたからである。ベルナールが惜しみなく見せる厚意のお返しに、ギユメットは虱も取ってやったし、娘も委ねたのであった。

三角形の他の一辺、ブロとブネの関係もまた婚姻で補強されていた。ギユメット・ブネ（若い方）がベルナール・ブロに嫁いでいるからである。ベルナールの母ギユメット・ブロ（老女）は、この縁組みのもたらしかねない危険を思わないではなかった。何分にもブネ家は異端に深入りしすぎていたから、異端審問の弾圧が本格化した場合ブロ家もとばっちりで破滅（一旦縁組みしてしまえば一蓮托生なのだ）するおそれがあったのだ。ギユメット・ブロは息子のベルナールに言っている。

「ブネ家のおかげで、うちの家にも災難がかかるだろうよ。あそこはオーティエ家の連中と仲が好すぎる」

穏健な老女のいう通りだったのだ。しかし、物事はなるようにしかならない。一三〇〇年代のごく短い期間にブネ家は一つの焦点となり、そこから異端が村中に広がった。一三〇〇年、オーティエ兄弟がロンバルディアから帰ってきてまず最初に草鞋（わらじ）を脱いだのはギョーム・ブネ夫婦の家である。もちろん、夫婦が喜び迎えたのだ。一度これが感染すると、今度は同家が共同体全体を汚染した。十四世紀の初め、ブロ・クレルグ枢軸の上に架け渡されたブロ・ブネ同盟から、比較的堅固なカタリ派の前進基地が次々に派生し、あい親関係や普段の出入りで息のかかった家々の網の目で補強される。そして、この社会的構築物の全体をクレルグ家が、財力と兄弟それぞれの権力にものを言わせて支配した。不在領主のおかげで地域権力を握っている代官ベルナールのために、司祭ピエールが力を添える。

しかしながらモンタイユーには、すでにこの頃から、つまり十四世紀のそもそもの初めから、反対派の細胞組織があった。「集団」に対する「集団外」の存在で、「三家支配」（クレルグ・ブロ・ブネ）の作戦に従わない。細胞はリジエとアゼマの二家（ドムス）を含んでいた。抵抗線として見る限り、リジエの砲火は不発に終わる。誰とも知れぬ人殺しが（クレルグ一派の差し金で?）、「善きカトリック信者で異端を嫌った」一農民にすぎないリジエ家の当主アルノー・リジエを殺害したからである。これには、故人の妻、アルジェリエ家生れのレモンドが共謀していたかも知れない。いずれにせよ、殺人事件の後、レモンドはアルノー・ブロと急いで結婚している。殺害の事情はついに解明されなかったし、被害者への弔辞もひどくお粗末だった。

「モンタイユーのアルノー・リジエは異端者を愛することを知らず、異端者を虐待した。モンタイユーの砦の門に行けば、殺されたばかりの彼の死骸が見られるだろう」

彼がいなくなって、カタリ派の一味は安堵の吐息をもらした。ピエール・モリが言っている。

「アルノー・リジエが死んでから後、わたくしどもはもう同家を恐れることもなかったのであります」

アゼマ家の方は、はるかに手強（てごわ）かった。同家を掌握するのは女家長、老いてなお恐るべきナ・カルミナガ（レモンド・アゼマ）である。一三〇〇年から一三〇五年にかけてのモンタイユーでは稀有のことだが、彼女の息子たちのうち一人は善良なカトリック信者だった。ギヨーム・オーティエが警戒したのはこの男、全村民中ほとんど彼だけだったと言ってもよい。これに比べれば、もう一人の息子ピエール・アゼマの正統ローマ信仰は少々怪しい。ピエール・オーティエすら初めのうちは異端の味方と考えたほどだし、ずっと後になってクレルグ家が厚顔にも彼の「若気の過ち」を言い立ててカルカッソンヌの牢獄に送る口実としたほどである。ピエール・アゼマは初め異端寄りで、後に「カトリックに帰った」のだろうか。それとも、支配をめぐって切り結ぶ闘争そのものに熱中しただけなのだろうか。いずれにせよ、クレルグ家の没落に乗じて初めて、この男がモンタイユーの最高権力というタイトルの主要挑戦者ならびに候補者――代官と司祭、兄弟二人の次第に色褪せてゆく力に反抗して――になることに変わりはない。

アゼマ家はごく普通の農民である。ただ、司教ジャック・フルニエの遠縁に当っているため、この関係によるささやかな名声を教区に有していた。村内で同家と友好関係のあるもののうちには、ペリッシエ家、フルニエ家、それにゴージア・クレルグの母ナ・ロンガの一家が数えられる(3)。

権力党に対するアゼマ家の抵抗は、国王陛下にたいする反逆以上の大事である。クレルグ家は何ぴとをも恐れないが、一三〇五年以降のアゼマ一家だけは例外である。頑固婆(ヴィユー・シャモー)ぁのナ・カルミナガが彼らの心に恐怖を吹き込んだので、クレルグ家の者もアゼマ母子を見かけるとどこかに隠れるほどだった。ブロ家にしても同じである。

ピエール・アゼマにしても同家の者たちにしても、彼らだけならクレルグ一派にとってさしたる危険ではない。何と言ってもクレルグ側は「場内(イン)」にいるので、敵は「場外(アウト)」にいるのだ。しかし、一三〇五年以降、カルカッソンヌから異端審問が割り込んで来ると、情況は悪くなり事態は複雑化する。あたりを切り払ってでも、火の広がるのを防がねばならない。当然、クレルグの党派は硬化する、と同時に分裂する。確かに、首領や幹部たちは息のかかったもの、味方やあい親を庇護すべく最善をつくした。アルノー・リジエの後家、アルジェリエ家生れのレモンドは愚かな思いつきから、モンタイユーの主だった女何人かの不審な行動を司祭ピエール・クレルグに注進した。女たちが完徳者と一緒にいるのを目撃したというのである。ピエール・クレルグは即座にお喋り女の口をふさぐ。レモンドにこう言ったのだ。

「仮にもゴージア・クレルグ、シビル・フォール、ギユメット・ブネ、ギユメット・モリなどを訴えでもしたら、お前の身に災難が降りかかるぞ。あの人たちはお前なんぞよりずっと大切な人なのだ。覚えておけ。一言でも、あの人たちのためにならないことを言ったならば、お前は体、家、それから財産までなくしてしまうぞ」(4)

司祭の警告も聴く耳がなければ何の役にも立たないだろうが、レモンドはまっとうに協調しないと言って村人たちに殺された男の後家である。彼女なら二度と同じことを言う必要はない。

しかし、時勢はさらに厳しくなった。異端審問の追及が一層急となるにつれて、クレルグ家が作り上げた保護と制圧の組織もいくつかの亀裂を露呈し始める。まず、ブロ・クレルグ同盟が大きく動揺し、荒天の中でほとんど難破した。むろん、代官ベルナール・クレルグは、今では妻であるレモンド・ブロに対する若き日の恋を裏切るようなことはしない。レモンドの方でも同様である。この夫婦にはせいぜい、レモンドがうろたえて引起こす夫婦喧嘩が見られるくらいのもので、夫の思想的転向をめぐる争いなどはおこらない。いつもいつも、日常些事の挿話ばかり……。とにかくベルナールは女房と仲が好く、レモンドを愛情をこめて「大事なかみさん」と呼び、間違っても「婆ぁ」とか「牝豚」などということはない。レモンド・クレルグはブロ家生れながら、彼女の方でも不運の中で夫に忠実である。教区民の誰かが「マフィア」の仁義じみた党派の掟を破ってパミエの異端審問官に密告しそうになれば、ベルナールの代わりに自分で出向いて脅しをかける。

だから、代官とその妻の関係はいつも正常である。これに対して、代官にとっては義母の家に当るブロ家との関係は、かつてはあれほど親密であったのに、ひどく悪化した。事実、カルカッソンヌの異端審問官が、一方では今や諜報員となったクレルグ家を利用しつつ、他方では異端を狩り立て……そして、その中にブロ家も入っていたのである。不和で重苦しく耐えがたい情況である。一三〇六年になるとベルナール・クレルグは、昔やさしく虱を取ってくれた義母ギユメット・ブロをカルカッソンヌの牢に入れてやると恫喝するところまで行く。その後ではギユメットの息子、彼にとっては義理の兄弟のギヨーム・ブロに向かっても、同じ目に遭わせてやると言っている。こうした乱暴な言葉に大した意味はないと、見ることもできないではない。ベルナール・クレルグにはそんなのは普段からのことだったからである。実母に向かってさえ、「老いぼれ異端あつかいした上、火刑にされるぞと言った」ことがあるのだ。もっとも、他の息子たちが皆大切にしていた、敬うべきマンガルド・クレルグに関する限り、脅しの言葉はただ口先だけで何事も起こりはしない。ところが、ギユメット・ブロの場合、カルカッソンヌの牢獄は決して言葉だけでないことが、すぐ判ったのである（この件について、不届きな婿がどこまで関与していたかは判らないが）。ギユメット・ブロはまさしくカルカッソンヌの牢中で生涯を終える運命と定められ、事実その寸前まで行った。最後に、ベルナール・クレルグが再び家族らしい気持を示してやろうとするのは、それこそ義母の死に際のことだった。牢内まで瀕死の老女を訪ねて行って、みずから保証人となり、大急ぎでらばの背に乗せてモンタイユーに連戻したのである。そして、彼女を異端に入れてやり、みずから耐忍（エンドウラ）を守らせ、息を引取って埋葬されるまで見届けた。

だから、単純にクレルグ家の大変節だけを論じるのは不当であろう。同家の者たちは、時勢とともに生きる術を身につけねばならないということを知り抜いていたから、カルカッソンヌの異端審問の旗を振ったまでなので、だからと言って最後まで反カトリック信念を捨てはしなかったのだ（後年、ベルナール・クレルグは獄中にあってもローマ教会の慣行に対する悪罵を吐き散らしている）。しかし、事態が事態である以上、適切に対応するほかない。場合によっては、クレルグ家は手下の者たちのカタリ派信条に逆らっても行動せざるを得なかった。以前クレルグ家が支配を始めた頃はちょっとした物を与えたり便宜を図ってやる代わりに働かせるのが同家独特のやり方だったのだが、今では古き良き方法は棄て去られて、事あるごとに露骨な力を行使するようになった。モール家の幾人かに対しては手足の切断という目に遭わせ、村にいられなくすることも辞さなかった。モール家はカタリ派寄りなのに、クレルグ自身もその一味も絶えず目を離さなかったのである。その後、クレルグがカルカッソンヌと通じているのに嫌気がさして、前には一党の保護を受けていた若者たちが反旗を翻した。彼らは代官と司祭の手をすり抜け、ピレネーの向う側で羊飼いとなる（モール家、モリ家、バイユ家など）。支持者の脱落は重大な危険をはらんでいる。だからこそ末期には、ベルナール・クレルグの対応が苛酷になるのだ。彼は持駒をありったけ賭けてしまう。臆病風に吹かれた連中には強圧をかける。最後にはモンタイユーの細民、中でも後家や下女を利用する。女たちによって一家の勢力を弥縫しようと必死なのだ。レモンド・アルサン、ヴュイッサーヌ・テスタニエール、ファブリス・リーヴ、レモンド・ギユー、グラジッド・リジエ、もっと身分の高いところではベアトリス・ド・プラニッソルなどに働きかけて兄弟の司祭に有利な証言をさせようとする。脅迫も辞さなかったのだが、結局女たちにも見放された。ベルナール・クレルグは、村では異端審問の手先に厳しく監視され、あげくの果てにはパミエに収監されるのだが、その間絶えず家の近くでも獄内でも女たちに会う度に約束と脅しを繰り返した。党派首領の努力もむなしく、全部的を外れてしまう。グラジッド・リジエはいかにも田園の娘らしく率直にこう言うのだ。

「お前さまの気に入るために、喜んで火焙りになろうなんて人がいると、本気でお思いか」

「わたしが焼殺されるくらいなら、ベルナールが焼殺された方がましだ」

グラジッドの母ファブリスはもっと手厳しい。

まったく、命あってのものだね、に違いない。

一三二一年のことだが、当時獄中にあったベルナール・クレルグに、過ぎ去った恐ろしい何年かを顧みる機会があった。あの頃、クレルグ家に対する服従関係の網の目が次々にほころびて行ったのだった。きわめて正当なことだが、元代官は今回の事件の究極の原因が十分の一税という悪魔的な問題だったことに思い到る。そして、四人仲間の一人にこう語るのである。

「司教のジャック・フルニエは、おれたちにひどいことをしたものだ。彼奴（あやつ）はサバルテスの住民を押さえ付けるためなら、ありとあらゆる手を使ったが、それも皆が羊の十分の一税の支払を嫌がったからだ。彼奴がそんなことをしたのは異端者の財産を横取りするためだったのだ……」

話相手は強調した。

「それだけじゃない。生きているうちに異端者など一度も見たこともない連中の財産まで横取りするためだったのだ。カルカッソンヌの異端審問がおれたちを扱っていた時分には、そんなことはなかった」

言、まことに明快である。クレルグ一党は、カルカッソンヌの異端審問に依存できる間だけ村の権勢を維持できたのだ。カルカッソンヌの追及は必ずしも峻厳ではなかった。少なくとも、異端の一部分を摘発したにすぎない。代官や司祭が個人的な報復（ヴエンデッタ）のために指名する特定の犠牲者だけでこと足れりとしたので、異端を根こそぎにしようと全力を挙げたりはしなかった。しかるに、何たることであろう。一三一七年、もともと危なっかしい妥協が破綻する。ジャック・フルニエがパミエの司教座に就いたのだ。カルカッソンヌとクレルグが暗黙裡に結んだ了解事項を受入れることなど、到底できない人物である。彼は徹底的な十分の一税徴収を要求した。そのため、クレルグの権力に正面攻撃をかける前に、「自然の成行き」でそれを掘崩す結果になったのである。フルニエ以前、クレルグは教会が村から取り立てる僅かな十分の一税の徴収人ないし請負人の役を勤めていた。彼らは納税者の皮を剥ぐような真似をしない。むしろ、保護の任にあたって、重税の衝撃に対する緩衝の役を果していた！　ただ、折を見ては集めた税の中から少々自分も頂いただけである。それに、そのうちのごく僅かを友人たる完徳者へ流しただけである……。

一三一七年（十分の一税の締めつけ）以後、さらに一三二〇年（クレルグ家に対する直接の迫害）以後、この関係は崩壊した。党派には、もはや自分の利益も身内の友情も護り切れない。結末について甘い幻想はもてないながらも、クレルグは生き延びようと善戦する。

モンタイユー以外の土地にも、最後まで変らぬ味方がいたのも事実である。ラロック・ドルムのポンス・ガリはベルナール・クレルグの甥に当るが、破局の終幕の中でも叔父の卑劣な工作の手先を勤めた。キエのピエール・ダン・ユゴルはその地の代官で、かつてはカタリ派寄りだった領主役人仲間の一人、災難が降りかかれば助けあう（原則として）仲である。ベルナール・クレルグの逮捕を聞いた時、ピエール・ダン・ユゴルは証人たちの前でこう言ってはばからなかった。

「驚いて何も手につかん。ベルナール・クレルグが牢に入れられたなど、聞きたくもない。その位なら仔羊を一頭なくした方がましだ」

☆

クレルグ家の没落につれて、アゼマの党派が勢いを増してくる（民俗学者の厳密な用語法では、アゼマの党派（クラン）でなくアゼマの一味（クリーク）というべきかも知れない。少なくとも当初、つまり一三〇〇年から一三〇五年頃までクレルグの党派が村の大多数を占めていたのに対して、これはほんの少数派にすぎなかったからである）。

一三〇〇年から一三二一年に至る苦難の時期のやっと終り頃になって、ピエール・アゼマとその家（ドムス）は縁者のジャック・フルニエの支援を受けることができた。その結果、村内に味方の、というより共犯者の網の目を作り上げるのに成功し、一時はクレルグと拮抗する。ギユメット・ブロ埋葬の時（一三二一年頃）すでに、ピエール・アゼマの妻ギユメット・アゼマやアルビジョア派を見限ったヴュイッサーヌ・テスタニエールは、ギユメット・ブネであれアラザイス・アゼマ（この同名のアゼマはアゼマ家の遠い縁続き）であれ、立ち向かって来るカタリ派の女たちとほとんど対等に渡り合っている。ピエール・アゼマは一味を固めてクレルグに対抗するためなら、ささやかな贈物や援助……それに女の交換という古典的な手段も辞さない。女性はかつて敵党派の力を築くにも大きな役割を果した。ほかならぬ司祭の従姉妹ゴージア・クレルグの息子の許婚に自分の娘はどうかと申し入れる。ただ、それには条件がある。ゴージアはクレルグの党派を離れて自分たちについてほしい。それに、自分たちのためにならないような密告をしてくれては困る。最後に、クレルグの敵はゴージアに向かってこう断言した。

「これで、お前は両家を安泰にするというものだ」

ピエール・アゼマは、以前クレルグ派の勢力下にあったものの仲違いして家族の一部をスペインに行かせるほど用心している家々を引込もうと努力する。この場合にも、党派的野心のために奇妙な馴れあいが生じる。純良なカトリックを自称するアゼマの家(ドムス)が、かつてクレルグ家の策謀の犠牲となって迫害されたカタリ派の者たちに言い寄るのだ。反対に、心の奥底では依然として異端のままのクレルグたちは、カルカッソンヌの法廷の手先を勤めている。まるで陣取り遊びである〔二〕。その中で何より、どちらの信仰(それがまたひどく流動的なのだが)と呼ばれるかが、双方のグループを沸き立たせている野心に大義名分を提供している。絶えず変る旗印の裏に、地域権力を求めて歯をむき出した欲望が丸見えなのだ。例えば、ヴュイッサーヌ・テスタニエールが間もなくパミエで司教の尋問を受けることになった時、ピエール・アゼマはこの女にしつこく言い含めた。ヴィタル、エスクラルモンド・バイユ、レモンド・リジエ、ゴージア・クレルグ、モール兄弟などを訴人してはならぬ、というのである。実のところ、この連中は多かれ少なかれ村のカタリ派にかかわっていたのだが、クレルグ家と早くから(例えばリジエ家)あるいは最近(例えばモール家)仲違いしていたために、アゼマ(司教ジャック・フルニエとはカトリック信仰と家同士と両方の繋がりがあったにもかかわらず)にとって計り知れない価値があったのである。同じくゴージア・クレルグに対しても、マルティ家の者には手ごころを加えるよう要求した。

「エメルサンド・マルティを密告するでないぞ」

ピエール・アゼマはすぐ後で同家を利用している。だから、ゴージアに対するアゼマの態度はクレルグと何の変りもない。同じように、立場の弱い女たちに圧力をかけるのだ。彼女たちが無防備なことを計算した上でのことだろうか。それとも、買収できるような男はもう村に残っていないために(事実、そんな連中は死ぬか、捕らえられるか、逃亡するかしていた)、そうしたのだろうか。いずれにせよピエール・アゼマが、パミエの異端審問で自分に有利な証言をさせるためなら暴力をもってしても、ヴュイッサーヌ・テスタニエール、ナ・モイシェナ、レモンド・ギュー、ナ・ロゼラ、ひいては昨日の敵で今は落目のブネ家の一員たるギユメット・ブネさえも操ろうと試みたのは事実である(5)。カルカッソンヌの異端審問官（これはクレルグ家の味方だ）が村に入った時、村の女二人、つまりナ・ロゼラとナ・モイシェナは、ピエール・アゼマが「脅迫して」司教ジャック・フルニエの前であれこれ偽りを申し立てさせたのだと訴えている。

アゼマが村や女たちの誰彼に圧力をかけようと決意する時に乱暴な言葉を連発する点、敵のクレルグとまったく同様なのに注意しておく必要がある。それに両方とも奇妙に「足」に関係のある表現を使っている。先に司祭クレルグは言い放った。

「異端審問（カルカッソンヌの）のおかげで、わしはモンタイユーの奴らを皆、股の間にがっちり締めつけている」

ベルナール・クレルグは、レモンド・テスタニエールが自分を訴人しようとしているのを知って激怒した。言葉の途中で相手の呼び方さえ変わっている。

「お前さんなど、片方の足だけできりきり舞いさせてやる。貴様の証言なんぞ誰が聞くものか」

他方、ゴージア・クレルグを司教フルニエの法廷に駆け込ませまいとして、ピエール・アゼマはこう言った。

「寝ている兎を起こすんじゃない。前足で手を引っかかれるのが落ちだぞ」

敵のクレルグ同様、ピエール・アゼマは村内に繋ぎとめた好意だけを当てにしているのではない。ピエール・クレルグがカルカッソンヌの異端審問に依存したように、アゼマはパミエの異端審問に期待した。その上、共謀者を周辺の町に巧みに配置している。たとえば、隣村プラドの司祭やガイヤックのもぐり代言人ピエール・ラスコン・シュル・アリエージュの生れで、折を見ては密告をはたらく男である。しかし、教区内外に同志はいても、地元の制度に基づく権力を奪取せぬ限り、クレルグ一党を決定的に転覆できない（今なお！）ことはアゼマも理解していた。これはクレルグの方でも知り抜いていたからこそ、先に何をおいても代官職と司祭職、そして城に対する発言権を確保したのであった。野望に燃えるピエール・アゼマは、権力の大道から敵を追い払おうと熱中する。やがて権勢の頂点に達した時のアゼマが、村の指導的な役職について新人たち、たとえば城代代理、肝煎り(コンシュル)ベルナール・マルティ、それに故ピエール・クレルグの跡を襲った助祭レモン・トリーユなどを露骨に操るのが見られるであろう。

実に、モンタイユーにおけるクレルグ一党（長期にわたって多数を制した）とアゼマ一派（少数ながら攻撃的な）は、「一つの甕(びん)に入れられた二尾の蝎(さそり)」のようなものだ。ともに生き、ともに滅びる運命の下にあった両者は、それぞれ自分の主人たるカルカッソンヌとパミエの示唆するままに動いた。こうしてカルカッソンヌもパミエも、小さな頭目を置くことでアイヨン地方を思いのままに、しかも安上りに統御したのである。ベルナール・クレルグはパミエに投獄され、結局はその中でこと志と異なる結末を迎えることになるのだが、獄中からでさえ外部に影響力をもっていて、カルカッソンヌの保護者たちを動かすべく手を打っている。カルカッソンヌはその意を迎え、過去においてカタリ派との関係で必ずしも潔白とはいえないピエール・アゼマを収監した。身柄を拘束してしまうと、カルカッソンヌの典獄で元代官の親友たるジャック師は、ピエール・アゼマを虐待してできるだけ早く獄死させることに快感を覚える。こうして、ベルナール・クレルグはかねがね「裏切者のピエール・アゼマめ」と呼び続けて来た男について心を安んじることができたのである。わが党派への裏切者、すなわちモンタイユーへの裏切者。それほど長きにわたって自分の運命と村の運命を同一視して来たのだった！

しかし、元代官自身にも運命の悲劇が待っている。アゼマが頼りにしていた仲間や保護者が返報したのだ。「厳格極まりなき」禁獄を宣告されたベルナール・クレルグは、パンと水と鉄鎖の毎日に三〇日とは耐えられない。一三二四年の夏の終り、獄中に、四方を石壁に取り囲まれた中で死んだ。司祭だった兄弟の後を追ったのである。

ベルナール・クレルグもピエール・アゼマも半ば全体主義的な組織の内部抗争の犠牲である。組織は二人を絞りつくすとレモンのように棄てたのだ。だが、二人の死によって、モンタイユーの党派抗争が終るはずもなかった。長期にわたったクレルグ派の優勢は代官と司祭以下最強力人物のやがて死に至る拘禁の後も、なおしばらくは続いている。一三二〇年代を通じて、クレルグ家の者たちがモンタイユーの主だった住民の中に姿を見せているのだ(6)。一方、アゼマ派の野心は露骨すぎて、財力や人数の不足、さらには支持の不足、またパミエの聖職者やフランス派との緊密な協調方針と釣り合っていない。カルカッソンヌでの首領の獄死という打撃から直ちに立ち直れるとも思えないのである。それでも、ギヤベール家の残骸がなお命脈を保っていたおかげで、クレルグに対する対抗の再建が可能となる。同家は先にアゼマが圧力をかけてクレルグに反抗させた家である(7)。

☆

モンタイユーの例は、だから、歴史家の前にあい容れざる集団の抗争を操り広げて見せてくれる。それはまた、多数党派(司祭職、代官の権限、城代の権力に依存する)と少数党派(権力奪取のために戦い、支配権を自分の方に取り戻そうと狙う)との仮借なき村内二分の様相を示している。この二分は追随者の絶えざる再編成を伴う。刻々に変る情況の中で手下たちには、厳しくなる一方の圧迫と相互間の裏切りないし半裏切りがのしかかる。

まったくの地域例にすぎない、という者もあろう……。しかし実は、これほど明瞭な形でもないし教訓的ではないにしても、大筋において似た例はアリエージュ上流のある程度歴史の判っているいくつかの村に、一三〇〇年から一三二〇年にかけて再現されているのだ。ジュナックには城の持主たる領主が在地していて代官まかせではない。ここのお歴々、地つきの領主たちは長い間異端を保護して来た。異端に共鳴する領内の農夫や牧羊家や鍛冶屋などを庇護したのである。ところが、一三〇五年ないし一三一〇年以後、山国の名士たちはどこでもそうだったのだが、ジュナックの領主たちも恐怖の虜になる。異端審問の脅威が余りにも急を告げたのである。彼らは急いで異端審問と提携しようとして、それまで保護して来た者たちと手を切ったから、アルビジョア派にかかわった者たちは外から丸見えとなる。彼らは恐怖のあまり、訴え出て自分たちに害を及ぼしかねない特定人物（超カトリック《ウルトラ》）を除去しようとするところまで行く。ピエール・クレルグはもとは仲間だった女の舌を切取らせたが、ジュナックの名士たちはベルナール・マルティの父親が裏切りかねないと疑って、上品な白い手で危うく絞め殺しかけた。

キエの村でも似たような現象が生じたらしいことが推察できる。ここでは、一三二〇年頃、司祭や肝煎り《コンシュル》も加わっている支配者集団が村を司教の命令に従わせようとした。住民が製造する重さ一五ないし二〇リーヴルの復活祭の蠟燭を徴収すると、司教が言い出したのだ。村にとっては破滅的な負担である。農民多数の中から激しい反対が生じ、中心人物がレモン・ド・ラビュラであった。上述したキエの支配者集団には、今でこそ大蠟燭の情熱に燃えているものの、もとをただせば多少は異端臭い匂いを消しかねている者もいる。つまり、キエの主だった者の若干は変節漢なのだ。そこで、彼らは反対党に結集しそうだった手強い元の仲間との戦いという危険を冒すのである。

これもアリエージュ上流だが、コスーではかのベアトリスの父フィリップ・ド・プラニッソルが異端の流れにどっぷり浸かっていた。家族も同様である。同家は庇護を通じて、時には殺人も辞さない暴力を行使してコスーに君臨したのである。札付きのアルビジョア派、文字通り黄十字をはりつけられたほどの人物でありながら、晩年のフィリップは教会とよりを戻した。教会の方では、村の全員に課す人頭税《タイユ》や貢租《ルドゥヴァンス》を、彼には貴族だという理由で免除することまでしたのである。そこで、コスーの権力を握っているフィリップ・ド・プラニッソルとその仲間が、地元の納税者一同から激しい抗議を受ける。一同はさかんに貢租の苦情を言っていたのだ。

「おれたちには重すぎる。身の皮まで剥がれてしまう。それなのに、貴族は免除だと！」

アリエージュ上流では極めて稀なことだが、こうして反貴族の抗議があちこちに発生した。もっとも、カトリック税制が血統の尊い者だけを除外したことに対する一般民衆の不平だから、間接的な形の抗議である。この現象は突き詰めれば、貴族、名士、代官、領主役人たちが隊列を組みかえた結果の一つであろう。お歴々の多くは十三世紀後半あるいは十四世紀初頭、カタリ派ないしその同調者だったのに、その次の局面では、むろん地区によって年代に出入りはあるものの、弾圧が厳しくなるにつれて完徳者を閉め出したのだ。おそらく、本音のところはカタリ派のままだったのであろう。ただ、かくれカタリ派、人に語らぬ胸奥でのカタリ派にすぎなくなったのだ。アルビジョア教団を懐かしみながら言葉少なに語った、パミエの貴族ベルトラン・ド・テックスの陳述が参考になる。一二九〇年頃のことをこう言っている。

「この地の大勢の貴族が完徳者の帰依者になって、誰はばかるところなくそれを話していた時代のことは、よく憶えております……。ああいう時代は終りました。聖職者があの人たちを破滅させ、財産を蹴散らしたのであります」

一を聞いては十を知らねばならぬ！　パミエでは一二九〇年以後、大多数の貴族が配下の庶民や農民ともども異端に参入していた時代が変転する。これに対しアリエージュ上流では、一三〇〇年の異端復興（リヴァイヴァル）があったために一三〇五年頃まで、ところによっては一三一〇年頃までこの情況が続いた。むろんアリエージュ上流でも、最後には忠義をつくす相手が変る。弾圧の結果である。山国のお歴々は最小限でも観客席まで、大ていは反対側まで逃げた。そこで庇護下の者たちは途方に暮れて、いずれに付くべきか、苦しい選択に直面する。危機によって再び広がる旧来の亀裂（宗教上の、あるいは社会経済上の）に沿って、役に立たなくなった保護者に敵対する党派が頭をもたげる。これら党派が時機に応じて、それに急転回も何のその、カトリック色を帯びることもあり得た（モンタイユーのクレルグ一党に対するアゼマの党派がそうだった）。かつてのカタリ派、かつてのカトリック派、ともにわけが判らなくなってしまったのだ。

☆

モンタイユーその他の党派に関する個別研究も、より一般的な二つの「問題設定（プロブレマテイク）」ないし「考察方法（アプロッシュ）」を考えるなら、われわれの役に立つはずである。

〔一〕フェルディナンド・テンニエスその他の問題設定(8)〔二〕。すなわち、ゲマインシャフト対ゲゼルシャフト。「共同体《コミュノーテ》」対「団体《ソシエテ》」。「有機的結合《ソリダリテ・オルガニーク》」対「機械的結合《ソリダリテ・メカニーク》」、等々。テンニエス的な見方をするならば、「旧時」の村の生活の特徴は共同体（ゲマインシャフト）的精神の卓越にある。慣習と集団による規制、全員一体の気風、系譜の重要視、具体的には大家族と家父長権力などにそれが表れている。共同体《コミュノーテ》が解体して団体《ソシエテ》に移行するのは、本書で扱っている時代よりも後、それこそずっと後のことでしかない。その時、全員一体の精神は消失し、共同体財産は分配され、家父長制家族は家庭的な単一夫婦の小家族に席をゆずり、農業個人主義が一般化し、内部抗争、結社、派閥、党派、分派が共同体的心情を圧倒するはずである。そして、共同体の心情など西欧社会の郷愁を誘うだけの、単なる思い出になってしまう。

〔二〕マルクシズムの問題設定。マルクスの使徒たちを信じるなら、「封建制《フェオダリスム》」の時代も（に限らないが）階級闘争が歴史の動因であったことになる。その際、問題になるのは「封建的集団」（貴族、聖職者、領主階級）と農民（隷属に苦しむ）との闘争であろう。

この図式が便利なことは確かだが、少なくともアリエージュ上流のモンタイユー（言うまでもない。これが個別研究の枠である）はこの図式からほど遠い。

第一に、黄十字の村にゲマインシャフトないし共同体《コミュノーテ》は紛れもなく存在した。しかし、かなりの場所をゲゼルシャフト（団体《ソシエテ》）に明け渡している。党派《ファクシオン》とは権力あるいは権力の断片を奪取せんがために親戚、手下、仲間などの関係を利用し組織する集団のことであると定義するならば(9)、自明のことながら党派抗争は村の構造そのものと一体化している。党派抗争は信仰の争いをめぐって噴出した。しかし、党派は信仰問題の生ずる以前から存在した、少なくとも潜在していたのである。それに、カタリ派とかカトリック派などというレッテルは争いの中で腹立まぎれに相手方に貼りつけた、語義かならずしも厳密ならざる呼称にすぎない。カタリ派はカトリック派が風呂に入っているのを見て着物を持ち去ったのだし、相手方も同じことをしたのだ（アゼマとクレルグが好例である）。したがって、このケースに関する限りゲマインシャフト対ゲゼルシャフト、あるいは共同体(コミュノーテ)対団体(ソシエテ)という二つの対立物は時間系列の一線上に並んでいるのではない。この二つはモンタイユーの生きた対立関係をなしていて、ある種の永続性をもっているように思われるのである(10)。

マルクシズムの問題設定の方は、場合によってはわれわれの問題にも適用することができる。一定の期間、教会や宗教や十分の一税などの問題から生じた抗争において、領主権を握っている者たち（領主貴族、あるいは平民出身でも領主権を代行する代官）と被支配者の一部が対抗したのは事実である。しかし、われわれの村の場合、この抗争は党派の闘争に吸収されている。力の上で不均衡、しかも勢力が絶えず変動する二つの分派ないし派閥が村内で争ったのであった(11)。それに、この型の抗争は、「そのままの形では」常時見られるものではない。十分の一税問題や異端に対する寛容について領主側の裁判官やその仲間が数年間（たとえば一三〇〇年から）にわたって有効な妥協点を見出しさえすれば、たちまち自分の方に大多数の村民を引きつけることができた。最後に付け加えておかねばならないが、問題の闘争は革命的な成果を意図してはいない。革命的(ラディカル)というより、むしろ「マフィア」的である。支配権を狙う党派にとって、領主権、地域裁判権、司祭職権の打倒などではなく、その奪取が問題だったのである。世界の変革を望んだのでなく、情況の転換、つまり肝煎り(コンシュル)制の導入による僅かな改良を望んだにすぎない。フットボール選手は攻勢に出てボールを捉えようとするが、ボールを踏み潰そうなどとは考えないのだ。

結論を言えば、地域史研究――サバルテスからほど遠からぬ低(バ)ラングドックについてグラマン女史が展開しているような――の枠内に位置づけて見れば、モンタイユーの人間結合関係の政治的側面がもっともよく理解できるであろう(12)。黄十字の教区が肝煎り(コンシュル)制による自治の段階に到達するのは、ほかよりずっと遅れている（ローラゲー、ビテロア、それにサバルテスの同程度の村に比べても）。われわれの村に肝煎り(コンシュル)が初めて出現するのは、やっと一三二一年になってからである（それもほんの小役人程度の役割しか果していない）。だから、この村の場合、共同体の意識、当時の用語でいえば、

「住民団（ユニヴェルシテ）」の意識はほとんど開花せず、おそろしく古い型のままにとどまっている（肝煎り（コンシュル）による自治という新しい代議制度を物差しとして測るならば）。グラマン女史の単純ながら便利な表現にならえば、クレルグ派は「領主党」を代表していた。領主不在という情況の中で同派は領主支配制度（この場合、伯支配制度といってもよい）と同義である。地元出身のベルナール・クレルグが握った代官職がこの制度の核心で、軍隊式に階層序列化された伝統的かつ権威主義的な地域統治組織を体現している。クレルグに対抗するアゼマ派は肝煎り職（コンシュル）（できたばかりの）を取り込んで、肝煎り当人を人形あつかいにした⒀。したがって、第二党はそのまま「肝煎り党（コンシュル）」にほかならず、司教フルニエによしみを通じた結果、おのずからフランス派、国王派となっている⒁。こういう条件の中で、社会政治生活は肝煎り制（コンシュル）によってほんの少し自治化され、徐々に変化する過程で、執念深い地域党派の抗争を経験したのである。ともあれ、死にものぐるいの熾烈な党派抗争を忘れ去るには、この変化はあまりに微弱である。ここでは依然、党派抗争が主要な現象だったのだ。

個別例を分析した結果、規模においては取るに足りないながら社会の構造に関する点では決定的に重要な現象を見ることができた。モンタイユーは一滴の水にすぎない。それも薄汚い水たまりの一滴である。しかし、審問記録という拡大鏡を使ったおかげで、この水滴は一つの小宇宙と化した。レンズの下を微生物の泳ぎまわる様子が、歴史家には見えるのだ。

第十八章　思考の装置　――時間と空間の観念――

文化伝達の基盤たる社会的結合(ソシアビリテ)の構造を見たからには、今度は農村文化の内容、控え目にいうなら文化の諸形式を点検しなければならない。わがモンタイユー、ひいてはサバルテスの農民は時間や空間や自然に関して、一体どのような考え方をしていたのだろうか。つまり、思考の装置と集団表象の問題を点検したいのである。

まず日常の時間。ジャック・ル・ゴフは例の名論文で「教会の時間」と「商人の時間」を互いに反発する双生児として対置した(1)。それならば、農民、羊飼い、職人に固有の時間は、この鏡面作用の中で一体どんな位置を占めるのだろう。最初に指摘しなければならないのは、貧しい人びとの時間のうち教会に影響されているのはごく僅かな部分だということである。タラスコンの町民アルノー・シクルはすでにお馴染みの人物だが、「主の祈りを二回唱える位の間」と何度か言っている(一)。しかし、宗教儀式(彼の場合は異端の)を間違いなく指示するためにそう言っているだけのことなので(2)、普通サバルテスでごく短い時間経過を表す時には「ちょっとの間」、「一息入れる間」、「しばらく休む間」等々はなはだ漠然とした表現をするにすぎない。さもなければ、そう多くはないが「一里(リユウ)」か「四分の一里(リユウ)行けるくらい」と運動で時間を測っている。彼らがアリストテレスやトマス・アキナスの思想を知っていたはずもないのだが(3)、こういう考え方は二人の思想家と似通っている。特に、健脚で知られたベルナール・マルティのような羊飼いの場合は、こういう言い方が普通である(4)。

時間の区分、つまり時刻には食事が目印になっている(昼食（パラディウム）、夕食（ケーナ）など)。同様に聖務日課で表現されることもある(三時課（テイエルス）、九時課（ノーヌ）、晩課（ヴエーブル）など)。この種の言葉は教会の日課書から拾い出したもので、とりわけ聖職者や善信者、信心深い女、あるいはカトリックの思い出を捨て切れない女が使っている(5)。だから、昼間時間(時間計測法の用語でいうところの)は、ある程度キリスト教化されている。これに対し、夜間時間はまったく宗教化されないままである(ただ、ベリバストのようなカタリ派の超盲信者は別だ。彼は祈りを唱えるために毎夜六回も起きている)。モンタイユーだけでなく一般にアリエージュの住民は、夜の時間区分を示すには視覚的、生理的、もしくは聴覚的な指標に訴えるにとどまっている。たとえば、「日が沈んだ後」、「真っ暗な頃」、「寝入り端（ばな）の頃」、「うつらうつらしかけた頃」、「一番鶏の頃」、「鶏が三度鳴いた頃」などである。

教会の鐘は埋葬やミサの聖体奉挙の時を告げる場合以外には、ほとんど述べられていない。モンタイユーでは、時間に厳密な区切りをつけるために鐘を鳴らしたとは思われない。そのようなものは、依然として「脱時間的」な文明のうちにある村には必要がなかったのだ。鐘楼の時計が労働者を仕事に駆り立てている毛織物工業地帯、一三五五年のアルトアなどとは事情が違うのだ(6)。フォア伯領では、時は決して金ではない。モンタイユーの人びとといえども、大仕事にたじろいだりはしなかった。必要とあらばどんなことにでも取り組んだのだが、確固不動の時間表とは無縁であった。故郷のモンタイユーでも、たまたま亡命してカタルーニャの仕事場に移った場合でも同様である。一労働日といっても、長い不規則な休息時間が割り込んで穴だらけになったものとしてしか考えることができなかった。どうかすれば葡萄酒をもちこんで、友人と無駄話をする。何かあれば、始めたばかりの仕事でも、すぐ放り出す……。アルノー・シクルが言っている。

「そう聞くと、わたくしは仕事を畳んでギユメット・モリの家に参ったのであります」

同様の供述ならほかにいくらでもある。

「わたくしが店で靴を作っておりましたら、ピエール・モリが人を寄越しました……」

あるいはまた、

「ギュメットが来てくれと言って寄越しましたので、わたくしはそういたしたのであります」

「そう聞きましたので、していた仕事を止めました」

だから、仕事の時間といったところで、簡単には離れないほど作業に熱中したわけではない。放漫な態度はあらゆる場合に見られることなので、アルノー・シクルのような一流の靴屋でさえ例外ではない。ある種の職人、たとえばプラド・タヴェルニエは仕事に飽きた、職業を変える気になるほど「機織りに飽きた」と公言してはばからない。もっと一般的に言って、労働者に寛容なここオクシタニーでは、「職人の時間」まして「雇い職人の時間」はまだ農民や羊飼いの時間とほとんど変っていないように思われる。仕事に押し潰されんばかりに忙しい時があるにしても、羊飼いは哲人めいた時を送っている。草の生えるのを眺めるだけで、欠かせない予定で埋まった日程表などに縛られてはいない。ピエール・モリは当時としては最有能な羊飼いと言ってよいだろうが、絶えず羊群を離れている。兄弟か仲間にあとを任せるのだが、数時間のこともあれば数日間、数週間になることも稀ではなかった。モンタイユーに限らずアリエージュ上流では、散歩の時間、それに何より昼寝（シエスト）の時間を十分とるのだ。特に、陽射しの強い季節はそうなのだ。

☆

時間計測上の昼間時間の区分、もしくは「昼間内部」の区分から、はしなくも労働の倫理ないし非倫理を垣間見ることができた。ところで、この区分を超えて「週」という時間の使い方はあっただろうか。ざっと見渡したところでは、答はウイである。アルノー・シクル、アックスのある女、ベアトリス・ド・プラニッソル、それに羊飼いのベルナール・ブネやベルナール・マルティたちは、時々「週」という言葉も概念も使っている。しかし、農村世界の日常語にはこの表現は出て来ない。日曜日は別だが(7)、曜日も月の日付も同様である。人びとは普通、一週間あるいは二週間という代わりに——今日でもそうなのだが——「八日」あるいは「一五日」、「一五日くらい」などと言っている。この「八日くらい(ユイテーヌ)」あるいは「一五日くらい(カンゼーヌ)」という言い方は、もともと四半月、半月という観念に当るものなので、古代ローマの暦法にも同じ表現がある(8)。それに、アリエージュでは半分に分割するのが好きで、「半年」という言い方をよく使っている。これには、一年を冬季放牧と夏季放牧の二シーズンに分ける移動放牧の実態によく適合するという利点がある。

一ヶ月、三ヶ月、そして四季という具合に一年が過ぎて行き、律動は一二ヶ月および四季を基調としているが、そうかと言ってこれだけを漫然と使ったわけではない。年内の特定の日付を指すのに、農事とは無関係に純然たる植物現象を引合いに出している場合がある。アラザイス・ミュニエが語っている。

「わたくしどもは、と申しますのはギユメット・ブネとわたくしのことでありますが、楡(にれ)の若木の下に坐っていたのであります。楡が若葉を出す頃でありました。ギユメット・ブネがわたくしに向かって、馬鹿、馬鹿。のろま、のろま。魂と言ったって所詮は血のことなのに、と申しましたのはこの時のことであります」(9)

刈り入れやぶどう摘みなど、農作業も当然目印になっている。ワルドー派のアニェス・フランクーは、自分と一緒に火焙りになる運命だった男のことを次のように供述している。

「レモン・ド・ラ・コートは一三一八年の葡萄収穫期から一三一九年の聖ローラン祭まで、パミエにとどまっていたのであります」(10)(11)

同じような時日表示、たとえば麦や蕪の取り入れはモンタイユーの住民にしばしば見受けられる。

しかしながら、植物標識よりもキリスト教年暦による表示の方がはるかに多い。一日の昼間、そしてとりわけ夜間はまだ大部分世俗のままだったにしても、農民の暦は教会に征服されていたのだ。この分野における宗教の文化浸透は、もはや後戻りできないところまで来ている（現代社会は好んで不可知論をとりたがるが、その現代でさえ暦の編成は教会のものなのだ）。モンタイユーにしても、広くアリエージュ上流にしても、万聖節、降誕祭、謝肉祭、四旬節、枝の主日（これはひどく人気があった）、復活祭、聖霊降臨祭、キリスト昇天祭（これはあまり関心を呼ばなかった）、聖母被昇天祭、聖母誕生の祝日、聖十字架頌揚祭、等々が誰でも知っている周期を繰り広げていた〔三〕。万聖節は懺悔やパンの喜捨にふさわしい時期に当っているせいもあって、時間の流れの中の強固な基準点をなしていたように見える。後述するように、死と死後の問題が社会的関心事だった時代には、それも当然の現象であろう。降誕祭は家（ドムス）の祭りだ。復活祭ともなれば、仔羊で大御馳走だ。万聖節から降誕祭まで、それに復活祭から聖霊降臨祭までの期間には、実に具合よく祝祭が配置されている……。

四旬節から復活祭まで、そして復活祭から聖霊降臨祭まで、次第に喜びが盛り上がる。しかし夏は、聖母の祭りを別にすればキリスト関係の祝祭がほとんどないので、気分も沈みがちになりかねない。十四世紀の初め、アリエージュの住民が大騒ぎして祝った聖者の祭りがいくつかこの祭日の少ない期間、つまり晩春、何よりも夏、それに秋の祭日の中間に当っているのはまことに賢明なやり方だ。たとえば、聖ピリポ、聖ヤコブ（サンチャゴの守護聖者）、洗者ヨハネ、聖ペテロと聖パオロ、聖キリコ、大天使ミカエル、聖ステパノ、聖ヴァンサンなどの祝祭がそうだ〔四〕。しかし、聖マルタンと聖アントアーヌの祭りがない〔五〕。総じてピレネーとそれに隣接するカタルーニャには、一一月初旬（万聖節や聖マルタン祭）から五月一日、強いて言えば六月二四日（聖ヨハネ祭）までの間に聖者の祭りのないことが注意を引くのである。一一月から五、六月まで、つまり冬と春の欠落の理由は大体推察できる。この地方では降誕祭から聖霊降臨祭に至る聖なる期間があまりにも確固たる地位を占めすぎていたために、二流の祝祭で浮かれることができなかったのだ。要するに、アリエージュ上流の一年の暦は二つに分かれていたように思われる。すなわち、キリストと神に捧げた第一の部分（降誕祭から聖霊降臨祭まで）と、その後の聖母と諸聖者に関する第二の部分（聖霊降臨祭の後から万聖節まで）の二つである。もちろん、もっともキリスト教的なのは第一の部分である。ややもすれば聖者信仰や聖母信仰が異教的様相を帯びがちなことを考えると、そう言えるであろう(11)。

聖者の祭日は社会的な催し、特にモンタイユーの羊飼いたちがよく出かけた家畜の定期市の立つ日である。モリ兄弟はしばしばアックス・レ・テルムの市やラロック・ドルムの市を訪れているが、前者は聖十字架頌揚祭、後者は聖キリコ祭の日に開かれた。端的にいえば、聖者祭とは祝日の休みのことなので、農民一般にとっても労働者にとっても聖者は友人だったのである。夏の終りの祭日、羊飼いたちは山の放牧場を降りて、赤子を抱いた若い妻と村の広場で再会する。たとえカタリ派であっても、共同体の生活に組み込まれたカトリックの祭日と縁を切るなど、農民には思いもおよばない。ただ、アルビジョア派の中でも過激だったベリバストは別で、熱烈に異端の道を極めるあまり、安息日にも家に閉じこもって働いていた。

要するに、次のように言ってよいであろう。司祭(事実、暦をもっているのは彼だけなのだが)には、今が一年のうちでどんな日なのか、必要に応じて教える責任があった。その日付は数字ではなくて聖者の名や祝祭の形に記号化されていた。司祭が時間の番人だったのだ。

☆

異端審問の書記は現代とほぼ同様な基準に従って何月何日まで計算して、いわば数字化した時を用いている。たとえば「一三二〇年四月二日」、あるいは「一三二一年九月二六日」という具合である。ところが、農民はもっと流動的な計時法で満足しているので、どうにか記憶の手がかりになる祝祭日に引っ掛けて表現するだけだ。書記の厳格な時間と素朴な農民のゆるやかな時間の違いは、数ケ月、一年、あるいは数年など比較的長い時間に関する詳しい計算が問題になるような場合に、一段と目に付く。当時は、漠然としているのが、むしろ当り前だったのだ。ギョーム・オースタッツはまがりなりにも代官だったのだが、その彼にしてもほかの連中同様「一三一六年に」、「一三〇一年に」などと言いはしない。「三、四年以前」、「一七、八年前」、「多分二〇年前」、「二〇年か二四年前」などと言うのである(12)。「異端がモンタイユーで幅を利かしていた頃」、「カルカッソンヌの異端審問が手入れをする前」などということもあるが、これはわれわれが「戦前」、「戦後」、「六八年五月以前」などというのと同じ使い方である〔六〕。過去に遡るにつれて曖昧になって来る。嬰児は生後六ヶ月とか七ヶ月といわずに「半歳」と言われ、一八ヶ月でなしに「一歳から二歳の間」と言われるようになる。統計的な値打ちはないが、若干の事例から考えると、男よりも女の方が過去の時日を詳しく記憶しているように思われる。ベアトリス・ド・プラニッソルはもっぱら相対年代の枠内にいる点で伝統的な考え方から一歩も出ていないが、それでも過去の経験を述べるに当っては「一九年前の聖母被昇天祭に」、「二六年前の八月に」などと正確な日付を覚えている。当り前だ、とにもかくにも貴族の女なのだから同輩の一般大衆よりは教養があったはずだ、という反論が出るかも知れない。しかし、普通の農民の供述でも男女の違いははっきり見て取れるので、たとえば、ギョーム・ギヤベールが死んだ年月を、羊飼いベルナール・ブネは「一六年から二〇年前」（つまり一三〇一年から一三〇五年までの間）というだけなのに、農婦アラザイス・フォレはもっと詳しく、ちょうどその中間に当る「一八年前」（つまり一三〇三年）と指摘している。

この種の表現の示すとおり農村の時間は、正確不正確を問わず、常に流動的（フロッタン）である。その点では、メロヴィング時代の考え方と変らない。トゥールのグレゴリウスや偽（プスード）フレデガリウスそっくりなのだ(13)〔七〕。パミエの公証人は「主の降誕の第一三二〇年」あるいは「一三二二年」などと文書に年代を記入するが、農民はそんなことには関知しない。いつまでも「一二年前」、「二五年前」に固執している。アニェス・フランクーが「ワルドー派のレモン・ド・ラ・コートがパミエにいたのは、一三一八年の葡萄収穫期から一三一九年の聖ローラン祭までであります」と供述した例はある。しかし、アニェスはパミエ在住のワルドー派ながら、リヨンの影響下にあるヴィエンヌ司教区の出身だから、オクシタニーの村だけに限られた世界と違って、少しは理屈っぽい文化が視野に入っていたのである。われわれの山国にも一度だけ、キリスト降誕から起算したキリスト教的かつ近代的な暦が言及されたことがある。それは一三一八年の四旬節に、パミエ生れでタラスコンに住んでいたベルナール・コルディエなる者が、タラスコンの橋のたもとに集まっていた住民に故郷の町で人びとの言っていたことを伝えた時のことである。こう言ったのだ。

「一三一八年中には、アンチ・キリストが出現してこの世の終りが来る」(14)

「一三一八年」と明確な用語をコルディエが口にしたのは、明らかにパミエという都市の影響である。そして、都市には千年王国説の予言が伝わっていたのだ〔八〕。この男の言うところでは、この流言は海の彼方、東方の聖ヨハネ救護者団の騎士から伝来したことになっている。この場合、キリスト教的かつ近代的な暦の採用は明らかに都市文化のもので、しかもその都市文化が世界終末の幻想を育てたのだ。一三〇〇年代のわが農民や村民の間には、およそこれに似たものは存在しない。ところが、近代になってようやく暦の根本的な転換が完了すると、セヴェンヌやピレネーの山男ですら今は「一六八六年」だ、あるいは「一七〇二年」だと意識するようになる(15)。つまり、その頃には農村の民衆次元での知的革命が実現しているのだ。しかし、今は一三二〇年頃のモンタイユーなのだから、同日の談ではない……。

こういう情況では、わがモンタイユー文化に歴史(古い時代のも、それほど古くない時代のも)が欠けていたとしても、おそらく止むを得ないことなのだろう(16)。教会の外にクリオの女神はいないのだ〔九〕。アリエージュ上流の人びとが歴史について意識していることと言えば、何よりもキリスト教や異端が作り上げた終末の時に関する断片的な知識であった。異端に接触するという幸運にめぐりあったおかげで、モンタイユーの住民や移動放牧の羊飼いは、原初の天使堕落に関するカタリ派神話を特別よく知っていた(17)。これに対して、大ていの村人が理解したような形でのカトリック的伝承では、旧約聖書に該当する時代のことをほとんど知らない。稀にアダムとエヴァについて語ることはあっても、打ち解けた家の会話の中にノアの洪水や預言者が出て来ることはない(18)(ずっと後にラングドックの農民は聖書やキリスト以前の時代を知って衝撃を受けるのだが、それは十六世紀、プロテスタンティズムが広がった時のことだ)。だから、カトリック時代のアリエージュでは、天地創造についてもほんの少ししか知られていなかった。端的に言えば、歴史はマリアやイエスや使徒で始まり遥かな未来、「何年も何年も世が続いた後に」終っている(19)。そして、その時に審判と復活が来るのだ。終末の予測は(懐疑主義者が一度ならず異をとなえたけれど)残り火のほとりの夜語りで好んで話題にされている。ガイヤルド(オルノラックのベルナール・ロスの女房)が供述している。

「四年ほど以前のことであります。わたくしはオルノラックの自宅におりました。おなじ村のピエール・ミュニエの妻と一緒でありました。突然、ギヨーム・オースタッツ(代官)はじめ数人の男がやって参ったのでありますが、名前は覚えておりません。一同は火のそばに座を占めて神さまや皆の復活の話を始めたのであります……」(20)

しかし、復活に対しては村の唯物論者たちが疑問を投じている。伝承に基づいているのか、それとも曖昧な新思想なのかは判らないが、断固として世界の永続と肉体の分解を信じているのだ。死の問題に取り憑かれた両面の神ヤーヌスは農民の時間そのものなのだが、フルニエの審問記録を通して主張するのだ〔一〇〕。「わたしは復活であり、死である」。

当時の宿命観に話を移そう。知識人たちの文化では、この思想は異端哲学と一体化しているのだが、モンタイユーの場合には個々の大思想家の名前など通り越して、地中海的にして農村的なる古い文化の基層につながっている(21)。知の考古学から見れば、黄十字の村の時間の観念には一連の層の累積しているのが判る。まずカタリ派の薄い被膜。次にもう少し分厚いキリスト教の層。最後に古代的、実に占星術的な、家(ドムス)にも個々の羊飼いにもかかわる運命ないし宿命という考えの層(22)。紀元前五世紀のアテナイと同じく一三〇〇年代のアリエージュでも、家あるいは個人にかかわる運命を信じたのだが、これは世の終末に向かって進む直線的な時間を拒否することだ。老いたる、恐るべきクロノスを今一度鉄鎖に繋ぐことだ。

われわれは、クロノスあるいはサトゥルヌスとともに、かの黄金時代、過ぎ去った神話のまばゆい霧の中へと帰って行くのだが、その過去が『創世記』の過去と混ざり合うことは決してない。われわれは一三〇〇年代のモンタイユーに、太古の牧歌的な幻影を見るのだ。それは兄弟が姉妹と寝た原初の近親相姦の古き良き時代の幻影である。前に見た通り、それはピエール・クレルグがベアトリス・ド・プラニッソルとの寝物語りに綿々と語っていた。この破戒僧の言によれば、大昔は近親相姦の慣習のおかげで誰でも安上がりに欲望を満たせたし、姉妹が持参金を持ち出すこともないので家が貧しくなることもなかった。この状態がいつまでも続くはずはない。最も美しい姉妹をめぐって兄弟が流血の闘争を繰り広げるのを防止するため、近親相姦は禁止せざるを得なかった。こうして、扉も窓も持参金もなくそれ自体で閉ざされた単子(モナド)たる本来の完全な家(ドムス)、内輪の者だけで生き内輪の者同士で寝ていた家(ドムス)から、「今のように」不完全な家(ドムス)へ移り変った(一一)。「今の家」は外へ送り出すことに決まっている娘たちの持参金で絶えず擦り切れそうになっている。周知の通り、この種の完全から不完全へという概念的な移行は、神話ないし民話が社会的な時間の始まりを説明しようとする時に用いる常套手段である(23)。家(ドムス)は本来、分割不可能のものだったので、これを損傷したのは要するに社会の成立なのだ。民話の言う過去とは、油で揚げた魚が泉で泳いだ「昔」のことである。過去に遡ると、すぐ「昔」になってしまう。ロバート・レッドフィールドは、「マヤの村チャン・コムでは、歴史は父親の世代より前に遡らない。祖父から先はお伽噺めいた神話の時代だ」と述べた(24)。モンタイユーでも過去の民話化はチャン・コムとほとんど同じ位早い。曽祖父ともなれば、すでに遥かな過去の死者である。歴史(近代的な意味での)とみなす出来事を話す場合、モンタイユーの住民たちが語るのは大てい一二九〇年以後、むしろ一三〇〇年以後のことに限られている。唯一無二の例外は、司教の尋問に対してモンタイユーの証人が語った一二四〇年の出来事だけである。それは感動的なアレスタとセレーナの物語である。二人は異端者として捕縛され、化粧を落とした上で火焙りになったシャトーヴェルダンの奥方だが、このうちの一人は辛い思いで赤子を家に残してロンバルディアへ旅立った人物である。ところで、この美しい物語はレモン・ルーセルのおかげで知ることができるのだが、彼がベアトリスのために話した時には、村の夜語りらしく無時間の物語であった。確かに昔のことではあったが、いつのこととも言いはしなかった。

歴史と言えば、狭くモンタイユーだけについても、広くアリエージュについて見ても、われわれの史料には昔のも近時のも歴史は出て来ない。古代ローマが知られているのはパミエ——またしてもパミエなのだが——だけである。何しろそこには学校も開かれ、オウィディウスの原文すら出まわっていたのだ。農民は先代フォア伯より昔のことは知らない。この君主は領民に寛大で教会に厳しかったから、教会が山国の民に課そうとした十分の一税に断固反対してくれた有難い殿さまという記憶が死後（一三〇二年）まで残ったのである(25)。このほかにも片手の指で数えられるくらい僅かだし、また昔と言ってもせいぜい百年以内だが、たとえば特定の氏族や家系の由緒に関する材料があることは事実である。それを別にすれば、原則的には司教フルニエに尋問された証人たちは一二九〇年ないし一三〇〇年以前の数十年にまったく関心を示していない。証人中に老人がほとんどいないのも事実で、住民の年齢構成と心性の二つが相まって歴史的な時間を否定する方向に働いているのである(26)。

要するに、モンタイユーの人々は「時間の孤島」に暮らしているのだ。過去からも、それにも増して未来からも切り離された孤島の水平線上遥か彼方、上手(かみて)には失われた楽園が、下手には最終の日の復活がボローメの島々のように浮かんでいるだけなのだ〔一二〕。ティニャックの農民レモン・ド・レールの言うところは曖昧なのだが、それを著者なりに修正すればということになるだろう。

「この世（世紀）とは別の世（世紀）などない」

時間的孤島性はこの地方に限った現象ではない。民俗学者たちはモンタイユーそっくりの「無歴史社会」（書かれた歴史や歴史の記憶のない社会という意味での……）をいくつも発見した。その結果、少々早計に、自分たちの研究領域にはクリオの女神の入り込む余地はないと決め込んでしまったほどだ。むろん学問的には、今後克服すべき誤りである。事実、村落社会は歴史を生きている。ただ、明瞭な意識の形で歴史を考えないだけなのだ。

それに、農民文化に歴史を語ろうという関心が欠けていることは(27)、彼らの直接法的なものの言い方とよく対応している[28]。これはアリエージュ上流の農民の話法の特徴だが、前段と後段を結ぶ論理が欠けているのだ。ピエール・マルティやベルナール・マルティ、その他大勢の連中の語るところは極めて平板である。そこでは、個々の人間の本質はずっと後にその生活によって引出されて初めて明らかになるにすぎない。たとえば、われわれはピエール・モリの記憶を長々と聞かされる。そのおかげで靴屋のアルノー・シクルの言動を知るのだが、彼が密偵であることは話の最後の二分間になってやっと——まさしく彼が正体を暴露する段になって初めて——理解できる始末だ。『グーテンベルクの銀河系』(一三)の指摘をまつまでもなく、書物的論理の破壊者テレヴィジョンやラジオの時代たる現代のノン・フィクション、サスペンス・ストーリー、推理小説、ひいてはヌーヴォー・ロマン等々の手法を、一三二〇年の印刷術はおろか書き物もろくに知らない羊飼いたちが何の苦もなく駆使しているのだ[29]。

☆

空間の認識と意識的利用——まず直接的な、次に地理的、社会学的、文化的な——について見るなら、その基礎データは依然として身体的認識、とりわけ掌と腕の認識と結びついたままである。たとえば、ギユメット・クレルグが言っている。

「日向でプラド・タヴェルニエが本を読んでいるのを見ました。それはわたくしの掌の長さくらいの黒い本でありました」

して見ると、掌は短い尺度を計る役をしたのだ。もう少し長い間隔は腕もしくは尋(ひろ)で計った。レモン・ヴェッシエールは、

「わたくしが家の裏で陽に当っておりました時、四、五尋(ブラッセ)離れたところでギヨーム・アンドランが本を読んでいたのであります」

と述べている。これ以上の長さになると「腕の力」で計ることになる。たとえば、またしてもギユメット・クレルグだが、同女は次のように言っている。

「プラド・タヴェルニエは仔羊の皮を四、五枚項（うなじ）にかけ、絶えず道から弩（アルバレート）一射程ほど離れたところを歩いておりました」

弩（おおゆみ）の射程でも短かすぎて適合しなくなると、里（リュウ）、あるいは旅や移動放牧の一日行程を持ち出す。急坂の多い山国では歩行の具体的な意味は常に明確である。特に急斜面にしがみついたモンタイユーなどでは、単に一地点から他地点への移動などあり得ない。登るか降るか、いずれかである。

一般的に言って、右に述べたいくつかの計測指標から一つの心性を垣間見ることができる。誤解があってはならないが、アリエージュ上流の民衆にとって長さと広さに関する空間の尺度の感覚は決して本質的な関心事ではなかったのである(30)。この種の感覚がただちに日常生活に必要となることもない以上、人びとがそれを発展させるわけもない。モンタイユーの哲学を支配する二つの基本的な観念、つまり体（コルプス）と家（ドムス）を両端として、その間にこの感覚が位置しているにすぎないと言った方がよいであろう。腕と掌を備えた体は世界の尺度である。体で計り切れないほど世界が広い場合には、今度こそ、体の付属物たる家（ドムス）が世界の尺度となる。

「天国はどんなものかというと、メラン峠からトゥルーズの町までもあるような大きな家（ドムス）と考えればよい」

と言ったのはギヨーム・オースタッツである(31)。

モンタイユーの空間はほとんど計測不可能だったばかりでなく、その位置も定まっていなかった。何世紀も経ってからラングドックの土地台帳作成に当った測量師は東西南北、卓越風、太陽の方位などから——これは今でも行っている方法だが——耕地の位置を決定して記録した。一三一〇年のアリエージュの人びとはこれほど理屈っぽくはない。長途の行程にしても、おおまかな方向すら示さずに順路の町を挙げるだけだ。ベリバストがピエール・モリに言ったことがある。

「ラバスタンスへ行くのだったら、まずミルポアへ行くのだ。それからボーヴィル、カラマンと行く。そこでラバスタンスへ行く道を聞けばいい」

日の出る方角、日の沈む方角、北、南、東、西などという言葉は一度も審問記録に出て来ない。その代わり、モンタイユーの農民は「カタルーニャの方へ」（南へ）、「低い国の方へ」（北へ）、「峠の向こうへ」、「海の方へ」、「トゥルーズの方へ」などと言ったのだ。

☆

地理上の基本的な観念は小さな国、領域の範囲を出ていない。この領域という言葉は領主の支配範囲を指す場合もあるし、自分の住んでいる極く狭い範囲を指す場合もあるのだが、意味はおのずから明白だろう。農夫にして羊飼いなるわが村民はあくまでも家そのものに固執しているので、家の耕地、持ち分の土地に執着しない。いつの時代にも耕地への執着が耕作者気質につきものだったと考えるのは、時代の差を無視した間違いである。彼らの生産形態は、持ち分の土地よりもむしろ家に即していたのである(32)。彼らにとって領域とは家族の持ち分ではなくて、もっと包括的な、たとえば教区、さらに広い場合には小地方を意味したのである。つまり、一つの村、いくつかの村、あるいは地形的にも人文的にも区画された一つの地域のことである。それはまた大小の領地と一致することもあって、大きい場合には一君侯の支配範囲のことになる(33)。だから、アイヨン地方（プラドとモンタイユー二村からなる）のことをアイヨンの領域とも言ったのである。行政面ではこの領域は一つの独立した城代支配地で、わが黄十字の村を睥睨する砦こそその拠点であった(34)。サバルテス（フォア伯領高地部）の領域(35)、さらにまたオルムの領域、ソーの国あるいは領域なども言っている。ラゼス、フヌイエード、セルダーニュなども同様である。政治上の単位としてのフォア伯領は誰しも意識するところだったが、高地部と低地部では明らかに様子が違っている。高地部は伯領の首都で世俗支配の中心たるフォアの町から遠く離れ、事実上サバルテスの住民が集まるアックスとタラスコンが中心であった。これに対して低地部はパミエが、あの教権的で、反カタリ派で、ドメニコ会の勢力が強く、十分の一税徴収の本拠、司教座都市パミエが君臨する豊かな穀倉平野である。十分の一税に反対し、あまつさえカタリ派びいきの高地部と、強固なカトリックの地盤たる低地部との境界は、フォアの町の北方数キロメートル、通常ラバルの難所と呼ばれる前（プレ）ピレネーの峡谷である(36)〔一四〕。一三二二年、ベルトミュー・ユゴンはこう語っている(37)。

「フォアの殿さまが坊主が一人もラバルの難所を登って来ないようにしてくれたら、サバルテスの民はどんなに喜ぶことでありましょうか……。フォアの伯が先代の殿さまと同じくらい立派な方だったら、今みたいに坊主が羊税（カルヌラージュ）の取り立てに登って来ることもなかったはずであります」

この峡谷を境として別の国になることは、モンタイユー住民全員が知っていた。たとえば、司祭クレルグは、ダルーやヴァリーユなどフランチェスコ会士がのさばっている「低地」へ行かないよう、しきりにベアトリスに忠告した。時移って事情こそ違え、代官ベルナール・クレルグもパミエの獄窓から故郷の北を限る山並みを眺めていた。あの山の彼方にこそ、アリエージュ上流なるわが郷土（テラ）があるのだ。サバルテスとアイヨンからなる自分の領域（テラ）、それに何より代官として預かったモンタイユーの管区（テラ）があるのだ。

ラバル峡谷を北境とするアリエージュ上流の領域（テラ）は、南をピレネーの峠（ポール）を連ねる線で限られている。結果的にフランス国王の精神的代理人の役を果したパミエ司教は、この運命的な線まで異端審問の強権を伸ばそうと試みる。「高地フォア人」の住む峠のこちら（キトラ・ポルトウス）、ピレネーの北斜面には多かれ少なかれフランス帝国主義の影響が及んでいる。反対側（スペイン側斜面）は峠の彼方（ウルトラ・ポルトウス）と呼ばれていたが、ヴァリーユの公証人ポンス・ボルはベアトリスに、

「峠の向こうへ逃げたがいい。峠のこちらだと、司教の罠に落ちるに違いないから」

と言っている。他方、カタルーニャの亡命者たちにとっては、東西に伸びるピレネーの脊稜山脈、とりもなおさず峠を連ねる線こそ自由の保証であった。それを越えた途端「フランス王国」が始まるのだ（法的な意味ではない。弾圧という事実によって！）。異端審問官の探索活動のせいで、これは現実的な意味をもっていたのだ。

「峠を越えてフランス王国（実際はフォア伯領のことだが）へ戻ります時には、わたくしどもは身の毛のよだつ思いをいたします」

と亡命者が言っている。彼らは故郷から逃れた後、普通はカタルーニャかバレンシアの避難地に暮らしたのである。

こういう小さな地域（アイヨン地方）、それに実際上あるいは知識上のもう少し広い空間（オクシタニーやカタルーニャ）の内部で、われわれの村は自分を考え、生活を考えたのである。これら領域の間にはいくつかの特別な回路があった。たとえばモンタイユーは隣接教区プラドと恒常的な関係をもっていて、道路によって、さらに少数ながら通婚関係によってほとんど一体化するまでになっている。これに引きかえ、ほんの少し遠いだけのもう一つの隣村カミュラックは、モンタイユーとははなはだ疎遠な関係しかない（ただし臨時にカミュラックの司祭が来たことはある。モンタイユーの重病の女に終油の秘蹟を授けようと、慌てて駆けつけたのだが結局追い払われてしまった）。アリエージュ上流渓谷の首都たるアックス・レ・テルムとモンタイユーとの交渉は商売、文化、通俗的な用件、交友関係……等々、密接である。プラド盆地の女たちはアックスへ鶏や卵を売りに行く。らばの背に麦をつけて、モンタイユーからアリエージュに臨むアックスの水車小屋へ行く。らばは粉を載せて再びモンタイユーへと登って来るのだ。ギユメット・クレルグが言っている(38)。

「モンタイユーの一斉手入れの少し前のことでありました。いつのことだったか、これ以上は覚えておりません。ある日、アラコという土地まで山菜を採りに参ったのでありますが、その途中らばを曳いたギヨーム・モリに出会ったのであります。彼はアックスから帰って来るところで、歌っておりました。そこで、わたくしが申したのであります。一杯ひっかけたのかい。ひどく陽気じゃないか。アックスへ粉碾きに行ったのだ。今らばにつけて戻るところだ、とギヨームが申しますので、わたくしは言い返しました。一体どうしたことだろうね。うちの亭主がアックスまで粉碾きに遠出する時には、夜通しのことだし粉まみれにはなるし、へとへとに疲れて帰って来るのに。すると、ギヨームは弁解いたしました。本当のところを言うと、水車小屋にはちょっとしかいなかった。せっかく遠くまで来たんだからと思って、善信者に会って来たのだ！」

☆

移動放牧もまた、空間を構成する一要素である。そのおかげでモンタイユーとひどく遠い地点との間に親しい関係、隣村に近い関係が作り出される。たとえば、現在のオード県にあるアルクの牧羊家の内儀シビル・ピエールは、モンタイユーのありとあらゆる噂話を知っていた。別に驚くことはないので、それぞれアリエージュとオードに沿う二つの村は直線距離にして四〇キロメートルも離れているが、実際は隣同士も同然だったのだ。移動放牧回路の中で一方が夏季放牧の極点、他方が冬季放牧の極点だったからである。両村の間では、奉公人や収穫時の季節労働者も交換されている。そもそも、ジャック・フルニエの審問記録そのものが、ベリバストのいるカタルーニャの冬季放牧地とサバルテスの夏季放牧地の間に、カタリ派の声音（こわね）でもって広い空間を越えて交わされた壮大な対話でなくして一体何であろう。

サバルテス。これこそ偉大な地名である。教区という狭い枠を越えて農民が抱いた「空間的」帰属意識について審問記録が見せてくれるすべての材料が、結局サバルテスに帰着するのだ。なるほどわれわれは、体（コルプス）、家（ドムス）、村（ロクス）、国（パグス）という同心円状に広がる切り取られた社会を見た。体と家、それは個々人の体と家。村はモンタイユー。そして国はサバルテスにほかならない[39]。

モンタイユーならびにアイヨン地方（モンタイユーとプラド）は、疑いもなく、サバルテスの一部である。

「ピエール・クレルグはサバルテスなるモンタイユーの司祭であります」

「モンタイユーの者」はもちろん「サバルテスの者」でもある。レモン・ピエールが言っている。

「五年前わたくしはサバルテスに住んでおりました。ただし、モンタイユーやプラドではありません」

確かにアイヨン地方は、タラスコン、アックス・レ・テルム、ジュナックなどのあるサバルテス中心部から見ればやや外れている。現にベルナール・ブネが(40)、

「完徳者たちはモンタイユーからプラドへ、その次にプラドからサバルテスの方へ（アックス・レ・テルムの方角へ）行きました」

と言っている。だから、アックスやタラスコン、それにサバルテスという名の語原となったサヴァールの聖所を中心とする、いわば小サバルテスと(41)、より政治的な大サバルテスとがあったのだ。大サバルテスは事実上フォア伯領高地部にほかならず（ラバル峡谷以南、ピレネー脊稜山脈以北）、アックスやタラスコンやフォアの周辺、そしてわがアイヨン地方、さらにヴィクデッソス地域を包括していた。多くの資料の中で、これらさまざまの村の住民がサバルテスの国への帰属感情を穏やかに、しかし力強く表明している。

「お前さまはサバルテスの国の人ではないか」

と、ラロック・ドルムの旅籠（はたご）で、ある若者がピエール・ダン・ユゴルに尋ねた時、こう答えている。

「その通り。わたしはキエの者だ」

サバルテスは、標高や土壌や植生で規定された自然の一地域なのだろうか、ゴーサンはそう考え、その植物分布地図において、この地方が一つの自然地域たることを強調した(42)〔一五〕。それはともかく、今問題にしている時代の住民にとってサバルテスは、完璧に限定された一つの実体たりうるだけのあらゆる属性を備えていたのである。民俗学者や歴史家が使いなれた部族（トリビュ）や民族（プープル）などという言葉がこれ以上に適合するケースは望めないほど、サバルテスは周りからはっきり区画さ

れた国だった。ティニャックのレモン・ド・レールは明瞭に「サバルテスの民族(プープル)」と言った。もっとも、普通の表現は「サバルテスの衆(ジャン)」、「サバルテスの男や女」だったのだが。サバルテスには独自の民俗文化があって、特に結婚や運命に関する諺にその特徴がよく出ている。これをわれわれに教えてくれた供述者たちは「サバルテスに広く知られた俚諺(りげん)」と呼んでいる。

「いつだって、いつだって、男は他人の女房と寝るだろう」

「運と不運の舞い込むのは、前々からの約束だ」

「又従姉妹には、何でもぶち込め」

ここにはまた、非公式の情報組織や世論機関があって、世間の評判が作られたり壊されたりしていた。たとえば、

「オーティエ家は出て行ってしまって帰って来ない、とサバルテスでは皆が言っておりました」

あるいは、

「サバルテスで評判のよい女たちは皆、ピエール・オーティエの情人でありました」

という類(たぐい)である。サバルテスは名物料理（鱒(ます)、チーズなど）でも知られていた。それというのも、タラスコンにピレネーの人びとの心に食い込んでいる聖所、サヴァールのノートルダムがあったからである。それだけに聖職者たちが十分の一税滞納者を聖所から閉め出した時には、人々の怒りは激しかった。サバルテスは死者の霊魂の集うところで、その数の多いことはメラン峠からトゥルーズに至る広さを埋めるほどであった(43)(死者に関する民話には土地ごとに若干の変奏がある。アイヨン地方のはサバルテスの東隣ソー地方とよく似ていた。確かに、エルス溪谷のおかげでアイヨンとソーの連絡は簡単である(44))。後でも触れるが、サバルテスには特有の言語、少なくとも方言があった。この言語の統一は、村落内婚という古来の伝統を超えて通婚範囲を広げる条件となる。マテナ・セルヴェルが供述している。

「ジャン・モリは後にわたくしの夫となった者でありますが、その頃羊を連戻すためにフンコサ（スペイン）に参っ

ていたのであります。わたくしどもが、つまり母とわたくしのことでありますが、あちらの（サバルテスの）言葉を話しているのを知りまして、ジャンは縁談を申し入れたのであります。それまで、知り合いではなかったのでありますのに」

サバルテスの土壌の肥沃なことは、格別であった。不思議なことに、善信者がこの土地に留まっている限り豊饒が保証されたのである。アスクーのリグザンド・コルティルが言っている。

「アックスのレモン・オーティエは次のように申したのであります。善信者がサバルテスから逃げ出す破目になってからというものは、土地の稔りは前のようでなくなった……。結局は何もできなくなってしまった」

供述者たちの言を見る限り、農業と牧畜におけるサバルテスの富は明らかに山地経済に関係し、そして後者の基盤は移動放牧である。いくつかの町に開かれる市で産物は商品化される。そこでは羊ばかりか、思想まで交換される。人びとは穀物だけでなく陰口も仕入れたのだ。

行政面では、サバルテスはカロリング時代の下級行政管区（ヴィグリー）に由来する(45)。一三〇〇年から一三三〇年にかけては、フォア伯領のうちラバル峡谷以南の山地部からなり、伯領中でも独特の地位を有した。アリエージュ上流諸地域を管理する伯役人は、タラスコン出身のギヨーム・トロンで、「サバルテスにおけるフォア伯領公証人」という肩書きをもっていた(46)。

領域自体は国境線ぞいの辺境にすぎないが、伝統的な民俗と慣習の点でサバルテスの民は独自の個性をもっている。パミエ司教区内の南部における下級区分、一つの首席司祭管区をなしていた。十四世紀初頭の二五年間、ここで十分の一税をめぐる抗争が繰り返された。パミエ司教の押しつける羊の十分の一税に強く抵抗したのだが、この抗争の中で、この地方における三層に分かれた身分（オルドル）ないし地位（エタ）の存在が顕在化する。一三一一年の十分の一税の際、町と村ごとにまとまったサバルテス「俗人」民衆は代訴人（プロキュルール）や組頭（サンディック）によって代表されたが、その見解には四つの町（フォア、アックス、タラスコン、ヴィクデッソス）の公証人はじめ法律屋（ロバン）の意見が強く反映していた。第二に、聖職者には普通の聖職者と修道僧が含まれるが、大部分を占めたのは村の司祭で、俗人に対して敵対的である。これはフォアの僧院長とヴィクデッソスの分院長が代表した。最後に、サバルテス貴族、つまり騎士や地侍たちが第三のグループを形成し、民衆と聖職者の二大陣営の間で日和見をしている。一三一一年、三者談合の末に協約が成立したが(47)、一三一二、一三一四年にも紛争再燃は避けられなかった。サバルテスの民衆は古来の特権を失ったことに憤激し、司教ジャック・フルニエは十分の一税を貪りすぎる、あんな奴こそ結構な火刑台で死ねばいいと願う（もちろん空しい望みだ）ほどだった。民衆は一二年間にわたって、父祖から継承した伝統的慣習に対する忠誠を示した。慣習には十分の一税も羊税(カルヌラージュ)もなかったのである(48)。教会の徴税強化に対する闘争は、公然非公然を問わず、またカトリック派たるとカタリ派たるとを問わず、広く支持された。同時に、この闘争が異端の伝統と不可分だったことも事実である。一二九〇年頃から一三二〇年頃まで、異端の伝統はサバルテスの名と一つになっているので、それはオーティエ兄弟が活動を始める前も後も変りがない(49)。そもそも、オーティエそのものが偉大なるサバルテス人であった。

モンタイユーを内包するサバルテスの国と民を明確に理解するためには、物質的かつ文化的な、伝統的かつ言語的な、さらに村や町の、ひいては食物にまで関係する民衆の共同体感情を基盤とした「水平」の諸関係の検討が不可欠だと思われる。民衆の感性という点から考えるなら、統治組織や封建制など階層型の、いわゆる「垂直」の諸関係と同じく、あるいはそれ以上に、この水平の諸関係は重要と思われるのだ。大体、それ自体は適法の枠内であったもののサバルテス首席司祭区という垂直の関係が、重税取りの教会によって発動されるや激しい反発を招いたのだった(50)。

☆

モンタイユーはもちろんのこと、アリエージュ上流全体すらほんの一部分になってしまうような、ずっと大きな空間を理解するためには、文化的な、より端的に言えば言語学的なデータが重要である。われわれの証人たちが供述する時のオック語は内奥から湧き上がる大波のようなもので、その表面を書記のラテン語が覆っているものの所詮は泡沫のようなもので本体を隠しきってはいない。黄十字の教区もサバルテスの住民も、彼らが自覚していた以上に輝かしきオクシタン文化の中に組込まれていたのである(51)。善信者と司祭に最低限共通していたのは、両方とも必要とあれば日常語で説教したことである。モンタイユーの方言を話したのはせいぜい千人程度にすぎないが、自分たちの言葉については明確な認識をもっていた。アルノー・シクルが供述している。

「その頃、わたくしはサン・マテオにおりまして、土地の靴屋ジャック・ヴィタルの仕事場で靴を作っていたのでありますり(52)。通りで一人の女が、麦碾きのご用はないか、と叫んでおりましたので、誰かがわたくしに申したのであります。アルノー。あれはお前の故郷の百姓の女だ。そこで、わたくしは女に尋ねました。どこから来たのかね。サヴェルダンから、と女は答えたのでありますが、女の話していたのはモンタイユーの言葉でありましたので、言い返しました。サヴェルダンからじゃないな。プラドかモンタイユーからだな」

何でもない対話のようだが、意味深長である。低地（どうしようもなくラバル峡谷の北に位置するサヴェルダン）とサバルテスでは言葉が違うことを示しているからである(53)。それに、サバルテス言葉の中でも、おそらくカタルーニャ語の影響に染まったせいだろうか、プラドやモンタイユーの方言が独特だったことも判るのだ。事実、モンタイユーの男たち、特に羊飼いは強いオクシタニー・カタルーニャ一体感をもっている。タラスコン、アックス・レ・テルムを通ってピュイグセルダやサン・マテオに来ても、言語不通の問題はほとんどなかった。言語上、ピレネーはなきに等しいのである。方言の違いはむしろ北側、それにとりわけ西側および北西側において著しかったように見える。一三〇〇年頃、オクシタニーの中でもラングドック方言とガスコーニュ方言の境界をアリエージュ住民がはっきり感じていたことは明らかである。モンタイユーやアックス・レ・テルムの住民、ひいてはサバルテスの住民一般が、「ガスコーニュ語」、「トゥルーズ語」、あるいは「なかばガスコーニュ語、なかばトゥルーズ語」を話すこれこれの人物に会ったと一再ならず指摘している。方言差はアリエージュ川の左岸から少し西へ入ると感じられるのだから、「ガスコーニュ訛り」と言われた問題の人物の一人はおそらくラ・バスティード・ド・セルーの出身だったのであろう。

一つの総体として見る時、一三二〇年のオクシタニーは政治的には存在しないも同然だ。灯火も掲げず、おのれの位置も知らぬまま、暗夜に航行を続ける巨船のようなものだ。アリエージュの羊飼いがオクシタニーという呼び名を知らなかったのは確かだが、それでも彼らの目にオクシタニーは地理的な巨人と映っている。先にも見たとおり、トゥルーズからメラン峠までという距離だけでも彼らには無限大と同義語だった。もっと巨視的に見るならば、われわれの村の属しているカタルーニャ・オクシタニー文化共同体は、地中海に向かって、その北岸の半島や島々や大渓谷に向かって大きく開かれている。アルクの牧羊家たちが異端の罪を許して貰いに、直接教皇庁まで出かけるのだ。身辺がきな臭くなって来たアリエージュ人は、もともと旅に出たくてむずむずしていたせいもあって、ロンバルディア、シチリア、カタルーニャ、バレンシア、マジョルカなどへ身柄一つでさっさと逃げてしまう。移動放牧や亡命に際して、スペインのイスラム教徒と接触することも稀ではない。異教的オリエント、あるいはキリスト教的オリエントも、神話の伝来や十字軍熱を通して漠然たる「海外（ウートル・メール）」の存在を感じさせているのだ。

これとはまったく対照的に、「フランス的」世界そのものの発する影響が感じられないのが注目される。確かにフランスも間接的な影響を及ぼしてはいる。カルカッソンヌとパミエの異端審問が、「客観的」には精神上フランスの下請け業務を引受けているからである。現地で存在をあまりにも強く感じさせている教会と、重苦しい存在ながらまだ二次的な役割しか演じていないフランス、この二つはオクシタニーで協調している。市の泥棒同様、ぐるになっているのだ。両方とも、基本的にはカトリックが多数を占めるオック語の民の消極的な受容を当てにしながら、教権と征服が合体した支配を続けているのだ（征服者は一定の利益を配分するから、永い目で見ればエリートにも民衆にも評価されるはずだ）。フランスの権力は遠くにある。しかし、実効が感じられる。サバルテスの激しやすい頭の上にも、ダモクレスの剣のように吊り下がっているのだ〔一六〕。指一本動かさなくても人びとを抑え、もっとも異論の多い連中をも正道に立ち帰らせることができる。オイル語を話す男たちでもって全領土を軍事占領する必要もないというわけなのだ。

その代わり、間接的な圧力を別にすれば、本来の「フランス」地方の人文的な、往来交流による文化的な影響などサバルテスではほとんど感じられない。確かに、北方から来る多数の移住者が絶えずアリエージュやルションの峠を越えてスペインへ向かっている。しかし、イベリア半島南部の魅力にとりつかれたこの流動人口は、ルエルグのオクシタニー人なので、フランス語を話すパリ盆地の者たちではない。一時期モンタイユーにたった一人、「ガリア人公証人」が駐在して一日中カルカッソンヌ異端審問の仕事をしていたが、そのために今述べたことが覆ることもないだろう(54)。

そんなことよりも一層決定的なわが文化圏の標識は、異端の流れである。カタリ派は何度も北ヨーロッパに「偽足」を伸ばしたものの、起源から言えばバルカン的、イタリア的、地中海的な異端である。東から西へと旅をして、オック語の国にまで到達したのだ。アリエージュ上流の日常空間に組込まれているが、もとを正せばこの地方そのものが本質において地中海に属しているのだ。

十四世紀初めの二〇年間、パミエにはまだ若干のワルドー派信者がいた。カタリ派と違って、これは必ずしも南欧的とは言えない外来信仰である。事実、広義におけるローヌ・リヨン地帯から伝来したのだ。この時期フォア伯領内にいたことが判っている数名のワルドー派も、フランス東部中央（ブルゴーニュ、ヴィエンヌ地方、ジュネーヴ司教区、ドフィネ）の出身であった。しかも、ワルドー派の影響はパミエを通過する緯度の線より南には、もちろんアリエージュ上流には、全然及んでいない。せいぜい一三二〇年頃レモン・ド・ラ・コートの火刑事件が、サバルテスの村々の集まりで十分の一税反対の気勢をあげる口実に使われたくらいのものだった。

牧童一揆（パストゥーロー）の問題がある。確かにこれは、北フランスから広がってきた。一三二〇年パリで激しい示威行動をした後、いくつかの隊に分かれて南西に進出し、まずイギリス領ギエンヌへ、その次にはトゥルーズ地方へ向かった。いうまでもないがトゥルーズ地方は、文化的にはいざ知らず、統治の上ではフランス王国に属していたのである(55)。一揆はガロンヌ沿いの町々でユダヤ人を虐殺し、キリストのための復讐と呼号したが、彼らの「十字軍」もアリエージュ上流までは聞こえてこない。この地方はドメニコ会士にもフランチェスコ会士にも閑却され、千年王国説型の黙示録の狂信者にもさしたる反応を示さなかった。モリ、モール、ペリッシエたちサバルテスの羊飼いも一揆を起こした牧童（パストゥーロー）と同じく羊の番人だが、ただ職業が同じというだけだ！　ピエール・モリはオック語の人間で、牧童（パストゥーロー）たちは本来オイル語の民なのだ。少なくとも差し当り、両者を区別するにはこれで十分だろう。一三〇〇年から一三二〇年にかけてのピレネーでは、オック語とオイル語が民衆次元で混用されることはまずない。ルイ十四世の偉大な世紀、あるいはそれ以後になって初めて、少しずつ混用が見られるのである。

結局のところ、サバルテスには「フランスの世界」はほとんど存在しない。この小さな国にその影響が及ぶのは、何よりも異端審問官（たまたまオクシタニー出身の審問官だったが）を介してであった。一三二〇年のモンタイユーやアックス・レ・テルムから見た場合、フランスの世界は一つの妖怪、それも実在する妖怪である。どうかすると、恐怖と畏敬の混ざりあった気持を喚び起こす。時には、審問官たちが伯を操って思いのまま支配しているフォア伯領と混同（誤って）される。これ以外に、地域に対するフランスの積極的な影響は皆無に近い。オック語地帯のうち大西洋岸アキテーヌを領有しているイギリスの影響がないのとほとんど同じであった。

「旅行」の点から見ても（「旅行」という言葉を巡礼にあてはめても構わないとしてのことだが）、モンタイユーの人びとにとってオイル語諸地域は、やはり存在しないのと同じであった。モンタイユー住民中一人だけ、判っている限りではアリエージュ上流全住民中でも一人だけ、イル・ド・フランスへ巡礼に出かけようとした者がいるが、それも強制された結果である。ギヨーム・フォールがその人物で、一三二一年、パミエ司教から巡礼の杖をとって北方へ旅するよう宣告されたのである。指定された霊場は次の通りだった。ヴォーヴェール（現在のガール県）、モンペリエ、セリニャン（エロー県）、ロカマドゥール（ロー県）、ピュイ・アン・ヴレー、シャルトル、パリのノートルダム、ポントアーズ、サン・ドゥニ、サント・シャペル、それからリムーザン、ドフィネ、タルン川の国々……。何たることか！　哀れなギヨーム・フォールにはこの素晴しい償いを果す暇（いとま）がなかった。翌日、改めて出された第二の判決で火焙りと公表されたからである。そして実際、火刑に処されてしまった。

フランス王国は政治と宗教の上で抑止力としての重圧と威迫を加えているのだが、文化的魅力も移住の影響も言語の波及も巡礼の往来もない。しかし少なくとも一つの分野で、フランス王国はまさしく厳存した。それは通貨によって存在したのだ。実にフォア伯領で流通した貨幣の大部分（七一パーセント）は、パリの王権直属の造幣所で鋳造されたパリ銀貨、それにトゥール銀貨であった〔一七〕。イル・ド・フランスの権力者が支配する政治的、文化的、言語的な世界に編入されるずっと前から、アリエージュの山々は否応なくその貨幣流通圏に接合していたのだ(56)。長期的に見た場合、この初戦の勝利はそれに続くあらゆる面での併合の前触れだった。だから、貨幣が収めた勝利の重大さは、決して軽視してよいようなものではない。モンタイユーやサバルテスにあれほど大勢いた牧羊家や羊飼いは、羊や羊毛の交換を通じて現物経済という原始的な段階をとっくに抜け出していたから、貨幣の必要は切実である。そして、その貨幣が次第にフランスの通貨になって行くのだ。

計測法、次に領域と文化地理の検討を終えた今、「時間の孤島」のみならず、モンタイユーを含む「空間の孤島」が明らかになった。仲好く溶けあったアイヨン地方とサバルテスは、言語や山岳性地形や異端などの特徴を備え、フォア伯領低地部やガスコーニュ地帯とは際立った対照を示している。低地部とガスコーニュはともにわれわれの領域よりもローマの信仰との結付きが深い(57)。が、言葉の点では別である。にもかかわらず、サバルテスはオック語の世界に対して感覚そのものから来る愛着を抱いている。地中海世界に対しても同様である。これに反して、モンタイユーの人びとにとって北方、フランスの世界はと言うと、その政治や宗教や軍事上の勢力にもかかわらず、イギリス領有地帯と同様、依然として単に抽象的な存在のままである。限られたものではあったがフランスの成功は、主として次の二点にかかっていた。第一に、あれこれの機会を捉えて現地に好意的な調整をしながらも(58)、恐怖感を与えたこと。第二に、貨幣の力でもって現地商取引を円滑ならしめたこと。王国通貨は概して良貨であった。時として価値下落もないではなかったけれども……。

第十九章　自然と運命の感覚

空間と時間に関する社会化された観念の奥にある、自然に関する、より広く見て大宇宙（マクロコスモス）に関するわが農民の基本的な態度は一体どんなものだったであろうか。

差し当り、彼らの美的感覚については触れないことにしたい。アリエージュ上流の農民もその種の感受性をもっていたことは確かだが、それは感覚ないし胸奥の情に発するさまざまの望み、喜び、楽しみと分かちがたく結合している。彼らは「きれいな娘」、「結構な魚肉のパテ」、「立派な男」、「見事な賛美歌」、「楽園の素晴らしい果樹園」などと言う。しかし、それ以上に出ることはない(1)。自分たちの山々や自然を見ても、別に「感動」などしない。山や自然が彼らに課す具体的な問題、それもしばしば苛酷な現実に巻込まれているからである。

この村、この狭い国にも、やや人間中心的という傾向はあるにしても、自分たちが大自然の一部だという気持はある。モンタイユーの哲学では——別にモンタイユーの哲学に限ったことではないが——小宇宙（つまり人と家（ドムス））は大宇宙の一部をなし、すべての中心には必ず家（オスタル）があることになっている。広大な大宇宙は星まで中に取り込んでいる。繰り返すまでもないが、家長の死んだ家では爪と髪の一部を保存して、家の「星すなわち運」が逃げないようにした(2)。サバルテスの言葉でも「運」は、もちろん「不運」の反対である。ベリバストが言っている。

「天にかけて誓ってはいけない。星を大きくすることも小さくすることも、人間にはできっこないからだ」(3)

個々の人間、特に羊飼いは、ピエール・モリが言ったように、自分の運命（ファートゥム）をもっている。それが外側から当人の人生を左右しているのだ。だから、たとえ最後には牢獄に連れて行かれるのであっても、運命は甘受するほかない。アリエージュ上流にこの種の運命観を導入したのはカタリ派ではないが、その輪廻転生の教説が民衆の運命観にうまく合致したのも事実である（偶然だろうか）。要するに、土着の民俗と外来の異端、この二つが簡単に融合してしまったのだ（これはまた、異端の浸透を容易ならしめた理由の一つでもあろう……）。ベリバストがモリ家の者たちに向かって、断固、自由意志などあり得ないと説いているのが好例である（もっとも、別の時には「天はみずから助くる者を助く」などと少々矛盾することも言うのだが）。

「誰かが他人の財を奪ったり盗んだり、あるいは他人を苦しめたりするとすれば、それはその男の中の悪しき霊がしているのだ。悪霊のせいで人は罪を犯し、正しい生き方を踏み外して悪に落ちるのだ」

キュビエールの元羊飼いベリバストはこう言ったのだが(4)、こういう考え方をすれば、悪事をしても人間には一向責任がないことになる。ベリバストの場合、この考えはカタリ風のアニミズムと切離せない。モレリャの亡命者はさらに詳しく考えを展開している。

「至るところに霊魂がいる。大気はいつも、善いのも悪いのも合わせて、霊魂で一杯だ。滅多にないことだが、生前正しく善良に暮らした死者の体内にいた霊魂は別として（そういう霊魂は天に帰るから）、死骸から出て来たばかりの霊魂はすぐにもまた肉体に入りたがる。霊魂が空中の悪霊の間に紛れ込んでくると、悪霊どもは霊魂を痛めつけようとするのだ。だから、霊魂は肉をもった体の中へ逃げ込むほかない。そんな時、人間だろうと獣だろうと、何だって構いはしない。というのも、人間の霊魂が肉の中にかくれている間は、悪霊も霊魂を痛めたり苦しめたりはできないからだ」(5)

ベリバストの考えでは、空中には悪意に満ちた火花のような霊と一時迷い込んで来る霊魂で一杯になっていて、人間の行為は直接間接この二つの霊によって否応なく決定されることになる。このようにアリエージュ上流の村びとたちの宿命観はほとんど自然崇拝に近いアニミズムの土壌の上に育っているのだ（それは土俗化しているが、同時に矛盾など一向平気ですぐにカタリ化する）。もっと高い次元で、しかも異端の影響のない場合には、この種の宿命論は究極において創造神の支配する大宇宙の必然的な法則という考えに到達する。

ヴィクデッソス教区、グーリエ村のベルナール・フランカが、この種の世界観をもっとも明瞭に、しかもこの地方でもっとも一般的だった形で語っている。ベルナール・フランカは聖職者としてミサを唱えているものの、実際はまぎれもない農民で、自分で粟畑を耕し、兄弟共有の遺産として受継いだ村の通りに面した家に住んでいる。収穫時には村びとたちと議論もするし、日曜日や祭日には教会前の男たちの非公式集会にも姿を見せる。村びとと親しすぎたために密告者の餌食となり、パミエで審問されて、挙句の果てに二重の黄十字を縫いつけられる羽目になった、そういう人物である。

ところでベルナール・フランカは、誰であれ人間の身に起こることは永遠の昔に決定された結果だ、と固く信じていた。そもそも人間は、初めに神自身が作り上げた動かすべからざる大宇宙の必然の中に捉えられている、と言うのである。人間はおよそ自由ではない。したがって、罪を犯すということもあり得ない。反対に「善き業」なるものも、前もって至高の計画の中に予定されているのであって見れば、何ら功徳に値しない。パミエの審問記録を読んでいて、善行に対するこういう農民的かつ徹底的な批判に遭遇すると、どうかしてマルティン・ルターを想起することがある(二)。もちろん、ルターとは素養が違う。暗々裡に恩寵の万能を想定している点でベルナール・フランカは、自分でこそ気付かぬものの、アウグスティヌスの弟子なのだ。

影響と起源の関係という大きな問題を考える時、フランカはまさしく絶好の例である。個人の自由意志を否定する「問題の思想」は、彼の場合、実際にアウグスティヌスを噛っている都市の博士などから吹き込まれたのではない(6)。彼は農民ではあっても聖職者の肩書きをもっているから、博士にだって会うことができたかも知れない。実際、ベルナール・フランカは四〇年間も正統からはずれた意見を言い続けたが、それは彼がこよなく愛するサバルテスの民俗と土地の底にある農民哲学から引出したものにすぎなかったのだ(7)。一三二〇年、もう六〇歳になるフランカをジャック・フルニエが尋問した。

「お前にこのような不届きな考えを吹き込んだ博士でもいるのか」

老人の答えはこうだった。

「そのようなことはありませぬ。ただ、サバルテスでは、誰かに良いこと悪いことが起こった時、これは約束事だ、こうなるほかなかったのだ、と皆が申すのであります……。大体、牢に入れられました時にも、わたくしは申したのであります。なるようにしかならない。その上、こうも申したのであります。神さまの思し召しのままになるのだ」(8)

いと高きところにて神の命じたまう運命と必然は、星を媒介として実現されることもあるし、大気の中をただよう霊によって実現されることもある。この二重の作用が、それぞれ家あるいは個人に及ぶのだ。二者の間、つまり星のある天と清浄な大気の空の間に月がかかっている。星が大小の宇宙に影響を及ぼすという考えは、サバルテスのどこででも見られたわけではない。この点、後の時代にオック語地帯あるいはオイル語地帯の諸地方について判っているところと違っている(9)。しかし、モンタイユーの場合、これは無視できない意味をもっている。その影響が世代を超えた家の存続を保証するのに不可欠の行為、つまり結婚を決定するからである。一三二〇年、アックス・レ・テルムのレモン・ヴェッシエールが供述している。

「およそ一六年くらい以前のことであります。わたくしはモンタイユーのレモン・ブロの家におりました。ほとんど常時、婚礼を挙げるにはいつが良いかを、わたくしどもは議論していたのでありますが、その時レモンがこう申しました。
姉妹をベルナール・クレルグに嫁がせることにした時、おれたちは異端のギヨーム・オーティエのところへ行って、あれをベルナールの女房にするのに月の具合がよくなっているかどうか、相談したものだ。ギヨーム・オーティエが婚礼はおれの言う日に決めろといったから、おれたちはそうしたのだった」

この供述に、天体の運行による影響は余すところなく、しかも社会と婚姻のあらゆる問題についてこれ以上ない形で説明されている。ブロの家(ドムス)はたまたま兄弟集団という形をとっていたので、兄弟全員が家に対して責任を負っていたのだ。だからこそ、俄かに占い師に格上げされた完徳者の意見を乞うべく、一家を挙げて出かけたのである。それも、皆の姉妹がクレルグ家の息子となるはずの子を受胎するための周期を月の運行の周期と一致させるためには、どうすればよいか、完徳者に尋ねようとしたのだ。土地の知恵の教えるところでは、地上で生じることは一切、夜ごとの星の動きに左右されているからである。

月の満ち欠けを知っているだけでは、大宇宙の教えを読取るのに必ずしも十分でない。そこで、結婚や旅立ちに際してもっとも時宜にかなった準備をしようと、善信者のみならず広く本職の占い師の意見を求めたのである。先にも指摘したが、ベアトリス・ド・プラニッソルは改宗ユダヤ人が教えてくれた呪術さえ利用しようとした。一方カタルーニャ亡命者の方は、「アラビア文字で書かれた書物」の中から予兆を読取る占い師を訪れている。占い師は、棒を吊して揺れ具合を見たり、歩幅を計ったりして、人間や家畜の病気を予言したり縁談の善し悪しを判断してくれるのであった。これに比べれば、死者の魂を持ち去る梟など、不吉な鳥の飛び方で予兆を解読する方がずっと簡単である。いい伝え——それもあまねく広がった——ではかささぎが道を横切るのは凶事の前兆だった。これはベリバスト家でも代々いい伝えられていて、二羽のかささぎが道を渡るのを見ただけで、キュビエールの完徳者はもともと大して持ち合わせてもいなかった勇気をすっかりなくしてしまうほどだった。文字通り歩く力すら失い、自分を待ち受ける悲しい運命の予感——まったく正しい予感だったのだが——にうちひしがれたのであった。

されば、全体系の中心に位置を占める人とその家を支配するのは神、大宇宙、そして自然である。星や月、それに空中の霊が家と人の運命を定める。運命についてなにがしかのことは、梟とかささぎが教えてくれる。人に教えるのは不吉な鳥類だけではない。アイヨンの人びとと身の回りのもの、特に動物との関係には感情が通っていたが、常に好ましい関係だったとは限らない(10)。特に身近な動物の場合に、そうだったのである。

手始めに一番身近な動物を見よう。もちろんモンタイユーの羊飼いは犬、番犬(マスチフ)を飼っていて、一緒に移動放牧の旅をする(11)。一軒屋には大きな番犬がいて、好きなだけ吠え立てる。人間と犬の日常のつきあいはおそらく親密だったろうと思われるが、実のところ何も判ってはいない。しかしながら、総じて犬に関する決まり文句は決して好ましいものではないのだ。たとえば、「犬みたいに引っ掻く奴。狼みたいに貪る奴」、「あの牝犬め」などは、クレルグ兄弟その他がフランチェスコ会士やアラザイス・フォレのことを罵った言葉の中でも、まだ穏やかな部類である。犬には用心が肝要だ。狂犬病をうつすかも知れない。羊飼いジャン・モリは毒を恐れたのだろうか。女主人が出してくれた料理を自分の犬に食わせている(12)。パミエの副司教ジェルマン・ド・カステルノーは、地代徴収に際して同僚の取分を着服したらしい。いずれ、報いがあるはずだ。結局こう言って呪われる。

「あの世では、鎖につながれた大きな犬が四頭、あいつを待っているぞ」

ある石切工はこの世の終末を疑っていたらしく、仲間たちに言われている。

「お前には、犬ほどの信仰もない」

犬のイメージは決して快いものでも好ましいものでもなかった。十八世紀のブルゴーニュでエドム・レティフが大の犬ずきで、「妻に触るのも犬に触るのも同じだ」と言ってはばからなかったのとは大変な相違である。レティフはともかく、犬嫌いの固定観念は永く続くので、今でも侮辱の言葉に残っている(13)。

今一つの炉辺の動物も否定的な、むしろ悪魔的な性格でもって人を悩ませる。いうまでもない。猫である。オルノラックのブネ家の者の表現を借りるなら、夜中猫が争ってあげる唸り声はさまよう死者の魂の叫びそっくりで、取り違えることさえあるほどだ。ギユメット・モリの供述はこう言っている(14)。

「カルカッソンヌの異端審問官ジョフロア・ダブリが死にました時、夜中の臨終に立会う者もなかったのでありますが、翌朝死骸を見つけました時には寝床のそばに、それも寝床の両端に一匹ずつ、黒猫がいたのでありました。それこそ審問官の霊魂に付きそう悪霊だったのであります」(15)

これもまた食卓の仲間、鼠も嫌悪を撒き散らす動物だった。

見方によれば、豚の悪評も犬のそれに劣らない。犬は事実上家族の一員である。ただ、狼と交尾することもあるほど野生の要素を残しているので、狼のあふりを食らって罵り言葉に使われたのだ。豚についても同じことが言えるだろう。豚は親愛なる食卓の友(家庭の塵芥で飼われ、塩漬けの脂肉となっては普段に食われる)であると同時に、なかば野生(森の団栗をあさって肥えふとり、猪と交尾するくらいだから、野生であることに異論はなかった)である。だから、豚は二重に悪く見られていたことになる。言ってみれば、この四足獣は足を異なる場所に二本ずつ踏み入れているのだ。二本は文化(それももっとも人間に近い)に、二本は自然(それももっとも野蛮な)に入っているのだ。「この牝豚!」。夫婦喧嘩に際してサバルテスの亭主が女房を罵るのは、決まってこの言葉だ。その後では、木椀を投げつけ、塩砕き棒を投げつけ、風のように台所を走り抜けて飛び出して行くのだ(16)。

「食料棚に豚の腿肉が残っていたら、聖アントアーヌに持って行くがいい」

これはオーティエ兄弟が牧羊家の聴衆に語った時の嘲弄の言葉だが、民間の通念で豚が聖アントアーヌにつきものだったのは事実である〔二〕。

悪い含意のある第一の禁忌動物圏(犬、猫、豚、鼠)の外側は、第二の動物圏、つまり農家の古典的家畜、牛、羊、山羊、馬などの番だ。人間との親密さの点では、豚を含めた第一の動物圏に劣っている。内側から外側へと同心円状に重なる三重の動物圏のうち、一番内側と一番外側が否定的に考えられたのに対して、中間帯が特に肯定的に見られ、いわば独特の光輪をなしている。グラジッド・リジエはモンタイユーの単なる小農婦だが、このことは彼女でさえはっきり感じていた。この点について自分の農民的な考えを明確化するためには、グラジッドは自分なりに解釈したカタリ派、素朴な二元論に流れるのも構わなかった。ジャック・フルニエが尋問した時のことである。

「グラジッド。この世で目に見える形ある物は、すべて神が造りたもうたと信じるか」

グラジッドはこう答えた。

「形ある物で人間の役に立つ物は、神さまがお造りになったのだと思います。たとえば、人間そのもの、牛や羊や山羊やろばなど人間の食物になる動物がそうであります。大地や樹木にできる食べられる果実もそうだと思います。他方、人間に害をするもの、狼や蠅やとかげなどは神さまのお造りになった物とは思いませんし、悪魔が作った物とも思いません」

アリエージュの向こう岸、サバルテスのグーリエでは、農民聖職者ベルナール・フランカが、アイヨンの文字も知らない小農婦と同じ命題をいっそう単純化した形で再述している。ベルナールもまたカタリ派めいた、しかも一風変わった二元論を考え出したのだ。こう二元論が続出するくらいなら、一体、本物のマニ派を墓の中に追い返して何の益があるのだろうか。しかしまた、一体何をもって良い獣と悪い獣を区別するのであろう。グラジッドの場合と同じく、ベルナールも農家の役に立つ動物を良い動物のグループに入れている。グーリエの供述者は言っている。

「一方には善き神の造りたもうた物があります。すなわち、天、地、水、火、風、そして食用、運搬、耕作、衣料などで人間の役に立つ動物がそれであります。食用になる魚もこれに入ります。他方、悪しき神が悪霊や害獣を造ったのであります。狼、蛇、蟇、蠅、その他一切の有毒有害の生物がこれであります」

好ましい家畜の筆頭は、もちろん馬である。サバルテスのカタリ派の群小予言者の言うところでは、霊魂が輪廻転生する際に受け皿となる一連の動物中第一位が馬に与えられている。その序列では馬、というより牝馬は人間の女の次、しかし牝兎や牝犬および牛（あるいは牝牛）よりも上位に来ている。ベリバストが語っている。

「霊魂は肉の衣（ころも）、つまり肉体を離れると（肉体が死ぬと）、恐れ怯えてとても速く駆けまわるのだ。その速さと来たら、たとえばバレンシア（スペイン）で肉体（死体）を離れた後フォア伯領で別の体（生きている）の中にもぐりこむまでに、土砂降りの中でも雨粒の三つもかからないほどなのだ。怯えて（しかも悪魔が放つ悪霊がうようよいる空中で痛めつけられながら）飛び回る霊魂は、空いている穴を見つけ次第跳び込む。つまり、胎児を宿したばかりでまだ霊魂のない動物の中へ入るので、牝犬だろうと牝兎だろうと牝馬だろうと構ってはいない。もちろん女の胎内ということもある」

霊魂が飛翔して胎内に入るというベリバストの神話は、モンタイユーでもよく知られていた。もっと簡単な形だったが、レモン・ルーセルがベアトリス・ド・プラニッソルに話したこともある。その物語は、死んだ体から出たばかりの霊魂を宿すことのできる動物の中で馬が第一位を占めることを示していた。それに、馬の優位は「馬の神話」によっても裏付けられるので、その話なら残留アリエージュ人と亡命アリエージュ人の口から出た四つの異説（ヴェルシオン）が伝わっている。そのうち二つは、モンタイユー生れのピエール・モリがベリバストとプラド・タヴェルニエから聞いて語ったもので、ひどく簡単に縮められている。三番目はアルクの女牧羊家シビル・ピエールの話したところで、シビルはピエール・オーティエから直接聞いたと言っている。もっとも完全な物語になっているのは四番目で、アルノー・シクルの証言を通してわれわれの史料に書き留められたものだ。アルノーもピエール・モリと同じくベリバストの話すのを聞いたのであった（ベリバスト自身はおそらく、シビル・ピエール同様に親しくピエール・オーティエから聞いたのであろう）。

「悪者で人殺しの男がいた。この男が死ぬと、その魂は牛の体に入った。飼主というのが残酷な男でろくろく餌も与えず、大きなとげを刺して苦しめた。ところが、牛の魂は昔人間だったことを覚えていたのだ。牛が死ぬと魂は馬の体に入った。馬の飼主はご大家の殿さまで、大事に飼ってくれた。ある夜、殿さまは敵に襲われ、この馬に乗って足場の悪い石だらけの道を駆け抜けたのだが、蹄を岩の間に挟んでしまった。さんざん苦心した末に足は抜けたけれど、蹄鉄は石の間に残ってしまった。殿さまは夜通し騎行を続けたのだが、馬の魂はというと、前に人間の体にいたのを忘れたことはなかったのだ。馬が死んで魂は懐胎中の女の体に入り、胎児に宿った。その子は大きくなって正しい（カタリ派の）信仰を知り、とうとう完徳者になったのだ(17)。ある日道連れの者と旅していて、前に馬が蹄鉄を失った場所を通りかかった。馬の中にいた魂の男は連れに言ったのだ。わたしが馬だった頃のある夜、石の間に蹄鉄を取られてしまい、蹄鉄なしで夜通し駆けたものだった……。そこで二人の男は石の間を掘りかえし、蹄鉄を見つけて持ち去ったのだった」

この話の起源は判っていない。おそらく、古くこの地方でできたものであろう。ともあれ、サバルテスでは人びとお気にいりの話だった。彼らが考え出したのではないかも知れないが、古い民俗の基層に根差していたのである。話者、つまり伝達者のピエール・オーティエはアリエージュ上流のことなら何であれ精通していた。人びとは喜んでこの話を広めた。

役　割	身分序列（話の中で）	生　物（話の中で）
耕すもの	農民	牛
戦うもの	領主	馬
祈るもの	完徳者	人間

事実、この話では、アルビジョア派教義の説くところ（輪廻転生や完徳者の優位など）と、デュメジルが論じた「三者構成論（トリアード）」を連想させるような人間と動物の序列が、いかにもサバルテスらしいことだが同時に読取れるのだ。図表化すれば前頁のようになるだろう(18)〔三〕。

馬の「社会的」地位が高いのに不思議はない。フォア伯領の騎士たちは、あの世に行ってからも、愛馬と別れたがらなかったほどなのだから。パミエのある教会の聖器係で大酒呑みだったアルノー・ジェリ、通称酒瓶（ブティユ）なる者には幽霊（ルヴナン）を見る癖があった(19)。一三二九年、彼はこう語っている。

「三年前のことであります。ダンの村の生れの楯持ち（エキュイエ）が二人わたくしに現れたことがありました。二人ともとっくに死んだ者であります。二人は頭から臍まで真っぷたつに切り裂かれ、そのせいで死んでいたのでありますが、それでもまだ馬に乗り続けておりました。馬はあの世まで主人について行ったのであります」

馬に対する高い評価、むしろ一種の敬意めいたものは、その他「馬科」の動物一般に及んでいる。貴族も馬がなければ躊躇なくらばに跨る。サバルテスの「大物（グロ・ボネ）」たちは、土地の言葉では「肥ったらばに跨る衆」と呼ばれていた。輪廻転生の説では、らばには善き霊魂が宿っていることになっている。だからこそ、隣人の畑の大切な麦を食い荒らす資格もあろうというものだ！　ろばもモンタイユーではおなじみの家畜だが、今よりは評判がよかった。病気になれば、高価な水銀剤を投与してもらうほど大事に手当されている。ある夢物語では、ろばの頭は神秘な宮殿になぞらえられている。馬と同じく、ろばの体も輪廻転生の順路の中で霊魂にふさわしい宿場となる。ジャン・モリが牝ろばをひどく叩いた時、ギユメット・モリは立腹したが、それも当然のことであった。ギユメットはジャンを罵っている。

「この、ろくでもない魂の宿主め！」(20)

牛科の動物は馬科に比べると一段評価が下がる。貴族と農夫くらいの開きがあるのだ。それでも、まだ積極的な評価を与えられる部類にいるので、犂を曳く、したがって有用な動物と見る点では神も悪魔も一致していた。ピエール・モリに

よれば、神の子は、

「わたしの犁に手を出すでない。犁をしっかり摑もうと思うのでないならば」

と、弟子たちに言われたことになっている。悪魔の方でも、天使たちを天国から誘い出そうとして、

「牛も牝牛も富も妻も子供も家も、みんな持たせてやろう」

と言ったのだった(21)。土俗化されたカタリ版聖書で折り紙をつけられているほどの牝牛は、当然のことながら、極度に否定的な評価を受ける狼と対照的である。ロルダの農夫アルノー・コギュルが言っている。

「牝牛も羊ももっておりましたのに、狼に取られて食われてしまったのであります。狼のように悪い獣を神さまがお造りになったなどとは、到底信じられません」

羊はひどく愚鈍なのだが、高く評価されていた。その評判は今まで続いている。エメルサンド・マルティは娘ジャンヌの夫ベルナール・ブフェイを誉めちぎって、こう言った。

「うちの婿には善い魂が宿っている。羊みたいにやさしい」(22)

実際、義母にとっては模範的な婿だったのだ。義母のためとあらばいつでも手助けに駆けつけたし、老いたるエメルサンドをジャンヌが手荒くあしらいでもしようものなら、女房を嫌と言うほど打ちのめしたのだから。モンタイユーの羊飼いの間では、仔羊あるいは羊毛のかたまりを差し上げるのが聖アントアーヌさまの一番お喜びになる供物ということになっていた。

牛と羊は一般に食肉用家畜に与えられる好ましい評価を受けているのだ。牛や羊の肉は贅沢な料理で、催淫作用があると考えられていた。

「あれは肉体を膨張させる」(23)

それで、民衆にとっては結構なことだが、完徳者からはもっぱら神学的な不信を招くのだ。だからと言って、完徳者も食

肉用の動物を特に嫌ったわけではない（悪い生物という「刻印」つきの爬虫類や昆虫などとは違って）。むしろ、輪廻転生の観点では善い宿主と見ていた。ティニャックのアルノー・ローフルが言っている。

「リムーに異端が一人いたのでありますが、この町の肉屋の前を通りかかりますと、ちょうど肉屋が家畜を殺そうとしていたのであります。そこで異端は申しました。これほど立派な種族がこんな具合に死ぬのを見るとは、何と不憫なことか。何と罪なことか」

農家にいる今一つの動物、鶏に対する反応も同じである。これもまた、好意的な先入観のおかげで得をしている。異端であれば、モンタイユーの女たちであれシャトーヴェルダンの貴族の夫人であれ、美しい鶏の頸をねじるなど到底耐えられるところではない。それくらいなら、火刑を甘受しよう！　そう彼女たちは言ったのである。

今までに見た二つの動物圏、つまり嘲罵の口実に使われる程身近で不吉な動物の圏と、それほど身近ではないけれど紛れもなく善良な動物のやや広い第二の圏の外側に、第三の動物圏が広がっている。これには野生動物が全部入る。そのうち、家畜化されない哺乳動物はさしたる反応を引起こさない。もっとも狼は別で、皆の憎悪の的である。実際、狼は家畜を、どうかすると人間をも食うのだ。矛盾するようだが、農民たちは貪欲な聖職者を狼呼ばわりしてはばからない。そのくせ一方では、洗礼さえ受けておけば将来狼に食われずにすむ、などと言うのだ。

栗鼠には大変人気があった。これは狩猟の獲物（ジビエ）としてごくありふれた動物で、猟師は罠で捕まえて暮らしの足しにする。これも輪廻転生の宿主と考えられた。またしてもアルノー・ローフルだが、彼はこう言っている。

「二人の異端が、罠にかかった栗鼠を見つけたことがありました。二人が罠を外して逃がしてやり、栗鼠は姿を消したのであります。しかし、罠を仕掛けた者が狩りの獲物で暮していることに思いを致して、罠のあった場所に栗鼠相当の金額を残したのでありました」

これに対して「地面に腹をつけたまま」身を引きずるもの（蛇、蟇、とかげ、など）はどれも、嫌われ、恐れられ、軽蔑された。その点、鼠と同じである。両棲類や爬虫類に対する嫌悪は別に驚くこともないし、この地方独自のものでもない。今日ですら、これら不運な動物は有害無害を問わず人間の理不尽な殺害の対象となっているのだ。それでも、とかげは蛇と同じ爬虫類の性格を帯びると同時に人間の自我の秘密にも預かっているだけに（カタリ的、サバルテス的な神話では、この動物はまさしく人間の霊魂を宿すことになっている）、同じく嫌われるにしても特殊である。

「わたしたちは、樹と水に生ずるもの以外は食べない」と、ギユメット・モリに向かってベリバストが言った。この時彼は「地面に腹をつけたまま」這って移動する動物に対する、本来冥界的な民衆の呪咀を二重に正当化したのだ(24)。

こういうベリバストの警句を読むと、モンタイユーで鳥類（木に住む動物）は非常に人気があったと考えたくもなるのだが、事情はそれほど簡単でない。かささぎや梟は悪魔的な、死に関係のある鳥で、苦痛と嫌悪の情を喚起する（空中にも冥界にもいる竜のようなものだ）(25)。この二つの不吉な動物は、蠅その他有害、むしろ悪魔的と考えられた空中の小動物同様に悪く思われたのである（ここでは空中にいるのでなく、皮膚に密着する虱については述べない）。これに対してアリエージュ上流では神話的な存在にすぎないのに決定的に高い評価を受けた鳥がある。ペリカンがそれだ。情況に応じてカタリ色をつけたペリカンの美しい物語がピレネーに流布していた。パヤルス司教区の男からサバルテスの男に伝えられたのが始まりで、口から耳へと広がったのである。

「ペリカンという鳥がいる。その羽毛は太陽のように輝いている。太陽の後を追うのが習性なのだ。雛鳥が幾羽かいたが、心ゆくまで太陽を追おうと、雛は巣に残しておいた。留守の間に野獣が侵入して、雛の脚も翼も嘴も食いちぎってしまった。こういうことが度々重なったので、ペリカンは自分の輝きを隠し、雛の間に隠れ、野獣が来たら襲って殺そうと考えた。その通りになって、ペリカンの雛は救われた。これと同じように（ここからカタリ派らしくなる）、キリストが来たって聖母の胎内で人となった時には、その輝きを隠したのだ。こうしてキリストは悪しき神を捉えて地獄の暗闇に閉じ込めることができたのだ。だから、悪しき神も善き神の造りたもうた物を滅ぼすのを止めたのだ」されば、ペリカンはキリストで、梟やかささぎは悪魔にほかならない。この両極端の中間に、善くも悪くもない鳥の群れがいる。

水中に生じる魚類の肉は、カタリ派の言によれば、不浄でもないし、輪廻転生の宿主になることもない。魚類は胎内に子を身ごもることがないので、したがって放浪の霊魂も入り込む余地がないのである。この点に関する民衆の考えはカタリ派の教説と矛盾しない。魚の名で人を罵る例は、モンタイユーで見られたためしがない。山の狼が羊飼いに嫌われるだけで何の値打ちも認められなかったのに、海で釣る鱸は高く評価されたのだった(26)。

植物界に関する意見はまちまちだった。脱穀作業をしながら野天で議論を交わす際に、神が麦を「咲かせ実らせる」のだという農民もいた。そして、雹や雷や嵐は悪魔が一手に作り出すと言うのだ。他方には、自然の産み出す力、作物の生命力は自然そのもの、肥沃な土壌、善信者がいることによる豊饒、人間の労力、あるいは堆肥などから来るのだと言って、断固として譲らない農民もいた。しかし、どんな場合でも植物界そのものが悪く見られたことはない。「絶対」二元論信奉者の理論からすれば、植物もまた悪しき神の所産と言いたいところだが、モンタイユーやサバルテスで表明されている農民思想を見る限りでは、この理論が深刻な反響を招いた形跡はない。もちろん、特定の存在や現象、たとえば猫や梟、狼や爬虫類、雷鳴や稲妻などは悪神の業と思っている。だからと言って、被造物はことごとく悪魔のものだと一貫して考えるなど、サバルテスではおよそ問題外だった(27)。それどころか、創造者たる神と良き自然（人によって創造者ともなれば被造物ともなる）の区別が曖昧な素朴スピノザ的哲学、これこそサバルテス自然主義を貫く一本の赤い糸なのだ(四)。それは民衆の間におのずから形成され、情況に応じてカタリ派風にもローマ風にも応用されているのである。一方、ある種の二元論もはなはだお粗末な代物で、学者たちが言う意味での穏和二元論の精巧な理論どころか、むしろ民衆の直感に近い。何しろ、悪魔の造ったものとされるのは、有害ないし禁忌の対象となるもの（嵐、梟、蠅、等々）に限られている有様なのだ。

もっと正確に整理しよう。同心円状に重なって、肯定的な評価と否定的な評価が交互に出て来る三重の生物圏を見ていると、結局エドマンド・リーチの分析に立ち返らざるを得なくなる(28)。この著者は、動物名に基づく侮蔑語を近親相姦のタブーと比較した。モンタイユーの農民も、自分たちは家族近親との性交渉を避け、食卓仲間であるようなもっとも身近な動物（犬、猫、鼠、など）を食わないだけなのに、あらゆる女性との交渉と一切の肉食を慎むがゆえに善信者を称賛した時、事実上はリーチと同じタイプの比定を実行していたのだ。だから、次のように考えることができるだろう。サバルテスの農民にとっては、まず第一に、非常に身近な動物（犬、猫、豚、など）の圏がある。これらはまだ完全に野生を脱し切っていないこともあるけれど、さまざまの資格で人間と一緒に住み、感情的および半ば身体的な交流がある。豚は別として（そもそも豚を食うことにはいくつかの問題があるのだ）、これらの動物は食ってはならないというタブーになる動機を備えている。同時に、侮蔑の対象になる動機、――ひいては悪魔を思わせる動機を備えているのだ。第二の動物圏は農場や家畜小屋の動物だ。第一のものほど身近ではない。公正、愛護、要するに肯定的な評価を与えることができるくらい、人間との距離があるのだ。中庭、それに菜園も、この圏内に入る（モンタイユーで鶏の評判がよかったことを想起してほしい。それに今でも「わたしの鶏（モン・プーレ）」、「わたしの兎（モン・ラバン）」、「わたしのキャベツ（モン・シュー）」、「わたしの家鴨（モン・カナール）」などという言い方があることを想起してほしい）〔五〕。

次の根本的な区分は、野生の自然の境界線の問題である。そこにいるある種の動物（狼、蝮、ひいては蠅までも）は、人間と人間に親しい動物にとって多かれ少なかれ現実の敵対関係にある。実際には害毒を経験したことがないのに、依然として神話的な敵対関係のままでいるものもある（無毒の蛇、蟇、梟、かささぎ、など）。

最後に、虚実はともあれ攻撃的な動物界の向こうに、植物と水棲の自然全体がある。評価は良くも悪くもなく中立、どうかすると肯定的ですらある。この点で、リーチは正鵠を射ていた。侮辱、さらに貶下的な評価一般は、人間とそれを取り巻く動物ないし自然との切れ目に位置していると言ったのである。すなわち、家畜化された動物では、人間（エゴ）と家（ドムス）にもっとも近い圏には、たとえば犬がいる。野生動物では、同様にもっとも近く（前者に比べれば遠いけれども）、もっとも危険なものに、たとえば狼がいる。狼と言えば、モンタイユーの農民の考え方の方がわれわれよりも狭量だったのに、すぐ気付くはずだ。たとえば、「社会党の若い狼」、「共和国民主連合の若い狼」などと言う場合、われわれは例外的にある程度の好意を示しているのだが、モンタイユーではこのような例外を許さなかった(29)。要するにサバルテスでは、動物名による侮辱、あるいは動物に対する単なる軽蔑は、一つの便利な方法だったのである。それは人間と自然の連続体の内部に、意識的に断絶を持ち込むことであった。人類とそれにもっとも近い動物を分離し、家畜と野獣を分離することだったのである。

集団の潜在意識は、まさしく「言語として構成」されていた。この過程は、馴染みの（あるいは、馴染みのない）動物に対する考えと社会的な思想とを対比して、一連の対応物を考えることと切っても切れない関係にある。サバルテス農民の心情にとっては、この種の対比は少しも難しくない。村では、「動物すなわち道具」などという考え方はしなかった。人間と比較されるに足るだけの資格を与えていたからである。村の動物の「ブランド・イメージ」を明快に述べたレティフ・ド・ラ・ブルトンヌおよびメリエ司祭の文章を参照してほしい。二人とも農民哲学の良き理解者である(30)〔六〕。ともあれ、次頁の表はアリエージュ上流で暗黙のうちに受容れられている対応関係を要約したものである。

対 応 表

	Ⅰ	Ⅱ	Ⅲ
水準A（動物）	極めて身近な食卓仲間であるような動物：貶下的、侮蔑的、ひいては悪魔的（犬、猫、豚、など）。	農場と家畜小屋の良い動物。食肉用家畜。肉は催淫効果。	野生の自然 否定的、敵対的な圏：狼、ふくろう、など　その他の動物、植物界および水棲動物。（中立もしくは好意的）
水準B（家族と家との関係で）	相姦を禁止される家族の圏。この圏そのものが悪魔的である：「悪魔こそわが兄弟」。	包括する社会。村落そのもの、サバルテス全体：家族の外部環境。 ここには近親相姦の禁止は適用されない（サバルテスでは又従姉妹を含めてそれ以外）。 この圏内には性交渉を呼び掛ける人間が群がっている。	サバルテスの境界以遠の世界： 世界 （敵対的）（中立あるいは味方）
水準C 身分階層との関係（前述「馬の神話」参照）	念のために：（家族または／および家）	サバルテス社会： 聖職者（カトリック）　領主と貴族　農民 善信者（カタリ派）	遠い、そして／あるいは抑圧的な社会： 危険、そして／あるいは周辺的。 ●フランス国王。 ●教皇。 ●パミエ司教。 ●異端審問。 ●フランチェスコ会士など※ ●人殺し。
水準Aの反復		［完徳者］　［馬］　［牛］	

※狼という侮蔑語（AⅢ）は実際にはフランチェスコ会士（CⅢ）に向かって投ぜられた。
これに対して、犬または豚（AⅠ）は実際には家族の女（BⅠ）に投ぜられている。

第二十章　呪術と救済

いよいよ、農民の宗教的心情を見なければならない。宗教と言っても人によってカトリックのこともあればカタリ派のことも、さらには同時に両方を兼ねていることさえある。広く受容されている説では、農民ないし農村の信仰なるものは本質において呪術の世界、異教への回帰、魔術や大地豊穣の儀礼、などを特徴とするということになっている。つまり、そこでの宗教とは、治癒と豊作を獲得するための儀式だというのだ(1)。こういう通俗的な目的の穀物豊穣型ないし病魔退散型の宗教は、サバルテスの住民慣行にも時々現れはするものの、全体の傾向としてはひどく少ないのである。この欠落は彼らの文化が土地の生産力よりも、むしろ家(オスタル)に集中していたためであろうか。それとも、表面に出ている限り彼らの宗教が現世の生よりも彼岸の想いに走っているためであろうか。いずれにせよ、理由について態度を決める前にまず事実を調べねばならない。アックス、プラド、タラスコンの周辺で神といえば、バールよりもむしろエホバであった。雨を降らせたり嵐や疫病を追い払ったりする加護者であるよりも、むしろ「いと高きところ」に在(まし)まして救済を司る至高の主であった。豊熟祈願日(ロガシオン)の行列は田野に主の祝福を招くための行事だが、わが農民はこれ以上切詰めようがないほど簡素に行っている(2)。それも、実行した場合のことである。

確かに、聖ヨハネ祭の近付いた頃のベデイヤック村の広場の談話で、一村民が神の手が働いて豊作になったと主張している例はある(3)。仲間にこう言ったのだ。

「今年は麦ができないのじゃないかと、ずいぶん心配したものだ。何しろ全然芽が出なかったのだから。それが突然、伸び始めた。神さまには何でもおできになるし、何でもして下さる。この分なら、今年は結構な作柄になるだろう」

しかし、この種の主張には理論的な価値しかない。神の加護のもとに土地の生産力に働きかけるような儀礼なり行列なりが、まったく行われていないからである。実際、天候という運命、神意という運命に全部任せっ切りなのだ。「農事」の分野では、至高の存在への呼びかけよりも、天の意志に対する諦念の方が卓越しているのだ。

モンタイユーにも豊穣あるいは逆に不産の儀礼が仮にあったとしても、それは宗教に由来しているのではなく、疎外された低次元の呪術から出たものであろう。テリュエル地区から来た占い師がギユメット・モリに言ったことがある。

「誰かがお前みたいに繁盛している牧羊家を妬んで、呪(まじな)いをしたから、お前の羊は駄目になるよ」

その上で付け加えている。

「しかし来年になるとギユメットの羊は調子がいいはずだ」

こう言ってテリュエルから来た男は、結構な予言がどこかに書いてあるアラビア語の本を急いで閉じたのである(4)。モンタイユーの亡命農民は、イスラムの写本を家畜の繁殖占いの種本と思っているのだ。しかし、イスラム教が自分の宗教でないからこそ、こういう態度がとれたのだ。今なお大いなる聖性の根源たる、あるいはかつてそうであった、オクシタニーのカトリックに対しては、こういう態度に出ようなどとは思いもしない。自分の宗教は、穀物や牧草の豊作のための信仰だなどとは思っていないのだ。この点、カトリックだろうとカタリ派だろうと同じである。モンタイユーの場合、豊穣の願望は低次元の、ほとんど無意識といってよいほどの周辺現象という形で、土地つきのマリア信仰に見られるのみである(5)。

どうかすると、往時の素朴というよりむしろ半ば野蛮な農民は本質的に現世利益のキリスト教を信じていた、と考えられがちである。実は必ずしもそうではないのだ。漠然とではあっても呪(まじな)いと聖なるものとは別のものだと思っているのは、モンタイユーの人びとのうちでもギユメット・モリだけではない。ベアトリス・ド・プラニッソルにしてもそうである。彼女は聖母への信仰はこれこそ本当の信心（時には産後の感謝式と一緒になっているけれど）だと思っているので、訴訟に勝つようにとか、娘たちの夫婦生活がうまく行くようにとか、あるいは癲癇が治るようになどという純粋に呪術的な些事（女呪(まじな)い師や改宗ユダヤ人に頼んでして貰うような）とは区別していた。

確かに、宗教と呪術は完全に切り離せるものではない。それどころか、一人の女に呪(まじな)いをかけて自分を好きにならせるには、普通の人間より聖職者の方が上手に決まっている(6)。洗礼を受けておけば、溺死したり狼に食われたりせずにすむ。完徳者がいるだけで（アルビジョア派の場合なら）大地は肥沃となる。聖アントアーヌや聖マルシアルは、焼けつくように痛む皮膚病を起こしたり癒したりする。聖パオロも癲癇を起こしたり癒したりしている……。にもかかわらず、問題は大局なのだ。境界線が絡み合う場合は常にあり得たにもかかわらず、サバルテスの人びとは、たとえばプラド・ダイヨンのナ・フェレリアのような欠くべからざる女治癒師の役割と、宗教という一層高い次元で果される役割を混同したりはしなかったのだ。それに、ナ・フェレリアは専門家で（もっぱら眼病を治した(7)）、何でも診たのではない。聖なる領域と無縁だったのはもちろんのこと、この山国にはほとんどいなかったにせよ本物の医師や薬屋などとも別の存在だった。そうとすれば、教会には教会の、医療や薬剤には医療や薬剤の、呪術や民間療法には呪術や民間療法の出番がそれぞれあったということだ。ジャンヌ・ダルクが敬虔なる魂であったからこそ、村や地方の低次元の迷信に懐疑的だったというのは、これまた極めて論理的なことである。それでも、農民宗教の核心は迷信だった、ジャンヌ・ダルクは卓抜な魂なので一般例とはならない、というかも知れない(8)……。しかし、ピエール・モリはモンタイユーのただの羊飼いで歴史に名を残すような人物ではなかったが、オルレアンの乙女(ピュセル)と同じ考え方をしているのだ。彼は「愚かな老婆の話」など信じはしない。彼に言わせれば、そんなもの、たとえば不吉な鳥の話など宗教でも何でもない。この頑強な懐疑主義にもかかわらず、聖なる事物への鋭い感覚やおのれの魂の救済に関する不断の関心を失ってはいないのだ。これは彼のみの個別例ではない。奥深いところに常に存在しながら多くの場合表面化しない大地とマリアの聖性に関する社会一般の潜在意識を、彼も分有しているのだ(9)。しかも、意識された部分では「いと高きところ」における救済を志向しているのだ。

☆

霊魂の救済、これこそ大問題、真の（唯一ではないにしても）問題である。排他的な聖書中心の宗教によって広められた救済に関する強迫観念は、呪術や迷信などの現世利益の水準をはるかに超えて、まさしく人びとの中心課題となっていた(10)。また、そのゆえにモンタイユー住民がさまざまの教義を受容れたのである。彼岸における救済を確保するためにこそ、ある者はサバルテスで伝統的に行われてきたローマの信仰にとどまり、またある者はそれを失格と考えてしばらくカタリ派に転向したのである。方向こそ違え、根本の関心は一つである。

サバルテスとまで言わずモンタイユーだけでも数十という供述が、宗教の選択に当っての「大いなる救済願望」を力説している(11)。アックスのベルナール・ゴンベールは、選択を迫られてカタリ派を選んだ方の例だが、炉辺で従姉妹のベルナデット・アミエルと話した時、この関心をあますところなく表明している。彼はこう言っているのだ。

「善信者たちは神の道を守っている。あの人たちだけが魂を救えるだろう。死ぬ前にあの人たちの宗門に入れてもらいさえしたら、誰だってすぐ天国へ行くのだ。どんなに悪事や罪を犯した者でもそうなのだ。善信者には誰の罪業だって赦せるのだ……。司祭なんぞに、人の罪を赦すことなどできはしない。それができるのは善信者だけなのだ」

少しは都市化して垢抜けしたアックスだからこそ、このような救済の希求が生じたのだというかも知れない。決してそんなことはないので、山間僻地、黄十字つきのわがモンタイユーでも同じ考えが見られるのだ。ベアトリス・ド・プラニッソルが愛人に語ったことがある。

「モンタイユーのある女が危篤になって、子供たちに頼んだのです。わたしの魂を救うためだから、どうか善信者を連れてきておくれ。子供たちは言い返しました。善信者を探しに行ったりしたら、一切合切なくしてしまう（異端審問のせいで）。そこで母親はこう言ったのです。お前たちには、わたしの魂が救われるより財産の方が大切なのか！」

天なる救いを口にする者は、かならず現世における罪業の消滅を前提にする。この点に関する教会と善信者の争いは熾烈であった。善信者は、敵の司祭でなく自分たちこそ犯した罪を消除できる、これは聖なる使徒から受継いだ権能なのだ、と主張した。完徳者ギョーム・オーティエがアックス・レ・テルムのレモン・ヴェッシエールに次のように説いた時、レモンは文字通りその言葉に聞き惚れたのだった。

「わたしたち善信者なら、どんな人の罪障でも赦すことができる。昔使徒のペテロやパオロがもっていたのと同じ権能があるからだ。ところが、カトリック教会にこんな力はありはしない。あれは女衒や淫売同然なのだから」

カタリ派寄りのモンタイユー住民の救済思想（それは現実において告解無用論だ）は、たまたまモリ兄弟たちが仲間の羊飼いと交わした雑談に見事に表れている。ジャン・モリもピエール・モリも、度合いこそ違え場面によってはカトリックにもアルビジョア派にも加担しているので、はなはだ微妙なカタリ派帰依者なのだが、何度も繰り返して言っている通り熱烈に救済を願うことに変りはない。中でもピエール・モリは、この話になるととどまるところを知らない。たとえば、大切な友ベリバストのために大枚をはたいて一足の見事で丈夫な靴を買った時にも、話題はすぐこの方に行くのだ。その時、アルノー・シクルが善き羊飼いに指摘したのだった。

「ベリバストは仕事場に坐ったまま仕事をするのだから、どんな靴でも我慢できるはずだ。ところがピエール、お前の方は森も草原も歩きまわるのだ」

これに答えてピエールは、魂、自分自身の魂やベリバストの魂のことを長々と話している。塔を建てるには、まず土台

（永遠の霊魂）を固めるのが第一で、先端（滅ぶべき肉体）のことなどどうでもよいというのである。

「そういうわけだから、今までに一三人もの善信者に靴や上着や股引きや外套を寄進したのだ。その中には、もう神さまの前に行って、わたしのために祈ってくれている人もいるのだ……。ベリバストも死んだら、かならず魂は救われる。天使に支えられて天に昇るのだ……」

次に話題を変えて、とは言っても主題は常に救済の願望なのだが、善き羊飼いは罪を浄める最上の方法に話をもって行った。

「坊主に告白するなど、何の値打ちもない。奴らは淫売を囲っているし、どうかするとおれたちを食い物にしかねない。羊を食う狼みたいな連中なのだから……。だから、死ぬ前にベリバストの宗門に入れてもらうに越したことはないのだ……。そうすれば罪は赦されて、死んで三日もすれば魂は天の神さまのところへ行けるのだ」[12]

モリの言葉が問題にしているのは、煎じ詰めれば霊魂の救済だけである。聖人の魂はいずれにせよ天に行けるだろう。一介の羊飼いの魂については、カタリ派とカトリック、いずれが効果的か見比べねばならない。カトリックはどう見ても軽すぎる。彼岸に行けるかどうかの基準で、どの信仰を選ぶか決めるのだ。ある時、善き羊飼いに仲間の一人が言ったものだ。

「どんな信仰よりも、異端とよばれている人たちの信仰の方がよく救ってくれる」

そうとなれば、カタリ派になる以外にないではないか。

解決は実に簡単なのだ！　そうであれば、低平地でフランチェスコ会士が力説しているように、救済のためには救慰礼（コンソラメントゥム）よりも懺悔の方が役立つと判れば、カトリックになっても一向さしつかえはない道理である。

モンタイユーでも、古来のカトリック、あるいはその生き残りは、自分たちの救済論を猛烈に展開した。その熱意たるや、村でカタリ派が見せたそれに劣らない。たとえばレモンド・ギユーである。ずっと善きカトリック信者だったのだが、マンガルド・クレルグの虱取りをしていた時の雑談で、余計なことに救済の問題を持ち出した。

「善信者というのは、一体どんな人なのだろう」

レモンドは小さな虫を潰しながら、アルビジョア派の女家長に突っかかるような調子で聞いたのである。マンガルドはさも自信ありげに答える。

「聖人で祝福を受けた人のことだ。誰だって、あの人たちの手によらなければ救われはしない……」

レモンドは、ローマ教会の信仰にかかわる痛いところを突かれて、さらに問い返す。

「どうしてそうなるのだろう。有難い言葉を唱えたりキリストの体を扱ったりする司祭の手の方が、善信者の手なんぞよりよほど救いに役立つのではないだろうか……」

こういう精神状態についてはさまざまの説明が可能であろう⒀。ここでは簡単に言っておく。大勢が正統カトリックに傾いている民衆の間では、救済の問題は露骨な言葉で表現されがちなのだ。ヴァリーユの農村織工ピエール・サバティエは幾度か迷った末に、ローマ教会が地歩を再確立したこの低平地のカトリックに心を寄せた人物だが、一三一八年、このように供述している。

「およそ二五年くらい前のことであります。もう故人でありますが、ヴァリーユのベルナール・マッサーヌと話しておりました時のことであります（このベルナールはその後わたくしの義理の兄弟になった男であります。織物の仕事をこの男に教えたのもわたくしであります）。同人がわたくしに問うたのでありました。息を引取ろうとする人の口の上に蠟燭を点してかざすのは、一体どうしてだろう。

そこで、わたくしは答えたのであります。罪を告白して悔悛した上で死んで行く者の魂が燈明のように明るいことを示すために、そこに置くのだ。魂が明るければ神さまのところへ行くだろう。しかし、懺悔もせず悔悛もせずに死ぬ者には、口でなく尻に蠟燭を立てたほうがいいかも知れないな」

カトリック信仰の方では、死に行く者の赦しと罪の償いは、人類の罪を償って受難した神の子の業と切り離せない。モンタイユーの小農婦で下女だったヴュイッサーヌことレモンド・テスタニエールは、カタリ派の靴屋アルノー・ヴィタルが性急に（あまりにも性急に）信仰を尋ねた時、正面切って答えている。

「一体全体、お前の信仰は何なのだ」

「わたしは神さまと聖母マリアさまを信じているのさ。神さまはわたしたちの罪の償いに、死ぬ苦しみをお受けになったのだから」(14)

されば、贖い主の救いの功徳に対する見事な信仰である（ただ、この娘は贖い主の位格をよく理解せず、漠然と「神」と言っている）。レモンドがこの信仰をもったのは母親の教育のおかげである。実際、このモンタイユーの老女は、魂を救うことなどできっこない善信者たちに娘を近付けまいと、はっきり物を言ったのだ(15)。

「娘や。糞も垂れるような生身の人間に魂を救えるなどと信ずるでない。神さまと聖母マリアさまにだけ、おできになることなのだ」

ヴュイッサーヌの母が口にした、拡大解釈のマリア論、排便しないキリスト論はしばらく措く。ともあれ老女は、概括的な言葉であったにしても、霊魂の贖い主としての神をよく知っていたのである。一般に、審問記録中の数十件の供述を通観すると、モンタイユー・サバルテス的キリスト教とは、素朴ながら救済の観念、罪の償いと赦しの観念を軸とする「宥しに対する信仰」のことだったように思われる。これこそ、十一世紀から十五世紀まで、西欧民衆の宗教の特徴をなすものであった(16)。われわれの地域で、カトリックの聖職者に嫌気がさして善信者のもとに走るというようなことになったのも、「秘蹟という意味での赦しであれ、死者に授けられる赦しであれ、特定の条件のもとで罰を免除する贖宥であれ、大贖宥を手に入れるための巡礼であれ、ローマの大赦年(ジュビレ)であれ〔一〕、聖職者の祝福によって罪が解除されるという確信（従来からの、そして他の所では現に行われている）」(17)から思想上の方向転換が生じた結果に過ぎない。

モンタイユーでもどこでも、絶えず形の変る赦しこそ、何にもまして救いの鍵である。場合によっては、天国の鍵でもある。農民は天国の存在を決して疑うことがなかったので、オルノラックの農婦アラザイス・ミュニエは泣きながら言うのだ。

「家の火事で黒焦げになった、この子たちの魂にも天国でまた会えるだろう」

☆

救済（彼岸における）と罪の償いならびに赦し（現世における）の作用の中心には、贖い主キリストが位置を占める。十字架上に死んだキリストと信者との交感が熱烈な祈りの中で成立つことがあるのだが、この交感は人によって強く感じられる場合もほとんど感じられない場合もある。あろうとなかろうと、いずれにしても、これはモンタイユーのように社会学的に興味のある共同体の宗教感情の性質と強度を理解するためには、基本的な問題である。キリスト教的感性の歴史家たちは、神の子のイメージが中世を通じて徐々に変化したことを強調する。ジョルジュ・デュビーによれば、ロマネスク期のキリストは再び来臨すべき英雄であった[18]〔二〕。「これぞ、終末の日に、生者と死者を裁かんため栄光につつまれて再び来たるキリストであった。十三世紀になると、より学者的なイメージ――いわば説く人イエスのイメージが出現する。しかし、すでにアッシジのフランチェスコは受難に固執していた。受難のテーマは十四、五世紀を通じて全面化し、その時こそ救世主のためには茨の冠が王冠に変わったのだ」[19]。アルフォンス・デュプロンによれば、「十一世紀から十四世紀までの間に、勝ちほこる裁く神の宗教から、苦しむ神のキリスト教、いわば受難の宗教、しかも熱烈にキリストとその母に焦点を合わせた宗教へと移って行った」のだ[20]。ドラリュエルはキリストに収斂する信仰の持続と変容が同時にあったことを強調して、「ロマネスクのタンパン彫刻に表れる勝ち誇るキリストから、悲しみに満ちたゴシックの十字架上のキリストへ、栄光に輝く神の子から受難の屈辱のうちにある人の子へと変った」と言っている。ドラリュエルによれば、この展開は「神を賛美することよりも、内容は人により異なるにもせよ救済に重きを置いた、人間中心的な宗教」という独自の性格と関係がある。われわれの研究範囲は限られているのだから、ここでサバルテスの救済観というもとの分析に話をもどさねばならない。

正確に限定しておかなければならない。一三〇〇年から一三二〇年にかけてのフォア地方、サバルテス、それにモンタイユーにも、神の子のイメージに関する新しい感覚は生じていたであろうか。

第一に、「苦しむ神というキリストに収斂する宗教」は、この時期のフォア伯領の村々にまさしく到達していた。おそらくわが山間部でもそうだったであろうが、少なくとも低平地部では余すところなく、しかも確実に普及していた。メルヴィエル（現アリエージュ県）は、サバルテスとフォア伯領北半部をわかつラバル峡谷とほぼ同緯度の村だが、この地の富裕な女オード・フォレは、司祭が祭壇の上で聖別した聖体を奉挙する段になると、まさしくその瞬間になると、決まって祈りを唱えることができなくなったし、聖体を見詰めることさえできなくなった。そこでオードはこの悩みを叔母に打ち明ける。叔母エルマンガルド・ガロディもまた土地の女である。

「叔母さんは、どういう風に神さまに祈るのだろう。司祭がキリストの聖体を祭壇の上に高く挙げる時には、どんな祈りを唱えるのだろう」

エルマンガルドの答はこうだった。

「その時にはこんな祈りを唱えるのさ。（以下オック語）まことの神にしてまことの人なる、全能の主よ。罪なくして処女マリアの胎内より生れたまいし主よ。まことの十字の木につけられて死と苦しみを受けたまいし主よ。手と足は釘うちつけられ、頭は茨の冠をのせられたまいし主よ。槍にて脇腹をえぐられ、血と水を流し、それによりてわれらの罪をことごとく贖いたまいし主よ。汝より出づる水なる涙をわれに注ぎたまえ。そはわが心のすべての不浄、すべての罪を洗い清めんがため……。（以下ラテン語）まことの神なる主よ。汝はわが罪を贖いたまえり」

写実的な描写、受難の刑具(21)、マリア信仰、血による贖いへの言及等々、すべてがすでにおのれの罪に耐えかねるオクシタニー人たちの祈りに出現していて、田舎の素朴な人びとにも手の届くところに来ていたことが知られる。エルマンガルド・ガロディは手のうちをさらけ出しているのだ。キリスト、それも血を流すキリストを慕っているのだ。フランチェスコ会士たちの影響であろうか。十分あり得ることだ。モンタイユーでも、下層の出身で母親の教育を受けただけのヴュイッサーヌ・テスタニエールのような女でさえ、もっと曖昧な言葉ではあったが「神の受難」のことはよく知っていた。これも、新しい形態の民衆的信仰が徐々にサバルテスに浸透した結果生じた、同じ種類の感性である。ガロディーの方は、別の意味でも典型的である。革新的な信仰の前衛であるとともに伝統的な信仰をも守っているからである。フランチェスコ会流ニュールックのキリストを崇拝するだけでなく、同時に前時代に一般的だったロマネスク風の尊厳の神をも崇拝しているのだ。エルマンガルドは毎朝寝床から出ると、全能の主に対するオック語の短い祈りを唱えていた（それはオード・フォレに教え込もうとしたのとは違っている）。して見れば、エルマンガルド・ガロディの神は、過去の力と当世風の苦しみとを一身にあわせた神だったのである(22)。

しかし、幻想を抱くのは禁物だ。熱心に唱えるべきお祈りを鞄に詰めて身辺から離さないようなメルヴィエルの敬虔な女性は、フォア伯領の農民大衆の中ではあくまでも前衛中の前衛にすぎない。普通の実践は、外見でも判るようなちょっとした身振りや所作であった。たとえば、食事や就寝の前に食卓や食物や寝床の上で十字を切るとか、主の祈りやアヴェ・マリアや「その他の祈り」を唱えるとか、お堂に入るときに跪くとか、復活祭に聖体を拝領するとか、もっとも熱心な部類でも四旬節以外に特定使徒の祭日前夜や四季斎日に断食をする程度であった。

ヴァリーユの農村織工ピエール・サバティエは、平均的な村民としても、さして熱心に信心するでもない大衆の一人としても、典型的な人物だと思われる。彼の「鞄」に入っているのは、ローマの教義のうちごく初歩的ないくつかの命題と、極めて外形的ないくつかの実践だけである。しかも彼はこれを労を惜しまず、その上意識的に実行しているのだ。ピエール・サバティエは、臨終（アンテ・モルテム）の懺悔とそれにともなう痛悔が救いに役立つものと信じているが、これこそ当時フォア伯領の信仰そのものの基本的な公分母であった。確かに、ある日酔ったあげく、堂々と、

「聖歌を歌ったりミサを唱えたりする奴は、どいつもこいつも大馬鹿だ」

と放言する事件を起こしている（後になって、あの日は土地の習わしで皆が教会の中で踊ったのだと反論したり弁解したりする羽目になった）。

ピエール・サバティエは、坊主はお布施の額に見合った分しかミサを唱えないと言って、聖職者の貪欲の攻撃もしている。それでも、彼が胸に手を当てて、

「わたくしはいつも、教会の秘蹟と信仰箇条（彼によく理解できなかったことに疑いはないのだが）が真実であることを信じておりました」

と言ったのは信用してよいように思うのである。

ピエール・サバティエは断固として、いかに自分の実践が普通のキリスト教徒の「理想像」に――民衆の中で形成された理想に――近いかを証明しようとしている。

「わたくしは善良なキリスト教徒、カトリック信者であります。十分の一税も払いましたし、お初穂料も納めました。キリストの貧者には喜捨もいたしましたし、自身善いキリスト教徒として巡礼にも出たのであります。昨年は妻とともにモンセラートの聖母さまに参ったのでありますし、今年はまたもや妻とともにコンポステラのサンチャゴへ参ったのであります」(23)

敬虔という点でジャンヌ・ダルクなどとは比較にもならないが、ヴァリーユの織工は、して見れば善良なキリスト教徒の文化的かつ個人的な定義を、善き行い（供物、十分の一税、巡礼など）を基本とする主として外面的な実践に置いてい

るのだ。先のガロディが述べたような熱烈な祈りとキリストの受難の追体験のごときは彼などの到底近付きがたい、むしろあずかり知らぬ理想であった(24)。

ところで、肝心のモンタイユーやサバルテスではどうなのだろう。ガロディ型だろうか、サバティエ型だろうか。おそらくどちらでもない……。強いて言えば、祈り型（おざなりに祈るのだが）よりは善き行い型（祈りほどではないにしても、これとてそう熱心なわけではない）に近かったであろう。時折あるいは常にローマ教会の信者だったようなモンタイユーないしサバルテスの農民にあっても、神の子とその受難に対する信仰が観念的な、その上指導の行届いていない（上述レモンド・テスタニエールの場合のように）表明に至ることはあった。それも老女ガロディが勧めるような、キリストへの祈りを頻繁に繰り返すことによって表明するのではない。黄十字の村なるわが農民は、神に捧げる祈りとしてはなかんずく主の祈りを知っていた（聖母の信仰、つまりアヴェ・マリアについては後述するので、ここでは触れない）。どうかすると、これは彼らの知っていて実行する唯一の祈りでもあった(25)。ところで、この祈りは永遠なる父に捧げられるのだから、キリストへの祈りとは全然違うのである……。

三位一体の、そしてその中でも子に力点を置いている信経(クレド)はサバルテスの教会で聖職者が教えていた〔三〕。ユナックの助任司祭アミエル・ド・リューが言っている。

「日曜日のミサの時に、わたくしは土地の言葉で一条ごとに信経を説明致しました」

この信仰内容の要約は、しかしながら、われわれの農民や羊飼いに馴染んではいなかった。信経(クレド)、主の祈り、アヴェ・マリア、七つの聖歌の全部に通じているためには、タラスコン・シュル・アリエージュの、異端ではあったが教養のある石切工アルノー・ド・サヴィニャンのような人物をまつしかなかった。

ともあれ、モンタイユーの人びとが聞き覚えではあっても主の祈りの存在を、それに恐らくはその文章（ラテン語の）をも知っていたことを示す証拠は沢山あって、疑いを入れる余地はない。だが、人びとの知識もそれ以上に出ることはほとんどなかった。農民の場合には、告白を聴いた司祭が痛悔の業として主の祈りの朗誦を課している。これより素養のある市民に対しては、主の祈り、アヴェ・マリア、それに痛悔詩篇(ミセレーレ)の読誦を課している。

あやふやながらラテン語を知っている小さな村のごく少数のエリートは、おそらく主の祈りの意味を理解していたであろう。他の者たち、モンタイユーやサバルテスの一般大衆はどうだっただろうか。主の祈りと言えば、まず何よりも教会で聖職者が唱えるお祈りのことで、本当のローマ・カトリック信徒であれ、異端の共鳴者であれ、カタリ派帰依者であれ、善信者であれ、どんな信仰の者にも有難いものだと思っていたのだ。既存教会の平信徒は、自分でも主の祈りを唱えたであろうか。多くの場合、多分そうだったと思われる（上述、告白後の悔悛の業としての朗誦）。真面目にこの課業を実行するなら、それが機縁となって「祈る者」として神との繋がりをもつこともあったであろう。ただし、多くの場合、この繋がりも瞑想によるよりは、反復の結果である。

忘れてならないのは、サバルテスにはフランチェスコ会の影響が低平地ほど強くなかったことである。そのため、頻繁かつ熱烈な、いわゆる集中祈祷の習慣はフォア伯領高地部の本来のカトリックには見出されない。かえって、この地域の異端にその習慣が見られた。それも、特に完徳者が、あるいは完徳者だけが、熱心に祈っているのだ。ベリバストは一夜に六度も寝床から起出して、下着のままで熱心な祈りを捧げた。ひどくこみあう宿屋では、ベリバストが跳び出して跪くたびに一つ寝床に寝ている他の客が目覚めるので、わざわざ寝床の端に寝させたほどである。同室の客たちが聖人に倣うなどということは問題にならない。彼の敬虔な習慣は誰にも感染していない。そもそも、ベリバスト自身、自分をお手本にせよとは信者に全然要求していないのだ。それどころか、信者には祈るなと申し渡しているのだ！　普段の暮らしのせいで帰依者たちの口は不浄だから、彼らが祈れば「われらの父」という言葉まで汚れてしまう。いみじくもピエール・モリが言っている。

「まことの道にあるお師匠(ノ・セニュール)さまたち（善信者）以外には、誰もわれらの父(パテル・ノステル)などと言ってはならないのであります。このわたくしどもがわれらの父を口に致しますならば、大罪をおかすことになるでありましょう。それは、わたくしどもがまことの道に入っていないからであります。わたくしどもは肉を食べたり女と寝ることもあるからであります」

したがって、あたかも近代国家が塩と煙草を専売にしたように、ベリバストは主の祈りを独占しているのだ。もともとサバルテスの農民は、純朴なカトリックの伝統の中でも、長々と熱心に、心を込めて祈る習慣などもってはいない。アルビジョア派の帰依者になってから余計祈らなくなったのは、この習慣のベリバスト版にすぎないのだ！　実に、彼らは「カタリ派」完全主義の名において、世にももっとも祈らぬ者たるべく指導されているのだ。完全主義はごく一部の者を天使、そして大多数の者を野獣あつかいにする結果となったのである。

☆

だからと言って、モンタイユーにキリストとの繋がりがなかったなどとは言えない。ただ、この繋がりは完全な意味での祈りから直接に生じているのでなく、日常茶飯事となったしるし――もちろん十字――の交換や確認から間接的な形で生じているのである。たとえば、ギヨーム・モリ（ピエール・モリの兄弟）は同家の例にもれず多少ともカタリ化していて、正統カトリック信仰とは無縁である。その彼が重大な告発をするなどということが考えられただろうか。それも、善信者に穀物の布施を与えたからといって、事もあろうに司祭クレルグを訴人するなどということが……。一三〇八年八月一五日、多くの村人と一緒にモンタイユーの砦に閉じ込められた時、ギヨームは悪意に満ちた（しかし真実の）訴えを確証するために、「十字架にかけて誓った」のである。モンタイユーの羊飼いモール兄弟の方は、かならずしも百パーセントのカトリックとは言えないが、それでも食事に取りかかる前に食物の上で十字を切るのを忘れない(26)。ピエール・モリ自身は深く異端に沈潜した人物だが、動作と言葉（父と子と聖霊の名によりて）の両方でもって完全に十字のしるしをするのが癖になっていた。善き羊飼いは教会に入る度ごとに十字を切るので、嫌気がさしたピエール・オーティエが一見十字を切るように見える悪ふざけを教えた。

「ピエール。そうすれば（十字を切ると称して）、夏には顔から蠅を追い払うこともできるぞ。そうしながら、こう言えばよいのだ。これは額、これは髭、これは耳、これは何々……」(27)

モンタイユーでは、村人がいくらかはカトリックが嫌いになっていながら依然十字架に敬意を払うのを見て、カタリ派の靴屋アルノー・ヴィタルが異をとなえた。ヴュイッサーヌ・テスタニエールに言ったのである。

「あんなものは何の値打ちもない。邪悪のしるしだ」

ヴュイッサーヌは半分も聞いていなかった。ベリバストも、野中に点在する木の十字架を見て腹を立てた。

「できることなら、斧で切り倒してやりたい。それでもって、鍋を沸かしてやる」

モンタイユーの者には、布製の一重あるいは二重の黄色い十字を衣服に縫いつけられることがある。異端にかかわってはいたが投獄するまでもない者に、真の信仰がいずこにあるかを思い知らせるべく、縫い付けたのである。ジャック・フルニエの記録には、禁獄の判決四八件に対して、幸運な黄十字の判決二五件が見られる（二五件中には、初め禁獄を宣告されたものの、後に減刑された者一七件が含まれている）。調べた限りでは、モンタイユーだけで七人の男女が黄十字をつけられていた。彼らは投獄だけは免れたものの、カトリックの馬鹿者ども、つまり偏執狂どもに悪罵を浴びせられる恥辱はどうしようもない。はるか後代の黄色い星と同じく、黄十字を帯びさせたのは、当人にこれを隠すための惨澹たる苦心を強いて、長期間にわたる心理的な拷問を加える結果になったであろう〔四〕。タラスコンの異端石切工アルノー・ド・サヴィニャンが供述している(28)。

「祝祭の日には、隠さずに外套に黄十字をつけております。そのほかの日、殊に仕事を致します時には、十字を付けません。肌着か下着しか着ないからであります。仕事が終りますと外套を着ますので、十字がつくことになります。

しかし、幾度か見えないようにつけたこともありますし、十字なしでタラスコンの町を出歩いたこともあります。その時は肌着のままだったからでありります……」

布製であれ木製であれ、見せしめであれ模範であれ、サバルテスでは、十字架が精神と自然の風景に溶け込んでいる。確かに、この小さな山国まで来れば、海外の十字軍も民衆の冗談の種になるだけだ。そうでなければ、一風変った予言でしかない。それでも、キリストの十字架に対する敬意が、自発的か打算的か強制されてかは別として、いたるところに見られるのだ……。もっとも外面的でもっとも通俗的な形態の敬意は、アックス・レ・テルムの市が聖十字架頌揚祭に合わせて開かれることにも表れている(29)。

羊の市では、しるしの十字架が立てられる。多くの場合、まだ何の意味もないただの道具だ。その上に架けられた人を考える者はほとんどいない。腕木は犠牲者が架けられるのを待っている。ここサバルテスではまだ、十字架上の受難について不吉な想いをめぐらす者は、遠くからフランチェスコ会士に肩入れされたごく少数の信心家だけなのだ。

☆

サバルテスではイエスは一般に「神」と呼ばれることが多かったのだが、ほかの方法、それもはるかに適切な方法で、つまり聖餐のおかげで存在が感じられていた〔五〕。「祭壇の秘蹟」、「主の聖体」、あるいは「キリストの聖体」(反対か賛成か立場によって皮肉な調子になったり敬意が籠められたりするのだが、モンタイユーではキリストの体という言い方をしたは(30)、村の教会でもおなじみであった。聖体奉挙の瞬間には大鐘を打鳴らし、堂内の信者は頭巾を引降ろして跪く。田舎道でも(道のないところですら……)おなじみであった。急いで臨終の者に聖体を届けに行く聖職者と行き逢うからである。十三世紀の西欧で一般化した聖餐信仰は、標高一三〇〇メートルのアイヨン地方にまで行き渡っていたと言ってよい。ほかの点では、この山国は低地文明に由来するものを全部が全部受容れたとは限らなかったのだが。人生の通過儀礼としての初聖体が後世ほど大袈裟でも重要視されてもいなかったのは事実だが、フォア伯領の若者は満一八歳に達する大分前に済ましていた(31)。これに対して、この点ではフォア伯領より遅れている若干の地方、特にオード地方などでは一八歳になってやっと初聖体を受けたのである。初聖体のあと、青春期と成年期を通じては大体一年に一度あるいは数度拝領している。この点、オルノラックの住民で信心のあまり密告者になったガイヤルド・ロスの証言がサバルテスの習慣をよく伝えている。オルノラックの代官で、富農、元高利貸、そして自由にものを考える男だったギヨーム・オースタッツのことを次のように述べているのだ。

「わたくしがオルノラックに住んで一二年になるのでありますが、ギヨーム・オースタッツが聖体を拝領するのは見たことがありません。病気の時にも拝領は致しません。祝祭日でも同様であります。そういう時には聖体を頂くのが皆の慣習であります。もしギヨームが拝領していたら、わたくしに判らないはずがないのであります。思っても見て下さい。ギヨームが教会に入って行くのは何度も見たのであります。それに、わたくしがギヨームの義理の母の姉妹だということをお忘れにならないで下さい……」

義理の仲とはいえ親戚の者による告発はかなり明確である(32)。変り者（ノン・コンフォルミスト）（もともと、モンタイユーでは異端びいきの連中の中に大勢いた）は別として、サバルテスの民衆が聖餐にかかわるには二つの型が認められる。第一に、年に一回、あるいは数回拝領する聖餐である。一回というのはもちろん復活祭のことで（アリエージュ上流では、枝の日曜日から昇天祭までの長い周期が広く祝われていた）、そのほかの数回というのは復活祭に関係のない、少なくとも厳密には復活祭に関係しない祭日でいずれもキリストや聖霊や聖者や死者に関係のある祭日に、ということである。こう見てくれば、聖体に関して散々悩んだオード・フォレに悔悛として命じられた復活祭、聖霊降臨祭、万聖節、降誕祭という年四回の聖体拝領は、当時としては最大限度だったと考えてよいであろう(33)。日常の頻繁な拝領が問題外なのはいうまでもない。第二に、死期が迫った者のための臨終型、ないし時を選ばず惣卒の間に行われる聖体拝領がある。疫病流行期に群集が受けたのも、この部類に入るであろう[34]。そういう時でも、モンタイユーの住民中もっとも頑強なカタリ派分子は、おそらく祭壇の前に進み出るのを控えたはずである。そして、そのためには司祭の黙認を利用した（もっとも、ある時期——一三〇〇年から一三〇七年頃まで——には大多数が善信者の同調者だったと考えられるにしても、このような頑固きわまる分子は村のごく少数にすぎない）[35]。大体、異端の帰依者は、用心のために止むを得ないとなれば偽装聖体拝領も敢えて厭わなかったのである。ベリバストが言ったように、聖別されたパンにキリストが現存するなどと信じるのでないならば、

「小さな菓子を一つ食ったところで、誰にも害はない」

からである。それに、その頃サバルテスの農民に大勢いた頑固者や大胆な思想家、それに当時は同性愛者もそう見られたのだが異常者と目される者たちが、一二年間くらいは復活祭の聖体拝領もしないままに過ごすということも十分あり得たのである。最後に、臨終の聖体拒否がモンタイユー農民の断末魔のもっとも劇的な瞬間となることがある。当人がもっぱら善信者の手によって救われようと念願して、耐忍（エンドゥラ）に入っている場合である。瀕死の男女は、大勢人が詰めかけている枕元から、駆けつけた聖職者を必死に追い払おうとする。そのためには聖職者を「悪魔」、もっとひどいが「土百姓」、「田舎者」呼ばわりすることも辞さない。実は、こういう呪咀とか、聖体のパンを「蕪の薄切り」あつかいにするようなカタリ派的あるいは単に民衆的な聖餐冒涜の冗談の連発くらい、この秘蹟が人びとの心に大きな位置を占めたことを示すものはないのだ。拒絶反応や排斥にもかかわらず、パンの聖別は山国の民の聖性の感覚に刻み込まれているのだ。他面、この種の感覚はゴシック的、フランチェスコ会的、数次にわたる革新や、カトリック教会内のいくつかの特定分派に由来するはなはだ厄介な感覚でもあるのだが……。

教会嫌いで十分の一税にも反対したほどでありながら、キリストの聖体には格別の敬意を払ったサバルテスの農民レモン・ド・ラビュラの態度は、一つの典型と言ってよい。教皇から平司祭まで聖職者という聖職者が舟に乗って十字軍に出

かけ、サラセン人にあっさり片付けられたら、どんなに愉快なことだろう。教会をぶちこわして地ならしし、おまけに土台まで掘りかえしたらもっと痛快だ、とまで言うのだ。その上で、野天や藪のなかでミサを挙げるのだったら、自分みたいに破門されて教会から追い出された百姓たちも有難い主の聖体を拝むことができて、どんなにか幸せなのに、と自分の思いつきを得意がって付け加えたのだった。田舎者まるだしながら、この納税拒否者以上の聖餐信仰者もいないだろう！

聖体信仰の普及は、ごく新しい民間説話をも含めてあらゆる地方的心情の要因が動員された結果である。サバルテスへの入口に当るメルヴィエルでは、数十年以前に『黄金伝説』の編者が集めた教訓的な逸話のあれこれを村人が語りあっていた(36)〔六〕。エルマンガルド・ガロディがオード・フォレに話して聞かせている。

「一人の女がパンを焼いて、それを司祭が祭壇で聖別した。それを見て女は笑い出した。わたしの焼いたパンがキリストの身体になったみたい。おかしくって。それでも女は聖体拝領を願い出た。司祭が奇蹟を神に祈った。すると、司祭が女に授ける時、聖体のパンは子供の指のように見え、聖盃の聖別された葡萄酒は凝固した血のように見えた。女の恐れたことと言ったら！……それからというもの、女はひたすら慎んで聖体を受けたんだとさ」

☆

モンタイユーでは聖餐を知らぬ者とてなかったが、これに対する態度は微温的だったと述べた。若干の修正を加えれば、同じことがミサについても当てはまる。いうまでもないが、キリストの聖体を捧げる祭式がミサである。この観点からすれば、フォア伯領とはすぐ近くのナルボンヌ司教区で実施された一四〇〇年の調査との比較をしないわけには行かない(37)。その年代には、というのはカタリ派が完全に消滅した時期ということになるが、ナルボンヌ地方の諸教区の日曜ミサは事実上全員出席であった（ただ、猟に熱中して山を歩きまわっている男たちは別だ。鶫（つぐみ）、雉子（きじ）、栗鼠を狩る名人たちは猟期になれば罠を仕掛けるのに忙しく、日曜日ごとのミサなど構ってはいられない）。一四〇〇年頃、カタリ派のいなくなった国で記録的な礼拝出席が見られるのは、はなはだ特徴的である。一三〇〇年から一三二〇年頃まで、まだ教会に異議を唱えていたモンタイユーでは、事情はどうだったであろうか(38)。

最初に言っておかねばならないが、サバルテスでは、もちろんわれわれの村でも、ミサは決定的に重要な役割をもっていたのだ。十分の一税不払いのかどで破門された者は、それがまたアリエージュ上流ではやたらと多かったのだが、見せしめのためにミサから閉め出された。いかがわしい者は排除し、ことさらに厳しく仕立てあげたのである。とにもかくにも、規則的に行われるミサは現実に村民抑圧の手段としても、交際や共同体集会の機縁としても十分効果を発揮した（上述、第十七章）。ミサの際、悔悛を命ずべき元異端者は、書簡と福音書の間に立たせて「しつけ」をするのだ〔七〕。仕事を休む祝祭の日、村人は男女それぞれに衣服を改めてここに参集したのである。

そうは言っても、人びとは平気でミサ出席を「忘れる」。少なくとも、ただの日曜日などは度々忘れた。たとえば、ベアトリス・ド・プラニッソルである。黄十字の村にいた頃は異端に傾いていて、お勤めにははなはだ不熱心であった。モンタイユーとは比べものにならないほどミサ出席の規則が厳しい低平地に移ってから、新たな教区の助任司祭にとがめられてサバルテスの妖精は驚愕したのだったが、元城代夫人の態度を見ては教区助任司祭たる者、良きカトリック信者の義務としてもっと規則正しく教会へ来るよう注意せざるを得なかったのである(39)。一般に、サバルテスのユナックのように大きな村でも、日曜日のミサには五〇人くらいしか集まらない。かなりの欠席がある証拠だが、村人たちは別に異としていない(40)。

手短かに言おう。キリストの聖なる犠牲の反復再現たるミサ聖祭に一応の敬意は払うし、また十字架や聖餐にかかわる一定の行事に参加はするものの、苦しみを受けるイエスは熱烈な信仰の的ともなっていないし、キリストとの合一なども実感されてはいない。サバルテス、特にモンタイユーについて、そう言えるのだ。

この生温（なまぬる）さも、別に驚くことはない。中世盛期のキリスト傾倒、さらに熱狂的な中世末期のキリスト信仰なるものは、どんなに信者が多かったと言っても、特に狂乱の時期に大衆化したとは言っても、所詮は選ばれた者たちの現象に過ぎなかったのである。この少数エリート、この特別にキリスト教化された群れは、やはり都市のもので農村には少ない。どう見ても、わが山国の民はこの部類に入っていなかったし、その後も入らない。この点は、さらに深く掘下げて眺めることも可能である。フォア伯領山岳部では、人となりたもうた神に対する愛は、まさしくそのままの形では、理解されたことも実践されたこともない。もちろん、この型の「熱愛者（アマトウール）」の例がないわけではない。ベルナール・フランカがその一人である。サバルテスの農夫ながら、無知な村人の中では抜群に教養を具えていた……。聖職者をも兼ねて、少しはラテン語も読め、大胆自由にものを考え、感受性のかたまりのような男である。教区教会の真っ只中で、堂々と村人たちに言ってのけるのだ。愛こそはあらゆる善行（シャリテ）の基礎である。「恐れでなく、愛によって」施される施与でなければ何の価値もない。されば、迫り来る死の恐怖から、貧者に喜捨してくれと遺言状に書き込むなど、唾棄すべきことだ。しかし、このように救世主の手本と教えに発する神への愛を述べた――やや性急な述べ方だったが――フランカのごときは、極めて珍しい例である(41)。

一方、ピエール・オーティエは、宗門の者相互の愛を強調した。天国に迎えられた暁は、皆が兄弟や父、姉妹や母のように愛するであろう(42)。繰り返して言うが、これこそ救済に関するこの上なき人間の理想だったのだ。

第二十一章　ひたすら聖母に。ならびにその他の聖者

サバルテス全体でそうだったがモンタイユーでも、聖母マリアはキリストと並んで人気があった。中世盛期、人心が愛と渇仰を求め始めた風潮の中で、聖ベルナールや聖ドメニコ以下さまざまの立場と身分の教会人が熱心に聖母信仰を鼓吹した(1)。一二五四年、アルビ教会会議は一般信者のためにと、マリア信仰を取り上げて一層推進する措置をとった。天使祝祷(アヴェ・マリア)の地位を引上げて信経(クレド)や主の祈り(パテル・ノステル)と同列の大祈祷文としたのである〔一〕。これは少なくとも建前上七歳以上の全信者に教えこむことを意味する(2)（「汝の胎(はら)の果実は祝福され……」とあるアヴェ・マリアの推奨は、カタリ派に対抗して生殖を正当化しようとしたのだというのが産児制限(バース・コントロール)の歴史家ヌーナンの説である。もっとも、論証よりも断定に近い）(3)。

公的な規定は大体この通りだった。ところで、サバルテスのエリートたちの次元、それにずっと判りにくいがモンタイユーやこの小さな山国の農民の次元で、マリア信仰の実態ないし実践はどうだったであろうか。田舎町の中産階級については、問題はない。彼らの場合、アヴェ・マリアはちゃんと小さな「鞄」の中に入っていて、いわば一人一人のカトリック的素養の一部をなしている。靴屋のアルノー・シクルはタラスコンの公証人とアックスの裕福な女の息子で、まさしくこの階層の出身である。ベリバストに尋ねられたことがある。

「ところで、お前はどういう風にして神さまに祈るのだね」

密告者は答えている。

「まず十字のしるしをする。それから、おれたちのために十字架でお死になされた神さまと聖母マリアさまに向って祈るのだ。唱えるのは主の祈りとアヴェ・マリアだ……。それに聖母さまの祭の前夜には断食もする」

ベリバストは冷笑した。

「羊は話せないから、めえめえ啼くのだ。アヴェ・マリアなんぞ一文の値打もないと思え。坊主どもがでっち上げただけのものだ……(4)。お前の断食だって狼の断食みたいなものだ！」

聖人が嘲笑することくらい、アルビジョア派の信念からして当然予測できたはずだ。アルノー・シクルは不愉快な密告者ながら教育の行き届いたキリスト教徒だから、彼の信心はやや単純だけれどもお仕着せとしては立派なものだ。事実、彼は十字のしるしといい祈りといい一連の礼拝を完全にこなしている。父にも、贖い主たる子にも、十字架にも、聖母にも崇拝及ばざるところはないのである。

モンタイユーでも一握りのエリート、つまり地つきの貴族や教会関係者たちは、少なくとも外面に現れる行動では聖母を崇敬している。司祭クレルグは自分の教会のマリアの祭壇の下に母を埋葬させた。彼はいつも、その祭壇の後ろで懺悔を聞くのである。ベアトリス・ド・プラニッソルはどうかすると日曜日のミサに出るのも忘れるほどだったが、それでも出産感謝式には土地の聖母さまへの捧げ物に蠟燭、色塗りの大蠟燭（ルタント）を持って行く。それも、自分の手で仕上げた蠟燭なのだ。彼女の社会集団の中で、この血筋正しい森の精だけがキリストの母に関心を持っているわけではない。貴族社会では宴会を催して友人同士で聖母被昇天祭を祝っていた。もちろん世俗色の強い催しだが、それでも貧しい少年修道僧を呼んでアヴェ・マリアを唱えさせたのである。

本当に民衆的な、そして農村的な社会集団ではどうであろうか。タラスコンの石工アルノー・ド・サヴィニャンは、主の祈りや信経（クレド）や詩篇のいくつかだけでなくアヴェ・マリアも知っていた。もちろん、この教養豊かで、都会人でもあり、その上異端でもあった職人が、その他大勢（ヴルグム・ベクム）から抜きんでているのは確かである。農民は聞き覚えで少なくとも主の祈りは知っているが、それに比べてアヴェ・マリアの方は知らない者もいる。ただ、聖母の存在を知り、魅力を感じていることは言うまでもない。多くの者に聖母の名を挙げることができただけでない。熱烈にとまでは行かないにしても、真面目に聖母に祈願することさえできたのだ。半ばカトリックに留まっていたモンタイユーの羊飼いジャン・モリが供述している。

「主の祈りとアヴェ・マリアは度々唱えなければいけないと、わたくしは兄弟のピエール（異端に惹かれていた）にしばしば申したのであります」

ジャン・モリ自身に主の祈りとアヴェ・マリアを教えたのは母親である（父親は同家の異端の方を代表していた）。

同じような考え方だが、この時期この環境でおよそ考えられる限りのマリア信者がフォア伯領の一農婦にいたことを示す珍しい資料がある。ヴェシの村民の娘でアスクーの村民の妻リグザンド・コルティィルの供述である。

「一六年前のことであります。祝祭日でありましたが、わたくしはアックスの教会へ参りまして、聖福のマリアさまの祭壇に跪きました。そこでお祈りを始めたのであります。アミエル・オーティエ（この者はすでに故人であります）の妻のギユメット・オーティエが隣に並んでおりまして、わたくしのお祈りを聞くとこう申したのであります。マリアに祈るのはお止め。それより主に祈った方がいい。しかし、わたくしはマリアさまに祈り続けたのであります」

リグザンド・コルティィルは、正統カトリックの凝り固まりなどではない。というのは、善信者のもとへ欠かさず麦を運んでいるからだ。善信者がその場にいるだけでサバルテスの豊穣が約束されると思っているのである。それでも、彼女のケースに疑いの余地はない。まぎれもなく彼女は聖母に祈願をこめているのだ。それも、他人の言うことなど一向に構わず、教会の中でも特に聖母に捧げた祭壇の前で、声高に、いつまでも……。この時、リグザンドはもっぱらアヴェ・マリアを唱えていたのだろうか。十分あり得ることである。が、確かではない。細部について記録は何も言っていない。

リグザンド・コルティィルほどのマリア信仰を表明した農婦は、モンタイユーではほかに見当らないが、聖母がモンタイユーの人びとの心に大きな場所を占めていたのは確実である。テスタニエール家は母娘とも単純な方だったが、何が自分に大切かは承知していた。母娘の信じるところでは、われらの救い主たる「神」（つまり、キリスト。もっとも母娘はかならずしも明確に把握してはいないが）と、聖福のマリアの両方のおかげで霊魂が救われることになっている。正しいカトリック教義なら当然「執り成し」が聖母の役割であるはずだが、この場合はそうなっていない。モンタイユーの母娘の考えでは（おそらく一般の考えを反映して）、聖母が一個独立の救い主となっているのだ。こういう、聖母を「礼拝（アドラシオン）」の対象にすることにもなりかねないような、曖昧な、しかし、牢固たる信念がサバルテスのいたるところに見られたのである〔二〕。フォアの居酒屋の客たちは、火刑になったワルドー派のことをいとも率直に取り沙汰していた。

「あの人たちは最後に、魂の救いを神さまと聖福のマリアさまに祈った……。心をこめて二方を礼拝した。して見れば、あの人たちは異端などではない」

聖母マリア信仰は、おそらくオクシタニー古来のものであろう。しかし、その地方のどこででも行われたわけでもないし、至るところの地名に痕跡が検出されるわけでもない。北フランスの多くの地方と違って南部では、少なくとも中世初期もしくは中世初期の終り頃、マリア、聖母（ヴィエルジュ）、あるいはノートルダムなどの言葉を含む教区地名の創出によってマリア信仰が「公式化」されるという現象がなかったのだ(5)。それでも今見ている時期、あるいはそれより少し前から、いくつもの大渓谷に囲まれたピレネー、アリエージュ地方にマリア信仰が開花していたこと、古くからロマネスクのマリア像が盛んに作られていたことは明らかである(6)。ほかならぬモンタイユーにも、カルネッサの聖母のための巡礼霊場がある。モンタイユーの住民は、貴族の女もただの農婦も色塗り蠟燭を携え、手に手を取って安産のお礼に参詣したのだ。

タラスコンでは、サバルテスという地名の語原になったサバール（あるいはサヴァール）の教会に修道女もいて、これこそサバルテス住民のマリア霊場であった。同教会は首席司祭管区の中心でもあった(7)。「アリエージュのマコーレイ」アドルフ・ガリグーによれば、サバールの聖堂は七七五年から七八〇年に至る頃、サラセン追討の帰途シャルルマーニュが建立したという土地の伝承があるという(8)〔三〕。十九世紀には、聖堂敷地の近くから十一、二世紀の刻印のある金貨や銀貨が考古学者によって発掘されている。伝統的にサバール巡礼は聖母誕生の祝日、九月八日に行われていた。この聖母誕生祭たる九月八日はアリエージュ上流の移動放牧生活と密接な関係がある。ジャン・モリが語っている。

「この年も兄弟のピエール・モリはモレリャの市で羊を売ったのであります。それは聖母誕生の日と同じ日であります」

サバルテスにはもう一つマリア巡礼がある。モンゴージの聖福のマリアで、この小さな国の下流部フォアにある。これは何よりも狂乱の巡礼だった。涙と祈りの坩堝、優しい感情、激しい情動、それに悲嘆の混合であった。まさしくそれは、今日の歴史家が一三〇〇年前後のマリアに対する感情を研究する時、好んで指摘したがるような激情の混合である。オルノラックの農婦ガイヤルド・ロスは盗難にあった。金も「身の回りの物」も全部盗まれたのである。そこで、呻いたり泣いたりしながら、直ちにモンゴージのマリアさまにお願いする。どうか、盗品を取り返して下さい。長い蠟燭の点じてある祭壇の周りをめぐり、盗人の「心」に盗品を返す気持を起こさせて下さいと祈願したのだ。この態度はかなり複雑である。一方では、今日なら迷信としか思われないもの（消えることのない蠟燭、盗品を取り返す聖母）を示している。他方では、当時としては新しい民衆的マリア信仰への典型的な参加（涙、呻き、哀願の祈り、そして村のならず者の心に生じる――マリアの霊験による、あるいはマリアに期待される――改悛）を前提している(9)。この文脈ではどう見ても、たとえばパドゥアの聖アントアーヌなどとは別物である。パドゥアでは賽銭箱に二ソリドゥス入れて、あとは自動的に失せ物の出て来るのを待つだけなのだ。ガイヤルドはじめその仲間の多くの農婦と聖母との関係には、悩み苦しむ激しい情念が土台になっているのだ。

先にも検討したメルヴィエル村のオード・フォレの場合には、この情動的な関係がもっと明瞭に表れている。オード・フォレは、キリストの聖体の実在などもはや自分には信じられないと思って、すっかり絶望した。

「そこでオードは乳母の方を向いて申したのであります。わたしがまた信者にもどれるよう、お心にお留め下さいと神さまに祈ってほしい。乳母は精魂こめて神さまに祈ったのでありますが、ちょうどその時、フォレ家の下女ギュメットが参ったのであります。オード・フォレは下女に申しました。ギュメット。お前もお祈りを始めて。モンゴージの聖母マリアさまにお願いして。神さまが信じられるような霊感をお授け下さるように。ギュメットは跪いて主人の言いつけを果しました。ギュメットが祈りますと、たちまちオードに霊感があって、神を固く信じたのであります。そして、本人のいうところでは、今なお信じております」

マリア信仰は多様だが、この場合には心情の宗教が余すところなくうかがわれる。極めて少数だったとはいえ、ガイヤルド・ロスや下女ギュメットは、この時期この地域の農婦の中に型にはまらない心からの祈りを行う者のあったことを示す例証である。マリアに捧げるこの種の祈りは、巡礼の狂乱や悲嘆と一体のものであった。

☆

聖母巡礼を終るに当って指摘しておきたいが、サバルテスのモンゴージ同様、カタルーニャのモンセラートの聖母霊場もアリエージュ住民の間で有名だった。ル・ピュイ、ロカマドゥール、それにパリのノートルダムさえ知られていたのである。

マリアの祝祭日はサバルテス民衆の心に刻み込まれている。聖母誕生の祭日がこの小さな国至るところで大切な日とされていたことは、先に述べた。われわれの村で家族の聖なる祭だった降誕祭も、母なるマリアと無関係ではない(10)。降誕の数日後、おん子とおん母を親しく拝もうとはるばる旅してきた三人の博士に対しては、カタリ派の羊飼いたちも昔から親愛感を抱いていた。真夏、聖母被昇天祭は貴族にも牧羊業者にも嬉しい祭日である。モンタイユーでも、農家の下女たちの奉公期間の始まりは、彼女たちのいう「聖福のマリアさまの御潔めの祭」と一致していた。

今度は間投詞の領域だが、サバルテスでもモンタイユーでも「おおマリアさま（サンクタ・マリア）」というのが女たちの口癖になっている。これが広く行き渡っていたことには、疑いの余地もない。

「おおマリアさま。あの人ときたら、なんてひどいことを言うのだろう」

これはオルノラックの強靱なる精神ギヨーム・オースタッツのことを、アラザイス・ミュニエがガイヤルド・ロスに向かって評した言葉である。終油の秘蹟を授けようと隣村から駆けつけた司祭を見て、瀕死の床にあったモンタイユーの異端ギユメット・ブロは叫んだものだ。

「おおマリアさま。おおマリアさま。悪魔がいる」

繰り返して言うが、土地のカタリ派も病的なほどの女性蔑視にもかかわらず、完全にマリアを無視したわけではない。どうかすると、マリアを嘲笑して「マリエット」、「イエス・キリストを宿した肉の樽」などと呼ぶこともあったが、即断は禁物である。玄関から聖母を追い払ったところで、窓から帰って来るではないか。

「わたくしども信者（異端の）は、まさしく聖福のマリアの脚なのです」

これはモンタイユーのギユメット・モリがベリバストの「食卓講話」を口真似して言った言葉だ。ベリバストその人は「神秘のマリア」なるものをたたえて、これはアルビジョア派の教会、つまり全信者団のことだと言っている。ピエール・オーティエの方は、福音書風の簡潔な言い方で、彼なりに好意的なマリア論を語っている。ピエール・モリとその仲間のサバルテスやアルク地方出身の羊飼いたちを前にして、ルカ伝を引用しながらこう断言したのだ。

「神の母とは、つまり善き意志のことだ」(11)

アルビジョア派のピエール・クレルグは、カトリック教会「公認」の聖母は散々冗談の種にする一方で、モンタイユー地つきの聖母は依然尊信していて、聖母の祭壇の下に亡母を埋葬しているのである。彼独自の信仰には、だから、異端教説と地域民俗が混淆している(12)。

黄十字つきの教区における聖母のあり方の一側面、つまり地つきの聖母は極めて興味深い。まぎれもなくアイヨン地方、より広くサバルテスでは、「母なる処女」は「大地」に存在したのだ。まさしく、天に在す「父なる神」の対極である。両者は一対をなして垂直方向の両端を占める。モンタイユーの、あるいはサバルテスのマリアは、家畜の群や犁を曳く牛の間、岩石に対する古代からの信仰に結びついているのだ。このようなマリアに向かって、つまりこのような岩石に向かって、羊毛という天の賜物が降って来るのだ。マリアは自分の祭壇の下に、あるいはマリア礼拝堂付属の墓地に死骸を受容れるのだし、死骸の方はその場所で万物をはぐくむ母なる土に帰するのだ。「母なる神」は「母なる大地」にほかならない。モンタイユーの集落を上から下へ見渡せば(高所に城砦、天国、および精神と政治の諸権力が君臨する)、地元の聖母聖所はもっとも低い、もっとも窪んだところに身をひそめている。頂上の城塔が家々を睥睨し、さらにその家々のずっと下にマリアがいるのだ。肉の樽なればこそ、糞尿も堆肥も死骸さえも受容れ、甘んじて家畜にも踏まれる。彼女は子宮と田野の豊穣の信仰を体現しているのだ。ただ、誰もが口にせぬため、一見何もないかのように思われるのだが、実はそのこと自体驚くに足ることである。記録の、ひいては意識そのものの沈黙の中に埋もれてはいるものの、それでもこの根の深い信仰はモンタイユーの聖性の感覚の底に横たわっているのだ。これにひきかえ、この土台の上に聳えたつものの何と軽やかであることか。

☆

このように聖母を見てきたからには、今度は当然、聖者信仰を顧みねばならなくなる。祝祭日と日曜日に聖者の日を加えると年間およそ九〇日の祭日がある勘定になる(13)。旧制度下、それもかなり古い時期、民衆の祝祭には民俗慣習に由来する、ややもすれば異教に流れがちな逸脱がつきものであった。サバルテスのこの型の信仰の中で、何が現世利益獲得を狙う多少とも呪術的かつ野卑な方法であり、何が信者の霊魂救済の執りなし手に対する秩序ある本来の信仰であるか、見分けるのはかならずしも容易なことではない。一三二四年、羊飼いベルナール・マルティが供述している。

「二六年前のことであります。公現祭の日、わたくしは父に申しました〔四〕。このジュナックの教会の守護聖者、聖ジュリアンの信心に参籠しようと思うのだが。その時、土地の城代が居合わせたのでありますが、わたくしをからかって申しました。ほう、壁を照らそうというのだな」

この短い対話だけではもどかしい限りで、ジュナックの聖ジュリアン信仰について何も判らないと言ってもよい。一つだけ判るのは、守護聖者祭日の前夜、地元の教会にこもり蠟燭を点して通夜をしたということだ。それ以上判らないのが実に残念である。というのも、ここで問題になっているジュリアンなる聖者が『黄金伝説』に登場する偉大なる父殺し、「永遠なるもの」を前にした狩人、救護者ジュリアンにほかならないからである(14)〔五〕。

☆

モンタイユーについては――モンタイユーに限らないが――これとは別の信仰の材料に恵まれている。つまり、聖アントアーヌである。ピエール・モリもそうだがアイヨン地方の羊飼いたちは、進んでこの聖者に羊毛を献じた、さらに、この聖者がいつも豚を連れているところから、村人は「豚のアントアーヌ（アントニオ・デル・ポルコ）」に豚肉の燻製を捧げた(15)。最後に、キリスト教世界の例外でなくサバルテスでも、彼の名はある種の皮膚病の名になっている。つまり「聖アントアーヌの火」がそれで、これは聖者が起こしたり癒したりすることになっていた(16)。要するに、偉大なるエジプトの隠者、修道生活の父は、ここアリエージュ上流でも、何世紀にもわたって西欧至るところで認められていたのと同じ霊験、つまり農産と治癒の力を保持していたのである(17)。

☆

してみれば、ある種の聖者は家畜や人間の身体的健康に特技を——声をひそめていうこともあるまいが——もっていたのだ。たとえば癲癇の発作と治癒に力のある聖パオロのように、使徒の幾人かは人びとの日常卑俗な要求をもおろそかにしてはいない（大体、サバルテス住民があれほど気にした霊魂の救済にしても、肉体の救済という卑近で呪術的な配慮を伴うのはむしろ自然である）(18)。この点を認めた上で、なおかつモンタイユーその他では使徒信仰が農事や健康の利益とは別の問題だったことを認識しておかねばならない。E・ドラリュエルは、全般に十一世紀以降の西欧における使徒信仰は「使徒的生活（ヴィタ・アポストリカ）」の発見とむすびついて発達したことを論証した(19)。この形態の宗教的心情が「民衆的敬虔の領域にまで」徐々に降りて行ったのである。一三〇〇年頃、モンタイユーでもプラドでも、使徒崇敬は山国の民や羊飼いの心の中で息づいていた(20)。ピエール・オーティエの友人たるモンタイユー村民が若きピエール・モリを説得すべく自分の立場を固めるために用いた論法は、使徒崇敬と同質の発想から出ている。ピエール・モリの相手はこう言っているのだ。

「善信者で善教徒である人びとが、この国にも来てくれた。この人びとはキリストの弟子だったペテロやパオロその他使徒たちが歩んだ道を、そのまま歩んでいる……。そこで、お前に尋ねるのだが、お前は善教徒たちに会って見たいとは思わないか」

ピエール・モリの返答そのものが、いかにも農村文化を多少は身につけた若者らしく、使徒たちの英雄的な伝道の生涯のあらましを彼自身すでに承知していて、尊敬し崇拝していたことを示している。彼はこう答えている。

「善信者がお前さまがたの言う通りの人で、使徒の道を守っているのなら、なぜ使徒と同じように皆の前で教えを説かないのだろう……。使徒は道のために死ぬのを恐れたりしなかったというのに、なぜ善信者は真理と正義のために死ぬのを恐がるのだろう」

ピエール・モリはキリストの弟子たちへの崇敬と、他方における聖アントアーヌ（もっとも、多少低く考えてはいたが）や聖母マリアへの崇敬を区別していない。聖アントアーヌと聖母には折りにふれて羊毛を献じている。モンタイユーのギユメット・アルジェリエが同じくモンタイユーのレモンド・マルティと話した時の態度も同じである。二人の女は何もかも一緒にしているので、二人にとっては、使徒への崇敬がそのまま善信者たちとローマと、両方の信仰の正しさを証明する根拠となっている。二つの信仰を混同しているのだ。

オック語地帯の地域教会会議は十二使徒の祝祭日を祝うと定めたが、われわれの地方でも程度の差こそあれ、この公式規定は守られている(21)。オック語の国で、聖ドメニコの影響はよかれあしかれ巨大である。彼こそ、言葉と行動の両方で使徒的生活の模範を説いた人物であった(22)。その後では、ドメニコ会士がどうにか彼を模倣した。「教育熱心な」ジャック・フルニエその人も、使徒崇敬を信徒に教えたがった。パミエのワルドー派レモン・ド・ラ・コートの火刑をわざわざ聖ピリポと聖ヤコブの祭日に合わせたのも、そのためである。レモンを焼く炎には、サバルテスの者どもといえども無関心ではいられないであろう。それに、この山国でもあれほど人気のあった十二使徒の一人、コンポステラなるサンチャゴ（聖ヤコブ）巡礼が使徒崇敬にあらずして何であろう。しかしながら、ヤコブにもまして人びとの崇拝を集めたのは聖ペテロである。プラドとモンタイユーの一対をなす二つの教会はそれぞれ聖ペテロと聖母に献堂されているが、これはサバルテスなる地名の起こりともなった聖地サヴァールの二つ一組になった大教会を小型化して引き写したものにほかならない。事実、わがピレネーの民の心の拠所、サヴァールには聖ペテロ寺と聖母寺、二つの教会の鐘楼が聳えているのだ。使徒の長聖ペテロの名は、アイヨン地方の教区民の心に畏敬の念を（かならずしも適切な敬意ばかりとは限らなかったが）喚起する。

「おお、おお。ペテロさまのお堂で、どうしてこんなことができましょう！」

プラドの教会に入って、情人の司祭が彼女と一夜を過ごすべく堂内に寝床をしつらえたのを見ると、ベアトリス・ド・プラニッソルは思わず叫んだ。情人の方は少しも動ぜず、こう答えただけだった。

「おお、ペテロさまにはお気の毒！」

ギョーム・ベリバストはといえば、一握りの崇拝者たちに「聖ペテロを拝むのと同じように」自分を礼拝させようと企んだ末、本物とまがい物の大きな違いを見抜いたジャン・モリに、

「何ていい加減なペテロだ！」

と言われる羽目になった。プラドでもモンタイユーでも、聖ペテロ・パオロ祭の日、女たちは晴着を一着に及んで亭主たちと御馳走をたべる。もしまだ若ければ、その後他の若い連中と一緒に踊りに出かける(23)。

してみれば、村の祭なるものは、使徒崇敬と伝統土俗の混合した信仰なのであろうか(24)。明らかにそうではない。われわれの農民にこの低い次元を超える能力がなかったと考えるなら、あまりにも愚か、あまりにも単純であろう。この場合にもまた、村人が使徒に捧げる崇敬には、救済という本質的な関心が見出されるのだ。前述した通り、当時アリエージュ上流ではこれこそ宗教的心情の中心課題であった。そのことは誰よりも善信者が理解していた。彼ら、あるいはその帰依者が羊飼いたちに使徒の話をする際、彼岸における救済の願望をかきたてて、かならず聴衆の琴線に触れたのである。牧羊家のレモン・ピエールとベルナール・ベリバストがピエール・モリに言っている。

「善信者だけが、使徒の歩んだ真理と正義の道を守っている。あの人たちは他人の物を取らない。道端に金貨や銀貨が落ちていたとしても、拾って懐に入れたりはしない。使徒の信仰を持ち続けている。どんな信仰よりも、あの人たち異端者の信仰で救われるのだ」

ピエール・オーティエは若い羊飼いにこの点をさらに詳しく教えた。使徒を介してのキリストの「まねび」を強調したの

である。

「お前を救いの道に連れて行ってやろう。ちょうどキリストが使徒を連れて行ったように。使徒は嘘もつかなかったし、人を欺きもしなかった……。わたしたちは石を投げられても気にしない。使徒が石を投げられても信仰の言葉を捨てなかったのと同じだ」

ギヨーム・オーティエは、鍛冶屋の息子の若い羊飼いベルナール・マルティに救済の見通しを与えようと、今度は肉体の純潔を引合いに出した。

「魂を救えるのは善信者だ……。善信者だけが救えるのだ！　善信者は卵も肉もチーズも食わない。ペテロやパオロなど使徒の道を守っているからだ」

アックスのレモン・ヴェッシエールに向かっても、ギヨーム・オーティエは似たような考えを展開しているが、この時は使徒型の罪の赦しの約束を論拠にしている。つまり、使徒と同じく天国の鍵を授けられていると言うのだ。ギヨームの「み言葉」を要約すれば、こうなる。

「宗門の完徳者、ほかならぬわたしたちには、使徒のペテロやパオロがもっていた罪を赦す権能があるのだ……。わたしたちについて来る者は最後には天国へ行く。ほかの者どもは地獄行きだ」

清貧、純潔、誠実、信仰、罪の赦し、使徒によるキリストのまねび、つまり一言でいえば「使徒的生活」の理想をフォア伯領の民に説いて手応えがないなどということは絶対にない。長い間、善信者もドメニコ会士も、それぞれ自分の党派のためにこの鉱脈を開発した。というのも、鉱脈は前々から民衆の中に存在していたからである。サバルテスの羊飼いは、自分が使徒になろうなどとは思いもしない。また、天なる父、それに時には聖母やイエスに祈っても、使徒そのものに祈願したりはしない。それでも、キリストの伴侶そっくりに見え、死に際に罪を消してくれ、救いを得るための仲立ちとなってくれる生身の聖なる人に出会えば嬉しく思ったのだ(25)。

☆

使徒のうちで特別に崇敬された者に限らず、モンタイユーでは「すべての聖者」が、まさしくその通りの名のついた祝祭、つまり万聖節（トゥーサン）にたたえられた。これは、とりわけアイヨン地方では重要な祭日だった。羊飼いジャン・モリが言っているように、カタルーニャ移動放牧の出発地点にあたる土地では、この日が牧羊周期のなかでも冬季放牧場への移動開始に当っているからである。この聖なる日は、一年にいくつもない特別の日である。カタリ派の共鳴者、あの頑固なベルナール・クレルグですら、その前夜はあえて断食するほどである（もっとも、代官の牢屋仲間、聖職者のバルテルミー・アミヤックは「喜んでしているようには見えなかった」と指摘している）。モンタイユーの農婦ギユメット・アルジェリエにとって、この日は聖母の祭日と並んで暦のうえでの節目であった。

「万聖節から聖母被昇天祭までの間、わたくしは間違った考えをしておりました。つまり、この間は司祭も自分の手で働かなくてはならない（それなのに、全然働かない）、と思っていたのであります」

レモンド・マルティ（モリ家生れの）が、村の友人知人の異端的言動を司教に密告しようと思い立って手柄と罪の意識の間で悩んだのも、これまた万聖節であった。全体として、万霊節（死者の日）の前日に当る万聖節は、モンタイユー民俗において敬虔の感情が極度に高まる時期の前奏をなしている㉖。ゴージア・クレルグが供述している。

「おおよそ二二年前のことであります。万聖節の翌日、わたくしは大きなパンのかたまりをピエール・マルティの家に持って参りました。報謝をしようと思ったのであります。これがモンタイユーの習わし（万霊節の）であります。わたくしは申しました。このパンを受取っておくれ。お前の両親やそのほか死んだ人たちの魂の償いのためだから。するとピエールが聞返しました。わたしはこれを誰に持って行けばよいのだ。そこでわたくしは申しました。お前やお前の家の者で受取っておくれ。そして皆で食べておくれ。ピエールが申しました。何もかも、神さまのためだ。わたくしはそのまま帰ったのでありますが、途中ピエールの女房のエメルサンドに会いましたので、申さないわけには参りませんでした。お前さまがたに持って行った報謝には功徳があるはずだ。というのも、お前さまがたは信心深い人たちだから」

これはモンタイユーにおける注目すべき慣習である。ここには農村文化基層の二つの要素が結合している。一つは、死者の日に行われる特定家（ドムス）に対する民俗的ないし共同体的な食物の施与(27)。今一つは、いずれは死者の霊にも及ぶはずの、善行による功徳を施与者が得ようという願い、つまり救済の希求である(28)。

第二十二章　宗教慣行の実態

聖者信仰はこれでよいとして、モンタイユーにおける秘蹟の実態はどうだったのであろう〔一〕。洗礼がほぼ全員の受ける儀典だったことは間違いない。それは洗礼の宗教的価値のせいだけではなかった。宗教的価値といえば、もちろん善信者はこれに異を唱えている。ところが異議はどうあれ、事実上洗礼の水にはある種の民俗的な霊力があったのだ（洗礼を受けておけば先々溺死したり狼に食い殺されたりしない。ティニャックの一農夫のいうところでは、若い受洗者の体格は立派に、顔付きは綺麗になることになっている）。次にこれが一番大事な点だが、地中海的な友情関係の支配する世界では、洗礼を機に代父と代母ができるのだ。ベリバストは、洗礼参列が大好きでしきりに代父になりたがったピエール・モリ以下モンタイユーの羊飼いたちの習慣を止めさせようとしたが、これだけは徒労であった。その上、ピエール・モリは、こう言って聖人に反駁することだってできたのである。異端にとっても、扱いようによっては洗礼も悪いことばかりではないではないか。それどころか、洗礼のおかげで代父代母のあい親関係が結ばれるから、アルビジョア派の宣伝に役立つ人の繋がりができるではないか。サバルテスの一牧羊家はこう供述している。

「わたくしはアルクのレモン・ピエールの家に参りました。同人はわたくしとあい親であります。わたくしどもは異端について話し始めたのでありますが、レモンはこう申したのであります。異端者たちは皆立派な人だ。正しい信仰をもっている……。わたくしの母はと申せば、母も自分のあい親とも、その姉妹とも大層仲好く致しておりましたが……、その者は後に火焙りになりました」

して見れば、代父代母になったために、どれだけ多くの悪しき交わりが生じたことであろうか……。

確かに、理論上、あまり深く考えないにしても理論上洗礼が意味するところは、今日の「真の」信者が聞いたら激怒するかも知れないような土俗的かつ代父母制的な現象とは何の関係もない。というのも、善きカトリック神学によれば、原罪消去の効果をもつという洗礼の意義はすでに十三世紀の教皇たちによって再確認されているからである(1)。この観念(原罪の)は、アイヨン地方でもまったく知られていなかったわけではない。モンタイユーのすぐ近くプラドの一農婦マンガルド・ビュスカイユの証言にもそれは窺われる。

「わたくしが乳を飲ませています赤ん坊はキリスト教徒でありまして、どんな罪も犯したことはありません。ただ、わたくしから受継いだ罪は別であります」

マンガルドはこう言ったのだが、ここには人類最初の両親このかた代々受継ぎ広めて来た原罪がはっきり指摘されている。しかし、厳密な意味での農民レヴェルの証言で原罪に言及したものは、ジャック・フルニエの記録中ほかには見当らないのだ(2)。ここで事実を確認しておく必要がある。つまり、洗礼との関連における原罪(実に、洗礼の真の意義は原罪から出て来るのだが)の認識は、モンタイユー農民の間にはほとんど普及していない。それは、聖餐の秘蹟における実質の変化ほどにも(賛成反対は別として)、また悔悛の秘蹟における救済の道程としての罪の赦しほどにも知られていなかったのである。

☆

聖餐（聖体）の秘蹟と告解（悔悛）の秘蹟について、実態はどうだったであろう。前者は年に一度、あるいは数年に一度受けたものと思われる。これについては前に述べたから、立ち帰る必要もないだろう。ただ、事の順序として、一年の季節の循環のように、聖体は告解の秘蹟の後で受けるものだということを指摘しておかねばならない。したがって、聖体拝領同様、告解もおそらく年に一度、聖体拝領の少し前に行われたのである(3)。

アルノー・ド・ヴェルニオル、例の偽聖職者でパミエの男色家が、町に出てきた村の若者に尋ねている。

「わたしに懺悔を聞いてもらいたいのかね」

若者は答えた。

「いいえ。今年はもう懺悔したので……。それに、お前さまは坊さまでもないから！」

モンタイユーでも、年一度の頻度（それ以上ということはほとんどない）で懺悔する必要は認められていたらしい。札付きの異端は嘲笑するだけだから、彼らの言うことは当てにならない(4)。他方、年によって村の多数派になったり少数派になったりするカトリックは概して無気力で、あまり多くを語らない。

「わたしは毎年、自分の罪を懺悔するよ」

羊飼いのピエール・モリやジャン・モリ、それにギヨーム・モールなどは、折りにふれてこう言っている。しかし、三人ともカトリック信者としては不熱心、むしろ冷淡な方だった(5)。それどころか、このうち少なくとも二人は、生涯の大部分を完全に異端を奉じて過ごした人物である。司祭クレルグは信じはしなかったけれど職掌柄、復活祭前の時期に信者の懺悔を聞いていた。モンタイユーでは何らかの形でアルビジョア派にかかわらざるを得なかったのだが、悔悛の場に出る時もともと程度の差こそあれカトリックに傾いていた女たちにとって、これが重荷となる。面倒を避けるためにも、善信者やその「帰依者」の言動に立会ったことなど懺悔聴聞僧に言いはしない。そこで、その後では良心をどう整理するかが彼女たちの問題になるのだ。レモンド・マルティが言っている（ベアトリス・ド・プラニッソルも同様だ）。

「わたくしは罪の告白を致しております。ただ、異端のことで犯しました罪は別であります。と申しますのも、異端とのことで罪を犯したとは思えないからであります」

アルノー・ブロの妻レモンドも同様に沈黙していたが、もっと率直で禁欲的である。彼女は定期的に、しかも自分の気持を抑えながら懺悔に行ったのである。こう言っているのだ。

「わたくしは罪の告白を致しております。異端のことで犯しました罪は別であります。それが露見しましたならば財産が全部なくなるだろうと、それが恐ろしかったのであります。それでも、わたくしは異端の罪を悔いております。悔悛をいたします代わりに（懺悔聴聞の坊さまの命令がなくても、それは致さねばならぬものと思っておりましたので）、二冬の間下着を着ずに過ごしたのであります……」

一〇〇パーセントの異端は別として、モンタイユーの平均的な村民の告解は、単なる形式的な懺悔の後で機械的に「すべては赦された。新たに始めよ」と罪障消滅の告知を受けるだけで済んだわけではない。それどころか、ベリバストが皮肉った通り、「隠していることを言わされる」のだ。おそらく、あとで司祭が同僚と笑いものにしかねないような愚かしい罪過を言わねばならないのだ。だから、こういう懺悔の苦痛を考えて逡巡した結果、善信者の宗門に移ることもあり得たのである。善信者なら、前もって罪を打明けよなどと要求しはしない。しかも、どんなことがあっても臨終には霊魂を救ってくれるのだ。確かに、「懺悔聴聞僧」が皆、ピエール・クレルグのように内心はカタリ派でしかも皮肉な気質の持主ばかりなら、ことは簡単だ。しかし、ほかの聖職者、運がよくてもせいぜい通りがかりの托鉢修道僧に懺悔しなければならないこともある。その場合、執拗に問いただしたりはしないモンタイユーの桁外れの司祭とは段違いに、追及が厳しい。ごく単純な羊飼いといえども、皆それぞれに救済を気にしていて、心底からの真剣な動機がない限り懺悔をしても無駄だということは弁えている。そのためには、たとえば隣人に対して抱き続けてきた多年の怨恨（これこそ罪の最たるものだ）も水に流さなければならない。司祭にしても街道で行き会う托鉢修道僧にしても、この明白な真理を放浪の羊飼いに思い出させるのが役目である。ギヨーム・モールは移動放牧中に、クレルグ家に対する復讐心のせいで、この種の指摘を受けるという経験をした。彼は供述している。

「懺悔を聞いてくれた坊さまたちは、聖体を授けてくれようとはしませんでした。わたくしがモンタイユーの司祭に憎しみを抱いていたからであります」

確かに、ギヨーム・モールは、「選ばれた」魂の持主ではない。彼と同時代の農婦オード・フォレが必要とあれば表明することもできたような、「心からなる痛悔」のできる人物ではない。それでも、彼にも真摯なところのあることは、右の引用からよく窺われる。だからこそ、懺悔聴聞僧の勧めがあると、ただ通りいっぺんの罪障消滅の告知をもらうだけでは済まさなかったのだ。全体として、モンタイユー住民にも内面的な罪の感覚はあった。もっとも、恥という社会的感情の方がそれを遥かに上回っていたのだけれど(6)。

モンタイユー住民の実情が低平地ワルドー派の情熱的な理想とは比べものにならないことは、いうまでもあるまい（ワルドー派の懺悔は戦慄と流涕のうちになされるのだ。もちろん、それが可能な場合のことである）(7)。他方、サバルテスの異端には「無言の懺悔」の例が多い。祭壇の背後で鹿爪らしく司祭の足元に跪きながら、一言も言わないのだ。「茶番の懺悔」もあった。これは聴聞僧も笑いながら聞くような懺悔、職掌を利用して教区の女を口説くような懺悔である。任にふさわしくない司祭がやたらと罪障消滅を乱発するような奇怪な情況ではあっても、告解がモンタイユーで一番重要な秘蹟の一つだったことに変りはない。この村では、かならずしも秘蹟の全部が全部大いに尊重されていたとは言いがたいからである。個人的秘密の暴露は、司祭にとっては権力の鍵ともなる。時によっては告発の機会となることさえあった。司祭は告解の席で進んで密告を聞出しさえしたのである。ゴージア・クレルグの出まかせの中傷がよい例で、彼女はプラドで懺悔した際モンタイユーの知人のカタリ派を密告した。告解はまた、異端に関心のある教区民にとってすら彼岸の救済のための鍵であり得た。サバルテス、オルノラックの農婦アラザイス・ド・ボルドが供述している。

「夫の言いつけで、ほかの者たちともどもアリエージュの向こう岸の麦畑まで草刈りに参ったのであります。帰りの小舟に乗った時、ひどく恐ろしゅうございました。アリエージュに大水が出ていたからであります。岸に着きますと、わたくしは震えながらギョーム・オースタッツの家に駆け込んだのであります。何をそんなに恐がっているのだ、とギョームが申しましたので、わたくしは答えたのであります。懺悔もせずに突然死ぬのではないか、それが心配なのだ。わたしはこんな風に死にたくない。懺悔をすましてからにしたい！」(8)

モンタイユーに限らずサバルテスでは、微温的ではあっても告解がカトリック的実践の軸であった。単なる異端の帰依者にとっても、救慰札（コンソラメントゥム）がカタリ派的実践の基本条件だったのと同じである。詰まるところ、大多数の善男善女にとってはひとしく救済が関心の的だったのである。

「まず最初に懺悔と悔悛をするのでなければ、水溜めの水を全部使っても、それどころか世界中の水を使っても、罪を洗い流すことはできないでありましょう」

このシェイクスピアばりの宣言は、パミエに召喚された者の一人、それも異端を信じた者の言葉である。して見れば、告解はアルビジョア派の宣教に浸食されたとはいえ依然として実践の堅固な核心だったのだし、彼岸の救済に執着する民衆にとって貴重だったのである(9)。

ともあれ、モンタイユーの異端情況による一部の放棄はあったとしても、洗礼、告解、聖餐、婚姻の四つは基本的な秘蹟であった。洗礼、初聖体、それに結婚は他方では人生の通過儀礼としても機能している。三つともそれぞれ幼年期、青春期、成年期の開始を告げる。洗礼と婚姻については言う必要もない。初聖体は後代、反宗教改革の黄金時代に大袈裟な行事になったのに比べると、この頃は遥かに簡素であった(10)。

これに引きかえ、その他の秘蹟はほとんど知られていなかったように思われる。「低い地方」の町で行われていたのは検証ずみだが、モンタイユー、それにサバルテスの標高の高い村落には知られていなかったのだ。たとえば、堅振は「山の方」ではほとんど行われていない。理由の一つには、執行に当るべき司教が異端審問の審理に忙殺されてパミエを離れられないこともあった。それに大体、同じ司教区でも山岳地帯まで喜んで行きたがるわけもないのだ。ここではせいぜい、以前に別の用件でアックス・レ・テルム（これとてアリエージュ上流ながら、モンタイユーから見ればずっと下の方だ）に来た司教を見たことがあるのを思出す者がある程度なのだ。司教がこの町に来たことがあるのは確かで、殺人事件の血に汚れたこの町の教区教会を復聖する盛大な儀式のために（それに、財政上の理由もあって）来たのだった。堅振のためには、ついぞ司教など見たこともない。堅振は受礼者に聖霊の賜物をもたらすはずなのに……。して見れば、わが山国の天と言えども理論上は三位一体であるはずなのに、ここでは聖霊は三位のうちでも貧乏な親戚ということになるのだろうか(二)。神の第三の位格がこう閑却されているのを見ては、サバルテスでよく知られていた聖霊降臨祭の「盛儀」も真に聖霊をたたえるものだったかどうか、疑って見たくもなるのである。あの盛儀も本当の信心からというよりただのお祭り騒ぎだったのであろう(11)。

今一つの大きな欠落は、終油である。この「金持の秘蹟」(12)は、アリエージュ上流のみならず当時の多くの西欧諸地方の例に洩れずモンタイユーでも、ほとんど、あるいはまったく行われていない。極端なカタリ派は別だが、死に瀕した人間は懺悔を聞いてもらいたがった。聖職者は断末魔の枕辺に駆けつけ、同じく詰めかけた隣人や友人の見守る中で、死に行く者に向かって信仰個条、中でも聖体の実在を信ずるかどうか問い質す。肯定の返事があれば、病人は聖体を授けられ、両手を組合わせてもらう。アルビジョア派の家だと、これと反対に、「主の体」など糞食らえだ。いずれにせよ、重病人の枕もとで聖なる油は用いられていないのだ。

したがって、終油ではないことになる(13)。しかし、臨終（アンテ・モルテム）の懺悔と聖体が一組みになっているところを見れば、カトリック的、世俗的、あるいは土俗的のいずれだったかはいざ知らず、ここに何らかの死亡儀礼ないし死亡直前儀礼があったのだ（すでに検討したカタリ派の死についてはここで触れない）。

この儀礼の間に遺言状の作成が割り込む場合がある（これはむしろ近代的な慣習だから、文字の普及していない、それに何分にも貧しいモンタイユーでは稀であった）⑭。それよりも慣習化していたのは、母親の断末魔や死亡に臨んでの娘たちの悲嘆である。また、近親の死が迫ると大枚を投じて蠟燭や蠟燭の束を買い込む。息を引取ろうとする者の口の上で蠟燭を点し、残りは燃え尽きるまで死者のまわりに立てておく。教会でも、墓地への道中でも蠟燭は点される。死骸の髪や爪を切取ったことも忘れてはなるまい。

死者の霊魂の安息を願って謝礼と引換えに挙げてもらう死後のミサと祈祷は、どちらかと言えばモンタイユーよりも都市の、また農民よりも貴族の慣習だった。だが、わが黄十字の村でもまったく行われなかったわけではない。他所と同じくサバルテスでも、集団的かつキリスト教的に死者の霊に呼びかけるのは、灰の水曜日であった㈢。完全に教会的なこの儀式は、モンタイユーにもなかったわけではない⑮。ただ、万霊節の行事のために影が薄くなっているように見える。万霊節は、どの家でも施与の食物で食事をする習わしだった。親しい物故者の罪の贖いのため、家族中で贈物を食べるのだった。

要するに、死をめぐるモンタイユーの慣習は、終油の秘蹟を軸にして組立てられていたのではない。その秘蹟そのものがここでは知られていないのだ。それよりも慣習は、一方における家（地上の生活における第一の関心事）と、他方における彼岸との関係の調整を志向している。そして、この彼岸なるものこそ、死者の永続的な存在と終局における救いという難しい問題をさまざまの形で照らし出すのである⑯。

☆

秘蹟のほかにも、やや低次元だがそれなりに活力のあるいくつかの宗教実践があった。巡礼、断食……等々がそれだ。

前にも述べたが、フォア伯領農民の通念では、巡礼の慣行は「善きキリスト教徒」たることを定義しようとする際の要件の一つになっていた。モンタイユー住民自身が巡礼に出ることは——村内マリア堂への巡礼を別にすれば——ほとんどないが、モンタイユーの聖母に参詣する途上通りがかりの巡礼を見かけでもすれば喜んで施しをしたのである。ベアトリス・ド・プラニッソルはこの施しが慣習化していたことを指摘している。お返しにベアトリスは、癲癇の妙薬だという「イヴ」なる草の種子を巡礼からもらって、孫の治療にと保存していた。もっとも、その効果よりも母親が聖パオロの教会へ巡礼に連れて行ったおかげで、赤ん坊は快癒したのだったが……(17)。一人と半分の巡礼。こんなに幼いうちから巡礼に出たのだ！

人が巡礼に出ても周りは別に驚きはしない。モンタイユーのある妻女が家出をして、亭主の親戚に追いかけられた時も、

「兄弟とローマ巡礼に行くつもり」

と言いさえすればよかった。それで追手は納得して、連戻すのを諦めるのだった。こうは言っているものの、繰り返しになるが、別に心底から信心しての巡礼ではないのだ。大袈裟に出発した例はほとんど見出せない。そこで、サバルテスでもカタリ派汚染度の少ないモンタイユー以外の村や、低平地の事例を見なければならなくなる。そこでは、実際、真剣な気持で巡礼に出た人びとにめぐり会えるからである。モンタイユーの場合には、コンポステラのサンチャゴへ巡礼した者はいたけれども、それは大てい、パミエ司教の命令を果すために、背中に黄十字を縫いつけ異端審問の監視を受けながらの旅だったのである。およそ、みずからの発心などであろうはずがない。

ところで、断食は自発的な意味を伴う実践である。自分一人だけでも十分実行できるからだ。これを怠れば、ローマを信奉する農民の烈しい怒りにさらされるのは避けられなかった。

「これ以上ちょっとでも言ってみろ。お前の肉の鉢を胸の真ん中に投げつけるぞ」

そのような農民の一人、ロルダ村のベルナール・オースタッツが兄弟ギヨーム・オースタッツに向かって叫んだ。ギヨー

ムは天真爛漫、大胆にものを考える男で、四旬節の断食を破って平気なのだ。こういう例外はあっても、概して四旬節の断食はよく守られているように見える。皆が断食した結果、この期間は善信者が動きまわるのに好都合だったほどだ。四旬節の間は、善信者も見咎められる心配なしに公然とお気に入りの魚料理を食べることができたからである(四)。カタリ派に心を寄せる者も含めてモンタイユーの羊飼いは、四旬節と金曜日の肉断ちを守ったらしい(18)。ベルナール・クレルグのような大胆な反カトリック派ですら、渋々ながら万聖節前夜の断食は守ったのである。

しかし一般的には、四旬節と金曜日以外の厳格な断食となると、モンタイユーでもその他の地域でも励行された気配はない。移動放牧に出ていたモンタイユーの羊飼いギョーム・バイユが供述している。

「四旬節と金曜日以外にも教会の断食があるなどとは、聞いたこともありません」

異端に深入りした農民、あるいは教会に逆らった農民なら、断食の規則をそれと知りながらも気分次第で破って平気だった。

「わたくしは魚が嫌いであります。牡山羊の肝臓の方が好きだからであります」

これはモンタイユーの一住民の供述である(19)。ギョーム・オースタッツは地主だったが自分でも野良に出る。脱穀など手慣れたものである。誇らしげに言ったものだ。

「今年の四旬節は五週間ずっと肉を食った。肉なんぞ食わずにいようと思えばいられたし、そんなことで体の調子が悪くなるとも思わない。だが、家の用事であちこち出歩いていたし、外で麦打ちもしていたから……」

要するに、一人一人気持が違うし同じ人間でも気紛れを起こすのだけれど、全体として見た場合、断食に対する態度は思想上大まかに色分けされた住民集団にそれぞれ対応する傾向がある。一三二五年、モンタイユーのゴージア・クレルグが供述している。

「二三年前のことであります。四旬節中のある日曜日の翌日、畑から蕪を取って帰ります途中、ギョーム・ブネに出会ったのであります。昼飯はすませたか、と聞きますので、答えたのであります。いや、まだ食べていない。断食しようと思っているので……。すると、ギヨームは申しました。ああ、おれときたら、昨日アックス・レ・テルムに呼ばれて行って結構な昼食を食べてしまった。初めは御馳走になるのはどうかと思ったから（何しろ四旬節だから）、善信者のところへ相談に行ったのだ。すると、こう言ってくれた。大体、四旬節だろうとなかろうと肉を食うこと自体が大きな罪なのだ。肉は口の汚れだ。だから、今度だけ遠慮することもないはずだ。そこで断然、結構な肉の御馳走を頂戴したわけなんだ」

ゴージア・クレルグは考え深げに結論している。

「しかし、わたくしは同意致しませんでした。罪ということから考えますなら、四旬節に肉を食べますのと、それ以外の時に食べますのとでは、決して同じではありません……」

これ以上に明白な史料はない。ここに宗教実践なるものがはっきり出ている。つまり、風習に即していない場合、それは教えられた理論通りの形をとる傾向があるということだ。蕪を抱えた実直なゴージアはカトリックの断食をその通りに実行している。他方、カタリ派の農夫は、慣習のせい、あるいは漠然たる不安を感じたせいで、一瞬断食しようかと思うのだが、結局は善信者――逆説そのものだが、善信者は常時断食しているのだ――の示唆に従うのだ。そして、

「われらの宗門においては、清浄者のための全き禁戒があるがゆえに、完徳者たらざる者には何ひとつ禁じられてはいない」

という、帰依者に黙認されている原則に甘えて、一度は(20)、四旬節にも肉を食うことに決めたのだった。

☆

聖像（キリスト、聖母、使徒……）、秘蹟、救済ないし敬虔の諸手段、巡礼、断食等々は、いみじくも「戦う教会」と名づけられた教会が現世で組立てた「戦いの仕組み」に不可欠なものであった(21)。この時代、教会は、はるか上からは教皇によって、そして近くからは司教によって統御される教区司祭のネットワークを通して活動した。さらに、この時期オクシタニーで極めて活発だった多数の托鉢修道僧の組織網を通じても働きかける。

ところで、こういう観点からするならば、モンタイユーはおろかアリエージュ上流全体が「規格外」であった。托鉢修道僧は――小兄弟団（フランチェスコ会）も説教僧団（ドメニコ会）も――ほかの所では住民の心を征服ないし再征服するのにあれほど積極的だったのに、ここでは大体数が少ないこともあってほとんど目立たない。もちろん、普通のモンタイユー住民も彼らの存在は知っていた。だが、彼らに会うにはかなり遠くまで出かけねばならないのだ。たとえば、ヴュイッサーヌ・テスタニエールは、とてつもない大罪を懺悔したことがある。以前にブロ一族の家で異端者の話を聴いたという罪である。彼女は托鉢修道僧に懺悔したのだったが、問題の僧はピュイグセルダ、つまり彼女のところからは何十里（リュウ）も離れたカタルーニャの只中の渓谷に住んでいたのだ。ピエール・モリは学識豊かな托鉢修道僧の説教を聴いて喜んだことがあるが、それはアルク、現オード県の移動放牧基地でのことであった。宴席で貧しい少年托鉢僧あるいは一人前の托鉢修道僧がアヴェ・マリアを唱える例も見たが、それはわが山国のはるか下、アレでの話である。フランチェスコ会士との出会いはベアトリス・ド・プラニッソルにとって決定的な機縁となったのだが、そのためには最初の夫に死に別れたあと、アリエージュ上流モンタイユーを離れなければならなかった。引留めようとした情人ピエール・クレルグの少々露骨な表現を借りるなら、

「下の方の国、カトリックの狼や犬どもの中へ」

降りて行かねばならなかったのである。事実、このサバルテスの妖精自身が言っている。

「二度目の夫と一緒になってクランパーニャ（アリエージュ下流）に落着きましてからは、ドメニコ会士やフランチ

オクシタニーからカタルーニャへ

主要登場人物

アルノー・ヴィタル……………………靴直し、村のドン・ファン、異端者の道案内
アルノー・シクル（またはアルノー・バイユ）……………密告者
アルノー・ド・ヴェルニオル……………フランチェスコ会士、男色者、偽司祭
アルノー・リジエ……………………………村の正統派、殺される
ギユメット・モリ（またはギユメット・マルティ）………後家、スペイン亡命先で小農家として成功
ギヨーム・ブネ……………………………裕福な農民、熱心な異端支持者
ギョーム・ベリバスト……………………完徳者ないし偽完徳者、スペイン亡命先の聖人
ギヨーム・モール……………………………羊飼い、クレルグ家の仇敵
ジャック・オーティエ……………………完徳者、ピエール・モリの師匠
ジャック・フルニエ………………………パミエ司教、異端審問を指揮
バルテルミー・アミヤック………………司祭、ベアトリスと出奔
ピエール・オーティエ……公証人、完徳者、アリエージュ上流に異端を広めて火刑、兄弟ギヨームも完徳者
ピエール・クレルグ………………………モンタイユーの司祭、好色、村に権勢を振るう
ピエール・モリ……………………………羊飼い、ベリバストと親交
ブリュンヌ・プルセル……………………クレルグ家の下女、迷信深い
プラド・タヴェルニエ…………………………完徳者
ベアトリス・ド・プラニッソル……貴族の娘、二度結婚して死別、ピエール・クレルグその他と浮名を流す
ベルナール・クレルグ……………………モンタイユーの代官、司祭ピエールの兄弟
ベルナール・ブロ……………………………村の有力者、強姦事件で投獄
マンガルド・モール…………………………農婦、おしゃべり、舌を切られる
レモンド・アルサン…………………………ブロ家の下女、私生児を里子に出す
レモンド・テスタニエール（別名ヴュイッサーヌ）……………ブロ家の下女、主人の情婦

ェスコ会士の説教も聴くことができたのであります。わたくしは異端の過ちを棄てました。マルセイヤンの聖母教会の告解室で、リムーの僧院から参ったフランチェスコ会士に懺悔したのであります。そのあと、聖母教会の近くに、姉妹のジャンティルを訪ねました。姉妹はリムーで結婚することになり、そこにいたのであります」

すぐ気のつくことだが、ベアトリスの信心は、低平地の托鉢修道僧たちに影響されただけでなく、熱心なカトリック信者だった姉妹ジャンティルとの親しい関係、それに彼女にとってこの上なく有難い存在だった聖母と、切っても切れない関係にある。同時に、フランチェスコ会士たちが「告解室」をフルに利用した「技術上の進歩」とも関係がある。良かれ悪しかれ、聖母祭壇の後ろで土地の司祭が手軽に懺悔を聴いたモンタイユーとは大変な相違であった。

もちろん、サバルテスにも、托鉢修道僧が一人も姿を見せなかったわけではない。彼らはパミエにうようよ群がっていて、そこから何人かが山岳部の村まで遠出して来ることもあったのだ。そして、説教したり、熱心に懺悔を聴いたりしたのだ。これはまったく司祭クレルグの責任なのだが、奇妙な具合に異端が野放しになっていると告げる者があっても、修道僧たちは驚くだけで訳が判らなかった（モンタイユーから息せき切って駆けつけた告解者ないし告発者の女に、僧の一人が反問している。「それで、お前たちの司祭は何をしているのだ」）。

要するに山国における小兄弟団や説教僧団の影響は、北の方、ラバル峡谷の向うで彼らが収めた成果に比べれば、ほとんど取るに足らない。当否は別として、「高いところ」での評判は概して良くない。ピエール・モリは托鉢修道僧を大金持、色好み、大食らい、衣裳道楽あつかいにしているが、これはピエールに限らなかった。つまり、彼らの僧院は清貧の理想を看板に掲げていたのだけれど、この種の中傷を嫌というほど浴びたのである。仮りに聖ドメニコや聖フランチェスコの弟子たちがもっと大勢、進んでサバルテスに住込んでいたら、独特のなかば警察的、なかば志願兵的なやり方のおかげで、それに得意の講仲間（コンフレリー）の組織化によって、どれだけ見事な成果を挙げたことであろうか。そうであったら、一三〇〇年から一三〇五年にかけてのアリエージュ上流に生じたささやかな異端の復興（リヴァイヴァル）ないし最後の一戦など、最初から不可能だったか、それともたちまち掃討されたに違いないのだ。新型の従順な信徒の群れを、次から次へと創出したに違いないのだ。しかし、托鉢修道僧といえども、あらゆる場所にいることはできない！　彼らのこの地域での僧院設立は皆無であった。アイヨンの地は、村の中までやって来る彼らの姿をついに見ることがなかった。都市とはまったく様子が違い、あまりにも僻遠、あまりにも隔絶しているアイヨンの地は、仮りに彼らが来ようとしたところで、頭から敬遠したかも知れない。二つの新興修道団の遊行(ゆぎょう)する僧たちは、都市型の説教によって平地部のより豊かな、より開明的な町を惹きつけていたからである(22)。

☆

フランチェスコ会にせよドメニコ会にせよ、山岳部で托鉢修道僧の影響が希薄だったということは、それだけ本来の聖職者に大きな活動範囲が残っていたことを意味した。在俗(セキュリエ)の聖職者といえばまず司祭だが、これは任地に常駐している〔五〕。少なくとも、モンタイユーではそうだった。しかも、これ以上考えられないほど地元に食いこんでいた。ピエール・クレルグについて、その面の事情は繰り返すまでもないだろう(23)。彼の前任者、十三世紀末のピエール・ド・スペラ司祭の場合も任地在住が原則だった。クレルグの死後この村を担当したレモン・トリーユの時になって初めて、常駐でなくなる（一時的な措置だったかも知れない）。正確に言えば、このトリーユはプラドおよびモンタイユーの兼任の助祭という肩書きだった。この時以後、新任司祭は現地に赴任せず、信者の司牧は助祭トリーユに任せることにしたのだろうか。そう考えた方がよいらしい。

今見ている時代のアリエージュ上流では、着任者が司祭から助祭に変ったり反対に助祭から司祭に変るのは、ごく普通のことだった(24)。大多数の教区では司祭が、それも大ていはおせっかいで社交的な司祭が常駐していて、現実にも「精神神的」にも恩恵を受けるのだが、その間ほかの教区は、少なくとも当分の間は、助祭で辛抱しなければならなかったのである。

常駐するからといって、それだけで権威が保証されるとは限らない(25)。確かに、一般教区民に比べて、ピエール・クレルグは教育も受け知的でもあり、高度の教養の持主であった。もちろんパミエの聖職者の誰それや、それに何より司教区の中心地に出没するワルドー派に比較したら、おそらくただの田舎者と見えたはずだが、万事は比較の問題だ！　サバルテスの村々にいるクレルグの同僚たちも、例外はあるにしても全体として見れば、クレルグと似たりよったりである。ユナックの常任助祭アミエル・ド・リューや近隣教区の同僚たちは、少しは教義書も読むし炉端で議論もする。ピエール・クレルグ同様、聖アウグスティヌスからの引用もする。彼らの示す知的好奇心は学識と無関係ではない。しかし、水準の低い者もいないわけではないので、ベデイヤックの司祭アデマール・ド・ベデイヤックは福音書の数節を思い出せない。以前、教区民と論争した時には引用したことがあると言い張るだけなのだ。

司祭について語るなら、その知識だけでなく、むしろそれ以上その権力について語らねばならない(26)。常にわれわれの村で話題の主だったピエール・クレルグのケースは、いまさら言うまでもない。しかし、強烈な性格は彼一個人の例にとどまるものではなく、むしろ精力的な司祭というのはサバルテス一帯に広く見られる一つの型だったのである。もちろん、善信者たちは宣伝の中で司祭の定着したイメージを利用する。これこそ排斥すべきものだというのである。ピエール・オーティエが言っている。

「この地方の坊主どもは信者に草を食わせるだけだ。羊飼いが棒で仔羊を集めるのと同じだ」

さらに、司祭たちが権威に任せてでたらめを言うことに露骨な嫌悪を示して、こう言ったのだ。

「坊主どもは癖の悪い牛みたいなものだ。搾ってもらったばかりの乳の壷に踏込んで、ひっくり返す牛そっくりだ……」(27)

司祭の威信、それどころか一介の助祭にすぎぬ者にも威信があったことは、彼らに対する丁寧な言葉遣いからも窺われる。この小さな国では、かなり幅の利く村人でも獄中でたまたま同房となった聖職者に対しては「司祭さま（ドミネ）」と呼びかけている。二十世紀のわれわれがムッシュー・ル・キュレ（司祭さま）というようなものだ。大ていの司祭は家屋敷とかなりの農地の持主である。その上穀物十分の一税の収益が加わって、司祭の地位を一層強いものにしている。家産のおかげで穀物の持主になれば、司祭の権勢は確実に倍加する(28)。だから、司祭といえば大したものなのだ。有象無象（ヴルグム・ベクス）に向かってはお前呼ばわり（テュトワイエ）する旦那衆も、彼にはお前さま（ヴーヴォアイエ）だ。次の対話は「お前」と「お前さま」を使い分けている実例である。アックスの学校の師匠ジェロー・ド・カルヴィニャックが、オルリュの司祭デュラン・ド・プレスビテリアに問いかける場面だが、その場にらば曳きピエール・ヴィタルが居合わせている。これは愛の売買について怪しからぬ暴言を吐いた男であった(29)。

「お判りですか、デュランさま。客が金を払いその娘（こ）が受取るなら、淫売と寝ても罪にならない、などとこのらば曳きは申したのです。お前さまに聞いてほしいのです」

デュランさまは、罪深いらば曳きの方に向き直って答えた。彼に話す時は高飛車にお前呼ばわりだし、おまけに恐しい目をしてにらみつける。

「確かに聞いたぞ。お前はよくないことを言ったのだ」

司祭の権威は当人一身だけから発するのではない。モンタイユーでもサバルテスでも、代々聖職者を輩出する家系、いわば「司祭種族」なるものがあって、俗人や女も含めてその一族のものは尊敬され憚（はば）かられている。正しく言えば、尊敬されるより憚かられる方が多い。モンタイユーの（ほかでもそうだが）、クレルグ家——クレルグとはいみじくも名づけたものである——がそれである〔六〕。エメルサンド・マルティがゴージア・クレルグに言っている。

「お前さまには何も言う気はない。お前さまは司祭の血筋の人だ。わたしは恐ろしい」(30)

権勢は欲望を呼ぶ。そして、女は権勢が好きだ。よしんば小柄で風采はあがらずとも、教養があり、権勢があってしかも柔和、危険でしかも繊細、鉄であると同時にビロードでもあるような男、司祭は教区で人気がある。情事となれば選りどり見どりだ。その上、職業から呪術師ではなかったか(31)。ピエール・クレルグが絶好の例である。彼は極端ではあったが決して型破りではなかったのだ。この地方どこにでも聖職者の梵妻（フォカリア）(32)、「住職の女（カプラン）」が見出される(33)。グレゴリウス改革と聖職者網紀粛正の諸原則は、明らかにサバルテスには知られていない。モンタイユー中、どこでも口先では改革を誉める！が、およそ推進の基盤となる勢力ができていないのだ。もちろん、サバルテスでも身持ちの悪い聖職者は少数だったかも知れない。それにしても目につきすぎるし、無視できるような数でもないのだ(34)。

要するにわれわれの村、われわれの地方の司祭は、ただその場にいるだけで光彩を放つような存在なのだ。並みはずれて力に溢れ人を眩惑させる人物なのだが、後世の、古典的な神学校や反宗教改革を何とか軌道に乗せようとした敬うべき司牧者などとは違うタイプだし、コンコルダ体制下のフランス人が見慣れた、ただ実直に祭儀をつとめる役人風の聖職者とも、十九世紀の坊主嫌いたちが散々悪口を言った「糞坊主（ラティション）」とも違っていた(七)。モンタイユーの司祭は強力な裁定者なので、その影響するところは極めて大きい(35)。司祭が気紛れを起こして少しでもカタリ派に心を寄せようものなら、村の大半はあっという間に善信者の「過誤」に走ってしまう。一般論として見れば、つまり個人の問題を抜きにすれば、サバルテス諸教区の司祭（レクトゥール）も住職（シャプラン）も助祭（ヴィケール）も(36)、この地域ではまだ托鉢修道団出現以前、それどころかグレゴリウス改革以前を思わせる、戦う唯一の教会の現地における代表である(37)。

中軸は司祭である。すぐ近くあるいは比較的離れて、上にも下にも、補佐者の集団と職階が星座のようにこれを取り巻いている。補佐者はいることもいないこともあるけれど、上長の職階制は常に厳存する。サバルテスの純農村なりに進んだ教区では一人または複数の聖職者（下級の聖職に叙品された農民だが、ある程度はラテン語も読める）がいて、二世紀後ならミサの侍童——当然ずっと幼い年齢で——が勤めることになる役を果していた（サバルテスではまだ知られていなかったが、周知の通り祭儀における年少者の役割はルネサンス以降次第に大きくなる）〔八〕。このタイプの成人聖職者は一三〇〇年から一三二〇年にかけて、ヴィクデッソスの近くオルノラックやグーリエに見出すことができる(38)。これは鉄鉱山として栄えた地域である。アリエージュ渓谷のロルダには、教会建物付きの「職人」（ほぼ今日の教会管理人（マルギリエ）に当る）がいて、高価な聖器購入のための志納金を村人に割り当てている（村人の中にはぶつぶつ言う者もいた）(39)。あまりにも小さくあまりにも信心の足りないわがモンタイユーには、このような「聖職者」や「職人」の集団はいない。事実、その必要もなかったであろう。司祭の下僚は「生徒（エコリエ）」が一人いるだけである。あらゆる雑用に使える、この便利な若い弟子は、お師匠さまの傍で気紛れなラテン語の授業を受けていたのであろう。大事な点だが、ピエール・クレルグは職務をきちんと遂行する上で、権力者の孤独を弁えていたのである。

次に上位の職階――司教、さらに教皇――を見よう。まず司教区次元では、時にはモンタイユーの司祭もパミエで開催される会議に参加する(40)。ピエール・クレルグにとっては、旧交を暖め、かつての愛人たちを「総巡回」する機会でもあった。まさしく司教区の情勢から見て、パミエ司教の権力があらゆる面で重くのしかかって来るのは必至であった。そのことは、モンタイユーの地にいても十分感じられる。少なくとも危機の間、わが村の者も何かにつけてパミエに行かねばならなかった。司教の召喚に応じて涙ながらに、あるいはただ司教の足元にひれ伏したり入獄するために出かけたのである。

さらに上の方、教皇の存在も村人は知っている。現オード県の純然たる農村、アルクの住民は一団となって教皇庁に出かけた。そして実際に、権威ある筋から異端の罪の赦しをもらったのだ。モンタイユーでも、カラヴェッス生れのギユメット・アルジェリエのような農婦でさえ、素朴な仕方なりに、教皇の存在のみならずその役割まで知っている。

「司祭さまたちは教皇のいいつけを守っておいでであります。神さまが地上の代理人にされたのが教皇さまでありますので」

ベリバストが「金集めの教皇（バルブ・バーブ）」などと安っぽい語呂あわせを言えば、この間の事情をよく知っているモンタイユー生れの羊飼いたちはどっと笑うのである(41)。

☆

しかし、教皇は遠くにいる。司教だって遠い。山国で司教を見ることなどほとんどない。そもそも、彼の仔羊たちの方から恐わごわパミエに出かけたとしても、司教に会えたであろうか……。フランチェスコ会やドメニコ会の地域組織網もなくて彼らの声も山国まではごくまれにしか届かない上にこの有様だから、農民の宗教教育の全責任は在地聖職者、具体的には司祭の肩にかかって来る。宗教教育は説教壇から広がる言葉を通じて行われる。もちろん、教会の大いなる真理の教えを子供たちに、さらに大人たちにも分け与えることを通じて行われるのである。この点、理論上はオクシタニーの教会会議が形式を規定している。一二五四年のアルビ教会会議は「日曜日ならびに祝祭日、聖職者は信者に対し信仰箇条を説明しなければならない」(42)と定めた上で、「七歳以上の児童は教会に連れ来たって、カトリック信仰の教育を与え、主の祈りとアヴェ・マリアを教えなければならない」と付け加えている(43)。

この立派な理論から教区や田舎の現実までは、ほんの一歩——ただ簡単に越えられるとは限らない一歩——である。農家の夜語りで善信者が、

「坊主どもは勤めを怠っている。奴らは信者にきちんと教えない。信者には草を食わせるだけだ」

と断定したのは、あながち宣伝のためばかりではなかったかも知れない。聴衆が喜んで聞いたところを見れば、ただの出任せとも思えないのだ。

しかし、善信者の言葉だけで、村の教会の説教壇では判りやすい教義の話が全然されなかった、と速断してはならない。

事実はその反対なのだ！　われわれの資料には、日曜日のミサ奉献のあと農村の聖職者が「日常の言葉で」説教したことがはっきり記されている。たとえば、ユナックの常任助祭アミエル・ド・リューも、こういう仕方で農村教区民に説教していた。貴族、聖職者各一名を入れて、全部で五〇人ぐらいがアミエルの長い話を聴いている。彼は信経（クレド）はじめ信仰の諸箇条をオック語でこまかに説明した。彼がこの機会に、肉体の復活はないとか、新生児には霊魂がないとか、さまざまの「誤謬」を広めたのも事実である。この種の「誤謬」は、当時教会にいくらかいた中途半端な教育しか受けていない人びとをひどく混乱させたのだが、聴衆の大多数を占める農民にはどうでもよいことであった。半異端的な説教の例はこれに限らない。別の農村聖職者は、おん子の受肉（インカルナティオ）に反対で、キリストは食べかつ飲んだ（普通の人びとと同じく）けれど「食べても燕下しなかった」などと、教会の真っ只中で堂々と説教している(44)。これは後々までサバルテスの笑い物になった話である。

しかし、これら二、三の例だけで、日曜説教者たるわが司祭たちが過激な異端思想の持主だったと考えてはならない。われわれの資料はそもそも矯正が目的なので好んで逸脱を取り上げるのだが、実際上逸脱が例外だったことに変りはないからである。われわれとしては当然、見通しを定め事実に加えられた歪みを取り除く必要がある。フォア伯領内の大多数の司祭たちは、説教壇であれどこであれ、大まかに見てローマの教義と矛盾することは語っていない。たとえば教区の礼拝を担当していたバルテミー・アミヤックだが、彼が異端審問官の嫌疑を受けたのは風紀粛正の観点からであって、思想不純のためではない。ダルーにいた頃、バルテルミーは土地の教会で男女の「生徒」たちを教えていた。そのように教育者を気取ったのも、幼い心にカトリック信仰の真理を教え込むのが目的だったことは明らかである（南フランス教会会議が義務づけた通り）。この点に関しては、オルノラックの農家兼代官ギヨーム・オースタッツの供述が一層明確である。次にその供述をまとめておく。

「わたくしが肉体の復活を信じなくなりましたのは、ピエール・オーティエならびにわたくしの母の影響であります。

もともと、わたくしの信仰はこちらからあちらへと揺れ動いておりました。事実、教会では肉体の復活のことを教わったことがあります。その後では、ロルダでわたくしの母と一緒に暮らしておりました聖職者のギョーム・ダルジナックが、わたくしの若い頃の教育を見てくれたのであります。男も女も死んだ後で復活するのだと、彼は断言いたしました」(45)

すでに見た通り、異端の教説は何よりも先祖から子孫へ、年長者から年少者へという広がり方をした(それも、家(ドムス)の壁の中で、家族を通して)。これに対し、カトリック教義は教区教会で、説教や日曜日の学校の際に聖職者の口から拡散する。ところで、母親と同棲しながら事実上子供の教育係を勤める聖職者のいたギョーム・オースタッツのケースは、ローマの信仰にも家(オスタル)の中で浸透する場合があったことを示している。豊かな農家の女主人だったギョーム・オースタッツの母が特別恵まれた立場にいたのは確かである。貧困な農民、つまり一般民衆に、聖職者を家に置いて、いわば自分専属にするなどという贅沢ができたはずはないのだから。

☆

とにかくどう考えても、カトリック信仰の伝承継受には村の聖職者の活動が不可欠の要因だったし、またそれが世代から次の世代へと文化を再生産して行く上で不可欠だった、と思われる。こう見れば、当時のモンタイユーがはなはだ不運だったことは誰しも認めざるを得ないだろう。ピエール・クレルグは建前上村の生徒の何某にカトリックを教えているとはいうものの、過激な異端思想を隠さない札つきの皮肉屋だから、司祭職は稼ぎのために勤めているだけだと自分で公言する有様である。モンタイユー住民のカトリック教化という点で、日曜日の説教が効果を発揮しないのも当然であった。それだけに、われわれの村には異端の方へ、少なくとも異端に好意的な寛容の方へ、大挙して流れる大きな道が開かれていたと言ってもよいのだ。確かに、ヴュイッサーヌ・テスタニエールやジャン・モリの母親のような幾人かのカトリック刀自がいてそれぞれの自宅で(46)、善かれ悪しかれ衷心から、燻るばかりになったこの地のカトリック信仰の火を子供たちに伝えようと努力していた(47)。しかし、しかるべき司祭がいない以上、善良な女たちは到底善信者の強力な活動の敵ではない。

☆

説教がどうあろうと、宗教教育の普及には言葉だけが問題なのではない。宗教芸術というものもある。宗教教育は教会の聖歌とも切離せない。当時聖歌が存在したということ以外、これについては何も判っていない。聖堂の壁や窓に置かれる彫像、絵画、絵ガラスなどによる視覚教育によっても補強される。サバルテスで民衆の迷信的な信仰を捉えたのは、とりわけ斧で刻んだだけの素朴な彫像であった。当然、これは善信者たちの非難攻撃を浴びる。ベリバストは、教会の中に置かれた聖者像そのものが奇蹟を起こすという庶民の信仰をあざ笑い、シクルに向かってこう言っている。

「切り倒せ。切り倒せ。材木の切れ端が奇蹟を起こすなどと、本気で信じているのか」

ピエール・オーティエは牧羊家たちとの会話の中で、大笑いをした。こう言ったのである。

「偶像の家（教会）の聖者像だって！　お前たちときたら、自分の斧で刻んでおいて、その次には自分で拝んでいるのだから」

聖母もまた木彫の姿で崇敬されていた。アックス・レ・テルムのベルナール・ゴンベールは眉一つ動かさずに言い放った。

「聖母と言ったって、木切れではないか。本物の目もなければ足もない。耳もなければ口もない」(48)

第二十三章　逸脱と善信者

これまでモンタイユー、ひいてはサバルテスのカトリック信仰を――むろん概括的だが――眺めて来た。逸脱については、重大なものも含めて、「正しい教義」との対比において取り上げたにすぎない。ここでは、逸脱そのものを、まさしく逸脱に即して考察したいと思う。

まず、千年王国説の問題がある。この世の終りが近いと感じることから生じる予言的な不安(1)、完璧な世直しと至福の王国の待望(2)、皆殺しを企むほど強烈なユダヤ人憎悪など、千年王国説に固有の兆候は、この山国にどの程度出現しているだろうか。答えは簡単で、そのようなものはほとんど見られない。「千年王国説」はこの地の農村社会に波及していない。せいぜい町（ブルガード）に影響した程度で、それ以上のものではなかった。確かに、ベリバストはスペインの亡命先で次のような予言をしている。

「やがて民は民と、国は国と戦うだろう。その時、アラゴン王の子孫はローマの祭壇で、自分の馬に草を食わせるだろう……」(3)

聖人がこう言っても、聴衆は一向に反応を見せなかった。モンタイユー出のギユメット・モリがお義理で好奇心を示しただけであった。

「一体いつのことなのでしょう。お師匠さま」

返事はこうだった。「神さまがお望みになる時さ」

すでに見た通り、オイル語圏から来た民衆的な千年王国信者のユダヤ人殺戮者、牧童一揆(4)の蛮行の影響もガロンヌ流域やトゥルーズ地方から南には及んでいない。確かにパミエで信心に凝り固まった連中がユダヤ人を憎んでいたのは事実で、この事情は絶えず教会に出入りする連中の間に広まっていたユダヤ教徒とキリスト教徒の亡霊の話からも窺える。亡霊と対話する特技の持ち主アルノー・ジェリは、「亡霊が沢山いても、ユダヤ人の亡霊は嗅ぎ分けることができる」と断言するのだ。しかしモンタイユーには、われわれの知るかぎり、当然のことながらユダヤ人はいない。たまたまわれわれの記録に、ベアトリス・ド・プラニッソルにちょっとした呪い(まじな)の仕方を教えた改宗ユダヤ女が一人登場するだけである。だから、ユダヤ人もいないのに、地域千年王国信者のユダヤ教徒迫害を問題にするなどおよそ無意味である(5)。

この黄十字の村で、民衆のいわれなきユダヤ人憎悪が表明されたことはほとんどない。しかしユダヤ人憎悪のごときは所詮、熱烈な千年王国信者の狂信の一側面にすぎない。狂信の構造の中心にはまず何よりもこの世の終末がさし迫っているという主題が居座っている。だからこそ、終末を準備するような諸計画や終末の接近によって生み出される革命的な諸計画の展開が正当化されたのである。ところでわれわれの地域では、この主題はごく僅かの挿話の中に現れているだけである。それも、ここでは反動として心理的抵抗を誘発している。

この世の終末、少なくとも世直しと平等化が来るという噂が、今問題にしている時代よりも以前からラングドックやフォア伯領に流布していたことは間違いない。いずれにせよ、このような考えはこの時代の文化領域に付き物なので、だからこそ蒙古人来襲という曖昧な風説も信用されたのである。その証拠に、吟遊詩人の一人モンタニャゴールがその種の不安をこう詠っている。

「タタール人まさに東方より来たらんとす。神阻みたまわずば、貴族も聖職者も農夫も、すべて平らに均らさるるは必定」

文学上の空想だろうか。それもあるだろう。しかし一三一八年、パミエとアリエージュ上流を結ぶ街道に沿って終末の噂が民衆の間に広がった。パミエ出身のベルトラン・コルディエが供述している。

「その年わたくしはキエ教区にあります橋の向う側で、タラスコンの者四人に会ったのであります。その中にはアルノー・ド・サヴィニャンもおりました。四人はわたくしに尋ねたのであります。

パミエに何か変ったことはないか。

そこで、わたくしは答えたのであります。

（中でも）こういう噂がある。アンチ・キリストが出現した。だから、誰も自分の魂をきちんとしなけりゃならん。この世の終りが迫っている！……

すると、アルノー・ド・サヴィニャンが遮って申しました。

信じられん。世界には始めも終りもないのだ……。もう寝に行こう」

教養豊かな石工アルノー・ド・サヴィニャンの場合、現世の永続に関する不抜の信念の基礎は民衆思想の源泉たる諺に他ならない。同時にまた、三〇年前タラスコンの学校で師匠のトリュスから習った教え――知的思想の源泉――にも立脚している。それなのにアルノーは、現世の永続という不埒な考えを異端審問に問詰められると、十分な宗教教育を受けていないのだと言立てて窮地を脱しようとするのだ。

「石工という商売では、いつも仕事に追われるので、ミサだって早々に退席せねばならず、説教を聞く暇もなかったのであります」

拙い言い訳である。この異端の職人は全面的な終末が来ることを認めないのだが、実はこの点でサバルテスの民衆社会にかなり浸透していた考えを代弁しているのだ。彼が「いつだって、いつだって、男は他人の女と寝るだろう」という土地の諺を自分の信念の根拠にしていたことは既に述べた。その上こう付け加えている。

「この世はいつもあったし、またこの先いつまでもあるだろうと、サバルテスでは皆が言っております」(6)

「現世以外に世はない」というアルノーの言葉は、彼とはまったく無関係にアックスの無知な農婦ジャケット・ダン・カロが口にしたところと瓜二つである。彼女は水車小屋に粉を取りに来た女たちの前でこう言ったのだ。

「わたしたちの世のほかに別の世があるはずがない」(7)

ジャケット・ダン・カロの場合、別の世や彼岸の否認は復活の教義に対する強烈な懐疑と切り離せない。

「別の世でまた親に会うだなんて。骨や肉が元通りになって復活するだなんて。一体全体そんなことがあってたまるものかね」

こうしたアルノーやジャケットの懐疑主義は、サバルテスの司祭やパミエのフランチェスコ会士が説教壇上から公式の教義を説き立てるのを、暗黙のうちに、あるいは真正面から妨害するものであった。

現世の終末、最終審判、来世、万人の復活、これらを否定してしまえば、北方ないし東方伝来の預言書信仰に基づいて牧童一揆(パストゥロー)や一部聖職者が広めた——実にさまざまのやり方で！——千年王国の宣伝を頭から拒否することになる。古風なままのサバルテス……。カトリックの新しい（逸脱した）感覚の流れにおよそ反応しない、さながら防波堤のごときサバルテス。これにひきかえ、托鉢修道僧たちが縦横に歩き回り、実際に牧童一揆の流入を見た低地方、この遥かに開明的な地帯には千年王国説は簡単に伝播したのであった(8)。

山国の懐疑主義と言っても、アックスやタラスコンなどアリエージュ上流の町(ブルガード)に限った現象だと言うかも知れない。ところが、決してそうではないのだ。アルノー・ド・サヴィニャンはサバルテス中至るところに懐疑主義がはびこっていたことを指摘している。事実、ただの農村の大胆な思想家たちの間にアルノーの仲間が見いだされるのだ。モンタイユーでは、ベアトリス・ド・プラニッソルが「肉体など蜘蛛の糸のように無くなってしまう。悪魔が作ったものだから」と言ったかどで告発された。して見れば、ベアトリスは肉体の復活を否定しているのだ。この点で彼女はある程度カタリ派の二元論に依拠している。形ある物質は「悪」に由来し、したがって消滅するものだと考えているのだ。オルノラックの富農で代官でもあったギヨーム・オースタッツにも類似の懐疑主義が見られる。ある日、彼は村の墓地を掘起こすのに立会った。大量の骨が出て来たが、これこそ代官にとって、個々人の復活に関する信念をいささか吐露する絶好の機会である。このようにごた混ぜの人骨の中から復活するなどと説く者がいるのだから。埋葬のため墓穴の前に集まった村人たちにこう言ったのである。

「死者の霊魂が前に自分のものだった骨に間違いなく戻れるなんてことが、どうしてあり得ようか」

付け加えておくが、ギヨーム・オースタッツには、万人の復活を論証しようなどという気持は毛頭ない。千年王国の理論についても、もちろんである。血腥い千年王国の牧童たちのユダヤ人憎悪にも反対している。ギヨーム周辺の農民たちは、彼ともどもも言うのである。

「キリスト教徒の霊魂とまったく同様、ユダヤ人の霊魂だって救われる」(9)

ベアトリス・ド・プラニッソルやギヨーム・オースタッツやアルノー・ド・サヴィニャン（ジャケット・ダン・カロは別として）などが村の、あるいは町（ブルガード）のエリートに属することは確かである。しかし、モンタイユーその他農村教区の民衆もこれらエリート同様、北方から来た低地の革命家たちの千年王国説に心を惹かれた形跡はない。端的に言って、復活の教義にすら惹かれた形跡はないのである。もちろん彼らは復活を承認している。しかし、過度の熱狂に走ることはなかった。オルトの住民ベルナール・ドルトが供述している。

「ラバでのことであります。わたくしどもはジャンティル・マケールと一緒に冗談を言いあっておりました。これはギヨームの妻女であります。村の広場に面した同女の家の戸口でありました。その日は聖母お潔めの祝日でありました。しばらく冗談を言いあった挙句、わたくしは両手の親指を見せながらジャンティルに申しました。

この肉や骨がそっくり復活するのだって。冗談じゃない。俺は信じないね」

ロルダでもモンタイユーでも、評判の高いオーティエ兄弟は肉体の復活をはっきり非難した。その結果、両方に好い顔をするロルダ生れのアルノー・コギュルのような農民すら、初めはローマ教会のいう通りに終末の日に肉体が復活すると信じていたのに、後にはローマ教会に背いて審判が終ってしまえば肉体はまた分解すると考えるようになった。

このような取り留めのない気質からしても、われわれの教区の農民が全面的な世直しと地上の楽園——何故といって、千年王国思想では、地上の楽園の現出はまさに来らんとする二大事件、つまり最終審判と万人の復活という二大事件と切り離せないからだが(10)——を待望して熱狂するなど、およそあり得ないことであった。要するにサバルテスでは、千年王国説は、動機はそれぞれ違ったものの、エリートたち独特の懐疑主義、したたかな農民の敵意、そして住民大多数の無関心に直面したのである。

☆

逸脱と言っても、われわれの村の場合には千年王国説が危険だったのではない。それは、およそ問題にならなかった。これよりも遥かに危険なのは、正統教義の特定側面に対する疑念であった。大ていは部分的な疑念だったが、稀には全面的な不信となることもあった。いずれにせよこの疑念は、モンタイユーを含むサバルテス文化の動脈たるアリエージュ渓谷を伝って深く浸透していたのである。ティニャックのレモン・ド・レールを見るがよい。この田舎者は根っからの百姓で、いつも穀畑や放草地に姿を見せ、麦や牧草を刈ったりらばに草を食わせたりしている。ところが、霊魂なるものは血液にすぎない、その点人間も獣も一向に相違はない、と信じているのだ。その理由は、獣疫流行期に沢山の家畜が失血で死ぬのを見たからである。もちろん、死ねば、血液すなわち霊魂もなくなってしまう。レモン・ド・レールは復活はおろか、司祭の説くことなど何一つ信じない。

「あんなものは全部嘘っぱちだ」

天国とはこの世で万事好調な時のこと、地獄とは具合の悪い時のこと。それだけのことだ。

この大胆な思想家は断固たる坊主嫌いである！　パミエの司教も皆と同様「あれもし、糞もした末に生れたのさ」などと、言ってのける。これだけなら、猊下に対する不敬にすぎない……。ところが、レモン・ド・レールは冒瀆に踏込んでいるのだ。村の広場で村人三人を前に言ったのである。神さま自身、つまりキリストだって(11)、

「ものをぶらつかせ、あれをした末に、淫水と糞からできたのさ。結局俺たち同様男と女がつながってできたのさ」

レモン・スギは瀆神の言辞を聞いて恐くなり、たまりかねて口を出した。

「もうひと言でも言って見ろ。脳天につるはしをぶち込むぞ」

それなりに論理的なのだが、レモン・ド・レールは聖母マリアの処女性を信じない。実のところ、「聖処女」はヨセフに孕まされたのだ。キリストについては磔刑も復活も昇天も、一まとめに否定する。聖餐の秘蹟を信じないのだから、レモンは長い間聖体拝領に行かなかった。

大胆なティニャックの思想家は折衷主義者なので、血液に他ならぬ霊魂の永生を否定するかと思えば、別の時には輪廻転生説寄りの発言をしている。ティニャックでも別の農夫たちは動物、らばにさえも霊魂、それも善い霊魂があると信じていたが、レモンには彼らとの付き合いがあったのである。連中の一人で特にレモンに影響を与えた男は、他人の畑のもう熟しかけた麦をらばに食わせて平気だった。

「俺のらばにも、あの百姓と同じ霊魂があるのだ」

レモン・ド・レール自身は独自の唯物論に到達している。あるいは自然主義、ないし粗野なスピノザ主義と言った方がよいかも知れない。一緒に牧草刈りをしたコスー（モンタイユーの近く）の農夫に倣って、長い間次のように考えていた

のである。

「神も聖母も、俺たちが見聞きするこの世界のものだ」

道徳観の面では、レモン・ド・レールに罪の観念はない。あったとしても、殺人の罪、あるいはごく近い縁者との「近親相姦」の罪くらいのものである。大体、この男は義姉妹、つまり女房シビルの姉妹のレモンドと情交があった。彼が悪事とされるような振舞を避けたとしても、それは評判を心配しただけのことで、罪の感覚のせいだったようには思われない。

この村には風変りな連中が多いのだが、中でもレモンは特別きな臭い男である。皆に馬鹿にされ、もと気違いの呪(まじな)い師で通っていた。ある日、彼は村の下手にある情婦ロディエールの畑を耕していた。迂闊なことに鋤に繋いだのがまだ仕込んでない若牛二頭だったために、跳びはねて軛(くびき)がはずれた。レモンは少しも驚かず、

「悪魔め。もと通りにしろ」

というと、たちまち軛はもとの通りになっていた(12)。この悪魔めいた農夫は若い頃二ケ月間も狂気の発作に見舞われたことがある。だが、村人がいうには、この二〇年来自分の農地をきちんと管理できるのだから、正気に返っていたのである。

レモンは、ティニャックの地域心性(マンタリテ)の縁辺部に位置を占めている。だが、この村の異端的傾向と教会嫌いを考えると、決して孤立してはいない。逸脱したティニャック住民の一人、レモンの親戚筋のジャン・ジョッフルは「カタリ派」の説をひどくねじまげて、害獣は悪魔が創ったと信じていた。アルノー・ローフルはカタリ派と交際があった人物だが、土地の女の霊魂とレモン・ド・レールの牝豚の霊魂を比べている。ギユメット・ヴィラールは贖宥に疑念を差しはさんだ。ジャック・ド・アルザンとレモン・フィリップの両名は司教殺害のために金を出しあって殺し屋を雇おうとした。

「そうすりゃ、仔羊の十分の一税を払わなくて済む」

レモン・ド・レールお得意の霊魂血液説はティニャック以外、例えばオルノラックにも見られる。その村の楡の木陰に

ギユメット・ブネの家があった。庭もついていたし、婿も一緒だった。と言っても、モンタイユーのギユメット・ブネとは同名異人で、これはただの農婦である。彼女が「霊魂とは血液なり」の主題を開陳しているのだ。もっとも変奏がないわけではない。彼女の場合、何が論拠だろうか。鵝鳥の首を切ると血がほとばしって、同時に命もどこかへ行ってしまう。されば、霊魂＝生命＝血液となる(13)。さらに別の考え方だが、こうも言っている。霊魂とは息であって、……つまりは風である。誰しも知る通り、人が死ぬ時最後の息が口から洩れる。この末期の吐息こそ、「善い所」つまり究極の安息の地に辿り着くまで夜ごと呻き声をあげる魂、風の中を風のようにさまよう魂、さかりのついた猫のように泣き喚く魂でなくて、一体何であろうか……。

レモン・ド・レールと同じく、オルノラックのギユメット・ブネも二つの観念に同時に固執している。ともにキリスト教とは縁遠く、……その上必ずしも両立するとは限らない観念である。一つは、霊魂が物質であるという観念。今一つは、死後その霊魂が大循環する、大気とともにであれ転生であれ循環するという観念である。サバルテス、ソー、モンタイユーの民俗思想の根本概念がいくつか、ここに姿を見せているのだ。民俗思想といえども、知的な思想との関連がまったく欠けているわけではないのだ。

牧牛家兼業の穀物栽培農家レモン・シクル（アスクーの）の場合、霊魂は血でも息でもなく、単純明快、パンに他ならなかった。それだけに余計貴重だったのである。悲しいかな、パンは腐りやすく、長持ちしない。しかるべく広場に参集した村人を相手にシクルが霊魂穀物説を述べ立てた頃、現実の飢饉が迫っていた。

霊魂の死滅に関する理論家レモン・シクルはカタリ派教説と接触していた。異端はカトリック教会の独占を切り崩して、それ以前から存在する前キリスト教的、非キリスト教的、ないし反キリスト教的な民俗の潮流に道を開いた。民俗はアルビジョア派教説とは無関係（集団の無意識という培養のレヴェルのことは別として）だが、善信者がほぼ至るところでかもし出した何かにつけて異を唱えようという心理的雰囲気に民俗が勢いづいたのである(14)。とりわけ農村的自然主義が、超自然的な創造と神意の介入を想定する正統教義と相容れない。本来はカタリ派起源ながら、多かれ少なかれサバルテスの俗信に浸透した、自然も物質も善き神の業ではないし、そういうことはあり得ないという考えが正統教義と矛盾したのである。アックス・レ・テルムの男が「植物に花咲かせ実らせるのは悪魔であって、神ではない」と言い放ったのは、正統二元論が住民の間に定着した例である⑮。ところでベデイヤックやコスーのさまざまの農民は、これまたカタリ派づいた連中だったが、神の地位下落に乗じてこの世の自然にしかるべき至上の権を与える。アルノー・ド・ベデイヤックは、村の広場の楡の木陰で村人にこう言った。

「樹木は大地の自然から生ずるのだ。神からではない」

コスーでは雪の日の昼ごろ、エイカール・ボレが友人宅の炉ばたに集まった仲間たちに向かってこう言った。

「時は自然にめぐって寒くなったり、花を咲かせたり、実らせたりするのだ。神には何もできはしない」

雨の日、アルノー・テッセールは脱穀の作業をしながら、神の気象能力に関する大きな疑念を端的に表明した⑯。

☆

聖餐の秘蹟に対する疑念や嘲弄は目立つけれど、さしたる危険はないので、時には子供じみた冗談になっている場合すらあった。農繁期に集められたごく若い雇い人たちは、ミサの真似事に蕪を据え、聖体ごっこをして遊んでいた。先にも見たが、こうした際どい冗談も、異端審問官以外に罪だと思う者はないだろう。だが、真の問題を見逃してはならない。オード・フォレのように感じやすく繊細な農婦は主の肉の実在が確信できなくなると、惨憺たる状態に陥ってしまう。もはや悪戯ではすまなくなるのだ。

オード・フォレはフォア伯領、ラバル峡谷の北側、とは言ってもサバルテスの北境から遠くない農村教区メルヴィエルの住人であった。裕福な村人ギヨーム・フォレの妻女である。下女を一人か二人使い、その上自宅に乳母を住まわせている。メルヴィエルでは奥さま(マダム)と呼ばれているが、農民階級から隔絶しているわけではなく、同家の畑の刈入れ女を兼ねた下女たちと親しくお喋りをしている。下女たちは野良仕事から帰ると彼女の家に集まるのであった。彼女の慈善は有名で、家財を空にし兼ねないほど、土地の貧乏人に施しをした。

オードはもっと北の方、現在のオード県、ラファージュの生れで、そこに父親の家(オスタル)があった。彼女の人生において、聖餐との出会いはさながら一大事件であった。生地の若い人びとの例に洩れず、最初の聖体拝領は遅かった。結婚後、それもたっぷり一年経った後、早くても一八、九歳になってからである。

若くして（一七歳で）嫁いだオード・フォレは細心で神経質、引きつけを起こすと着衣をむしり取った。罪悪感――事実上の根拠があろうと、ただの空想だろうと、また昔の過失だろうと、最近の過失だろうと――に苦しめられた末、罪過ないし勝手に罪過と思いこんだものの記憶と復活祭に受けた聖体の記憶をごっちゃにしてしまう。彼女の生涯には、懺悔聴聞僧に告白しなかった大罪の強迫観念がつきまとっている。おそらく遠い昔の罪の感覚に馴れ親しんだのであろう……。いずれにせよ、罪の悔恨がオードを苛(さいな)んだことに変りはない。おまけに、オードには不潔の強迫観念さえあった。彼女は供述している。

「ある女が自分の家に辿り着く暇もないまま、わたくしどものメルヴィエル村の道端で夜中に女児を出産したよし、女たちから聞きました。それ以来、分娩の時の女の身体の汚れのことがいつも気になったのであります。司祭が祭壇で聖体をさし挙げます度に、イエス・キリストの体もあのように汚れていたのだと考えたのであります……。その次には、そんなものがキリストの体とは思えなくなったのであります」(17)

して見れば、オードの妄想の中には、「経口の」食物（聖体のパン）から生殖器の汚れ（胎盤その他）への奇妙な移行があるのだ。

ともあれ、罪悪なるものが憑きまとって拭い去ることができなかった結果、オードの魂に疑念が忍び込み、これが苛責（かしゃく）となったのだ。その頃彼女は二二歳であった。天なる神を信じていることに変りはない。しかるに、司祭たちが言うように、その神が祭壇の秘蹟の中に在（まし）ますとは、信じられないのだ。彼女は言っている(18)。

「時折わたくしは錯乱することがありました。すると、もはや神さまや聖母マリアさまに祈ることさえできなくなるのでありました！」

オードは絶望のあまり、旦那（ムッシュー）さま、つまり自分の夫に苦衷を打ち明けた。

「サンクタ・マリア！　旦那さま。われ等の主を信じられなくなるなんて、どうしてこんなことが起きるのでしょう……。一体どうなっているのでしょう。教会にいても、キリストの聖体がさし挙げられる段になると、祈ることも見ることもできなくなるのです……。見ようとすると、得体の知れない邪魔物が目の前に襲って来るのです」

「ヒステリー性盲目症」だろうか。典型的なオクシタニー男児の夫に、これが理解できたとは思えない。絶望のどん底に陥った妻はとうとう何もかも「告白」してしまう。

「神さまにはわたしの罪を宥すことなんて、おできにならない。助けて下さることもできない」

ギヨーム・フォレはお前呼（テュトアイエ）ばわりと貴女扱（ヴーヴォアイエ）いをごっちゃにして、罵った。

「何だと。まったく、どうしようもない女だ！　こんなことを言って、気は確かなのか……。身の破滅です！　身も心も悪魔に取られますよ。それが本当だったら、わたしだって、あなたを家に置いてはおけなくなりますよ。すぐにでも告解に行かなけりゃ……」

オード・フォレは自虐的、自罰的だ。みずから望んで恥辱に身をさらしたがる。やがて、司教に願い出て、公開の悔悛を課してほしい、公衆の侮辱と罵倒を浴びるようにしてほしい、と懇願するはずだ。だから、夫に怒鳴られたくらいでは満足しない。叔母のエルマンガルド・ガロディからも女ならではの厳しい叱責を受けたがる。叔母は有難いお祈りを教えてやったが、それでも結局は手荒く叱りつけるほかなかった。

「何だって！　この恩知らず！　これまで異端なんぞとは縁のなかった家（オスタル）や村に異端の汚名を着せようってのかい。告解に行かなけりゃ破滅だよ。出てお行き！　火焙りだ！　火焙りになっちまうよ」

結局、事態はこうだった。つまり、哀れなオードは勝手に二人を両親の代役に仕立てあげて自分に対抗させたのだ。夫ギヨームと叔母エルマンガルドの二人は、結託して娘を押さえつける両親夫婦の役割を演じさせられたのだ。オードの事件はヒステリー性病因と関係していて、当人のみならず周囲の縁者や乳母、使用人まで苦しめた。懺悔聴聞僧では手がつけられず、フォレ家の女たちが聖母に嘆願した末、聖母の啓示を得て初めて回復したのであった。キリストの母の女人信仰の保証者、仲介者としての役割はここでも明らかであった……。

メルヴィエル村の一妻女の件ではじめて、農民文書の中に男性の無信仰が浮かび上がってくるのだが、これは通常の史料では暗示されるにとどまっている問題である。リュシアン・フェーヴルはデカルト以前の農民心性（マンタリテ）の中に「神に対する絶大な渇望」を認めた。ところが、われわれの記録は、「後進的」な山国に、少数ながら宗教感情に対する「拒食症患者」のいたことを示している。村人の非公式な集会で、聴衆は彼等の言に賛同したり憤慨したりしている。男子農民の全員ではないまでも一部には無信仰がかなり広がっており、それは憎悪や嘲弄、ないし性的、宗教的、社会的な反画一主義（ノン・コンフォルミスム）の形をとっていたのだ。これに対してオード・フォレは聖体信仰の喪失を限りない苦痛と感じた。これが差し当り神経症患者を見舞ったのでなかったならば、ほとんどパスカルの場合に似ていたであろう(19)。

☆

二、三の逸脱を眺めたからには、いよいよ農民的逸脱の堅固な核芯、アルビジョア派の異端を検討しなければならない(20)。モンタイユーに限ったことではないが、取りわけモンタイユーの場合を検討しなければならない。付け加えておくが、カタリ派の教義そのものは本書の主題ではない。本書の意図はカタリ派教義そのものよりも、何らかの倫理ないし宗教を通して村人の感覚や社会観を描き出すことにあるのだから。さらに、忘れてならないことがある。それはカタリ派教説の信奉者とローマ教会教義の信者の境界が流動的で、どちら側からでも、敢えて「両岸で釣る」ことを躊わない人物なら同一人物によってさえも容易に踏越えられたということだ。この点は一人一人の職業や交際の網の目の変動に左右されている。ピエール・モリが言っている。

「仕事で稼いだ収入を用いて、どちらの人たちにも（言外にカトリックとカタリ派の双方を意味している）善いことをしたいと思っているのであります。本当のことを申せば、どちらの教えに値打ちがあるのか判りかねるからであります。どちらかといえば異端の教えの方に気持を引かれておりますが、それもただ、異端との方が話す機会も付き合いも多いからであります」(21)

モンタイユーでもサバルテスでも、当然のことながら、カタリ派は極限に近いほど現世の価値を認めない。現世は悪であり、低劣であり、不浄であるという。教義の土台は違う（特にキリスト降誕に関して）にしても、この観点だけから見るなら、カタリ派の否定的な態度と、極端に世俗を嫌う者たちとの間に絶対的な矛盾はない。後者はカタリ派どころか、厳密な意味で「キリスト教」的なのだ。双方の関係は矛盾というよりむしろ、ともに極限と言った方がよいかと思われる。

モンタイユーの村民は司祭をはじめとして善信者の感化を受けていた。だからアルビジョア派気取りでいた頃の彼らは、善き霊の創造者たる神の存在、そして現世や罪深い滅ぶべき肉体の創造者たる悪魔の存在を信じていた。したがって、この見地に立つ以上、キリストが地上の肉体をもっていたなど論理的にも考えられない。そんな風に考えるなら、ただ降誕受肉という一事だけでイエスは悪魔のものになってしまう。

モンタイユーの羊飼いたちは好んで神学を論じた。これは十九、二十世紀の南仏農民（ミディ）が何かにつけて政治談議を始めるのと好一対である。それでも、カタリ派づいた羊飼いたちが時々迷う教説上の問題点がいくつかあった。たとえば、悪魔は未来永劫にわたって神と併存する（これはラングドックに強い影響力をもっていた「徹底二元論派」の主張である）のかどうかという問題。あるいはまた、もっと「真正」のキリスト教に近づいた議論になるが、神が悪魔を創造し、「今度は」悪魔が諸悪と現世の創造者になった（これは「穏和二元論派」の見解である）のかという問題がそうであった。モリ兄弟や同じ村人同士の会話には、どちらの立場ともとれる発言が見られる。一三〇〇年代のモンタイユー村民を宗教会議に招集して、彼らが理解した教義、あるいはオーティエ兄弟の口から伝授された教義の「真の」意味を確定させることなど出来っこないのだから、これ以上立ち入った解釈は止めておこう[22]。専門の神学者なら厳密な教義上の模範解答を要求しなければならないが、それを農民に期待してよいだろうか。

モンタイユーのカタリ派教説は、歴史の神話物語でもあった。というより、まず何よりも神話物語であった。村の夜語りで、尾鰭をつけながら飽きもせずに神話を語ったのである。話は堕落の物語から始まる。昔々、悪魔は天国の善き神の周りにいる霊たちの一部を誘惑することに成功した。霊たちは天より墜落し、この地上で悪しき誘惑者が忘却の粘土で作った泥土の衣（テユニカ）、肉の身体に封じ込められた。肉体が死ぬ度に、堕ちた霊は衣（テユニカ）から衣（テユニカ）へと慌てて駆けまわる。こうして、霊によっては動物にも人間にも次々と生れ変る。ピエール・モリが言っている。

「それも、そこで初めて救われる肉体に辿り着くまでのことだ。その時は、とうとう異端になって、霊も正義と真理の中に置かれるからだ。いよいよ、この最後の衣（テユニカ）から出る（この肉体が死ぬ）と、問題の霊魂は天に帰る。しかし、異端になるまでは、霊魂は衣（テユニカ）から衣（テユニカ）へとさまよう定めなのだ」

して見れば、輪廻転生説はカタリ派教説（一般的に）の、そしてモンタイユー神話（特殊的に）の中核である。長く地上にとどまって苦しみ続ける堕落した霊にとって、輪廻転生はカトリックの煉獄に相当している[23]。

ここに描き出されているのは霊の循環の神話である。原初の堕落。現世における長く苦痛に満ちた輪廻転生の期間。そして最後に、異端入信とそれに続く究極の死による天界復帰。そこで神話は儀典に移行する。神話が儀典を、儀典が神話を正当化する。儀典の面からいうなら、実際には、モンタイユーの連中は簡略化された形で異端を実践していた。装飾部分を取り払ったのだが、これは本質をより良く保持し枢要の所作を際立たせることにもなった。まず、儀典中の儀典たる救慰礼（コンソラメントゥム）を見たい。われわれの村の単なる「帰依者」にとって、これは本来の意味における「異端入信」を意味した。これが授けられるのは、死病の場合、それもこの世の命が終わる直前である。一三〇〇年代のアリエージュ上流、取りわけモンタイユーの救慰礼には耐忍（エンドウラ）の栄光がつきものであった。耐忍とは、原理上はともかく事実上は絶食による自殺にほかならない。「異端に入った」つまり「救慰礼を受けた」帰依者が、近親や善信者に勧められて自らに課す、最後最大の試練である。多くはそのまま死に至ったこの人生最後の壮挙（十三世紀のラングドックでは知られていなかった、あるいはほとんど知られていなかったのだが）は、肉の世界に対する絶対的な拒否を表している。これはむしろ、一三〇〇年以後モンタイユーの宗教として流通したオーティエ兄弟の教説独特のものだったのではないかと思われる。

救慰礼（コンソラメントゥム）ならびに耐忍（エンドウラ）は、何と言っても最後の解決法である。モンタイユーでも他所でも、より日常的な実践として記録されているのは致善礼（メリオラメントゥム）である。これは帰依者が善信者を「礼拝」し、善信者が帰依者に祝福を授ける儀礼のことである。「礼拝と祝福」に参加するのは、帰依者たる完全な資格があること、したがって死の危険が迫った時に救慰礼を受ける資格のあることを意味した。致善礼には「平安の接吻」、それに「パンの祝福」の慣行が付随している。これは帰依者と一緒に食事をする際に善信者が行う儀礼である。一目で判るように、神と帰依者の間にはいつも特権的な仲介者たる善信者が介在している。彼の言葉は麻薬のようなもので、女たちは善きカトリック信者でいたいとおもっても、もはやそれなしでは済まない。ともあれ、単なる異端帰依者は自分では祈ることがほとんどない。彼等には心をこめて主の祈りを唱える資格がないのだ。大ていの場合そうだったが、たとい祈りの文句を知っていたところで、そうなのだ。主の祈りを口にできるのは、原則として善信者すなわち「善きキリスト教徒」に限られる。それ以外には、救慰礼を受けて清められ異端にされた、賞賛さるべき死を目前に控えた帰依者だけである。今では彼らも「善きキリスト教徒」なのだから。往昔の教説の基本点をめぐって最良の専門家たちがいかにさまざまの解釈を展開しようと(24)、大局的に見るならば、モンタイユーに関する限り、カタリ派教説がキリスト教以外の宗教としてではなく、キリスト教の極端で英雄的な一変種として受け取られていたのは確かだと思われる。要するに、住民の目にはカタリ派こそ単純明快、「真の」キリスト教と映ったのだ。まさにギヨーム・ブロが決めつけたように「パリサイ人」の偽カトリックとは正反対だったのだ。教義的にはこの点で住民が間違っていたとしても、そんなことは「内面的に」これこそ真のカトリックだと信じ込む妨げにはならなかった。この村の歴史を見ようとする者にとって大切なのは、何よりも彼等がそう確信していたという事実である(25)。

☆

天国の問題に取り憑かれていたにしても、モンタイユーは依然として地上に存在する。この際、聖なるものは社会的なものの偽装された表現にほかならない。表面では潜在する実体とはかけ離れる傾向があるだけ、余計に活き活きと内実を表現しているのだ。サバルテスの善信者たちは、単に村人の霊魂を救って天国へ連れて行く任務を帯びた清浄な人びとであっただけではない。ピエール・オーティエ、プラド・タヴェルニエ、その他いずれの面々も柔和な無垢の人間などではなかった。まして、ドストエフスキーの『白痴』の主人公ムイシュキン公爵のように善を夢想するピエロなどではなかった。実際は、モンタイユーで有徳の誉れ揺るぎない「善きキリスト教徒」たちは、影響下の村民の相対立する部分を統合するという社会的役割をも果たしていたのである。この敬虔な男たちは、家対家(ドムス ドムス)、党派対党派(クラン クラン)の抗争で崩壊の危険さえある、統治の行き届かない細分化された社会で活動したのであった。オーティエ兄弟は交友関係や親分子分関係の網の目を基盤とし、さらに異端的であるとともにブルジョア的、ひいてはほとんど貴族的といってもよいような特権的家系と結びついていた。山国の聖者たちは、それ程生れのよくない同行者ベリバストやプラド・タヴェルニエなどと手を携えて、社会的諸価値の尊重を定着させるために努力したのであった。彼らは暴力を静めた。しかも自分の方では、抑圧のための対抗暴力という危険な手段に訴えることをしなかった。彼らは誓約を聞いた。彼らは公然と、むしろこれ見よがしと言ってよいくらい、他人の麦畑、ぶどう畑、女房を尊重した。つまり、農民の所有権を尊重したのである。現実にこの時期の農民所有権は、従来から法史学で言われているほど未発達ではないのである。アーネスト・ジェルナーの研究は同じ地中海地帯でもここことは別の山岳社会に関するものだが、この点で大変参考になる。モンタイユー地域でわれわれが見ている村人は、紛れもなくキリスト教徒であろうとしたし、キリスト教徒と称したのだ（また、これ以外に何であり得ただろうか）。ただ、彼らのいうところによれば、彼らにとってキリスト教ないし異端にまで踏み込んだ「善きキリスト教」なるものは、この世の命のある限り行住坐臥敬虔な行動の規範とすべき内面化された実践のことではなく、形式上の参加と自己確認（救済のための）のことだったのである。突き詰めればアルビジョア派教説と矛盾を来すのだが、モンタイユーの村人は一方ではキリスト教の彼岸、教義、道徳の必要を知っていた。それは真剣、感動的ですらある。しかし敢えて言うが、それは心底から発するというより、むしろ建前である。信仰心は空疎な説教で日常化、習慣化してしまっている。そうでなくても、彼らは不利な立場にいる。僻地の大衆の常として、村人は文字を知らない。書物と言えば宗教書に決まっていた（サバルテスに流通した手書き本に宗教書以外のものはなかった）が、彼らにとっては書物そのものが神聖な物だったので、救慰礼の時に死にかけた者の頭に載せたり、手を置いて誓いを立てたりしたのだった。が、読書や個人的瞑想の手段ではありえない。だからこそ、自分よりも教育のある聖なる人に書物の内容の説明を頼んだのだ。すでに述べたし後にも述べるだろうが、大体、モンタイユー村民の行動ないし道徳は大ざっぱである。彼らは山国の慣習と自由を主張する。性風俗は堕落放縦と言わないまでも、少なくともキリスト教が建前とする厳格な教訓に比べれば寛闊である。村の司祭からして妾を囲っていた。サバルテスでは、キリスト教の道徳規範に敬意を表しながらも、棺に入る覚悟をする日まではこれを無視する権利を手放さない。要するに「皆が清らかになりたがってはいるものの、まだ清らかではない」のである(26)。だからこそ、救慰礼は巧みな工夫なのだ。救慰礼が一人一人に無軌道な生活を許したわけではないにしても、倫理でなく慣習によって正当化された自由を認めた。そのお陰で、永遠に旅立つ日の直前に異端に入って罪を一掃することを期待し、さしたる不安もなく日を送ることができたのだ。その点でも「善信者」の人物は都合よくできている。

「あの方は清浄だ。嘘を吐かない。肉もチーズも食べない。女とも寝ない。他人の銭を取らない……」

つまり、一般の村人は所定の作法に従って善信者を拝礼し、そうすることで「善きキリスト教」（換言すれば異端邪説）に対する帰依を表明するだけでよかったのである。それで臨終の救慰礼に行き着くための道標が得られ、その結果天国の門が大きく開かれるのだ。「労せずして天に至る道は何か」という、あの古典的な課題の解答をモンタイユーは発見したと言ってよいかも知れない。だが、黄十字の村が選択した道は困難を極め、大きな犠牲を耐え忍ぶことになったのだから、冗談めいた感想は慎もう。

とにかく、一つの土地が健全さや純潔や道徳性に欠けていればいるだけ、善の代表として通る聖人が必要となる。それも絵ガラスに描かれた聖人などではなく、本物の生きた聖人、聖徳の生きた手本に実際に近い聖人（たとえばピエール・オーティエ）、あるいは外見上そう見える聖人（たとえばギョーム・ベリバスト）が必要になる。聖人の存在が世の乱れを癒すのだ。ごく少数の人びとの敬虔な生き方が、大衆の慣習的な少々罪深い自由な生き方を償うのだ。放置すれば半ば呪われたまま死んで、地獄にほかならぬこの下界で動物の体に転生するという汚辱にまみれた運命の下にある村の連中を臨終で救済するには、義人が二人か三人もいれば十分である。帰依者に過ぎない者が模範的な生活をする必要はない。代理がいれば十分なのだ。聖人が一人、善信者が一人、つまりオーティエ、タヴェルニエ、ベリバストのような人物が一人手近かにいてくれるだけで十分なのだ。人びとは善信者を贈物責めにする。善信者の方からは、帰依者に取りなしの祈り、有難い恩寵、場合によっては豊作すら返して寄越す。毎日の暮らしのための適切な助言、婚礼の日取りに向いた月齢の判断、配偶者の選択、等々はいうまでもない。善信者は治安判事のようなものであった（オーティエ兄弟、ベリバストの場合のように）。村落内部の秘められた小社会を活性化させ、隠しごとの戦慄を楽しむ者たちに喜びを与える。古来の魅惑に満ちた放縦な生活態度を捨てる必要はない。その上、これはおまけの切り札だが、住民の懐も、金箱も、羊小屋も空にしかねない体制、教会の十分の一税や羊肉税を拒否することだってできるだろう。十分の一税に比べれば物の数でない贈物さえすれば、骨肉を備えた土地の聖人は何でもしてくれる。もともと期待していないにしても、経済上の計算だって十分引き合うのだ。

聖人、善信者、完徳者、善教徒、何と言っても同じことだがわがアリエージュ・ピレネーの「世捨て人（マラブー）」は、アーネスト・ジェルナーの言ったように「辺境における精神の領主」である。彼らは、無軌道ではないにしても完璧にキリスト教的とは言いがたい、馴れ親しんだ慣習を棄てようとはしない小さな国と、「善きキリスト教」の大いなる神との好ましい関係を保証したのだ。教済に到達するためには、いつかは神と交渉せねばならない。境界の関守たる善信者こそ「神の友」、至高の存在の特別の手下、神の仲間の一員なのだ。地域の細分化された孤立主義と啓示宗教という一層純粋で一層厳格な普遍主義の二つは、併存させねばならない――それも安上がりに併存させねばならないのだ。少なくとも異端審問が手を出して来るまでは……。

第二十四章　恥と罪

宗教の問題の次は当然、倫理の問題である。性格(エートス)と慣習(ハビトゥス)、換言すれば表面化していようと潜在のままであろうと価値観の体系は常に村落研究の中心課題である〔一〕。

理屈から推して、わがモンタイユー住民の行動に幾分かでもカタリ派の影響が及んでいる以上、村の至るところに帰依者の習わしたる、かの有名なカタリ派的「無軌道」が見て取れるものと予期できるかも知れない。ジャン・シェリーニはこの種の無軌道の根拠を次のように要約している。「カタリ派においては倫理構造は二段階に分かれていた。大多数の者には何の規制もなく、生活上、習俗上の全面的な自由があった。他方、完徳者には禁欲的かつエリート主義的な倫理と……その上に、帰依者（罪人たる）を死の前夜に善の原理と和解させる、救慰礼の効果を用いて和解させる責任があった」(1)。アリエージュ上流では、救慰礼の後に、事情が許すなら耐忍が、そして死が続く。要するに、死に際に一切を払拭するのだ。その後ではもう以前のようなことはあり得ない。この大いなる「払拭」の日を想定するならば、今は何をしても差し支えない！　ベアトリス・ド・プラニッソルは、親愛なるカタリ派ピエール・クレルグから聞いたことを供述している。

「司祭さまはわたくしに申されたのであります。男と女は生きている間にどんな罪であれ、好きなように罪を犯して構わないのだ。この世の四欲のままに振舞ってよいのだ。ただ、死ぬ時に善きキリスト教徒の宗門と信仰に入れて貰わねばならぬ。そうすれば、救われるし、生涯に犯した罪は全部宥されるのだ……。全部、死に際に授けて貰う善きキリスト教徒の按手のおかげなのだ」

この言葉には、ピエールのニーチェ風性格が申し分なく発揮されている。ピエールのカタリ派倫理の解釈は必ずしも間違ってはいないのだが、あまりにも極端、かつ単純である。善信者たち自身は遥かに慎重で、帰依者たちが無軌道に走らないように注意している。実情から見ても教義から見ても、そのようなことは有害だと考えたのである。

途方もない例外は別として、いかなる社会も無軌道では存続できない。モンタイユーでは、なおさらである。少数派であると多数派であるとを問わず、またカトリック信者であるとカタリ派であるとを問わず、流行の宗教意見の底には不変のサバルテス的道徳観が刻み込まれていて、価値観の体系（エートス）であると同時に、慣習的行動の総体（ハビトゥス）として作用している。

この道徳観は、ほんの僅かしか罪という内面的感覚に根差していない。もちろん罪の意識がないわけではない。幾人かの繊細な魂（たとえばオード・フォレのような）にとっては、罪の意識は拷問に近い呵責（かしゃく）であった。しかし本質的に、それだけで個々人の行動が決定されたのではない。敢えていうが、アリエージュ上流地方農民の倫理は、もっぱら何が「罪悪」であるかという個人的感覚にのみ基づいてはいなかった。全員の諒解、つまり何が社会的に恥辱とされるかという相互のコンセンサスにも強く依存していたのである。この点、ティニャックの農夫でしばしば草刈りをしていたレモン・ド・レールの言動が好例である。この男は正統キリスト教から見れば逸脱者だが、彼の場合には極端に逸脱しているためかえって明瞭に、道徳の前提をなす社会的「複合観念」を見て取れるのである。この「複合観念」は、依然として宗教の規範に忠実なサバルテス住民にも存在する。ただ、この種の大勢順応主義者の場合、「複合観念」は隠然たる規定力をもってはいても、暗々裡のまま表面化せず、展開不十分なだけである。だからこそレモン・ド・レールの供述が興味深いので、他の人物や群衆にあっては単なる「慣習（ハビトゥス）」(2)にとどまっているものがこのユニークな証人の場合には見事に「性格（エートス）」となっているのだ。ほかの者なら自分でも十分納得せずにつぶやくだけのところを、この男は大声で断言する。すでに断片的には引用したけれど、ここでティニャックの男の「理論」を三段に整理して見る。

第一。わたしは数多くの喜捨をする。しかし、神への愛ゆえではない。隣人の間に好評を得るため、善人と言われたいためだ。同様に、告解に行ったとしても、罪を思うからではない。司祭や隣人に善人の評判を得るためである。

第二。わたしは罪も善き業の効果も信じない。自分の母親や娘、姉妹や従姉妹との相姦を罪とは思わない。ただ、近親相姦は恥ずかしい（破廉恥な）行為である。

第三。又従姉妹と寝るのはどうであろうか。罪とも恥とも思わない。サバルテスでは誰でも知っている諺がある。「又従姉妹なら、何でもぶち込め」

して見れば、隣人の評判に関する懸念(3)、罪よりも恥を掻きはせぬかという感覚、そして土地の慣習に対する忠誠、この三者がレモン・ド・レールの「道徳」の源泉なのだ。

一般的な「権利」よりも地域の「慣習」の方が重要だとする点で、ティニャックの農夫はこの地方に一般的な、道徳のみか政治にも影響する感覚を代弁している。オルノラックの代官ギョーム・オースタッツが断固として、

「司教は権利を言い立てて十分の一税を要求しますが、わたくしども、ほかならぬサバルテスの住民はわたくしどもの慣習の名においてこれを拒否します」

と言ったのも、同様に地方共通の意見を述べたものであった。

アリエージュ上流に共通していた恥の倫理というテーマは、ひどく微妙である。アックス・レ・テルムのレモン・ヴェッシエールが供述している。

「シモン・バラは姉妹二人を次々に情婦にしたのであります。その上、モンタイユーのパトー・クレルグやわたくしにそれを自慢したのであります。わたくしは彼に申しました。

それは大変な罪だぞ。

いや、違う。罪ではない。だが恥ずかしい振舞だとは思っている。

それがシモンの答でありました。そんな話をした後で、わたくしどもは食事にしたのでありました」

恥の感覚を重視するといっても、ギヨーム・バイヤールの場合にはかなり融通性がある。サバルテスの裁判官だったバイヤール老人は姉妹二人ずつ二組、合わせて四人とも情婦にした。アルノー・ド・ベデイヤックの供述はこうだ。

「それぞれ別の家の出の姉妹四人と寝たのだと申しました。ゴード、ブランシュ、エメルサンド、アルノードがその名前でありました。そこで、わたくしは申したのであります。

どうして二人姉妹二組と寝るなんてことができたのだ。

するとバイヤールは答えました。

血のつながる女と寝たのだったら恥ずかしい振舞をしたことになるだろうが、わしは姉妹二組と寝ただけだ！　何の恥ずかしいことがあるものか。取るに足りないことだ。ほんの些細なことではないか」

「姉妹二組」と姉妹漁りの話は、恥ではあっても罪ではないという問題を農民哲学者に考察させるきっかけとなっただけではない。父方の叔母ならびに姪との問題をも思い出させた。雪の季節のことで炉端に集まっていた村人の間にこういう話が出たのである。

「レモン・ド・プラニッソルはコスーのギユメットとかいう女に続いて、その女の姪に当る、丁度その時レモンの家で下女をしていたガイヤルドをも情婦にした。何という罪だろう！

そんなことはない！　それは罪にはならないのだ」

こう言ったのはその場に居合わせたコスー生れのエイカール・ボレである。一座の連中からは断然「どん百姓」（野暮天）扱いにされている。

人びとがプラニッソルのしたい放題の振舞を「近親相姦」だと非難したのに対して、エイカール・ボレは「恥ずべき行為」ではあっても罪ではないと言いたかったのである。いずれにせよ、ベリバストは好んでこのような断定を下していた。聖人は「罪」に関する皮相な神学論議を嫌ったが、それというのも罪の観念の底にひそむ「恥」という人間の本質と「隣人」の評判に対する決定的な懸念を見抜いていたからにほかならない(4)。

恥の観念はアリエージュ上流、ひいてはイベリア・ピレネー・オクシタニー地帯で支配的だった価値体系そのものと結付いている。婚姻や血統よりも女性の「名誉」を重視する、かなり面倒な考え方があることは先にも述べた。農民的というよりむしろ貴族的な考え方だが、ただの農夫にも十分見られる考え方である(5)。関連して、吟遊詩人の作品でお馴染みの貴族的「面目（パラッチエ）」も想起する必要があろう(6)。社会的階梯の他方の極限では、あるいは蔑視が極端まで行くと、恥の観念は排除の観念、実に不可触視するほどの排除の観念に到達する場合がある。癩病患者や黄十字佩用を強制された異端に対する迫害がその例である。アックスの石工が言っている。

「黄十字は李（すもも）の木に吊して置くこともあります……。できる限り黄十字を身につけたくないと思うのは、それが恥ずかしいからであります」

ここまで行かずとも、貧窮、家屋喪失、破産、あるいは単に社会的地位の下落だけでも恥辱、「困惑」、名誉喪失の理由になりかねない(7)。つまり、隣人の評価を落しかねないのだ。アルノー・ド・ベデイヤックが供述している。

「貧乏していましたために、サバルテスでは概して卑しめられておりました」

アルノー・シクルの言うところはこうだ。

「窮乏しましたために、郷里ではひどく困惑していたのであります。すべて母のせいで（母方から相続できる家屋敷を失ったからで）あります」

これらの証言は貧困に幾通りもの解釈があることを示しているだけに、興味深い。「事実として」貧しい場合（シクルやベデイヤックのように)、貧困は恥辱の種子である。しかるに、「理想としての」貧困の観念は、つまり禁欲主義のためにわざわざ貧困を実践する場合には、肯定的な意味を帯びる。宗教的実践と社会的慣行の対比に対応して、正反対の評価がある。今日、ある種の知識人たちが消費社会に対して肯定的にもなれば否定的にもなるのと、事情がよく似ている。

最後に、外在価値に左右される世界で、公然と立てた誓いを破ったり背いたりする時に名誉を失い恥を掻くのは当然であった。貧乏のせいで卑しめられた、と言ったのはアルノー・ド・ベデイヤックだったが、彼は続けてこう言っている。

「わたくしが偽証したことがサバルテスに知れたならば、もっと悪く思われたでありましょう。それどころか、それは罪ではないかと思います」

この段階的な考え方は興味深い。第一に、たまさかの違約による評価の喪失。第二に、貧窮による評価の下落。ただし、決定的ではない下落。第三、そして最後に、偽誓を避けようとする念慮のなかに窺われるキリスト教徒としての罪のおそれ。罪のおそれは、結局最後に出て来るのだ。

約束を破って「誠意(ボンヌ・フオア)」を欠けば、恥が生じる。サバルテスやモンタイユーでは恥が身近なだけに、何か大きな問題が起こるとすぐ誓いを立てたのだ(8)。

☆

価値の外在化は(9)、「隣人関係」や「相互関係」に立脚する道徳と一体である。隣人が自分をどう思っているか、それが常に気懸かりである。自分に対して隣人たちが結託しているのではないか、という心配が常にある。そして、大ていその通りなのだ。もっと具体的にいうなら、隣人に「迷惑」をかけてはならない、つまり自分の草地と地続きの他人の麦畑に羊を踏込ませせてはならない。

「人の土地の草を（自分の家畜に与えるために）刈ってはいけないぞ。草取りで刈り集めた雑草を人の畑に捨てては
いけないぞ」

これはサバルテスで誰もが言うことだった。規則は厳しければ厳しいほど、破られることも多い。羊飼いのピエール・モリなど、その常習犯だった。隣人が悪い奴だという立派な理由があれば、善き隣人関係のための掟など何の値打ちもなくなってしまう。

善き隣人であるだけでなく、最低限の礼儀をわきまえていることも不可欠とされた。特に村や地方の良い家（エリート）の出身である場合にそうであった。人には好かれねばならないし、人を笑わせるような冗談を言って会食の座を楽しくしなければならない。ポンス・バイユのような人物、さらに倦むことを知らぬ踊り手だった完徳者のギヨーム・オーティエがモンタイユーで人気を博したのは、まさしくこういう資質のせいである。実際、ポンス・バイユは人の気に入るようなものなら何でも持っていた。まず綺麗な女房。次に子供たち。それに綺麗な女房にふさわしい財産と陽気な性分。もちろん、このような型にはまった利点――機知、礼節、微笑、哄笑など――は、実際生活の慣習（ハビトゥス）であるよりも価値論上の性格（エートス）であることの方が多い。しかし苦難の時代に村で成功を収めるためには、ピエール・クレルグのように冷笑や手荒な振舞、オクシタニー風の豪放磊落さを示さねばならぬこともある。ギヨーム・オーティエのような礼儀や他人の尊重と同様に、あるいはそれ以上に、これもまた必要だったのである(10)。

☆

恥の倫理、外聞の倫理が家（ドムス）という基本的な現象に関係があることは、今さら強調するまでもない(11)。もちろんここでいう家（ドムス）とは、例によって家族（妻、子、等々）と家屋の両方を含んだ意味での家である。恥に関するあらゆる論議は近親相

姦の問題に終始するが、近親相姦こそ何よりも先ず家の禁忌（タブー）にほかならない。隣人関係が問題になるのも、いうまでもなく家が、そして播種し放牧する家の地所が互いに近接しているからである。

☆

前置きはさて置いて、モンタイユーやサバルテスは特別犯罪の多い社会だったと見做すべきであろうか。盗み、ならびに「物件に対する犯罪」に関する限り、相互に所有を尊重するよう強制する家の外在的倫理が好結果を生んでいるように見える。告解の場では、果物や干草を失敬したなどというささやかな盗みが述べられている。非常に珍しいケースだがジャン・モリとピエール・モリは、よその群れから迷いこんで来たまるまる肥った牡の仔羊一頭、それに牝の仔羊三頭を頂戴した廉（かど）でベリバストに厳しく叱責された。オルノラックでは物品（あるいは金銭だったかも知れない）の盗難があって、モンゴージの聖母さまが取り返して下された。定期市では織物がよく失くなる。街道筋では贋金使いや追い剥ぎすら見られた（もっとも、ここでは街道そのもの、貨幣そのものが珍しいのだけれど……）。モンタイユーでは住民は互いに識合いだから、よそ者が来れば一目で判った。だから端的な「物件に対する犯罪」など起こりようがないのだ。確かに相互信頼と言っても万全とは行かないので、入口に錠を下ろすこともある。番人が他人の畑をうろつく男や羊を辛うじて「正道」に引戻した記録も残っている。土地の貧しい「糸繰り女」は、同意を得たとは限らない時でも、親戚や近所の干草や薪や篩（ふるい）などを気軽に「寸借」している。しかし、これら諸種の「汚点」は全体の在り方と矛盾するものではない。われわれの村では、総じて所有権は尊重されていたのである。

土地の有力者が平気で「所有権尊重」の原則を侵害したのは事実である。ピエール家もアゼマ家も、弱小家（ドムス）の地所や家畜をわが物とした。しかし彼らの横領には表向き「法的」な根拠があった。内実は地域の党派抗争にほかならないのだが、異端抑圧に事寄せての代官や伯や城代の名における没収だったからである。その場合でも「盗み」であることに間違いはないのだが、盗み自体が目的ではなかった。財産の犯罪が激増している現代フランス諸都市とは事情が違って、盗みのための盗みなどではなかった。それは事実においても建前においても、村の権力を制覇するための手段でもあったし地歩確立の里程標でもあったので、家間抗争の戦略に組込まれていたのだ(12)。プルードンなら「領主権や代官職そのものが強奪だ」と言ったであろう(11)。忌むべき盗みではあるが、当事者の気持はいざ知らず、成文法と慣習法のいずれに照らしてもいささかも「不法」ではなかったのだ。

☆

このような意味での「物件に対する犯罪」が比較的少ないのに対して、「人身に対する犯罪」、手短に言って暴力事件はこの土地では遥かに深刻な状況にあったように見受けられる。日常生活の中では概して他人の財産を尊重したものの、何か重大な局面が生じると家を基盤とする道徳が代償を要求し復讐に駆りたてたのである。しかも、このような局面はしばしば生じた。復讐が富裕で権勢のある貴族的な家から貧しい家に対して実行される時、特に危険であった。この角度から見るなら、地域領主、特に領主の代官が村民にもたらす危険は決して過小評価してよいようなものではない。

われわれの史料から得られるお粗末な統計では、有力者の悪事は当然のことながら誇張されている。あるいは当人が誇示している。エリートたちの間では、少数犯罪者の悪事が強調される反面、大多数の犯罪とは無関係な者たちが攻撃を控えてもそれはほとんど言及されていない。それでもこの統計は見ごたえがする(13)。特に現代の人身犯罪の統計と比べてみる時に興味深い。十九、二十世紀にはこの種の犯罪は特に下層階級のものであって、概してエリートとは縁遠いからである。

ある時期のモンタイユーでは、代官職と司祭職を掌握したクレルグ家が村を手中に収めていた。彼らはマンガルド・モールが同家に不利な（しかし正確な）証言をしたのを処罰するため、合法的に同女の舌を切り取らせた。頑固なカトリック信者で同家の一党に敵対したアルノー・リジエの殺害事件（これこそ歴然たる違法である）にも、同家が無関係だったとは思えない(14)。アルノーの暗殺に当たって、クレルグ家がアルビジョア派に好意を寄せる村の大多数の者たちの積極的ないし暗黙の共謀を利用したのは事実である。ジュナックでは、同地の領主や城代などお歴々が、みずから手を下したのでないにしても少なくとも手下の手を借りて、鍛冶屋のピエール・マルティを絞殺した。地元のカタリ派を告発すると疑ったのである。この密告者だったかも知れない男を片付けた上で異端から足を洗うと、お歴々は泰然自若、再び善きカトリック信者になりすますことができた。その後、誰一人として彼等に不利なことを口にする者はなかった！　一般に、告発者は生き残った犠牲者の一族に暗殺される危険があったし、時には実際に暗殺されたのである。密告者は橋の上から突き落とされたり、あるいは突落とすぞと脅されている(15)。

有力者自身、あるいは忠実な刺客が遂行するエリートの犯罪が、厳しく処置されたとは限らない。それどころか、そのようなことはむしろ稀である。多年にわたりクレルグ家は、カルカッソンヌの権力とつながっていたお陰で何のお構いもなかった。愛すべきベアトリスの一族たるプラニッソル一門も、完全に潔白というわけではない。ジュナックのお歴々同様、殺人の罪に関係していたのである。だが、何の心配があろう。次の対話を見るがよい。プラニッソル家の一味エイカール・ボレに、コスーのレモン・ベックがこう言っている。

「レモン・ド・プラニッソルが犯したのは重罪だ。あの日、レモンはピエール・プランを絞め殺して、父親のポンス・ド・プラニッソルの屋敷の庭に埋めたのだから。それなのに、自分の召使のガイヤルドを手籠めにしたりして罪を重ねない方がよかったのだ」

するとエイカール・ボレが答えた。

「確かに、レモンとわしはあの男を殺して墓地でもない所に埋めた。だからと言って、レモンもわしも、罪を怖れてなんぞいない。実はフォア伯の役人ギョーム・クルテットに全部打ち明けたから、話しはついているのさ」

財政的な調整、つまり賄賂で目をつぶらせたのだろうか。あり得ることである。別の供述からも判ることだが、ギョーム・クルテットは金次第の男である。

安全を保証されていただけに、有力者たちの殺人は異端審問の圧力が加わって来ると、猖獗を極めた。彼らが社会的勢力を持っている時には、密告、投獄、果ては処刑を免れるために殺し、あるいは殺させた。食うか食われるか、だったのだ。

こういう事情とは別に、今一つの暴力行為、それも流血事件の原因を指摘しなければならない。つまり羊飼いの事件なのだが、彼らは羊飼い同士あるいは移動放牧沿道の住民に対して、死者の出ること（例外的ではあるが）もあるほど、暴力的傾向を示したのである。ただし、公正にいって、定住民と遊牧民との基本的敵対を云々するのは間違いである。

さまざまの殺人ないし殺人類似の事件を眺めて来たが、それでも過大な印象は持たない方がよいだろう。モンタイユーはシカゴとは違うのだ。サバルテスの庶民階級はいたずらに暴力や流血に流れはしなかった。有力者の犯罪はある程度、当時の権勢家たちの文化に助長された特異な暴力気質のせいだとも言えるだろうが、それも異端審問の恐怖に由来する異常な事態のために激化し増加しているのだ。いずれにしても、人を殺そうという考えは、当時の禁忌感覚に支えられた頑強な心理的抵抗に直面せざるを得なかった。虐殺は日常茶飯事とは違う。人一人殺すのが重大事だったことに変りはない。貴族や富裕な家と違って金に飽かせた結構な伝など持合わせていない庶民の場合、特にそうであった。一般的に言って、誰かを殺すということは（人知れず暗殺する場合）、遺骸が聖別された場所に埋葬される機会を奪うことであり、さらにまた――当然至極のことながら――臨終の秘蹟にあずかる機会を奪うことでもある。して見れば、この二点だけから考えても、犠牲者の霊魂を中有に迷わせ、ひいては地獄へ堕とすことになる。終末の日の復活すら危ぶまれる(16)。幸福と言わないまでも、死後にふさわしい安息が得られないのだ。こういう厄介な立場に置かれた死者の方でも、不満を全世界に(ウルビ・エト・オルビ)――それも力一杯、訴えないわけがない。アックス・レ・テルムの女たちと粉屋が言っている。

「ヴァランタン・バラが殺されました時、夜ごとアックスの墓地で凄い音を立てましたので、墓地に隣合っている教会では、司祭は眠ることも外出することもできなかったのであります」

だから、人を殺すに当っては大いに考える。脅しから実行に至る間には越えがたい溝がある。恐らく家(ドムス)を基礎とした家族構造が復讐(ヴェンデッタ)を勇気づけたに違いないが、それも実際の流血というより言葉の上の象徴である場合が多かった(17)。何と言っても、花火のように銃火が閃き毎年島民の一パーセント弱が非業の死をとげたといわれる（厳密に言えば〇・七五パーセント）一六八〇年から一七二〇年にかけてのコルシカとは違って(18)、モンタイユーの殺人による死亡率は遥かに低い。人口二五〇を擁する村で、一世代において僅か一名の被害者が記録されているにすぎない（年間殺害率にして〇・〇一三パーセント）。この「率」（ひどく不完全な「統計」に基づくものだけれど）は、人間がもっと利口になった十九、二十世紀のそれをやや上回ると思われる。それでも、一九七〇年代の初めのマンハッタン、ハーレムの危険地区の数字に比べれば、二〇ないし三〇分の一に当っている(19)。

全体として、庶民ないし農民階級の男たちは、ややもすれば殺してやるという脅し文句を口にした。が、実行に移す段になるとたじろいだ(20)。彼らの場合、暴力は事実でなく、むしろ象徴であった。小刀、時には短剣を身に帯びていたが、大ていは威嚇のために振り回すだけで、相手の体に突立てるところまで行かない。殺し屋を雇うこともあるけれど、こやつらは横着で、金を懐に入れるだけで実行はしない。おそらく、雇い主も実際の流血にこだわるまいと、肚のうちを見透かしていたのであろう。異端審問に対しても、特別の場合を除き、民衆の抵抗は受け身、非暴力的、むしろ無きに等しかった。確かに、この地方には「集団」犯罪が横行していた。それはドメニコ会の異端審問による極悪人取締りの掟に名を藉(か)りて、司教の役人たちが日夜おかす職権濫用である。侵害の及ぶところは人身、財産、思想を問わなかった。ただ、「個人」相互間の所有権侵害は少なかったたし、発生したところで大ていは村の代官でも簡単にけりがつく程度のものだった。人身犯罪の方は、有力者たちの放埓のせいで多かった。彼らは今日に比べれば遥かに安易に弱い者の喉を切ったり、絞め殺したりした。しかし、それにもおのずから許される限度があったのだ。

☆

最後に、この村の性関係が比較的に自由だったこと、しかしそれにも限度のあったことを指摘すれば、倫理の問題はほとんど述べ尽くしたことになるだろう。性的な放漫も本物の犯罪として記録されるところまで発展している場合がある。大量の放埓が問題にされているわけではないが、強姦事件（モンタイユーで二件）およびもう少し控え目だが強姦を脅迫した事件が知られている。すでに見た通り、わが村人たち通有の価値観の序列において、労働および勤勉にはほとんど重きが置かれていなかった。この角度から見るならば、家々からなる群島を支配するモラルは、遥か後、近代になって宗教改革のプロテスタントやカトリック、あのピューリタンやジャンセニストから発生したモラルとは到底同日の談ではない。近代ではプロテスタントもカトリックもともに性に対して狭量で、人に勤勉を求めるのに熱心であった。わがモンタイユーの村人は、カトリックであろうとカタリ派寄りであろうと、はたまた「日和見（ひよりみ）」であろうと、この二点――つまり性に対する恐怖、および怠惰に対する恐怖――とは、幸いなことに、まだ無縁だったのだ(21)。

第二十五章　貧困、喜捨、労働

モンタイユーの倫理は政治に帰着する。挑戦的とまではいわないにしても、少なくとも反抗的な社会観に到達する。キリスト教徒でしかもカタリ派寄りの村民やそのサバルテスの兄弟たちには、「富」に対する福音的な排撃が骨の髄までしみ込んでいた。しかも、この考えは現世の財貨の配分に関して日常具体的に観察するところと微妙に一致していたのである。現実社会では、人口増加、貧弱な総生産量とその取るに足りない増加、不平等な財産の配分が絶えず貧困状態を作り出している。この時代に貧困が長期間にわたって延々と問題にされたのは、貧困には対策のないことが明らかだったからに他ならない（現代の社会主義運動ならこのような宿命論に反逆するか、少なくとも反逆を試みるであろう。しかし、それも経済の展望があればこそなので、この点が昔とは完全に違っているのだ）。

まず、奢侈、ならびにそれに伴い、あるいはそれを支える権力に対する反感は地域によく浸透していたように思われる。カタリ派にふさわしく、司祭クレルグは結婚を嘲笑した（情人との会話の中で）。彼の言うところによれば、教会での結婚式など、

「浮世の虚飾にすぎない」

からである。現実の権勢（女や地所や金等々）にしたって、悪魔の贈物にほかならない。少なくともこの小さな国のアル

ビジョア派の目からすれば、そんなものは嘆かわしいだけのものだ。悪魔は善き霊たちを惑わそうとして言ったではないか（羊飼いジャン・モリの伝える、堕落に関するアルビジョア派神話の一異伝によれば）。

「お前たちには妻をやろう。お前たちの気に入るに違いない。一羽の鳥にはもう一羽を、一頭の獣にはもう一頭を添えてやろう。お前たちの誰かを王や伯や皇帝や領主にして、ほかの者に君臨させてやろう……」

普通のカトリック信者もカタリ派とまったく同じで、富や快楽は罪の源泉だと思っている。独房で断末魔に喘ぎながらも過ち多き一生の告白をしようとしない医師テッセール（ロルダの）に向かって、パミエの牢番が言っている。

「さあ、アルノー・テッセール先生。今までお前さまは豪勢な暮らしをして来なさった！　結構な人生を送りなさった！　堪能するほど楽しみなさった！　それなのに、どうして、罪深くないなんてことがありますかい」

フォア高地部でも、富裕とは物質的な財産を所有していることである。しかし同時に、すでに見た通り、権勢、影響力、知識、子分や仲間のネットワークを握っていることでもある。この基準で言うならば、貧乏人つまり上記の特徴を何ひとつ備えていない人間の方が圧倒的に多い。「貧困」の語義を拡大解釈すれば、貧乏人の実数は農民の一般大衆のほぼ全員に相当したと言ってもよい位である。こういう解釈は、獄中のベルナール・クレルグに向かって長々と説き聞かせた司教フルニエの言葉からも引出すことができるであろう。ベルナールはちょっとした物持ちで通っていたのだが、自分を窮地に陥れた密告者の名前を教えてほしいと司教に懇願したのである。司教は素っ気なく撥ねつけた。その理由をこう言っているのだ。

「密告者の名が知りたいというのか……。わけを教えてやる。そんなことをすれば、お前を告発した貧しい無力な者たちが危なくなるではないか。考えても見よ、ベルナール。お前には力も知恵もある。今までお前の友人の多くを誰彼となくひどい目にあわせたではないか」

とは言っても、一般的な意味でなく、村で「貧乏」という場合、つまり村民の心理における「貧乏」にはもう少し厳密な範囲がある。モンタイユーの村人が「貧乏人（パウペル）」と呼ぶのは、放浪の乞食（こじき）であろうと定住の乞食であろうと要するに乞食のことなのだ(1)。換言すれば、個人財産が家屋一軒の価格を下回る（だからトゥール貨に換算して四〇リーヴルに達しない）最低水準の貧農のことである。もちろん、田地も役畜（アトラージュ）も、畜群と呼べるほどの羊も、家らしい家（オスタル）も持ってはいない。かと言って、腕に職があるわけでもない(2)。それは、異端審問官に没収ないし破却された末、家を失った家長である場合もあった(3)。大きな傾向としては羊飼いや定期雇い農夫になるほかない若者、住み込みの雇い人、下女、農家の次三男、私生児、さらに村の賃労働者全般がこの範囲に入る。したがって、貧困とは農村社会の底辺にほかならない。数字の上では、低く見積っても地元人口の二〇ないし二五パーセントになるであろう(4)。しかし、フィレンツェ地域についてシャルル・ド・ラ・ロンシエールが試みたように貧乏人にも二通りあることを見分けなければならない(5)。つまり「自分で貧乏（プール・リュイメーム）と思っている貧乏人」と「貧乏人扱い（プール・オートリュイ）されている貧乏人」の区別なので、後者は富裕者ないし多少はましな連中から貧乏人と見られ、時には喜捨を与えられる者たちである。サバルテス下層農民の多くが貧乏人をもって自認している(6)。しかし、喜捨は特定の者に施されていて、乞食や放浪者、それに異端審問に家を破却されて物乞いの惨状に落ちぶれた農民など、救済に値する「本物の貧乏人（ポーヴル・デタ）」に流れる傾向があった。貧しくとも労働者や作男として雇われていれば、決して「施しに値する（オーモナーブル）」貧乏人ではなかったのだ。

事実の定義から価値の問題に話を戻そう。わが山国の民にとって、貧困それ自体（アン・ソワ）が理想であったわけではない。むしろその逆である。それなのに、「富に反対する」考えが普及していたのだ。それも、富一般を敵視するのでなく、富裕者ないしいわゆる富裕者の特定範疇、端的に言えば教会を特別の標的にしたのだ。俗人の富はほとんど問題にされない。聖職者が富み栄えているとなれば、民衆の怒りを買う。教皇庁に怒りを向けるのはおそらく正しかったはずで、教皇庁は実際に想像もつかぬほどの富を集積していたのだ(7)。ベリバストは、モンタイユーのモリ兄弟を前にして本質をいい当てている。

「教皇は貧乏人の汗と血を絞り取っている。司教や坊主どもにしても同じことだ。やつらは金持で、誉めそやされて楽しんでいる……。もともと、聖ペテロは女房子供も田地も葡萄畑も家財も打ち捨ててキリストについて行ったというのに……」

聖職者という貧乏人の強奪者、富の肉食獣のことを言い出せば当然、聖ペテロの使徒的生活を称揚するところに行き着くのだ。ベリバストは酷評の手を緩めない。お定まりの坊主たちの性関係の退廃ぶりを持ち出す。

「司教もフランチェスコ会やドメニコ会の連中にしてもそうだが、若くて綺麗な女の家と見ればすぐ入り込む。金を捲き上げるだけではない。相手に気があれば、一緒に寝て交わるのだ。神妙な顔をしているくせに」

善信者の口癖だったこういう悪罵は、常に対比をともなっている。カトリックをけなしつけてカタリ派の長所を強調するのだ。「皮まで剥ぎ取る教会」（ローマ教会）と「すべてを有す教会」（アルビジョア派）の対置である。浮世の奢りに対して、最小限度の組織、壁すらない教会、しかも戦ったり血を流したりしない教会を誉め称えるのである。ベリバストは自分の考えを一言で要約した。

「人の心こそ神の教会だ。木や石で作った教会が何になろう」

この思想はモンタイユーの住民、その友人、移動放牧の知合いの間に大きな反響を呼んだ。ピエール・モリは悪口を言って大笑いしている。

「小さな兄弟だの、説教の兄弟だのと言ったって、とんだ食わせ物だ！〔二〕自分じゃ小さいなんて言ってるくせに、でかい面をしてる。故人の魂を救って天国へ送るどころか、葬儀のあとの宴会でたらふく詰め込んでる。酒だって底なしだ。やつらの豪勢な屋敷が自分の手で建てたものと思えるかい。あの修道僧どもときたら、性悪の狼とおなじだぜ。生きてるものも死んだものも全部食い尽くすつもりなんだから」

アリエージュの羊飼いに言わせておけば、一字一句聖マタイの福音書の注釈を聞いているような気がする(8)。善信者の口を通して、それにローマ教会の説教者によって、貧者の福音がもっとも卑賤な、文字すら知らぬ者たちにまで到達したのである。ローマの説教者といえば、自分で広めた福音主義の槍玉にあげられたのだから、さしずめ身から出た錆というほかない。

☆

だからこそ、教会に清貧が期待されるのだ。教会は着痩せする女みたいなものだ！　心臓よりも胃袋の方が大きい。福音書の命ずる清貧を実行するどころか、信者の金銭をむさぼり食らう。まず、地方民話に根を下ろした贖宥がある(11)。そのためには多数の募金人が走り回っている(9)。彼らは歩合を稼いだのだろうか。ピエール・モリの言うところはこうだ(10)。

「ある時、わたくしはロンスヴォーの救護院から来た募金人にバルセロナ貨で一二ドゥニエを渡しました。これを知ってベリバストが申したのであります。

ピエールよ、お前は銭を失くしたも同然だ。魚を買うのに使った方がずっとましなのに……。教皇の贖宥は高くつく割りに効き目がない」

後代、贖宥反対運動がルター派の大きな財産になったことは周知の通りだが、すでにこの時代、村の織布工と顧客の女の会話に登場するほど大衆の中に入り込んでいたのである。一三二一年、ロルダのギヨーム・ド・コルネイヤンが供述している。

「二年前の聖霊降臨祭の頃のことであります。わたくしはロルダのアルノー・コギュルの女房ギユメット・ヴィラの注文で亜麻布を織っておりました。それとも麻布であったかも知れません」

すぐ判ることだが、舞台は「逸脱者」たちの巣窟である。牧羊家で剪毛人のアルノー・コギュルはカタリ派に好意を寄せていて、害になる生物は神の創造ではないとまで考えている男である。

「そこへ募金人がやって参ったのであります。その申すところでは、いくらでも贖宥は届けることができるということでありました。その後、募金人が立去りますとギュメットが申しました。罪の幾分かでも人間に宥すことができるなどと思うかい。神さまだけがおできになる。絶対、人間じゃない。わたくしは思い切って申しました。

でも、教皇や司教や坊さまなら……。ギュメットが遮って申しました。

駄目、駄目。誰にも駄目。神さまだけ」

ヴィラは札つきの女である。説教中に贖宥を束ねて結構な値段で売りつけようとした司祭を、ロルダの教会の真っ只中で罵ったことがある。モンタイユーから来た羊飼いたちの前で贖宥売捌人の悪口をいうことにかけては、さすがのベリバストでさえ言葉が足りないほどであった。彼らは問屋たるローマの聖庁で商品を仕入れて来ると、鐚銭一枚で赦免千回という触れ込みで、執拗に一戸一戸まわっては戦闘的な再販をする。教皇はトゥール貨二〇リーヴル（家屋の価格の半分）で一度に数千日分の贖宥を振り撒いていたのだ(11)。

贖宥の販売に対する抗議と並んで、大祝祭日ごとに教区教会の住職が取り立てる法外な募金や供物に対しても不満が昂じる。

「オルノラックの助任司祭ベルナールは、村人の持って来た復活祭の供物が例年より少ないとこぼしておりました。これについてギヨーム・オースタッツが申したのであります。それはオルノラックのある女の家で村の者たちと話している時のことでありました。

坊主どもが要求できるのは、建前だけのことだ。だから小銭一枚でも出しておけば借りはなくなる勘定だ」

司教や司祭が復活祭用に重さ三ポンドの蠟燭を作れと命じた時にも、同じような抵抗があった。比較的大胆な農民が返答している。

「四分の一ポンドの獣脂蠟燭なら作ろう」

十分の一税は、診察料ばかり無闇に高くて評判の悪い精神分析医同然、貪欲な聖職者の物質的要求に対する人びとの心理的「抵抗」のゆえに、争いの的となった。ティニャックのジャン・ジョフルが言っている。

「昨年のことであります。わたくしどもはある家の二階で、飲んだり、アーモンドを食べたりしながら、サバルテス首席司祭管区の聖職者たちと地域信者の間の訴訟事件、十分の一税の訴訟事件を話題にしたのであります。話の中でティニャックのアルノー・ジョフルが申しました。

聖職者が俺たちから何も取れなくなればよいのに。世の中の坊主という坊主が吊されてしまいさえしたら！」

☆

十分の一税を払わないというなら、精神的な圧迫を加えて対抗するまでだ。聖職者にはこんな決断くらい朝飯前である。事実、サバルテスの教会には負債をいい立てて破門にするといういやらしい慣行があった。信者同士の負債なのだろうか。稀にはそれもあったであろう。しかし、取り分け聖職者に対する負債、十分の一税や初穂料や羊肉税の滞納が理由になっているのだ。この種の懈怠があれば、鐘という鐘を打鳴らして灯明を吹き消し、大童（おおわらわ）となって破門を宣告するのに躊躇しない。その途端、十分の一税の負い目ありとされた神の民は聖所から門前払いである。野天や麦打ち場で愚痴をこぼすしか手がなくなる。幾人かの気の強い男、あるいはどんな我儘も許されるパヤルス司教区から来たような聖職者が、不届きな農民の耳許で囁く。

「しっかりしろ。破門されたって死にはせんぞ」

負債を口実にした破門の不満は、「高利貸し」が国中に惹起する発作的な憎悪に似ている。もろもろの家（ドムス）が不平等ながらも共存している世界に、資本蓄積の精神はそぐわない。むしろ嫌われ、容赦されない。低平地諸都市の高利貸しはユダヤ人憎悪を爆発させた。これに対して、サバルテスでは高利貸しはそれほど普及もしていないし、目の敵にされてもいない。ギヨーム・オースタッツは自分の生れ故郷の村でこそひそかに高利貸しを営んだものの、代官として赴任したオルノラックで金貸しに狂奔することはなかった。モンタイユーにも稀ながら高利の貸借は存在したらしいが、われわれの記録には出てこない。アリエージュ上流では依然として、十分の一税、十分の一税の滞納、そして十分の一税滞納による破門が、富を敵視する不満の主たる源だったのである。

☆

オック語地帯の「長期持続的」な反教会的態度の中でも、十分の一税に対する農民抗争は特に際立っている。それはモンタイユーの十四世紀から、宗教改革の十六世紀を経て、革命前夜たる十八世紀の激動期まで続いた(12)。贖宥に対する抗争は、わがサバルテスの住民と……たっぷり二世紀は後のプロテスタント諸派を、兄弟のように——当人たちは何も知らないのだが——結びつけている。こう見るなら、ルターはいわば成功せるベリバスト、贖宥制度打倒の行動を起こして勝利したベリバストにほかならない。ほかにも理由はあろうが、ルターの成功はグーテンベルクに負うところが大きい。宗教改革者は単に強烈な個性を発揮しただけではない。同時に、印刷術によって巨大化した「マス・メディア」を自由に操作できたのである。ベリバストの方は、善かれ悪しかれ、自分の音声の届く範囲に甘んずるしかなかった。

ここで少々、余談を許されたい。ごく長期的に見た場合、一三二〇年の征服されたるカタリ派と、一五二〇年から一五八〇年にかけての勝利せる改革派、たとえばドイツのルター派やラングドックのユグノー派の間の近似は、贖宥非難という天下周知の命題ひとつにとどまらない(13)。モンタイユーの羊飼いたちが伝えるベリバストの説教の中には、ルターが徹底的にこだわった「信仰によってのみ義とされる」というパオロの命題も出現している(14)。ピエール・モリが供述している。

「降誕祭の夜、わたくしどもはベリバストと一緒にお祝いをしたのでありますが、その時聖人は次のような説教を致したのであります。

水の洗礼など何の足しにもならぬ。水には霊魂を救う力などない。霊魂を救うのは、ただ信仰だけだ」

もっと細かな点では、一三〇〇年から一三二〇年にかけてのサバルテスのごく普通の農民が、年二度の粟の鋤き起こしの合間に「業（わざ）」ないし「善き業」の悪口を言っている〔三〕。これまた後にユグノーが好んで攻撃目標にした問題点であった。贖宥や十分の一税や「善き業」に対する非難、信仰のみによる義認、これら遥か後代の宗教改革の基本命題は、して見れば、オクシタニーの山間では古くから人の口に上っていたのだ。オクシタニーの山国は、明日の牧師も昨日の善信者も、ともに歓迎したのであった。もちろん、カタリ派からユグノーに直接の系譜関係があるなどと言うつもりはないし、まして一つの考え方としての「歴史における祖先の受容」を説くつもりはない。それは問題外であろう。ただ、民衆の感性という永続的で肥沃な培養土があって、その上にさまざまな異端が茅生えたと言っても間違いではないと思うのだ。さまざまな時代のさまざまな異端は、それぞれ相違点と類似点を備えている。

☆

本題、つまり貧困の問題に立返ろう。十分の一税、贖宥、その他教会が金銭をむしり取る方法に対するサバルテス農民の敵意は、全社会にわたる富と力を握っている者たちに対する不満が存在したことを示している。小むつかしい理屈など知らぬ農民にまで瀰漫したこの種の不満は、福音書の教えによって直接養われたのである。福音書を信じるなら、富者は天国から退けられているではないか。モンタイユーの差配レモン・ルーセルは城代夫人にこう言った(15)。

「らくだは針の穴を通れない。豊かな者は救われない。して見れば金持にも、王さまにも、殿さまにも、司教さまにも、その他坊さまがたにも救いはないのだ」

ルーセルの言葉が注意を引くのは、彼がこう言ったのが一二九四年のことで、ということはオーティエ兄弟がこの土地で宣教活動を始める前だということだ。だから、モンタイユーやプラドの村民の間に、民主的かつ福音的な感覚はもともと存在していたことになる。この感覚のせいで人びとは、貧困の問題、正確に言えば救済の矛盾概念たる富の問題を考えざるを得なかった。この感覚はなくならない！　モンタイユーの伊達男と愛人の会話の中にも息づいている。靴直しのヴィタルがヴュイッサーヌに言っている。

「財産があったら救われっこない。善信者の信仰と宗門にいる貧者だけが救われるのさ」

オルノラックの代官ギヨーム・オースタッツの場合は、貧者天国説が彼岸における社会的地位の逆転という公式にまでなっている。ある家での雑談の際、一人の女にこう言っている。

「現代の暮らしで結構な思いをした者は、来世では辛い目にあうしかない。反対に、この世で不幸な者には来世がよいのだ」

豊かな連中は身持ちが悪いと考えられがちであった。彼岸の救済を求めず、現世の富に執着するからである。アルクの牧羊家の女房シビル・ピエールが供述している。

「サラクルー・ド・ブーアン旦那は異端びいきだったのでありますが、異端が泊まりに来る度に泣いたり叫んだり喚いたりしたのであります。旦那が金持だったのは確かであります。それで、財産の減るのを心配したのでありました」

されば、金銭は人を堕落させる。貧乏に生れついた者、および落ちぶれて貧乏になった者は、心から貧に甘んじさえすれば、どちらの場合も天国に行くであろう。金持はそうは行かない。生存中すでに、失うべきものをもっているのだ。

生きているうちから無資格の烙印を捺されているのだから、死後は悲しい運命が待っているのに決まっている。これは異端モンタイユーで普通だった急進的見解（自発的清貧に関する）だが、同時に周辺地域のほとんど至るところに広まっていた。社会的な見地から言えば、こういう考え方をする以上、現世で階級闘争が勃発することはあり得ない。事実、サバルテスで俗人相互間にこの種の闘争が燃え上がることはほとんどなかったのである。

ただ……難点がある。裕福で強欲な聖職者がこの枠からはみ出るのだ。聖職者であろうとなかろうとすべての金持に言えることだが、貧困による救済の説を信じたならば、死後の魂の救いは望めなくなる。当然至極のことだ。しかも、それだけではすまない！　やつらは余分の――そうでなくても反抗的なのに――敵意まで見せて立ち向かって来、行動に移そうとしている。聖職者は現実の反教会、反十分の一税の抗議に直面するのだ。だから、富を掠(かす)め取ったり丸呑みにしたりしたせいで「死後(ポスト・モルテム)」には天国から排除されるのを不満とした邪悪な坊主どもが、教区民からも天国の幸いを取り上げてしまったのも、はっきりした理由（現実利害上の動機があったのはもちろんだが、それだけでなく）のあることだったのである。自分自身堕落して品位どころでないのに、信者の罪を赦すことなど不可能に決まっている。アックス・レ・テルムのある家で説いたオーティエ兄弟の言葉を、シビル・ピエールが伝えている。

「坊主どもは赤ん坊に洗礼を施すと、すぐさま強奪に取りかかる。灯明皿や蠟燭まで持って行ってしまう。ミサを唱えるにしても、何をするにしても、すぐ金を出せとくる。まっとうに暮らしておらん。だから、自分の罪も他人の罪も、とにかく罪を赦す権能を失くしてしまったのだ」(16)

みずから望んで清貧を実践する者こそ尊いとする福音主義的な救済観の結果、もともと富を疑いの眼で見ていた下層階級の不満は聖職者に集中した。皮肉な話だが、こういう考えは俗人富裕階級のためには非難除けの避雷針の役割を果したのである。事情の変化は貧困の命題が世俗化する（たとえば十七、八世紀青表紙本によって『素寒貧おやじ(ボノンム・ミゼール)』のお話が普及する）日を待たねばなるまい。その頃になると、世界とともに古い、少なくとも福音書とともに古い富に対する反感は、聖職者たると否とを問わずすべての富める者に対する階級闘争を「全面的に」刺激することになるであろう。

☆

モンタイユーで貧困が尊ばれたと言っても、襤褸（ぼろ）をまとった者たち全部が無差別に尊重されたわけではない。それどころか、その反対である。ピエール・モリは自分ではこつこつ金を貯えようなどとはしない。そんなやり方を軽蔑している。しかし、現実的な立場からは、「貧乏ってやつは病気みたいなもんだ」とも考えていた。軽い病、確かにその通りだ。ほんの少し上手に立ち回れば簡単になおる、と善き羊飼いは思っている。レモンド・ブロもアルノー・シクルもアルノー・ド・ベデイヤックも、現に貧乏のおかげで自分自身も近親も苦しんでいるのに、窮乏を有難く思うわけがない。この点、農民だろうと町民だろうと貴族だろうと変りはない。誰かの家族やどこかの亭主やあるいは無関係な者が尊大な、見下した態度を見せたと言っては「困惑」したり「苛立」ったりしている。要するに、貧乏であるがゆえに軽蔑されたのである。貧困よりも悪いのが貧困化、つまり経済的な意味での零落と社会的下降で、傷もの扱いにされた。急に貧乏になるくらいなら、もともと貧乏な方が遥かにましなのだ。

「富裕」「貪欲」「吝嗇」などの反対として貧困が尊重されたと言っても、貧困を全部、十把一からげにして尊敬したわけではない。まさしく自発的な清貧、もっと正確に言えば「信仰の貧者」の生き方だけが賛美されたのである。それは、あっぱれ一所不住の日常の中に悉皆無一物たるべく霊感を受け、あるいは不退転の決意をした巡礼に似ている。信仰の貧者……それは取りもなおさず善信者のことだ。ベアトリス・ド・プラニッソルが、二番目の愛人との会話で言っている(17)。

「巡礼や信仰の貧者には良くして上げなければいけないと、モンタイユーでは皆が言っておりました。信仰の貧者というのは異端のことで、村では善きキリスト教徒とも申しました」

「信仰の貧者」つまり完徳者になるということは、イエス・キリストにおいて貧しくあらんと望むことである。福音書における贖い主の手本に倣うことであり、そのまままことのキリストのごとくなることである。

「善信者、つまり異端になるには女房子供も財産も全部捨てなければならない。それでこそ、わが跡を歩めと望みたもうたキリストの教えにかなうのだ」

とベリバストが言っている。今更繰り返して言うまでもないのだが、モンタイユーでは救済の問題が「信仰の貧者」の関心の核心であった。信仰の貧者とはいわば職業的な善信者か、そうでなければ断末魔の病人である。瀕死の病人とて一度救慰礼（コンソラメントゥム）を受けてしまえば、食物をもふくめてあらゆるこの世の財貨から離れねばならない。村の色男だった靴直しのアルノー・ヴィタルが言っている。

「金持は救われっこない。善きキリスト教徒の信仰と宗門の貧者だけが救われるのさ」

☆

低平地のカトリック信者と山岳部のカタリ派は反目していたが、自発的清貧はどちらでも重視されていた。これが、敵対する二つの集団の共有するもっとも力強い精神的遺産だったことに変りはない(18)。だからこそ、喜捨（施与）が重要だったのである。普通、喜捨は単なる扶助のためになされるのだから、自発的清貧の実践者に限らず貧しい者なら誰に与えても差支えはない。個人でも救護院でも施療院でも構わないし、現に通りがかりの貧乏人に与えている場合もある。しかし、誰に与えるにしても、その意図は常に精神的なもので、神への愛ゆえにとしている場合すら見られる。ピエール・モリの供述にこうある。

「その夜、わたくしどもはギユメット・モリの家で食事をしたのであります。同家の者たちのほかに貧しい男が一人一緒でありました。ギュメットは神の愛のためにこの男をもてなすことにいたしたのであります」

何かと言えば公証人が顔を出す書類の好きな文明の信奉者たちにはお馴染みの(四)、遺言状の制度、つまり「あの世へのパスポート」(19)をめぐって喧しい論議が起こったのもこのためである。遺言人は死後（ポスト・モルテム）の魂の救済をおもんばかって、こと細かに遺贈を取り決める。しかし、この遅まきながらの気前よさはまことの神の愛に基づくのでなく、実は死の恐怖に由来しているのだ。ベルナール・フランカが言っている。

「病人の遺贈や喜捨は何の値打ちもない。愛でなく、恐怖からしているのだから。本当に意味のあるのは健康な人間の喜捨だけだ」

だが、壮健な者の喜捨なら無私無欲、もっぱら神の愛のためだったというわけでもない。人間と神の愛のつもりで貧者に贈物をするといっても、実は、後々居心地よい場所を自分の魂のために用意するのが第一の目的だった。ここにも、モンタイユー、ティニャック、ロルダ等々、要するにサバルテス住民の救済願望が見られるのである。若い方のギョーム・ド・コルネイヤンが供述している。

「昨年一月の日曜日のことでありました。夜遅くまで、わたくしの義父でありますギョーム・ド・コルネイヤン老人の家で、老人と一緒に炉端で話していたのであります。その時、先に名の挙がりましたティニャックのボルがティニャックで次のように喋ったと、老人が教えてくれたのであります。

坊主どもは魂の救いのために喜捨をしろというのだが、やつらは嘘吐きだ。馬鹿馬鹿しい！　人間が死ねば魂も死ぬんだ。人間も獣も同じさ。魂なんてものは血にすぎないのだ……」（この後延々と冒瀆の言葉が続く）

この種不敬の言辞はさておき、義父と婿の炉辺談話ははしなくも（皮肉なことに）、教会や個人になされる喜捨に救いの効果があったことを示している。喜捨の意義は教会の公式理論によっても、現実に貧困が存在するという切実な必要によっても、さらにまた一般に受容れられた地元聖職者の宣伝によっても確認されていた。霊魂の永生と来世の存在を信じる以上（この信念はわが農民の大多数のものであった）、喜捨の問題に関心なきを得ないのである。ピエール・モリが言っている。

「贖宥の効果を疑ったことはあります。しかし、喜捨の意義にはいささかたりとも疑いを抱いたことはありません」

これに対して、霊魂の永生を頭から信じないオルノラックの農婦ギユメット・ブネは、一人一人の霊魂の救いのために喜捨をするなどと聞く度に笑い出すのであった。

原則的に、現実の財貨の贈与に霊的な救いの意味が認められている以上、裕福に暮らしていていくらでも喜捨のできる人びとの場合、自分の魂の救いに不安を感じ悩む思慮深い人物なら誰でも、思いきり気前よく振舞うのは当然である。そういう人びとはこの世の喜捨によってあの世における神の慈悲を得ようと試みる。オード・フォレが痙攣をおこして転げまわりながら、生き延びて信心する時間をお与え下さいと聖母マリアに哀願していたら、野良働きに雇われていた女がこう言ったのである。

「奥さんに、どんな罪があるというのですかい。村中の貧乏人を喜捨で助けてるっていうのに！」

施す。それはよい。だが誰に施すのか。カトリック信者のオード・フォレは村のあらゆる貧乏人に振り撒いた。遥かに貧しいカタリ派のギユメット・モリは通りすがりの貧乏人に食事を供した。モンタイユー地つきの農民は、亡命という悲運にも遭わず、村の正統アルビジョア教説にどっぷり浸っている。彼らやサバルテス中にいる彼らの兄弟たちの選んだ方法は、ほんのつけたりに地元の一番惨めな連中――乞食、放浪者、あるいは異端審問のおかげで破滅した家の家長などに、それに何よりも「信仰の貧者」すなわち善信者に施すことであった。アスクー生れのリグザンド・コルティルが供述している。

「善信者が異端に入れてくれれば、死んですぐ父の国にやってもらえるのであります。善信者に喜捨をいたしますと、ほかの人に喜捨したのとは比べものにならないくらい、大きな報いとなって返って参ります」

モンタイユーのアルノー・ヴィタルの場合も同様である。

「善信者にするのはよい。カトリックにするのは駄目だ」

同じくモンタイユーのアラザイス・ギヤベールの場合、要点はこうだ。

「すでに故人でありますが、わたくしの兄弟、羊飼いのギヨームの魂は善信者が救ってくれました。それで、母には逆らうことになったのでありますが、善信者たちにお返しの喜捨をいたすのは当然だと思ったのであります」

黄十字の村モンタイユーで特にいちじるしいことだが、ここで逆説的な情況の転回が生じる。つまり、信奉者の贈物攻めになっている「信仰の貧者」たる善信者のおかげで、真の困窮者「生活の貧者」の口にするパンがなくなる場合があり得たのだ。ベアトリス・ド・プラニッソルが供述している。

「二一年前のことであります。わたくしはアラザイス・モリの家に参って同女と一緒に炉で暖まるのが習わしでありました。これはモンタイユーの者で、レモン・モリの妻であります（ピエール・モリの母親でもある）。アラザイスがわたくしに申しました。

生きている間にどんな罪を犯しても救ってもらえるのは、善信者の宗門と信仰だけだ。死に際に善信者が受容れてくれさえしたら救われるのだから。善信者に上げる喜捨は大変な値打ちがある」

慈悲と救済の話を裏づけようとして、アラザイスはしばらく前から完璧な貧窮に陥っている亭主レモン・モリの逸話を持出した。

「わたしも亭主もひどく貧乏しているけれど、善信者には喜捨している。食べ物もたべないで、あの人たちに上げることもある。粉でも何でも、結構な物はあの人たちに届ける……」

ベアトリスは驚いてアラザイスに聞いている。善信者は、貧しい女がそんなにしてまで贈る食物を平然と受取るのか。もちろんのことだ。そこで城代夫人の方も小麦粉を一枡、有難い完徳者に届ける決心をした。蛙の子は蛙である。アラザイスの息子ピエール・モリも母親を見倣って、道で出会った善信者にトゥール銀貨六スーを贈るためとあらば、身ぐるみ脱ぐことも羊を一頭売払うことも辞さない。

結局、「信仰の貧者」は現実世界の貧者の贈物攻めにあって豊かに、それも言わばみっともないほど豊かになってしまう。完徳者ギョーム・オーティエは司牧のために一まわりして来る度に、集まった金貨銀貨を櫃（ひつ）に納めていた。しかもその後、時折は女房のガイヤルドともども櫃の中に頭を突っ込んでいたのだが、それをまったく楽しみにしていなかったといえば嘘になるだろう。ほの暗い櫃の中できらめく貨幣を眺めては夜空の星に想いを馳せたのだから。

この通りモンタイユーの喜捨は、場合によっては非常識なほど、霊魂の救済に向けられていたのである。だからと言って、地上の機能を失いはしない。本当に貧しい者の助けになっていることも多いのだ。他方、喜捨のおかげで気前よさを発揮した者たちの家や畑の収穫にも恵みがある。信仰の貧者に麦を施せば、やがて豊作に恵まれるのは確かだ。他人の困窮を助けるために家を空にすること。それは自分の穀倉を一杯にすることに他ならないのだ。

☆

喜捨という社会的行為を重く見れば、先に少し触れたが、これと対極の位置にある労働の倫理ないし非倫理という問題が改めて出て来る。モンタイユーの連中は決して仕事の虫ではない。昼寝や無為、夏であれば日向、冬であれば炉端での虱（しらみ）取りが大好きであった。できさえすれば、一日中働こうなどとは思わない。まず、半日で切り上げたがる。大きな貰い物をあてにしているから、農作業のために真っ黒になって働くなどということはない。実際に貰い物がなくても、そんなうまい話を夢想している。その点、杖を手に領地を見回っていればよい白い手をした旦那がたと同じなのだ(20)。しかし現実には、つまり大多数の住民にあっては、農繁期であれ移動放牧であれ精魂尽きるまで働かざるを得ないのだ。

いずれにせよ、労働そのものが現実世界で物を考える際の出発点にはなっていない。農夫が自分の畑をよく耕すのは、気が変でないことを示すためだ。一家の長にはよき隣人たることが期待されるのであって、野良仕事で疲労困憊することが期待されているわけではない。来るべきプロテスタント的、ないし「ウェーバー」風の倫理とはほど遠いのだ。同様に、集中的な労働に最大の価値を認めたジャンセニスト風、つまり近代化されたカトリックの倫理ともかけ離れている。

にもかかわらず、モンタイユーでも労働にある程度の積極的意味が認められていたのは間違いないところで、このこと自体やがてさまざまの方向への発展を予告するものである。図式的にいえば、喜捨と労働は矛盾しがちだ。

「わたくしは喜捨を頂く資格がありません。わたくしは働くことができるのですから」

これは、モンタイユーのゴージア・クレルグが万聖節の「恵み」のパンを与えようとしたのをエメルサンド・マルティが断った時の言葉である。善信者に与える喜捨（贈り手の霊魂の救済が本質的な動機になっている）について、アラザイス・フォレも同様に補足的な説明をしている。つまり、完徳者は隠れ忍んで生きていて仕事ができないのだから、喜捨を貰ってもよいと考えているのだ。アラザイスの言うところはこうだ。

「善信者によくして上げれば、大層値打ちのある喜捨をしたことになります。あの方たちはすぐ捕まる（異端審問に）ので、働かないのですから」

喜捨と労働が相反する関係にあるからといって、キリスト教的慈愛の頑固な擁護者たるモンタイユーの連中が額に汗する労働にある程度の意義を認めなかったわけではない。むしろ、その反対であった。その根拠は農村文化そのものであると同時に、説教を通じて知った聖書の文句であった(21)。この場合にも、矛盾、ないし矛盾らしきものについてモンタイユーは無頓着である。善信者への喜捨は、彼らがお尋ね者で仕事をしようにもできない情況にあるがゆえに奨励する。しかるに、ここでは断然、あの人たちは「働いている」、怠け者の聖職者と違う、といって善信者を尊敬するのだ。アルノー・シクルと話した時のピエール・モリはこの点で明確な意見をもっていた。後の密告者に向かって善き羊飼いはこう言っている。

「あの説教の修道僧たちが豪勢なお屋敷を自分の手で建てたなんて、信じられるかね。とんでもないことだ。そこへ行くと、俺たちのお師匠さまたちは自分で働いて食ってるのだ」

ピエール・モリの言葉は、まがりなりにも善信者には違いなかった親友のベリバストが手仕事をしていたこと、櫛職人として立派に生計を立てていたことを指している。問題は特定個人の特殊事情たるにとどまらない。完徳の生活、あるいは完徳たらんとする生活と労働は一般に結びつけて考えられていたという事実が重要である。ギヨーム・オーティエは極力潜行しようと努めながらも、仕立屋の仕事をするのをためらってはいない。司祭クレルグの上着を繕い、股引きを縫っている。そしてこれにモンタイユーの連中が感心しているのだ。ベリバストの方も、祝祭日に腕を遊ばせておくことを嫌った。カトリックの安息を踏みにじって平気でいる。ローマの教えを守る連中が祝祭に出かけている間も、仕事場に二重の鍵をかけて普段通り働いた。ピエール・オーティエは労働と救済の間には直接の関係があると考えていた。女牧羊家シビル・ピエールに向かってこう言っているのだ。

「われわれは働いて苦労する。それは、たまたま貧乏で苦しいからじゃない。自分の魂を救うためなのだ」

ジャン・モリは気紛れな男で、絶えず考えが変った。ある時はカトリック（局面A）、ある時は異端（局面B）である。局面Bの時、一時は自分も「霊魂の受取り人」、見よう見真似の完徳者になろうとまで考えた。そういう時には自分の手で稼いだものしか食わないことを自慢する。どこへ行っても、

「人はおのれの汗で生きねばならない。神の子がそう言われた」

と触れ歩いた。ピエール・オーティエに比べて格段に素養のない羊飼いジャン・モリといえども、この点に関する聖書の教訓を忠実に反映している。この論法は教会の連中にも十分適用できる。聖職者もまた新約と旧約の聖書の教えに従って額に汗して苦労の多い労働に熱中すべきである。モンタイユーのギユメット・アルジェリエはレモン・モリの家で二人の

善信者の話を聞いて、心の底から納得した。

「神の命令によれば、司祭どもも手の労働で生きねばならんのだ。今、現にやつらがしているみたいに、人びとの労働で暮らしてはならんのだ。司祭どもときたら、救いの道から人びとを追い払って、良い着物を着、良い履物を履いた者たちにだけ尽くしている。馬を乗り回したり、うまい物を飲み食いすることしか考えておらん」

善信者は律義なモンタイユー女にこういう主張を滔々とまくし立てたのだ。それに女たちは信じ難いほどの感銘を受けた！　果して、司祭は「労苦多き」貧困生活を守らねばならぬのであろうか。余りにも贅沢な今の暮らしぶりでは魂を救うことはできないのであろうか。ギユメット・アルジェリエはひどく動揺した。もはや彼女には耐えられない。突然、相手の善信者二人に打開ける。

「司祭さまでなしに、あなた方の方がよく魂を救って下さるのでしたら、わたしの魂はあなた方に救ってお貰いします」(22)

モンタイユーの人びとの言うところを見れば、貧困の論議は見事に整序されている。善信者に喜捨するのは、彼らが自発的な清貧を実践し場合によっては労働を辞さないからである。少なくとも、そのような人間と思っているからである。他方、修道僧や司祭にも（司祭ピエール・クレルグは別として……）働いて貰いたい。他人を搾取した富で今のような暮らしをするのは止めて貰いたい。進んで労苦多き清貧に甘んじて貰いたい。キエのレモン・ド・ラビュラは小さな、壁すらないような教会を望んだ。そして、「司祭も聖職者も野良に出て土を掘返せばよい」と思った。サバルテスではいつでも、最後には反教会感情が正体を現す。

☆

集団的な理想ないし観念としてのモンタイユーの貧困には二つも三つも側面がある。それは現実に貧しい山国に多年蓄積されている不満と結びついている。それは新約旧約二つの聖書から――多くの場合、アルビジョア派というやや歪んだ環のおかげで――伝わっている。「ヨブ記と福音書以来、貧困は根本的な価値の一つとなった」。そして最後に、貧困の観念は情況に左右されている。つまり十三世紀特有の……しかも一三二〇年の後もずっと持続した諸価値と関係している。「十三世紀は清貧の世紀、托鉢僧団の世紀、アッシジの聖フランチェスコの聖なる貧困（ドミナ・パウペルタス）の世紀であった」(23)。

天国という観点から見た場合、清貧の理想は喜捨をする者、それもみずから望んで貧者となったような喜捨にふさわしい人に喜捨する者の霊魂の救済と並んでいる。現世の観点からするならば、自発的な、場合によっては止むを得ざる貧困の尊重は欠乏に苦しむ人びとの惨状を救う効果がある。さまざまの善信者を扶養する効果もあれば、みずから額に汗して生活の資を得る聖職者という理想を提出する効果もあった。そうあって初めて聖職者は信者の救済を保証できるので、そのゆえにこそ信者の厚意にあずかる資格があるのだ。こうして、堂々巡りが始まる。

ここには何ら――一般的には――革命的なものはない。明らかに貧困の礼賛は家（ドムス）の繁栄と両立できる。富裕な家が貧しい家に贈物をすることとも(24)、骨身を削る労働を正しく評価することとも矛盾しない。辛い労働と言ったところで、ここでは昼寝や日向ぼっこを諦めるには及ばないのだ。しかしながら、ただ一点に関してのみ、貧困の理想化と称揚が問題を惹起する。貧しき教会による救済のイメージを提出したために、十分の一税取りの坊主どもの主張が通りにくくなるのだ。そうでなくてもサバルテスの聖職者は信者、つまり山国の仔羊たちの背中の毛をむしると言って非難されていた。自然にモンタイユーやサバルテスに抗議の声が起こる。城砦には平和を、教会には戦争を、である。さしあたり俗人の富や貴族の一門には矛先が向かない。彼等はただ安楽に暮らしているというだけだし、時には手を結ぶこともできる。この社会の一番外側にあるように見えるもの、あるいはもっとも救済の理想にふさわしくないと思われるもの、つまり高くつくばかりで一向に救いの役に立たない既存の教会に矛先が向けられる。成り上がりの資本蓄積が攻撃されることもある。それは往々にして高利貸しの形を取り、見事に序列のついた家（ドムス）の網の目に亀裂を入れるからである。取り分け、「托鉢」僧団が槍玉に挙げられた。誤解であろうとなかろうと、大食らいの狼同然、不当に富を蓄積していると非難したのである。事実、ドメニコ会もフランチェスコ会も都市的支配の尖兵であった。そのため、フォア伯領の大いなるバビロン、パミエによる罪なき農村抑圧の象徴と見做されたのである。「実際に」攻撃されたのは富その物ではなく、邪悪な富裕者、聖職者、「托鉢」する修道僧たちの悪しき肥満ぶりであった。彼らは村を絞り上げるだけで、俗人の素封家や地元の貴族ならするはずのお返しをしない。彼等ときたら、天国の贈物はおろか援助も保護も――どうかすると保護のまがい物だけは嫌というほど押しつけるくせに！――持っては来ないのだ(25)。

☆

これが十四世紀初頭、総じて豊かとは言えない一つの村における聖なる貧困（ダーム・ポーヴルテ）の有りようであった。清貧の理想は細々ではあったがその後も永く生き続け、そこかしこに魅惑を振り撒くであろう。近年に至るまで、多くの反教会主義者は教会に対して、それが教会であることをではなく、貧しい教会でないことを非難した。貧しい者たちの世界では、地上の財を手放せば手放すだけ教会は天国の鍵を手にすると考えられたのである。さらに一般的にいうならば、すでに一三〇〇年の農民文化の中にはっきり現れている貧困の現実認識と貧困の規範意識は、かならずそうなったわけではないにしても、いつでも社会抗争を導き出す糸口となり得る要因だったのである。そして、その絶好の標的となったのが、この地域では、教会だったということなのだ(26)。

第二十六章　民俗と亡霊

これまで空間や時間の観念、社会意識、宗教、倫理などの資料を検討してきたが、いよいよモンタイユーの民衆思想研究の締めくくりとして、いささか同語反復めくのだが、民俗を取りあげる番となった（未分化の社会では、民俗といっても都市だけあるいは農村だけ、また貴族だけあるいは農民だけを取りあげるわけには行かない）(1)。この際、一部の歴史家が使って成功を収めた伝統的な方法は役に立たない。そういう方法に依存してよいとするならば、アリエージュないしオードの「現在」の民俗研究から歴史を後退して中世の祖型にまで「遡って行く」ことになる。気の遠くなるような話だ。われわれの地域では「後退的」な方法は実用にならない。歴史は過ぎ去り、大きく変ってしまう。十四世紀から十九世紀までの間にはわれわれの民俗景観は根底から変動している。例えばモンタイユーからほんの一跨ぎ、ソー地方の農民は一九七〇年、トゥルーズから来た文化人類学者に『小アルベールの秘法』を思い出させるような伝承を語った(2)(一)。実は、この話は一七五〇年から一八五〇年にかけてフランス語版「青表紙本」を売り歩いた行商人によってピレネー諸地域に持ち込まれ、その結果口承文学の中に「移植」されたものである。いうまでもなく、十四世紀モンタイユーの民話を見るには何の役にも立たない！　昨今刊行された『アリエージュの民話』を見ても、すでに一三二〇年の異端審問記録を通じて知られる話は、虱（しらみ）や名付け親の話などほんの数話あるかないかである……(3)。これら現フォア伯領民話は大多数が比較的新しい時代に打ち寄せた波が沈殿堆積したもので、いわば近代民話と言ってよいであろう。その波は一五〇〇年から一八〇〇年までの間に外部地帯（おそらくは北方の）から押し寄せてアリエージュ地方を覆ったものと思われる。類似の着想の次元では、サバルテスはじめ一三二〇年前後の異端審問官の調査範囲には熊の登場する神話がほぼ完全に欠如している。ところが、十八世紀以降になるとピレネーの至る所でこの愛すべき動物が農民作劇術の主役になっているのだ(4)。

これに対して、死の民俗は遥かに執拗かつ根源的である。一三〇〇年頃に発見できるいくつかの特徴が十九世紀まで保存されている。例えば悪魔的な黒猫は、十四世紀初頭すでに死者の床のまわりをうろついていた。そしてフランス革命後もなおラングドック全土で不吉な挙動を続けている(5)。万聖節の際に食事を死者に供え……生者が頂戴するのも、十四世紀から十九世紀まで多年にわたるアリエージュ上流地方の習慣である(6)。より根底的な面では、ピエール・クレルグやレモン・ブロたちの時代に社会的結合組織全体の基盤であった家（オスタル）は二十世紀初頭に至るまで第一級の役割を演じ続ける。民俗は移り変っても家（ドムス）は残るのだ(7)。

これら断片的な遺物が有用であることは言うまでもない。しかし、そうであればこそ、民俗探査のためには今一度古い記録から出直さねばならないのだ。情報は豊富な場合もあるであろう。反対に単に暗示にとどまる場合もあるであろう。民俗の純音楽的側面を例に取って見る。この問題に関して幾つか些細な事柄は知られている。例えば、一三〇〇年の羊飼いは笛を吹いた。娘たちは居酒屋の帰り道でよく小唄を歌った。教会で聖職者が歌う時には必ず書物を用いた。ベリバストが皮肉をこめてピエール・モリに語ったことがある(8)。

「坊主どもは祭服を着、手に本をもって埋葬されたがるが、あれは天国に着いて神さまの前で歌うためだ」

ところが、分かり切った陳腐な事柄を含めてこれら幾つかの断片以外には、わがアリエージュ住民の「音楽領域」について何一つ判っていないのである。

同様に、民衆の冗談という広大な領域についてもほとんど判っていない。言うまでもないが、冗談は反教会的になりがちである。

「坊主の言うことは全部でたらめ。全部嘘っぱち」

民衆の冗談好きという鉱脈を開発するのはたやすいし、また必ず成功するのだが、ピエール・オーティエの雄弁が受けた理由もある程度はこのためであった。むろん、単に座談の純粋な冗談になっている場合もあるし、時には「仲間」うちの賭けをともなうこともある。

「ギョーム・オーティエはアリエージュの岸で小石を一つ両掌で包み込むように握りました。そして、友達と魚の団子の賭けをしたのであります。

お前にはこの小石を流れに投げ込めまい。こう申しました。相手が賭けますと、ギョームはすぐさまその石を水に投げ込みましたので、相手はもうどうすることもできなくなりました。もちろんギョームは賭けに勝って魚の団子を手に入れたのであります」

この結末に聞き手は「身をよじって」笑ったのである。

土地の諺（ジャック・フルニエのおかげでその幾つかは今まで伝わっている）は、一つならず性や夫婦関係の地口である。また、世界の永続やその内的必然、近親相姦の禁忌、結婚哲学に関する幾つかの根本的な信念を語っている。諺は小さな国の哲学や民族（エトニー）と深くむすびついているのだ。

民衆信仰――正統版であろうと逸脱版であろうと――の領域は、宗教的態度の面からすでに考察した。要するに、サバルテス（モンタイユーを含めて）の民衆が多くの点でかなり顕著なキリスト教の浸透を受けていることを見たのであった。だからといって、ある種の不可思議に対する驚嘆や畏怖を失っていたわけではない。特に泉に驚異が存した。ある泉は、例えば不運にも油で揚げられて半焦げになった魚がいまなお元気に泳いでいるなど、奇蹟を起こすのであった。キリスト教信仰そのものも、民衆の現実の健康や社会関係（ソシアビリテ）と結びついている。先に述べた通り、洗礼は子供たちに立派な体格と美しい姿をもたらす。後々溺れたり狼に食われたりしない予防にもなる。ある教会では、参列者の真っ只中で舞踏が行われた。しかも、参列者の中には泥酔した者すら見かけたのである(9)。

☆

呪術や魔術、それに取りわけ亡霊となると、今少し詳しい情報が得られる。

呪術そのものがモンタイユーやサバルテスの心性ないし慣習の中心を占めていたわけではない。ただ、特定の行為、物件、情報を手に入れる技術としては重要だった。呪術は一面において祈禱師、特に女祈禱師の伝統「医術」と結合していて、それもまったく効き目がないというわけではなかった。同時にそれは、サバルテスである程度輪郭が見えているように、別の面では実際に悪魔的な魔術とつながる場合があり得た。ただ、言っておかねばならないが、それは辛うじて発見できる程度、ほとんど問題にならない程度のものである。

プラド・ダイヨンにナ・フェリエラという女治療師がいたことは前に述べた。どんな処方や技術を施したのか、それは判っていない。他方、これまた既述のことだが、ベアトリス・ド・プラニッソルは改宗ユダヤ女に相談をもちかけて、娘たちの男児の臍の緒の効き目（訴訟事に勝つための）や娘たちの経血を保存すること（将来の婿の愛情を増進するために）を教えてもらった。また、通りがかりの巡礼からは「イヴ」という草の種子を分けてもらった。孫の癲癇に卓効があるというのである。だが、幼い孫の病気にはイヴ草の種子などより、教会に鎮座ましますパオロさまの方がずっと効き目のあることがやがて判る。だから、このちょっとした呪術はいわゆる黒魔術などではない。白魔術、むしろ白魔術以前である。何しろ、使徒聖者のおかげを頂いて治そうと思えば、敬虔な巡礼がくれたイヴ草の種子などあっさり棄ててしまうのだから。そもそもベアトリスは、何かにつけて自分でも使った呪い(まじない)の処方について、薬効があると信じたのは皆の言うことに従ったままでだと力説している。そのやり方には少々超自然的なところがあるのだけれども、ベアトリス自身魔術だとは全然考えていない。元城代夫人――ユダヤ女といわず巡礼といわずいろいろな人間が彼女に術を教えているのだ――自身は、小型の女呪術師と言えるかも知れない。娘や孫の健康と幸運を確保しようとして、あちこちで聞き覚えたつまらない秘法を、それも悪霊的（デモニアック）というのでなくむしろ信心に近い秘法を、しきりに試みているのだ。彼女はガイヤルド・キュックという、ヴァリーニュ生れの女占い師とも交際していた。

モンタイユーで占い師を信じていたのは、ひとり由緒正しき森の妖精、ベアトリスのみではない。ピレネー山脈の南に亡命したモンタイユーのモリ一族も、イスラム教徒の占い師に相談しては家畜や人間の健康、旅や縁談の情報を得ている。予想される通り、占い師や小呪術師にはモール人やユダヤ人、特にユダヤ女が多かったが、数世代後であったら、この問題に比較的冷静だったジャック・フルニエなどとは違って血眼になっている聖職者たちに魔女と断定されていたであろう(10)。フルニエは別の猫を懲らしめるのに忙しくて、この問題を顧みる余裕がなかったのだ。しかし、ピレネーのあちこちにいたユダヤ教徒やイスラム教徒など少数宗教の信者だけが呪術に当っていたのではない。アックス・レ・テルムには、「聖ジョルジュのわざ」なるものを行う公証人と書記がいた。この町（ブルガード）の場合には、少女に鏡の中に盗品の形や痕跡を読取らせるのがその方法である。この方法で、アックスのある妻女とその婿がフォアの市で失くしたか盗まれたかした毛織物二巻きを取り戻そうとした例がある。現世の特殊な術者の手を借りなくても、失せ物は出て来る。例えばモンゴージの聖母は、オルノラックの農婦が盗まれた品物を「ただちに」もとの持主に返して下された。聖母は悪漢の心すら和らげたまうのである。そのためにはもちろん、熱烈な信仰を披瀝しマリアの祈りを捧げなければならない。女や司祭が試みるその場限りの星占いは、家運を保全しようがための爪や毛髪の切り屑の「迷信」とまざりあっている。こうして呪術の知恵は千差万別、しかも常にではないにしても大ていは女性がかかわっている。

陰に女あり、という。同様に、羊飼いも陰にいるのだ。根性曲りの羊飼いがある種の草を入れると、凝乳酵素でも乳をかためてチーズにすることはできない。乳桶にも比すべき女性の腹（?）に類似の薬草を載せるなら、男の精液も「かたまって」胎児になることがない。呪術による精液「不妊化」……。この場合にも、悪魔的な要素はまったくない。ジャック・フルニエはカタリ派狩りに熱中していて、零細呪術のごとき些事は気にしない。十六世紀の「紐結び（エギエット）」とは何たる相違であろう。ジャン・ボーダン以下悪魔学者はほかならぬ不妊の呪いを追及し、悪魔的な犯罪として火刑台に追いやったのである(11)〔二〕。

☆

されば、悪魔（サタン）を取調べよう。モンタイユーに悪魔はいたのか、いなかったのか。呪術と魔術の差は紙一重なのか。それが知りたい。ところで、悪魔に帰依することと、山国の善良な女の誰彼が時折発揮する魔法の力の原因を悪魔のせいにする——後世の教会はじめ多くの人びとがごく普通にやってのけたように——こととは、まったく別である。

サバルテスでは、悪魔（ディアーブル）が魂や体や財産の中にごく気楽に住みついていたことに間違いはない。「悪魔のところへ行っちまえ」、「悪魔め、消え失せろ」、「いつか悪魔に全部さらわれてしまうぞ」、「サンクタ・マリア。悪魔が見える」。これらは、異端に心を寄せる男女の農民がカトリックの聖職者を見かけて口にした、限りなく穏やかな言葉である。もっとも、ローマ教会の信者たちも善信者を見かけると同じことを言ったのだから、お互いさまだ。あるアルビジョア派の女、あるいはアルビジョア派と思われる女、あるいはアルビジョア派になってほしいと家族が期待している女、そんな女がある日突然善きカトリック信者になったと仮定して見る……。周囲の者はたちどころに動機を見抜いてしまう。あの女には「悪魔が憑いたのだ」、「悪魔が乗り移ったのだ」、「悪霊（インデモニアータ）が入ったのだ」、「悪魔（ディアブラト）がさせたのだ」。アルビジョア派に触れた農民にとっては、この世は根本的に悪であり（原則として）、人生は死に至る病にすぎない。して見れば、至るところに悪魔の手を見出し、悪霊がわれわれの周りを飛びまわっているのを感じるのはたやすいことだ。ある田舎者がアルノー・テッセールの異端的言辞に感動して「それじゃ、悪魔は俺たちの兄弟なんだ」と叫んだのだったが、これはサルトルならさしずめ「地獄とは世の中のことだ」というところだ。いわばその先取りである〔三〕。

されば、悪魔はどこにでも……ただ、いつか教会が悪魔を押し込めるであろう場所、押し込めようとすでに努力している場所以外には、どこにでもいる。教会の努力はここかしこに見られるが、まだ余りにも弱々しい。今の段階では成功もしていないしその見込みすらない有様だ。今まで見て来た通り、日常生活の中の呪術は決して無視してよいようなものでなかった。しかし、一般大衆（ヴルグム・ペクス）も聖職者もそれを悪魔的な魔術と混同――その傾向は絶無とは言えないにしても――してはいない。ここにピレネーの十四世紀初頭と魔女狩りの十六世紀との大きな相違がある。十六世紀、魔女はピレネーの偏執狂じみた裁判官たちが強行する迫害の犠牲となって焼き殺される運命にある。そうなれば、村人のささやかな呪術も、大げさに悪魔の企みに仕立てられてしまうだろう。一三〇〇年前後にはまだ、このような考え方は出現していない。火刑台はカタリ派専用であった。

確かに、地獄の力を借りて「実用」に役立てようという考えは、サバルテスにもまったくなかったわけではない。コスーのエイカール・ボレは敵に収監の憂目を見させた件に関連して、悪魔の力を借りたことを「大筋において」匂わせている。次のように言って、反対するあい親の口をふさいだのだ。

「黙っていろ。神さまよりも悪魔の方が強いことだってあるんだから。神さまのお助けを願うか、悪魔に手伝ってもらうか、選ばねばならん時もあるのだ」

ただし、エイカール・ボレは殺人の共謀者、犯罪人である。

同様に、ティニャックの農夫レモン・ド・レールに対する魔術（ディアボルリ）の非難にしても、さしたる意味はないと思われる。噂によると、この男はまだ犂を曳くように仕込んでいない若牛の軛（くびき）がはずれたのを悪魔（マラン）の力でもとに戻したというのである。

役牛調教に魔術を使ったというのか。まさにその通り。しかしながら、レモン・ド・レールはもともと怪しげな唯物論者なので、そのように大げさに決めつけた後では、このような末梢的な指摘に一体どれだけ意味があるのであろうか。それに、すべては見方次第なのだ！　自分自身が犠牲になれば漠然と妖術（マレフィス）、それもおそらく悪魔的な妖術かも知れぬと思うだろう。ところが、術が他人に向けられていれば、同じことでも罪のない技術と考えるのだ。ベアトリス・ド・プラニッソルは、聖職者バルテルミー・アミヤックを恨んでいる。「妖術（マレフィス）」をかけて物狂おしいほど恋い慕わせたから、というのだ。そのくせ、娘に惚れ込ませようと思えば、未来の婿たる紳士に娘の最初の経血をひそかに味わわせるのである。

端的に言って、サバルテスで悪魔はすでに一かどの大物になっている。しかし、聖職者が手をまわして日常的かつ地域的な呪術の中に悪魔を入り込ませるまでには至っていない。さしあたり、呪術は比較的罪のない状態を出ていない。確かに、悪魔（サタン）の黒き太陽のもとにあるとして呪術に信用を失墜させようとする傾向が、一部の聖職者や異端者の中に見られるのは事実だ(12)。ただ、この傾向がまだ支配的になっていないのだ……(13)。一二九四年から一三二四年にかけてのサバルテスでは、わが異端審問官たちは逸脱を待ち伏せるのにかかり切りで、魔女狩りにまでは手がまわらなかった。あるいは、まだ魔女狩り熱に取り憑かれていなかった。何分、司教とその法廷はアルビジョア派だけでも手一杯だったので、山国の所帯じみた呪術を悪魔のせいにしたり、魔術だといって弾圧したりする暇はなかったのだ。モンタイユーに対しては、そうでなくても重大な訴追事由を抱えていたのである。

呪術がさして重要な役割を果していないことから見ても、行き当りばったりに試みる当時の即席呪術は概して加害（マレフィク）呪術というより招福（ベネフィク）呪術、呪殺（モルビッド）呪術というより治療（キュラティフ）呪術であった。アリエージュ上流にも女占い師、女祈禱師、さらに一目で自分に惚れ込ませる不思議な力をもった色事師はいる。しかし、悪魔と結託してもっぱら他人の害をはかる呪術者はほとんど見当らない。あるいは、いたにしても極めて少ない。

悪魔の仕業が相対的に少ないという事実には文化的環境が関係している。フォア伯領高地部の至るところに悪魔がいたのは確かで、人びとのまわりに自在に出没している。だが、悪魔が人びとと「直接」接触するのはそれほど容易ではなかった。亡霊との交渉を独占している専門家「霊魂の使者」（後述）ですら、あれほど数多かった悪霊（デモン）――これまた亡霊の世話役なのだ――と「一対一で」話すことは少ない。だから「一三〇〇年から一三二〇年にかけての段階における」霊魂の民俗は、悪魔（サタン）と取引できる状態ではない。やがて変るのであろうか。おそらく、このままということはあるまい。ただ、フルニエの取調べの時代、モンタイユーはまだその転換期にさしかかっていないのだ。

悪魔の介入を妨げる要因はほかにもあった。一三〇〇年頃の山国の村では「まだ」男女間――呪術問題では特に女性が関係深い――の文化的疎隔がなかった。それはやがて十六世紀以降になって教区学校が導入する。教区学校では一部の少年たちに読み書きを教える一方、少女たちの大部分は救いがたい無知のまま捨て置かれていたのである。だから、少女たちは事実上前にもまして非学校的文化、もとのままの文化の天成の保持者となる。次第に垢抜けし知識を蓄えて来た男から見て、女は一層疑わしい存在となる……。こうなれば、女を信じない者はすぐ魔女を口にするであろう(14)。

☆

生者を助けるためのわざ、あるいは（われわれの領域に関する限り極度に少ないか、そもそも存在しないかなのだが）悪魔を呼び出すわざの次には、死者と交渉しようとするわざを挙げねばならない。モンタイユーやサバルテスの生者の村と死者の村との交際関係を見究めようとすれば、「神話」や「驚異」、ひいては「奇蹟」という広大な領域を問題にすることになる。問題の言葉を二つ、まず見ておかねばならない。

第一に、驚異。これは主として物語の中に出て来る超自然現象のことだ(15)。われわれの記録に出るこの種の物語は異端審問官の前で直接陳述されたものである可能性が大きい。そうでない場合にも、特定証人が聞いた話をジャック・フルニエの求めるままに陳述した、つまり伝聞ないし再話である。いうまでもなく、これら驚異譚はサバルテスでは神話に関する普段のおしゃべりの中に存在した、それも活き活きと存在したものである。おしゃべりというのは体制教会にかかわる場合もあれば、アルビジョア派にかかわる場合もある。それに厳密な意味での宗教に無関係な場合もある。

驚異が「奇蹟」という形で実現することは稀、むしろ極めて稀である。必ずしもローマ信仰の聖域とは言いがたいサバルテスでは、カトリックの奇蹟はもはや過去のものだ。もっと下流、フォアまで行けば異端の半奇蹟とでもいうべきものを見ることができる。ワルドー派のレモン・ド・ラ・コートが火刑にされた時、火が燃え上がって両手の縄を焼き切った。そこで死刑囚は両手をあわせて神に祈ることができた。

「あれこそ魂が救われた証拠だ」

フォアの居酒屋で人びとはそう取沙汰した。大体、フォアの居酒屋では微妙なことでも堂々と論評したのだ。

これに対してモンタイユーやサバルテスに限って見れば、アルビジョア派の「具体的な驚異」など存在しない。換言すれば、カタリ派の奇蹟など存在しないのだ（ただし一つだけ例外がある。わが山国で救慰礼の最中に不可思議な光が差しこんだという話がそれである）⒃。こういう奇蹟との縁遠さはかなり注目すべき傾向といってよい。つまり、アルビジョア派の伝道者にも、その感化を受けた農民層にも（さらに感化されなかった農民にも……）、断固たる奇蹟の拒否、物質界（時としては悪魔のものとされる）から神を排除しようとする意志が見られるのだ。神と一まとめにして、形ある奇蹟の基礎たる超自然的因果関係も一掃したのだ。アリエージュ上流の羊飼いたちにベリバストが言っている。

「木の切れっぱしが奇蹟を起こすなんて、信じられるか」

この地上でカタリ派の奇蹟がカトリックの奇蹟に取って替わるべきだなどと、聖人は夢にも思っていない。付け加えてこう言ったのである。

「奇蹟なら、わたしだって起こして見せよう。ただし、あの世に行ってからだ。この世でのことじゃない」

さらに一般的には、多少ともアルビジョア派の影響を受けたサバルテスの農民は「花を咲かせ実を結ばせるのは神ではなくて」、悪魔だ（これは一部の者たち）、あるいは単に自然だ、季節だ、肥料だ、人の労働だ（これは別の者たち）などと言っている。これら農民の述べているのが、超自然的要因の排除にまで到達したオッカム説の素朴な形態でなくして、一体何であろうか(17)(四)。

☆

これから、現世に滞在し続ける死者の話を見ようというのだが、この問題を含めてフォア伯領住民の神話的思考は多くの場合狭い範囲に限定されている。ただ、それが表面化した場合、やはり注目に値するのだ。

神話的思考は零細な神話を繰り返し、いわば教訓風に語るところに特徴がある。例話（エクセンプラ）という誰でも知っている方法を用いるのだ。レモン・カンテルとロベール・リカールの興味深い定義はこうだ。「本質的に例話（エクセンプラ）は、時間空間ともにはっきり限定された独立の物語である。筆記すれば一〇行から二〇行くらいの長さになる。判りやすく覚えやすく、聞いて面白い。意図はキリスト教の教訓を説明、解説、補足、修飾するにある」(18)。われわれの場合、あえて付け加えるなら、「善きキリスト教徒」つまり異端者の教訓物語である。

低平地帯周辺ならいくらでも見られることだが、カトリック信仰伝道の場合、村の信心深い女たちが語り伝える例話の数々がこれとは別のところで集成された『黄金伝説』に直接由来していることもあり得た。小さな聖体のパンとミサの葡萄酒の話などがそれで、パンを焼いた不信心な女を諭すためにパンは切断された子供の指に、葡萄酒は血に変わっていたという話である(19)。この例話は次々と「構造」転形を続けた一連の例話群の中の一つであって、現にアルザンス（オード県）では次のような話が語られている。洗礼の聖ヨハネ祭当日、聖ドメニコは安息の義務を怠って麦の取り入れをしている農夫たちを野良で見かけた。聖者が農夫をいましめて論争となったが、その最中麦の束が血まみれになっているのに気付く。手には全然怪我もしていないのに……。仲間の農夫も次々と同じ災難に見舞われる。これこそ、聖者の勝利であった……(20)。

アルビジョア派の方でも、善信者の説教に発して農民の間に反響した例話が沢山ある。先に述べたがペリカンの話もその一つだ。この大きな白い鳥（キリストになぞらえてある）は太陽を求めて飛翔するのをやめ、白さを隠し巣の傍らの闇に身を潜めた（キリストが聖母の胎内にいたように）。その方が雛鳥（善き被造物）を食いに来る怪物（サタン）を退治するのに好都合だったのである。この話はサバルテス中に流布していた。同地方グーリエの農夫兼聖職者ベルナール・フランカが例話(エクセンプラ)ないし物語(イストリア)として語ったのである。キリストになぞらえたペリカンは十六世紀のキリスト教図像や錬金術伝承の中にも見出される(21)。

今一つ人口に膾炙した例話に、二人の善信者と罠にかかった動物の話がある。二人の善信者が森の中を旅していて、栗鼠(りす)（一つの話では）あるいは雉子(きじ)（別の話では）が罠にかかっているのを見つけた。二人は食用あるいは慰みに売ろうなどとは思わなかった。小さな生き物を捕まえも殺しもせずに逃がしてやった。輪廻転生のせいでおそらくはこの小動物にも宿っているであろう人間の魂に敬意を払ったのである。そして、森の動物を放した代わりに、からっぽの罠のそばに獲物の代価のお金を残した。これで罠を仕掛けた猟師（おそらくそれで生きている）も何とか暮らしが立つだろう。

この例話は一三〇〇年から一三二〇年にかけてモンタイユー周辺、アスクー、コスー、ティニャックなどに「実話」として流布していた。おそらく実話であったろう。いずれにせよ、「善きキリスト教徒たる者は鳥獣の捕えらるるを見ても心を乱してはならぬ」というアルビジョア派古来の戒めの範例(エクセンプラ)として使われたのである(22)(五)。今日でも、たとえば長い間パリやヨーロッパで語り継がれて来た楽しい話、不思議な話、あるいは素朴な逸話を、これはお前たちのための話だよと言って身近な者たちに聞かせて見るがよい。中世の人びとが例話を面白がったわけが判るはずだ。モンタイユーでもカタルーニャの亡命先でも、人びとのキリストの聖体の話をして面白がった。

「もしあれが本当にキリストの肉だったら、坊主が食うのをキリストは許しはしないだろう。また、キリストの体がダルーの近くのマルガイユの山みたいに大きかったところで、とっくに坊主どもが食い尽しているはずだ」

これはアルビジョア十字軍以前から文字通りラングドック全土に広まっていた、十二分に反教会的で下品な冗談なのだ(23)。羊飼いと善信者が川沿いの道を歩きながら話したとかいう話にしても同じことが言える。それは中世初期の古い例話集から口承と変形を重ねながら伝わった話である。馬と泥中に失われた蹄鉄の話も、モンタイユーで飽きもせずに繰り返されていた。人びとは何とでも解釈できるこの話の教訓的価値に魅せられたのである。

☆

モンタイユーおよびフォア伯領の神話的思考は、局限されてはいるが現実的な力をもっていて、死者たちの国の方へと広がっている。まず問題になるのが亡霊(ルヴナン)の「水平」の彷徨である。亡霊はわれわれの世界をわれわれと並んでひそかに往来し移動するが、これは霊魂の「垂直」の移動とは対立する考え方である。キリスト教の観念では(一部異端の観念でも)霊魂は天国目指して矢のように上昇することになっている。最善の場合、天国は霊魂の究極かつ最終の住みかなのだから(24)。

「水平」の民俗、それはモンタイユーの牧羊家兼農家のギョーム・フォールが詳しく説明したところだ。

「その頃、教会の説教では聞いていたのでありますが、人間の肉体が死後に復活するなどということは信じられなかったのであります。今でも信じてはおりません！　というのも、死人の体は溶けて土か灰になるからであります。魂の永生の方は信じております……。悪人の魂は『境の向う側』で、つまり岩山や崖を伝ってさまようのであります。

そして悪霊が悪人の魂を岩のてっぺんから断崖へ突き落とすのであります」

ジャック・フルニエが問いただしている。

「どうしてそのようなことを信じているのか」

ギヨームの答えはこうだ。

「アイヨンやソーの方では皆が申しているからであります。つまり、アレ司教区のベルカイルに住んでいる女のアルノード・リーヴは悪霊が悪人たちの魂を連れて岩や斜面を登って行くのを見たのであります。それは岩山のてっぺんから突き落とすためでありました。

アルノードは自分の目でこういう霊魂を見たのであります！　霊魂には肉も骨も手足もありました。頭も手も足も、そのほか全部であります。こういうわけで、魂には体が備わっております(25)。霊魂は悪霊に高いところから突き落とされたのであります。呻き苦しんだのでありますが、それでも霊魂が死ぬということはありません！」

ギヨームはさらに続ける。

「ベルカイルの司祭ローラン師はこのアルノード・リーヴという女を厳しく叱りました。

アルノード、一体どうしてこんなことを言うのだ。

ところが、ベルカイルの鍛冶屋のベルナール・ダン・アラザイスという者が司祭に申したのであります。

岩や坂を伝って行って崖から突き落とされた魂なら、わたしも見たことがある。

それで、司祭もアルノードを許したのでありました」

ギヨーム・フォールの結論はこうだ。

「わたくし自身、ベルカイルの女も男も本当のことを言っていると思ったのであります……。それに大体、ソーやアイヨンのあたりではこのようなことは皆が申しているのであります」

記述は豊富だが、ここにはほんの一部しか引用できなかった。それはソー地方とアイヨン地方に共通な死者の民俗があったことを示している（事実、モンタイユーを含むアイヨン地方は十一世紀を通じてなおソー地方に付随していた。その後、知行の分割にともなってアイヨンが分離し、フォア地方、より詳しく言えばサバルテスに併合されたのだ）(26)。ギョーム・フォールの供述を読返してもらえば判ることだが、これは別の面で、ごく普通に民俗の中に暮らしていてそのせいで肉体の復活を信じない一農民が、どのようにしてモンタイユーの親しい知人や親族（ブネ家、ギヤベール家など）の影響の下に異端――それも同様に復活という考えを否定する異端に近づいて行ったかをよく示している。そこには、もともと受入れる用意のできている精神的伝統の親木に文化的な挿し木ないし接ぎ木がなされた過程がはっきり出ている。この観点からするなら、ギョーム・フォールは極限的な、見事に普遍的なケースを代表しているとさえ言えるのだ！　彼自身の言によれば、彼は「二つの宗教」（ローマとアルビジョアの）で救われることができると信じているのだし、しかも他方では依然として、「非キリスト教的」な、どうかすると「前キリスト教的」な民俗的心性の持主のままであるからである！

ひどく不明瞭な、そして不確定な（われわれにとって）証言ながら、最後にギョーム・フォールは死者の霊魂の地上滞在の問題を提出している。逆説めくのだが霊魂は幻影（ファントム）ないし亡霊（ルヴナン）、あるいは「死霊（ドゥーブル）」として実体化（コルポラリゼ）している。死者が最期の息を吐き出す時、口から出て来る。次いで山地の無人地帯（ノーマンズランド）（明確に村付属のものとされた領域の外側）を放浪する。地域の社会観ないし民俗ではこの地帯は若い羊飼い、お尋ね者、死者、悪魔などの住む場所、さまよう場所とされていた。もちろん、後二者とは前二者とは多かれ少なかれ範疇が異なる。人の死骸そのものは本畑（インフィールド）区画内で単純明快に肥沃な良き土と化すのに対して、死霊は山地の痩せた外畑（アウトフィールド）に放逐されるのだ。

山地に（それも遠くないところに）死者の霊魂（生者、普通の生者の近づけない）の住む場所があるとなれば、当然特殊な仲介者が普通の人間の間にいなければならなくなる。これが霊魂の使者、「霊媒（アルミエまたはアルマリエ）」と呼ばれる者で、われわれの周囲にいる死者たちとの接触を確保維持する任に当る(27)。

研究上の欲を言えば、今問題の時期にモンタイユーの領域を活動範囲としていたような霊魂の使者ないし女使者の証言が入手できたらと思う。たとえばベルカイルの女やこれを弁護した鍛冶屋のような人物がいたらと思うのだ。残念なことに（当人たちにとっては何よりの幸運だったのだが！）この二人はジャック・フルニエの管区の住民ではなかった。しかしながら、この資料不足は取り返しがつかないほどのものではない。多くの徴標――この場合には、近年の民俗学研究の成果がその大半を占めている――から見て、フォア伯領、さらに広く隣接ラングドック地方における亡霊（ルヴナン）とその使者に関する民俗はおよそ考えられる限り一般的かつ根深いことが判るからである。だから、たとえばパミエ地区の霊媒（アルミエ）アルノー・ジェリの証言も、ギヨーム・フォールその他の証言では曖昧なままになっている諸点をさらに解明し確定するために役立つであろう。次いで、ジェリの提供する包括的なモデルを利用すれば、モンタイユーやプラド・ダイヨンの男女農民の言葉から得られる死後（ポスト・モルテム）の存在に関する断片的な材料も、より良い条件の下で解釈することができるはずである。

第二十七章　墓のかなた、冥界

アルノー・ジェリは亡者たちと会っていたのだ。死者から生者へ、また生者から死者への橋渡し役を引受けていたのだから……。ところで、彼が自分の目で見定めた死後の世界は、一体どのようなものだったのであろうか。

まず気づくのは死後の世界にもわれわれそっくりの社会階層があることだ。あの世といえどもこの世と瓜二つなのである。ただし、「権勢ある者」が不利になっているのは確かだ。生前同様、「身分も富も備えた奥方」たちは山野に二輪馬車を乗回している。ただ馬車を牽くのはらばでなく悪霊(デモン)である。生前アイヨンの山国で邪まな振舞の多かった死者を日夜責め苛(さいな)むと、別のところでギヨーム・フォールが言った、あの悪霊どもである。「死者の車(シャレット・デ・モール)」に限らない。「豊かな奥方」は生前絹の袖飾りをしていた。十三世紀にセヴェンヌで養蚕用の桑の栽培が始まって以来、絹はオクシタニーで最新の流行だった。かつては絹布をひらひらさせた御大家の奥方の腕、今や骨だけになったその腕で絹布が燃えている。アルノー・ジェリは、死の関門を越えた後もなお騎馬で疾駆している数名の騎士に出会ったこともある。いずれも合戦で落命した者たちであった。触れることこそできないが、彼等は白い脚の骸骨のように痩せさらばえた馬にまたがってこの地上を駆けまわっている。昼間は、戦場で殺された時の傷が臍(へそ)まで裂けたまま血を流しながら苦しんでいるが、夜になると傷口も塞がって翌朝までは痛みもなくなる(1)(二)。大体、この世で殺害された者たちにあの世で出会うことは稀でない。たとえば、アックスのポンス・マレがそうだが、彼など今でも血塗(ちまみ)れの姿をしているのだ。死んでからも土地の癩院のまわりを徘徊し続ける医者もいれば、頭巾をかぶったままの修道僧もいる。身分の低い死者がただ白い布をまとっているだけなのと違って、彼らは身分を示すかぶり物を手離さない。これら聖職者は、生前運悪く裕福だったばかりに、しばらくは幽霊(ファントム)の姿になって辛い時を過ごさねばならないのだ。ある副司教には地獄の顎(あぎと)から吐き出されて来た猛犬四頭が襲いかかっている。生前この男は本来の持主に属すべき地代を教会に取り込んだのだった。先のパミエ司教、故ベルナールも容易には安息にたどりつけない。彼は忠実な二人の従者につらく当って、自分の過ちから二人を貧窮のどん底に落さなかったであろうか(2)。

死の障壁の向こうには、社会階級だけでなく年齢差もある。特に目立つ——それもいないために目立つ——特定の年齢層がある。霊媒(アルミエ)が接触する「死霊(ドゥーブル)」の大群の中に七歳未満の子供（別の報告では一二歳未満の子供）を見かけないのだ。子供たちは死ぬとすぐ「安息の場所」へ行ってしまい、そこはさすがに霊魂の使者も立入れないからである。ジェリの力の及ぶおそろしく現世的な「冥界」には、虐待される老死者と攻撃的な若い死者の世代対立すらある。一三〇〇年から一三二〇年頃には一九七〇年に比べてずっと若いうちに死んだから、何しろ若い死者は数が多い。「椰子の木を揺する」（老人の地位を奪う）ぐらいのことはやりかねなかったのだ。揉みくちゃにされて力の抜けた老人の死者は若い死者に踏みつけられる。さもなければ、ひどく軽くなっているから草の種子のように風に吹き飛ばされる。再び地に落ちては「死霊」の群れの雑踏の中で踏みつけられるのだ。哀れな老人たち！

あの世にもこの世とまったく同じような若い者だけの交際関係(ソシアビリテ)があることに注意したい。女性だけの交際があるのはいうまでもない。もともと、その方が若い連中の交際などより遥かに発達している。死せる女たちは一団となって風の中を堂々と歩む。孔のあいた下着だけの女もいれば、身ごもった女もいる。カプチン会の縄帯をまきつけた女もいる(3)。大なり小なり皆復讐を求めているのだ。女の死霊は死者と生者いずれのことも知り抜いていると思われていたので、生者は互いの消息を知ろうと専門の媒介者を通じて物故した近親の女に意見を求めたのである。パミエの女はアルノー・ジェリに頼んでいる。

「お前さまは死人とも一緒になれるのだから、息子のジャンが生きているのか死んでいるのか、死んだ娘に尋ねておくれでないだろうか。息子は家を出たきり、長い間一向に便りがないので」

ユダヤ人はあの世でも別に仲間を作っている。死者たちのユダヤ人憎悪の犠牲になっているので、この点生きていた頃と変らない。犬呼ばわり、豚呼ばわりされているのだ。嫌な臭いをさせ、ほかの「死霊」が前へ歩くのに彼らだけは後ずさりしている。幽霊たちの正規の寄合い場所たる教会にも度々は来ない。それでも、フォア伯領の民俗はあまりキリスト教化されていない、それどころかひどく異教的だったので、ローマ教会ほどにはユダヤ人に苛酷でなかった。カトリック聖職者たちが分別を失ってユダヤ教徒は永却の断罪のもとにある、あれほど力をお持ちで情深い処女マリアさまでもユダヤ人だけは救えない、と誓言するのに対して、死者たちの霊は、

「異教徒やユダヤ人だって、いつかは救われます」

と、アルノー・ジェリに告げているのだ。

このように死者たちの宗教的信条や年齢や身分を眺めてくると、次代の「死の舞踏（ダンス・マカブル）」の要素が幾つかすでに出現しているのに気付かないだろうか〔三〕。いずれにせよ、死者たちが手を取りあって教会内をそぞろ歩きする姿がはっきり現れているのだ。しかし反面、われわれの記録には、骸骨ないし腐敗する死骸という強迫観念がまったく、あるいはほとんど見られないのである。実はこの強迫観念こそ、魂の底に徹するほどの災厄を生物学的にも心理的にも経験した、来たるべき世紀の強烈な特徴となるはずのものなのである(3)〔四〕。

されば、死後の「生き方」とは、そも一体、何（クイッド）であるのか。ギヨーム・フォール（モンタイユーの）やアルノー・ジェリ（パミエの）が考えていたところでは、死者の霊魂は「固有の体躯」を備えている。手もあれば足もある。傷口や流れる血潮、引裂かれた衣服などさえ問題にしなければ、この体は不自然に立派、生者の肉体よりも遥かに立派である。かと

言って、思い過ごしは禁物だ！　多くの亡者たちと言葉を交わしたジェリがこう言っているのだ。

「亡者の暮らしに比べれば、わたしたち、生きている者の暮らしの方がずっとましだ。今からでも、できる間に飲んだり食べたりしようじゃないか」

つまり、死んだ後ではもう何の楽しみもないということなのだ。

死者たちはいつも凍えている。深夜、薪の蓄えのある家に行って身を暖める。家人が就寝前に灰に埋めて行った燠(おき)で炉に火を燃やす。亡者は物は食べないが、葡萄酒は飲む。それも上等の葡萄酒を飲む。立派で綺麗な家の樽が夜中に空になっていることがあるが、それは彼らが飲んだのだ（別の話では、彼等がいくら飲んでも容器の中の分量は減らないともいう）。葡萄摘みの夜、ジェリは死者たちの、それこそ本物の酒盛りに参加したことがあるが、酒樽のまわりに百を超える幻影が群らがっていた。おまけに、ジェリ自身も一緒に飲んだのであった（これこそ、「酒瓶」という仇名に恥じぬ振舞と言ってよいだろう）。

これに引きかえ、哀れな死者たちに肉体の歓楽は問題外である。「死霊」は、まさしく死霊であるからこそ、性生活の権利をもたないのだ。その上、完全な意味での家族の生活もない。もとの家や隣人の家に度々出入するにもかかわらず、死者は本質的に「家なし」なのだ(4)。家(オスタル)を持っていないために、総じて死者にはより広範囲な教区共同体の意識が強い。家(ドムス)という狭い枠をすでに超えているのである。彼らが好んで教会に集まり、教会にいたがるのもこのためである。死者の方が生者など及びもつかぬ良き教区民なのだ。

死後の――そして最終的に安息の場所に入る前の――死者の普通の状態は、浮動性の一語に尽きる。生前の境遇とは何という違いであろうか。かつては多かれ少なかれ家(ドムス)に根をおろしていたのである。同様に、やがて落着くはずの最終の安息と比べても、何という違いであろうか。そこは至福不動の静謐に満ちているらしいのに。今、死者は悔悛を果すために駆けまわっているのだ（悪しき死霊を休む間もなく断崖から突き落とすのに専念している悪霊(デモン)の追及については、ギョーム・フォールの証言があった）。もっとも罪深き者、なかんずく高利貸しが一番速く駆けめぐる。ユダヤ人は別として、全員が教会から教会へと往き来しているのだ。住まいの近くにある教区の聖所、および埋葬された墓地に、緩いながらも強い絆で結び付けられているからである。村や町の教会を次々に訪れるのは、少しでも早く安息に到達できるよう功徳を積んでいるのだ。彼らにとって特別かつ厳格な悔悛の方法といえば、足で駆けまわる（裕福な婦人の場合は悪霊の曳く車で）ことしかない。死者が巡礼に出かけることもある。五日でコンポステラのサンチャゴへ行った記録保持者もいれば、サン・ジルやロカマドゥールなどへ行く者もいる〔五〕。

死者たちの教会詣でを助けるために、生者は夜の教会を明るくしてやらねばならない。たとえば蠟燭を献じることだが、もっとよいのは油の灯明である。死者は油の灯明が好きだ。牛や羊の脂よりずっと長く燃えてしかも炎が揺れないからである。

夜は堂内で通夜をするのだから、死霊の果てしなき疾駆も夜間は中断されるわけだ。朝、それも早朝、再び気を取り直して行列を組み別の聖堂めざして出て行く。聖堂こそ死者たちにとっては夜の家なのだ（この点、キリスト教が古き民俗に浸透し混入しているのである。「起源」において――しかし「起源」とは正確には一体何なのであろうか――この種の民俗にはキリスト教と共通なものは何一つなかった）。生者同様、死者も朝、ミサの終った頃が見つけやすい。これこそ伝統的に集会や社交の時刻なのだ。ジェリも冥界の「お顧客さま」と話すには、よくこの時刻を利用していた。

死者たちは走りまわっているのだが、年老いて死んだ亡霊の場合には問題がある。衰えていて雑踏の中にうまく入れないのだ。生者と同じことだ。ジェリが聴衆（生きている）に、要点を語ったことがある。

「歩く時にも、むやみに手を振り回したり大幅に歩いたりするんじゃない。肘はちゃんと脇につけておかねばならない。そうでないと、幽霊を地面に転がすかも知れん。覚えておいて貰いたいのだが、いつも大勢の幽霊の中を歩いているんだ。ただ、それと気付かないだけだ。霊魂の使者以外に、幽霊は見えないのだから」

今までの話全体を通じて、一つ大きな忘れ物がある。言うまでもない。煉獄が出て来ないのだ。一三二〇年頃には、これはまだ発見されてからそれほど日が経っていない。煉獄はローマ信仰の教義を制定する者たちによって死後の滞在地と定められた神学上の「新発見」で、当時はまだ多くの人が疑いの目で見ていたのである。アルノー・ジェリと話をした死者のうちに一人だけ、煉獄の火をくぐった者がいる。アルノー・デュラン師というのがその亡霊の名だが、彼は煉獄の火についてかなり辛い思い出をもっていた。しかし、ただそれだけのことだ。彼は煉獄から戻って来た後、ほかの死者と同様、安息に至る日を待ちながら走りまわって教会めぐりをしていた[六]。

「安息」とは、偉大な言葉である。ジェリが見たものの中に地獄はない。少なくとも死者たちの霊魂に関する限り、地獄は出て来ない。それはジェリたち民衆に罪の感覚が十分発達していなかったためであろうか。あのように道徳が弛緩している状態では、地獄は苛酷すぎる、決定的すぎると見えたのであろうか。ともあれ、地獄にはもっぱら悪霊（デモン）たちの地下の住まいという役割しか与えられていない。悪霊は時折そこから地上に出て来て、放浪する霊魂を責めさいなんだり立派な奥方の車（シャレット）を曳いたりするのである。それに、ジェリには天国に関する明確な観念もない。天国が最終審判の「後で」はじめて問題になるのは確かだ。その「大いなる日」までは、死者も生者と同じように地面に足をつけているのであろう。まだ死者は、天なる国目指して、「垂直」に飛翔しようなどとはしないのだ。

要するに、死者たちは教会から教会へと贖罪の巡礼をしながら、再度の死を迎える、つまり「安息の場所」に入る準備をしているのだ。安息の場所なるものは快適な所にはちがいないものの、実はさだかならぬままの、むしろ不可知の場所である。これとて、この「地上」にあることに変りはない。「再度の死」は万聖節に生じる（だからこの日に生者、特に貧しい者たちが食事を供え、ともに食べることが大事なのだ）。ジェリの言うところでは、天使が「再度の死」を予告することもある。天使が来て、贖罪を終えて一切の負い目を清算した者をさまよう死霊の群れの中から内々に選択するのだ。「安息に向かう」最後の旅立ちには、何やら決定的な趣きがある。生者が物故した近親のために上げて貰うミサ、同じ目的で貧者に施す喜捨、それに古い債務の支払いなどは、この旅立ちを早める効果がある。死者が清算せぬままに残した負債は、生きている者、縁者や仲間が代わって綺麗にしてやらねばならない。二度と戻らぬ安息への旅立ちは、まだしばらくは放浪と疾駆を続けなければならぬ死者にとっては新たな悲しみの種で、彼らは声を挙げて泣く。選ばれた者たちが第二の旅に出て行った後の隊列の隙間を見ては悲しみに沈むのだ。だから、哀号(ラメントゥー)は二度あるわけだ。ただし、二度目は死霊の号泣である。安息にたどり着いた死者は、今度こそ本当に死んでしまう。もはや彼らについて語ることは許されない。生者の方でも、これで喪のつとめが終る。霊魂の使者ですら連絡がとれなくなるし、それと同時に現世に生きている依頼人も死者の消息を得られなくなるからだ。重ねて死んだ後では、懐かしい死者の霊について知る術はまったくない。他方、まだ「駆けずりまわって」いる亡霊には、先に安息へと出発したもとの放浪仲間にいつか再会する望みがある。だから、霊魂の放浪とは、本当の意味での地上の生命から安息に至る途中の篩(ふるい)か堰(せき)のようなものと言ってもよいだろう。死と死の間(アントル・ドゥー・モール)、贖罪のためにせきとめられている期間が意外に短く、数週間で終ることもないではない。

繰り返していうが、安息という最終地点は決して不愉快な場所ではない。それどころか、およそ望み得る最高の場所なのだ。異教とキリスト教の習合あるいは異教と聖書の混淆に慣れたオクシタニーでは、それは地上の楽園のことだと思っている者すら少なくなかった(5)。それ以上でもそれ以下でもないのだ。

☆

十五世紀になればピエール・ド・ネッソンが言うであろうが、その言の通り死者は「家なし(サン・メイニー)」である(七)。しかしながら、死者といえども家(ドムス)という根底的な問題と無関係ではいられない。家人の一人が死んでも家は生き続けるからである。もとの家との繋がりを保ち続け、土曜日ごとに子供や今は寡婦あるいは鰥夫(やもめ)となった連れ合いの暮らす住居を訪れて、束の間もとの部屋に座ってみる死者もいる。だから、部屋も家もできるだけ綺麗にしておかねばならないのだ。これこそ死者崇拝が衛生上結構な影響をもたらしたものというべきであろう。さらに大事なことだが、死者は生き残った家族の安らかな眠りを守る。ジェリが言っている。

「死者がやって来て、寝床に眠る家族に口付けする。よく眠れるように、目覚めないようにと顔に手を当ててくれる」死せる祖母の喜びは、眠っている孫を見ることに勝るものはない。孫を眺め、口付けし、抱き締めるのだ。要するに、定まった家はないにもかかわらず、死者は「足紐」でもとの家とつながっているのだ。家が立派に立ち行くかどうか、いつも気に掛けている。ある母親の亡霊は夫を見捨てたのだったが、それでも娘を夫に託しておけばよかったと悔やんでいる。ある行き届いた亡霊は、実直な男と再婚しろとジェリの口を通して寡婦に忠告している。だから、死者崇拝は明らかに家族の統合という機能をもっているのだ。

こう見て来れば、双務的な関係があると言ってもよいだろう。死者が安息に到達できるように援けてやれば、生者の方でも早く喪を切上げることができ、結局は一家が死者から解放される。長い間には死者も煩わしくなるのだから。そこで近親遺族は懐かしい故人のためにミサをあげてもらう。その功徳で安息入りが早まり、死者とは完全に縁が切れてしまう。それが死者のためにもなるのだ。安息に入るまで走りまわる辛い期間がそれだけ短くて済むのだから。これで皆が満足、というわけだ！　さし迫ればジェリを通して、自分のためにミサを頼む義務のあることを生き残った家族に教えなければならない場合もある。言うまでもないが、すべて無料とは行かない。聖職者はむろん勘定を申し受ける。ジェリは土地の聖職者のためには周旋屋を務めているのだ。前もってジェリが少々天引した末の、ささやかな聖職者の収入は、もちろん土俗信仰を利用した逸脱偏向と言われても仕方がない……。果せるかな、ジャック・フルニエが遠慮会釈なく鼻を突っ込んできた。このミサは抹香くさいというより、むしろ硫黄あるいは薪の臭いがすると司教は感じたのである〔八〕。彷徨する哀れな死者のためには、ミサをあげてやっただけではない。死んだ時に脱がされた古着を要求するのは死者の正当な権利なのだが、これも聞き届けてやった。アルノー・ジェリの死んだ母親ルースが、ファンジョーに近い村の女霊媒(アルミエール)レモンド・ユゴンに訴えたことがある（このレモンドなる女はそもそもジェリの又従姉妹に当る。霊魂の使者の血統はあちこちに分散しているのだ）。

「子供たちは、死に化粧に綺麗なヴェールを顔にかけてくれたけれど、埋葬の時に取り上げてしまった。あれが欲しい！」

さすがに、餅は餅屋だ。ジェリはすぐ実行した。ヴェールを貧しい女に与えたのである。「貧者に施せば、死者に施したことになる」。

ここには決定的な問題、つまり死者に帰属する債権の問題がある。死者が債権者であったり債務者であったりするのだ。まず債権者だが、「高利貸し」が死ぬとしばらくは惨憺たる時期をすごす。彷徨する亡霊の競走大会では、高利貸しこそ代表選手だ。ほかの連中なら小さな罪しかないから少しの償いで済むのに、彼らは誰よりも速く全力を挙げて走るのである。それほど罪が深いと考えられているのだ。生きていた頃債務者に与えた金や物の損害を、膝が喉に届かんばかりに走り抜き、その汗でもって、生前債務者に与えた金や物の損害を償うのである(6)。

だから、一〇パーセントを上回る不当な高利をむさぼった者、悪しき債権者だった者は「死と死の間(アントル・ドゥー・モール)」、つまり死んでまだ安息に到達できない間に危険な目に遭うということだ。もちろん、悪しき債務者、負債を清算せずに死んで正当な貸し手や貧乏人や知人、それに……神に負い目を残したままの者も、危険であることに変りはない。第三者に金や麦を借りっぱなしで死んだ者は、罰として走る距離が長い。信者が納めた地代を教会に上納せずに着服した聖職者にも罰がある。またしても聖職者だが、聖務日課を怠った者にも聖なる主の前に責任がある。「小さき死」の後しばしの時を経て「大いなる死」のかなたに最終の安息を得んと望むならば、亡霊は埃塗(まみ)れのまま急ぎに急いで聖務日課を果さねばならないのだ。

だから、ここにもまた死者崇拝の統合効果が現れている。それも、服喪中の家内部(ドムス)のみならず、家族集団より遥かに広い共同体や互助組織の枠内での家対家間の統合機能である。バルザックが『田舎医者』の中に取り入れた民話では、ある麻売り女が見知らぬ死骸（切り刻まれて殺された）に手厚くしてやる度ごとに、つまり冥界の死者の運命を改善してやる度合に応じて、家も地所も栄えたことになっている。ジェリやその仲間の論法は逆なのだが、とどのつまりは同じことだ。死者が生前他家に対して残した負い目を払う義務を自家に負わせる結果、他家が繁栄するのだ。そうすることで、死者は冥界での立場がよくなり死地を去って安息に入る日が近くなる。この場合、死者崇拝には家相互間の正当な貸借の清算を保証する効果があって、しかも「角が立たない」。さもなければ、賠償だの訴訟だの厄介で金のかかる手間が必要になるところである。またしても、ジェリ流の霊魂の使者が果している貸借償還に関する有益な役割に気づくのである。

良家の人間——人は誰しも死すべきものとはいえ——にかかわる、およそ考え得る限りでもっとも揺るがせにできない負債といえば、何といっても貧者に対する負い目である。ジェリの言葉には死者に託された紋切り型の頼みが絶えず出て来る。死者たちは自分の救いのため、家族への伝言を決まって一つ、霊媒に頼んでいるのだ。

「お願いだから、できるだけ大勢の貧乏人にできるだけ沢山施してほしい」

供与と反対供与の相関はここにはっきり出ている。というのも、前にも見た通り、貧しい者や物乞いや托鉢の尼に喜捨することは、神に捧げるにもまして死者に施すようなものなのだから。

☆

今では、死者と生者、死者と死者、生者と生者、そして生者と死者の間に立ってジェリが関守ないし交渉人の役を果している様子が大分判って来た。

ジェリは職業から言えばある聖堂参事会員の従僕で、後には聖器係の手伝いをしていた。おそらく自宅の持主で、決して惨めな境遇ではない。もちろん仕事の虫などでなく、日向でのんびりしているのが好きだった。彼の最大の役割は死者に語らせることだったが、時代と素養の隔たりを無視するなら、所詮は現代社会の「歴史家」の役割に似ていないこともない。

ジェリの依頼人は相当数の家ないし一族である。そのメンバーは存命のこともあれば死者のこともある。存命の者の中には故人の友人がいる（家族や縁者のほかに）から、故人のかつての交友関係を見て取ることができる。霊魂の使者と依頼人（生きている）の関係はかなり遠慮のないものだったらしい。ある女（生きている）は彼から冥界のことを教えてもらいながら、病人のための食事の用意をしているし、息子も話しに加わりながら羊の革剥ぎの手を休めない。大体、町の依頼人と村の依頼人があるように、霊魂の使者にもこれに応じて町出身の者と農村出身の者がいたのである。

ジェリが引受ける死せる依頼人の場合でも、応対は決して堅苦しいものではない。時によっては、普段のように死者と生者の間の仲介でなく死者同士の仲介を買って出ているが、そういう時の死者は互いに打ち解けて話すのだ。残念なことに、「地上なる冥界（オー・ドゥラ・キ・エ・イシバ）」の依頼人は交替が烈しい。絶えず新しい亡者がやって来て、まるで雑草や穀粒のようにひしめきあう亡霊の群に加わる一方、古参の死者が暗闇の口、安息の地の入口に呑み込まれて永遠に姿を消すからだ。

ジェリは慎重で職業上の秘密を厳守する男だから、情報は自分自身と当の相手以外には洩らさない。職務の遂行に当っては、死の障壁の両側から彼に秘密を打ち明けた者たちを完全に満足させた。

ジェリを沈黙させるのは簡単だ。それに比べればジェリの代わりを探し出したり養成したりするのは遥かに困難である。異端審問の結果霊媒（アルミエ）という密使ないし特使がいなくなったため、それ以後仲介者を失った人びとは直接幽霊に話しかけるようになった。それで幽霊の方でも、時も相手も構わずに家の中に敢えて姿を現すようになる。大体、ほかの地方、たとえばブルターニュなどではそれが普通だったのである。ピレネー民俗の専門家たちが示唆しているように(7)、おそらく幽霊は命の盛りにある若者集団の世話を受けて再び力を取り戻そうとしているのであろう。仮面の謝肉祭や娘（ドモアゼル）衆争いの際には、若者たちも山岳放牧地を離れて村に帰って来るのだから(8)〔九〕。

もっと重大なのは、教会が幽霊を追い払おうとしたことだ。教会はキリスト教神学の霊魂でもって幽霊に完全に置換えようと努力した。死ぬやいなや霊魂は矢のように天国、地獄、あるいは煉獄目ざして飛んで行く……。しかしこういう形で信仰に働きかけたために、教会は余計な危険を冒したのである。これ以後生者には、直接であれ仲介者を通してであれ亡霊に話しかけることは不可能となる。ジェリやギヨーム・フォールたちの古き良き時代には、悪霊(デモン)は死者とは交渉（もっともかなり手荒い形で）があったにしても、なま身の人間とは何の関係もなかったのに、今や悪霊そのものと話そうという気が起きかねないのだ（もともと超自然に対する好みがあるのだから）。ここに魔術の危険が生じる。

ジェリは昔の負債の支払いだとか、貧乏人への喜捨だとか、亡霊の依頼人のためのミサだとか、さまざまの指図を伝えては、こういう文句のつけようがない奉仕の見返りに正当な、それもささやかな謝礼を貰っていた。生者にかならず伝えるという約束を果さなかった時には、死者は杖で一撃してお礼をする。生きている人間はも少し分別があって、チーズをくれたり、一杯飲ませたり、ちょっとした食事あるいは大変な御馳走に招いたりする。さもなければ些少ながら金を寄越す（もちろん神への愛として頂戴する）。ジェリが異端審問を前にして危険を冒していることを思えば、どこにも不当な点はない。しかも事実、最後には異端審問の巨大な爪に捉えられたのだから。

とはいえ長い間、ジェリと体制教会の聖職者は決して悪い関係だったのではない。教会には足繁く出入りしていたし、彼の民俗講話そのものが説教壇の話や聖器室での談話で聞きかじったことで色づけされている。この「霊魂の使者」が需要と供給の接点に立っていたことは前に見た通りである。死んだ夫や父親や子供のためにミサを挙げて貰いたがっている女の顧客を嗅ぎ出すと、知合いの聖職者のもとへ連れて行く。聖職者の方は勤行を果して布施を貰えば、いうことはない。ジェリはミサの礼金を聖職者に取り次ぐ篤志奉仕者の役をしているのだ。時に応じて教会が大盤振舞する大贖宥は、ジェリの宣伝のためには願ってもない論拠となる。死者は最後には安息に行ける、そしてその次に、ということは最終審判の後で、天国の救済にあずかれる。生れつき地獄に住んでいる悪霊(デモン)は別として、地獄に追いやられる者は一人もいないことになっているのだから（この宣伝では）。ジェリの「水平」説では、最終審判の日まで死者の世界はこの地上にあるとされている。「低きところ」たる大地や「もっとも低きところ」たる地獄に対して、天なる国は「高きところ」にあるとする教会の「垂直」説にジェリの説はうまくつながるのだ。

大勢の中にはジェリを信じない者もいる。しかし、彼の考えが民衆やエリートの心性に深く根ざしていて、彼の活動が家族にとっても社会にとっても真に有益だったればこそ、女性を中心とする変らぬ顧客網をこの世に確保することができたのである。死者たちの方でも、不機嫌な亡霊が「霊魂の使者」を棒でなぐりつけることもないではなかったがそれは例外で、まだ現世に生きている人びとへの伝言をいつも喜んで引受けてくれる有能な仲介者ジェリに出会ったことを喜んでいたのである。

☆

パミエとモンタイユー、それにアルノー・ジェリとギョーム・フォールの差異はそれほど大きくない。証言者二人のうち一方は町の者で他方は田舎者、一方は低地の住民で他方は山岳の住民なのだが、いくつかの基本点については一致している。二人とも、われわれの世界と緊密に絡みあった幽霊(ルヴナン)の世界の存在を認めている。影は少々薄いにしても死者の「霊魂」が自然の肉体そっくりの形をして現れる以上、幽霊は真の死霊(ドゥブル)だと考えている。これは民衆のごく普通の考え方なのだ！　ピエール・モリも証言している(9)。

「物心ついてこの方わたくしは、人間の魂には人間の体そっくりの形、姿、手足、肉や骨があると思っております。わたくしにそう申した人びとは異端ではありません」

もちろんモンタイユーとパミエでは僅かな相違があるが、それは社会地理学的な対比から理解できるものだ。パミエ地区では、裕福な女の霊魂は悪霊の曳く、いわゆる「立派な奥方の車」を乗りまわすという豪勢さだ。これに対してモンタイユーは良い道路も車両もない山村なので、民俗も山国の民の伝統を忠実に守っていて、霊魂も鳥類（梟その他）に運ばれる(10)。いずれの場合にも、つまり車を曳くにせよ、梟に変身して翼で霊魂を運ぶにせよ、さらに古典的な形で飽きもせずに断崖の底へ霊魂を投げ込むにせよ、悪魔たちが登場している。ともあれ、悪霊が山で、特にすぐれて悪魔的な境界地帯たる峠で見張りについているのだ(11)。

モンタイユーやプラド・ダイヨンの人びとは——当時大ていの人がそうだったのだが——煉獄については存在そのものを疑っていた。また多くの者は、人間の霊魂が——ユダヤ人は別として——死後に地獄へ堕ちるかも知れないなどとも思っていない。ジャン・モリが供述している(12)。

「地獄は悪魔たちのために、それにイスカリオテのユダのためにあるにすぎません。それも審判の後でユダヤ人が、全部のユダヤ人がそこへ行くのであります。しかしほかの人間の霊魂が行くのではありません」

「罪の感覚」が余りにも未発達なためであろうか……。これに対して彼らはジェリとまったく同様、死後の放浪期の介在、少なくとも短期間の死霊の贖罪を認めている(13)。その後で「安息の場所」へ移るのだ。やや性急な気味のある民衆神学では、安息は地上の楽園と一緒にされることもあった。これは別の所で読んだ、というより聞きかじった旧約聖書の話が普及した結果である。最終審判の後になって、やっと霊魂も天国へ昇ろうと決心する。いつ果てるとも知れぬ民俗の迷路を通り抜けて——ここで初めて——真のキリスト教の層を見出すのだ。

しかしながら、個人の死から最後審判に至る長い期間を想定することで、それに何よりも最初の肉体の死から安息を求めて姿を消すまでの比較的短い期間を想定することで、アリエージュの人びとは冥界に関する民俗伝承の基本部分を保存することができたのである。にもかかわらず、明らかに非キリスト教的ないし前キリスト教的な彼らの民俗伝承はローマ教会のキリスト教との共存を（ローマの方でも同様だが）受容れざるを得ない。そうでないとしても――これは別の問題だ！――多かれ少なかれ折衷的な両説習合という形で「善きキリスト教徒」のアルビジョア教説との共存を受容れざるを得ない。民俗なるものは、時としては奇妙な同衾者である。ともあれ、土俗的な死者崇拝の形態は十九世紀まで、あるいはその後まで続くのである。人知れず家々を訪れる幽霊（ルヴナン）、ただちに安息へと旅立って行く死者に食事を供する万聖節の夜の意味、等々がその例にほかならない(14)。

二つの死、二つの隘路がある（まず肉体の死、その後に放浪が続き、それが安息に至る「小さな死」で終る）という、カタルーニャやオクシタニーの信仰は、他地方ならもっと古い時代に見られた心性の層に対応するものである。ただ、他地方の場合には完全に分解したとまでは言えないにしても、少なくともキリスト教とよく混合したのであった(15)。

☆

しかしながら、世には民俗のみが存在するわけではない。固有の領域においてすら民俗は一つだけではないのだ。それどころか、小さな地域でも住民全員の支持を得ることは難しい。住民の中には、霊魂が本当に人間の形をしていたり、「死霊」が少々青ざめた顔をしているなどとは考えない懐疑的な連中もいる。息を引取る時に口から霊魂が出て来るのが見えないのを訝（いぶか）るのだ(16)。別の連中は、霊魂とはパンだ、あるいは風だ、あるいはまた死ぬときに吐き出される息にすぎない、と思っている。さらに別の連中によれば、霊魂とは血液にほかならない。ギユメット・ブネ（オルノラックの）が供述している。

「次の葡萄摘みが来れば三年経ったことになるのでありますが、その時わたくしは村の自宅の中庭にいたのであります。壁の上から転げ落ちて鼻を打ち、鼻血を出したのでありますが、助けにきてくれた女にこう申したのであります。

これは魂だ。魂なんだ！　魂って血のことなんだから！」

人には、誰もが不死だと思いたがる魂（アーム）があるだけではない。霊（エスプリ）もあることを忘れるわけには行かない。霊は「夢」を見ている時に本来の住まいたる眠っている人間から抜け出すことがある。モンタイユーでは皆が、そして特別ピエール・モリが夢の問題や、クーストッサのフィリップ・ダレイラックが語ったようなとかげの例話（エクセンプルム）に取り憑かれていた。これは中世を通じて何世紀も、むろん変奏はあるにしても語り継がれて来た例話なので、それがとうとうアリエージュ河岸の羊飼いの会話の中にも出現したのだ[17]。フィリップ・ダレイラックの語った話はこうである。

「昔々、流れのほとりに帰依者が二人いた。一人が眠りこんだけれど、もう一人は起きていて、眠っている男の口からとかげのようなものが出て来るのを見た。突然とかげは流れにかかっていた板切れ（あるいは藁だったかも知れない）を伝って向こう岸へ渡った。向こう岸にはろばの頭蓋骨があったので、とかげは走り寄るとその穴を出たり入ったりした。その後、また板切れを伝ってこちら側の眠っている男のところまで帰って来た。こんなことが一、二度あった。起きていた男はこれを見て悪戯（いたずら）を思いついた。とかげが向こう岸のろばの骨まで行くのを見すますと、板切れを外してしまったのだ！　とかげはろばの頭蓋骨を離れて岸まで来たけれど、流れを渡れない！　板切れがないのだ！　突然、眠っていた男は身体を大きく動かした。もう一人の男が揺り動かしたが目を覚まさない。とうとう板切れを流れに渡した。とかげはこれを伝って帰って来、男の口から体に入った。男はすぐ目を覚まして今見たばかりの夢を仲間に話した。

俺は板を伝って向こう岸に渡った夢を見た。塔や広間のいっぱいある大きな御殿に入ったのだが、そこを出てもとの所まで来て見ると、どうしたことか板がない！　渡れなくて、すんでのことで溺れ死ぬところだった。そこでさかんに手足を動かしたのさ（夢の中で）。誰かが板を元通りにしてくれたので帰って来れたのだ。二人の帰依者はこの出来事にひどく驚き、完徳者のところへ行って話したところ、完徳者は不思議を解く鍵をくれた。こう言ったのである。

魂はいつも人間の体の中にあるけれど、人間の霊は体を出たり入ったりする。ちょうどとかげが眠っている男の口からろばの頭まで行って帰ってきたみたいに」

この通り、人間にはそれぞれ霊ないしとかげがあって、覚醒時の生活を支配しているが眠ったり夢を見たりしている時には後ろに下がっていると考える者たちもいたのである。人にはもちろん魂もある。これは死霊と形が同じだ。俗信では、死後親しい者の眠りを守りに来るのはこの魂の方である。

☆

そこで、「垂直」思考に惹かれるのだ。この魂を救わねばならない。あるいは、霊を救わねばならない（わが農民の語彙は時として極めて曖昧である）。われわれのまわり、この不気味な水平の世界で亡霊をさいなんで楽しんでいる悪霊どもの爪から救い出さねばならない。そこでまず、農民に霊魂救済という強迫観念があるために、「ローマ」教義の天国に値打ちが出て来る。この天国なるものは大きな家、空中ないし成層圏にある広大な家なのだが、いかに広いとは言ってもすべての死者の霊魂を収容するのは難しい。それほど沢山の霊魂でごったがえしているのだ。なにしろ、太古以来の霊魂がいるのだから(18)。

続いて、カタリ派モンタイユーの真っ只中に、これとは別の霊魂救済に関する垂直説が登場する。循環的垂直説とでも言えばよいだろうか。それは山国のアルビジョア派帰依者、それにあまり気乗りのしていない連中をも含めて同調者を惹きつけた。これによると、義人の霊魂はいつか天に昇る。もともと霊魂は天から落ちて来たのだ。多分いつか再び循環が始まって、霊魂は再度地に落ちるであろうし、さらにその後でまた昇天するであろう！　これが際限もなく続くのだ(19)。

前に述べた原初堕落の神話は、サバルテスやカタルーニャのひとかどの羊飼いなら飽きもせずに繰り返し語ったものだ。

この神話の冒頭では、悪魔に誘惑された霊魂が天国の孔から降りしきる雪さながら墜落したことになっている。夜語りの団欒では、気になる部分は何度でも微に入り細にわたって繰り返された。つまり、永遠なる父は最初この堕落が重大化していることに気づかなかった。驚いたものの、わけが判らなかった。最後には腹を立て、慌てて自分の大きな足の裏で天の孔をふさいだ。ただ、少々遅すぎた。すでに大多数の霊が、生れ故郷たる楽園の外へ流れ出て地上に落ちた後であった。しかも、女と人の肉体つまり衣という悪魔の罠に落ちた後だったのである(20)。ここから循環神話の地上の部、つまり輪廻転生の話が始まる。霊と魂（霊あるいは魂。いつもながら語彙は多様である）は人間が死ぬと人体ないし肉の衣を離れる。そして新たな肉体を求めて、火の粉のごとき悪霊に追い立てられながら（ここにある程度、悪魔が魂を責めさいなむというサバルテスの民俗との一致があるのは一目瞭然であろう）できる限りの速さで駆けまわる。動物であれ人間であれやがて一つの体になるはずの胎児にもぐりこんで、できるだけ早く生れ変ろうとするのだ。ここに付け加えられているのが譲るべからざるアルビジョア教説独自の部分、つまり本物の輪廻転生説であることはいうまでもない(21)。とはいえ、この「部分」がある種の民間伝承と一致しているのもまた事実である。これを手始めに何度も動物の体から人間の体へと、「蚤の跳躍」を繰り返した末、霊魂はやっと一つの循環を終えることができる。つまり、完徳者の霊魂となって禁欲の一生を送るか、さもなければ死の直前に救慰礼を受けるかして死ねば、昔そこから落ちた天に再び昇るのである。この天なる父の家への飛翔でもって反復往来の過程は終了する。その時には、七つの天界を次々と通り抜けて昇って行くのだ〔一〇〕。こうして、いつの日にかすべての善き魂ないし霊がこの世を去って故郷の楽園に帰ってしまえば、地上には一人の義人もいなくなる。大地にはもはや存在理由がなくなって、おそらく世界の終末が来るのだろう。四大（元素）は溶解するに違いない。モンタイユーの羊飼いたちはオーティエ兄弟の受売りで、その時には天が墜落すると言っている。日月も消え、大いなる火炎が海を焦がし、海は溢れて火を消し、大地は瀝青と硫黄の湖と化す。即ち、地獄以外の何物でもない。

帰依者もひと度救慰礼を受けた暁は、天なる救いにふさわしき者と定められたモンタイユーの大いなる兄弟たちの一員

である。究極の救いの日、不信の者どもを踏みにじって彼らは踊るであろう。さながら、

「仔羊が、牧場(まきば)の青草や畑の刈株の上で跳ねまわるように」

ついに義人の魂は楽園に住まいを定める。そもそも、楽園の幸せとはいかなるものか。ピエール・オーティエの説明は、聴衆の羊飼いや牧羊家をうっとりさせる。さて、楽園とは大いなる愛の国のごときもの、公平無私なる広き母の懐のごときものである。

「そこではどの魂もひとしく幸せなのだ。すべてが一つになるのだ。ちょうど親子がたがいに愛するように、すべての魂が愛しあうのだ」

サバルテスの天才思想家ピエール・オーティエは聖なるものの鍵を見せている。またしても、それは変貌する社会関係そのものなのだ。彼自身は至福の幻想を何ひとつ語っていない。少なくとも、この箇所では語っていない。楽園はすべての住民がまるで一家族であるかのように隔てなく愛しあうモンタイユーという一つの巨大な家(ドムス)のごときものであろう。人は皆たがいに父母兄弟、全人類的規模での唯一の巨大な家(オスタル)を構成する一員のごときものとなるであろう。ピエール・オーティエが住民をもっとも強く惹きつけた表現では、一種の往復説が前提にされている。この低い地上の家(ドムス)から高き天なる家(ドムス)に、村の卑小で不完全な家(オスタル)から楽園の壮大で霊的で完璧な家(オスタル)に至るというのだから、それは循環説であると同時に上昇説でもある。おそらく逆方向の往復もあり得るのだろう。近親相姦の一般化も考えられているのだろうか。むろんのことだ。司祭クレルグが当初抱いていた妄想、近くはレティフ・ド・ラ・ブルトンヌの空想を見るがよい。おどけた調子ではあるけれど、ヴォルテールすら『妻よ、夫に従順なれ』と題する小品では相互の愛情という問題に関連して天国に触れ、こう書いているのだ。「天国でも……人は愛を交わすに違いない。ただし、この世とは交わし方が違っているはずだ。なぜと言って、この世の愛はおよそ満足の行くものではないのだから」(22)。

第二十八章　家と冥界

「果して何が彼にそうさせるのであろうか」。今ではほとんど忘れられてしまったが、昔は評判の活動写真や小説には大ていこんな宣伝文句がついていたものだ。一二九〇年から一三二五年にかけてのモンタイユーの人間を動かし、狂奔させ、戦慄させたものは、果して何だったのか。生物としての根源的な衝動（食事や性関係など）を超えて人間の存在に意味を与える中心的な関心、根源的な動機は一体何だったのか。一言にして言えば、人生の本質的な与件は何だったのか。さらに換言すれば、よくアングロ・サクソンが絵画の様式についていうように、モンタイユー住民の心をときめかすもの(ザット・メイク・ヒム・ティック)は何だったのか。一般的な問題としては、フランス旧制度(アンシァン・レジーム)期の農民を考えていた時にもこの種の問題がしばしば胸中を去来したものだ。国民的規模で通用する明確な解答が得られないのは判り切ったことだ。しかし、小さな村で、しかも一三一〇年頃のモンタイユーのように徹底的に探索されている場合には、問題を整理し解答を探っても見当違いとは言えないだろう。

史料のおかげで知行や領地の関係については、少なくとも表層に孔を穿つことができた。史料そのものの制約もあることだし、表層はそれなりに新鮮で情報豊かだから、長い間古い時代の農民史家は、この表層だけで質の高い研究として満足して来たのである。住民の共同体を超えて、またモンタイユーの場合第一級の重要性をもっていたわけではないにしても建前上ないし実質上の自治組織を超えて、さらに愛すべき村の「エリート」を超えて、史料が提出するもっとも重要な部分たる基礎的な単位、すなわち個々の家（ドムスないしオスタル）にまで到達できた。家は建物であると同時に家族であり、財産と人間の統合原理である(1)。だから、まだ現代の農民のように土地問題にとらわれていなかった農民にとって家は最大の問題だったのだ。今までにも家の「星」や「運」の話があった。家の星は現実の問題だったのだ。そのために後継者は家長の遺体から爪や毛髪を切取ってまで、家の星を保持しようとしたのだ。このようにして前家長の肉体と血統のしるしが、後から家に生れる子孫に伝えられるのであった。

家長在生中の活動は、すでに眺めた。家長が女であることは稀で、原則として男、それも父親である。家長は一対の配偶を基礎としてそれに子供たちを配した「家内集団」を統括するのが普通だが、夫婦の周りに若干の遊離分子（男女の雇い人、独身の兄弟姉妹、後家となった祖母、場合によっては尊属夫婦）のいることも少なくない。これらは出入する分子だが、彼等が飽和点に達した場合には家は大家族制の様相を呈してくる。世代ごとに家は婚資をむしり取られるという危険に直面する。もっとも理屈の上では、相続人たる息子の嫁が持参する婚資で埋め合わせがつくはずなのだ。むろん、息子がいればの話である。

生活の巣としての、また農業経営の拠点としての家の物質的かつ基本的な構造についても少しは検討した。家の心臓でもあれば火でもある「家の中の家」たる台所（ファゴーニャ）から、寝部屋まで、さらに厩舎や羊囲いに至るまで見てまわった。冬には、それに病人が出た時などは厩舎も人の寝部屋に使われていた。

しかし、われわれが特別こだわったのは「人間の役割」ないし「魂の役割」である。家は家族構成の周期のどの時期に当るかによって拡大と縮小を繰り返す。息子たちが幼くて犂（アレール）を扱えない時には作男の腕を借りるし、娘たちが家を離れるほど成人してモンタイユー村内であれ村外であれ他家へ嫁に行ってしまえば下女の奉公に頼る。この周期が順調に進行するためには、村は最低限三戸ないし三戸以上の家で編成されていなければならない。すなわち、若者たちの結婚が可能となるために、まず二戸の存在が不可欠だ。近親相姦を避けようとすれば論理上こうならざるを得ない。次に三番目の家がなくてはならぬ。これが若い羊飼いや牛飼いや下女を前二家に供給する。あるいは前二家から迎える（家族構成周期や資産規模の相対関係によって）。必要となれば後年この羊飼いを呼びもどして婿にすることもあるだろう。

　これほど本質的ではないにしても、やはり注目に値するのが家と家を互いに結びつけ、また家とその過去を結びつけている複雑な構造である。微弱な規制力しかない、むしろ分解していると言った方がよいような村落共同体のことを言っているのだ。また家系（ゲヌス）のことを言っているのだ。家は遠い先祖から続いて来た代々の夫婦の系列の中に位置を占めているのだ。そして最後に、同時期の血縁関係によって二つあるいは二つ以上の家（一村内のこともあれば他村にわたることもある）を結合する親族（パランテール）のことを言っているのだ。同様に「家際的（インテル・ドムス）」な隣人関係、交際関係、交友関係や、婚姻を媒介とする縁戚関係、さらにまた敵意をはらんだ「対抗関係（コントル・リアン）」も挙げておかねばなるまい。後者は流血こそ稀だったものの家の敵に対する復讐（ヴェンデッタ）を招く場合もあったのである。しばしば異端審問の一撃が、多年縁組みを積み重ねながら培ってきた家同士の深い繋がりを粉砕した（かつてあれほど緊密な関係にあったクレルグ、ブロ、ブネ三家の友情でさえ、異端審問に端を発した不和のために荒廃した。しかも三家は綿密に考え抜いた縁組みで結ばれていたのである。場合によっては個人対個人の対抗に発展する。局面が切迫すると王家の争い同様、婿が舅に反逆し、義理の兄弟や従兄弟同士が反目したのである）。反面、教会の圧力によって、各家の「内部」結束は強化されるのが普通であった。われわれの史料が個別研究にとっては比類のないほど内容豊富なおかげで、村を制圧している家（クレルグ）と富裕な農家（ブロ）の間の密接な交際関係に至るまで掘下げて、手に取るように知ることができたのである。

　モンタイユーの個別研究を意図したはずだったのに、あるいは個別研究を意図したために、マーシャル・サーリンズなどが家内的と呼んだ生産形態に関心を寄せる思想家や経済学者が提唱したさまざまの学説を顧みざるを得なくなった。この際、「家内的（ドメスティーク）」という言葉は語源通りの意味に理解しておく必要がある。元の意味はフランス語よりも英語によく残っているのだが、その方が家との関連をよく想起させてくれるであろう。マルクスは古代の経済組織を論じて「基本的に経済の総体が個々の家に内包され、家は生産の自律的拠点を形成する」と言った(2)。しかし、このくだりで『資本論』の著者が言っているのは分散孤立定住様式の場合なのだ。ゲルマニアの遠き祖先にあってはこの定住様式が支配的だったと、当否は知らず、少なくとも彼は考えていたのである。この種の地理的分散はそのまま一つの強制となる。あるいは、むしろいかなる制約も存在しないことを意味する。孤立した農場や家に居を構える家長たちの間では、協力関係は最低限まで縮小される。ところがモンタイユーは集村で、家屋はむしろ密集している。家相互間の協業――もちろん、ほどほどの協業――を組織するのは何の造作もないことだ。器具や道具の貸し借り、牧草地の見張り、播種ずみの畑の踏み荒らし防止、水源の共同利用、等々がそれである。

これよりもカール・ポランニーの意見の方が、われわれには興味深い。それはヘシオドスに次いでアリストテレスが公式化した家と経済（この場合、経済とは家の管理そのもののことだ）に関する理論に着想を得たもので(3)〔一〕、モンタイユーの問題の核心に触れるからだ。ややもすれば忘れがちだが、黄十字の村（他の村でも同様）では家は何よりもまず権力ないし反権力の見事な貯蔵場所なのだ。だからこそ家は、外部から「包囲」する諸権力に対しては誇らかに、それほどでないにしても十分、対抗したのだ。「通常」の時なら外部諸権力（フォア伯の領主権ならびに統治権）はほとんど感じられないが、「非常」の場合、いざとなれば極度に高圧的で理不尽なものにもなりかねない。まさしく、今見ている時期がそうだったので、教会が十分の一税徴発人になりたがり異端審問が全体主義的な支配を要求したために慢性的な「非常」事態を現出したのである。

経済の観点から見れば(4)、一つの家を他の家や他の経済単位に結合しているのは貨幣による関係というより、むしろ「現物」による関係である。それは互助や補完の行為（移動放牧、物々交換、伯の水車の利用、等々）を含んでいるし、さらに余剰農産物の再配分や実際には政治的宗教的な権力による強制徴収（端的に言えば十分の一税の徴収）をも含んでいる。

いうまでもなく家は自給体制と閉鎖型経済への強い傾斜を示す。この点で著者は、家という経済上の細胞相互間の村落内つまりモンタイユー内協同が発達していないのに驚いた。密集型の居住形態にもかかわらずそうなのである。この村では生産活動が家中心に細分化されているために、「おらが村根性」よりも「おらが家根性」（分離独立志向）が強く現れる〔一〕。「おらが村根性」がもっと強かったならば、市民的な共同体感覚を高めることができたであろう。最後に、家は市場と間欠的ながら不可欠の接触を保っている。アックス・レ・テルムやタラスコンの羊の大市や穀物定期市がそれである。しかしながら、これらの市での交換には貨幣以外のものへの顧慮、たとえば信仰が同じであるか否かの顧慮が強く働いている。穀物を売りに来た女（アルビジョア派の）はローマ教会の信者にはことさら高く吹きかける。そして、こう言って自分の仕業を正当化するのだ。

「信心の人にはよくして上げるのさ（だからお前は別だ）」

さらに概括的な見方をするならば、われわれの知るかぎりのモンタイユーにはA・V・チャヤーノフが『農民経済の理論』で提示したモデルが当てはまるのだ。チャヤーノフは農民家族の経済に焦点を絞って農村世界を考察し、自分の観点がアダム・スミス以前の時代なら西欧のほとんどすべてについて有効であることを明らかにしようとした(5)。このロシアの経済学者によれば、この型の社会では個々の経済的人間が、雇用労働の微弱で非恒常的な役割しかもっていない家族経済単位を組織している。経済の総体はこれら家族的単位の相互関係によって形成される。アイヨン地方の家には性別作業分担があって、その全体的な特徴が「家内的形態」によく対応するのである。女は炉、家事、炊事、菜園、家畜と家族のための「草」刈り、水汲みを担当する(6)。男は畑や森や家畜を受け持ち、臨時には、転入者だったり季節雇いだったり、村内の者だったり家族だったり形態はさまざまだが、女性の補助労働力を求める。この種の事情に通暁していたレティフの言を借りるならば、このような組織にあっては要するに女は「うちの中の細々としたこと」を処理し、男は「外の仕事」に当ったのだ(7)。市場向けの余剰生産物（特に羊、付加的には鶏や鶏卵）も無視できないが、おおまかに言って「余剰の蓄積を創出」するよりも家族の必要を十分に（？）満たすことの方に大きな関心が寄せられる。「消費価値（食物や衣料）の生産」が意図されているのであって、貨幣の蓄積や「農業資本の拡大再生産」にはさほど関心がない。そもそも日常生活で物が豊富にあるという経験がほとんどないので、まさしくアリストテレスそのままに、欠乏を無視したり軽視したりすることさえあり得る(8)。このような経済組織の人間が本来的(ア・プリオリ)に怠惰だとは言えないにしても、余剰の欲望や資本が次第に増大する喜びなどの刺激があるわけではないから、労働の意欲は相対的に低い。だから、家族数も十分に多くて「大きな若者」つまり成年労働力（年頃の息子や娘。たとえばブロ家、モール家、モリ家、等）を備えた家は、能力以下の労働しかしていない。ここに妥当するのが、「消費を目的とする家内的生産形態における労働の密度は、生産単位の保有する労働力と反比例の関係にある」というチャヤーノフの法則である。簡単に言えば、家全体の必要を満たすに不可欠と考えられる最低限度のものを確保するための「一人あたり」の労働の必要は、家に労働可能な人数が多ければ多いほど、少なくなる(9)。度重なる昼寝(シエスト)、日向ぼっこに過ごされる時間、暦の至るところに配置された数え切れないほどの仕事のない祝祭や聖人祭などには、過度の労働を拒否しようとする姿勢が現れている。労働力の貯蔵庫で、やがてはそれ自身が余暇を生じさせることになる子供たちは家内的経済の中心で、だからこそ幼い子供に愛情が惜しみなく注がれるのだ。

余剰の増加が存在しないとなれば、それだけ一層、高利の貸付や重い十分の一税の賦課は我慢ならなくなる。全員あるいはほとんど全員が貧しくて、しかもそれをひどく嘆くでもないような社会、増大する富という理想がまだ地平線上に出現していないような社会では、正真正銘の貧困階級や土地のない無産者も攻撃的性格が乏しい。そもそも貧乏人とは金持の発明で、金持あっての貧乏人だからである。モンタイユーでも、若者は貧窮が待構えていると知れば躊躇なく故郷を離れて移動放牧へ、羊飼いたち独身男性の世界へ、したがって真の市場経済の世界へと出ていった(10)。他方、生産者と生産手段の非分離は家内的経済の原則だが、これは少なくともモンタイユーではよく守られている。貧しい家の男でも村に家屋だけでなく小さな土地を持っている。無一文で出て行った羊飼いも、いい年になって帰って来る頃には数十頭の羊の持主になっている。

モンタイユーのあたりに欠けているのは、イル・ド・フランスやアルプス南部で見かけるような広大な領主直営地や大土地所有である。こういう条件の下では、政治の作用（権力の作用ではない。権力は政治を包摂してより大きい全体を構成している）は「諸生産単位の遥か上」で進行する。サーリンズが指摘したように、家という細粒を基礎とする社会構造は本質的に無政府主義的(アナルシック)である。一度くらいなら言ってもかまわないだろうが、マルクスも言ったように、農民階級は馬鈴薯の袋みたいなのものだ。強固な家族結合にもかかわらず、家の世界の特徴は各戸ばらばらの生活様式にあって、孤独で不潔で粗野で貧困(ソリタリー・ナスティ・ブルーティッシュ・アンド・ショート)なものになりかねないのだ(11)。それに、高い死亡率の圧力、疫病や極貧や弾圧の打撃も忘れてはなるまい。サーリンズによれば、家内的生産様式はまた零細な家族単位相互間の激しい争いを助長しがちである。それは分裂と、分節化から来る脆弱さと、誇大な紛争と、遠心的傾向の世界なのだ。ホッブスは万人の万人に対する戦いという言葉を使った(12)。それをいうなら、サーリンズ同様、万戸の万戸に対する戦いがいつでも起こり得る状態にあったと言いたい（もちろん、外界から異端審問官やその手先が唐突に介入するようなことでもあれば戦いは熾烈化する）。こういう条件の下では、モンタイユーの村（住民およそ二五〇人を数える）は一定限度の人口を超えることがない。実は山地の豊かな天然資源を考えただけでも、これ以上の人口増加が十分可能なのだ。ただ、もしそのようなことがあれば、ただちに複雑な政治構造が現出するであろう。それでも、公式非公式を問わず村に最低限度の首領が必要なことは皆が感じている。モンタイユーの場合、首領制はクレルグ家が代表した。同家の旦那衆は地域の要職（肝煎り職(コンシュラ)は別として、司祭職、代官職）を操作ないし独占すべく腐心した。家々からなる脆弱な共同体は、首領なくしては存立できない。幸か不幸か、村は外部から異端審問が加える打撃に備えねばならないのだ。しかも、共同体に絶えず発生する内部分解と遠心的傾向を抑えねばならないのだ。そこでモンタイユーは、兄弟ベルナールに補佐される指導者(リーダー)ピエール・クレルグを戴くのである。村人はピエールが果す奉仕に報いるに、ハーレムをもってした。二〇年近くピエールは村人にある程度の安全を保証した。

これに対して村人は彼が欲望のおもむくまま女たちに近づくのを許したのであった。

☆

羊飼いの世界を見ようと、われわれは家の細胞でできた世界をあとにした。独身の若者たち、牧人は山岳放牧場へと、カタルーニャの移動放牧へと出て行く。自由な賃金労働に雇われた彼らは、「家に」残った男たち——といっても彼らの同類、父親や兄弟なのだが——に比べればずっと自由で「近代的」である。この世の財貨から切離されているから、無理強いされたわけではないにしても自然「清貧の女神」の愛人たらざるを得ない。それでも時々はこの注文の多い女主人の目を上手にくらましてしまう。異端審問は四方八方から攻撃を加えて、とうとう放浪する羊飼い集団を後方基地から孤立させてしまった。その結果、善き羊飼いピエール・モリのような魅力的な自立心を生み出したのである。山の羊小屋（カバーヌ）は村の家（ドムス）に対応する。ちょうど男同士の友情が教区内の交際に対応するように。もっとも、それは遺恨の温床となることもあるのだけれど。

☆

身振りや感情や愛を観察して、われわれは愉快で適当に寛容な風俗の中での配偶構成の問題を考察した。世代交替の各段階で家の社会的（同時に生物学的）再生産を保証するのは、まさにこの配偶である。推定相続人でもあれば将来の労働力でもある子供たちからは、やや意外な印象を受けた。子供に対して無関心だったという歴史家の間に周知の古典的な説とは違って、理屈抜きに愛情が注がれていたのである。

次いで死の問題が来る。婚姻と誕生の問題どころではない。婚姻と出生から一足飛びに、死はわがモンタイユー人口構成の最後の扉である。死および死の予期から、村人の諸々の動機のなかでも今一つの本質的な極となるもの、「家の彼方」なるものが生じる。見慣れた家々の後にあの世が現れて、死の彼方なる霊魂の彷徨と救済という気懸かりな問題をもたらすのだ。家（ドムス）の次は救い（サルス）なのだ。

文化については、調査の結果、書物は大きくはないにしても触発的な役割を演じていることが判った。サバルテスにとって決定的な意味をもったオーティエ兄弟の冒険のきっかけも書物だったのである。しかしながら、文化の伝達は本質的には書物と無関係に行われている。それは家によって、そして何よりも夜語りによって実現される。端的に言えば、台所や羊小屋の炉のほとりに集まって座り込む幾人かの会話を通じて文化が伝達されるのだ。

同胞団（コンフレリー）がないので（低平地か都市まで行けばおそらく見つかるだろうが[12]）、自然と男たちの非公式な集まり（ながながと論議した末に決定する）、女たちの集まり（おしゃべりの間に情報を交換する）、若者たちの集まり（片隅で自分たちだけの遊びに興じる）が生れる。この種の集まりは事実上の社会的結合（ソシアビリテ）の手段なので、家（ドムス）の網の目を超えて、あるいはそれとは無関係に、形成され機能している。包括的かつ全体的な（男も女も若者も含めた）社会的結合（ソシアビリテ）が表面化するのは、原則としてミサの後、日曜日の午後である。しかし、モンタイユーが十分強固な結集力によって結集していたとは言いがたい。少数派と多数派、カトリック派とカタリ同調派という二つの勢力に分裂していて、およそ「有機的共同体」ないしゲマインシャフトを形成するどころではなかったのである。いわゆる「機能的な集団」ないしゲゼルシャフトの段階にとどまったままである。党派ないし派閥が抗争して、村を二つに引裂いている。ある時期には一党派が、次には交替して別の党派が、それぞれ相当数の家々を傘下におさめた。現代アリエージュ風の表現で言うならば、クレルグ家の仲間とアゼマ家の仲間が、それぞれ「党」と「反対党」を形成していたのである。両派とも宗教を看板にしたが、そんなものは取替えの利く口実にすぎず、根本的な動機というよりも結果、あるいはどうでもよい旗印だった。中立国の船旗さえ掲げていれば積み荷は武器でも全然平気だ。二つの集団はそれぞれ社会経済的な階層の差、つまり相対的に豊かな家とその下の中産農家ないし耕耘用役畜もない貧農との差に対応している。

経験を認識する枠組（空間と時間）を検討した結果、近い時間あるいは遠い時間が宗教的性格を帯びていることが判った。それ以上言わないまでも、本来の意味における歴史的時間の意識は希薄である。家（ドムス）（現在の家族）に対置される家系（ゲヌス）（過去の血統）についても、彼等の歴史的知識は二世代か三世代、せいぜい四世代を超えることはない。空間は当人を中心とする同心円状の圏として認識されている。つまり、身体（コルプス）、家（ドムス）、村（ロクス）、国（パグス）の順である。この場合、国とはフォア伯領高地部、サバルテスの謂（いい）にほかならない。わがモンタイユーの住民にとってはサバルテスこそ、互いに愛憎の坩堝（るつぼ）たる地域共同体を超えて帰属する広範囲の集団であって、事実上でも意識の上でもそのように体験されていたのである。あくまでも人間の身体と家は基本単位であって、あらゆる次元における時間と空間の尺度となっていた。家と人体の関係は、さながら分子と原子の関係に似ている。

「空間」の分析を終るに当っては、どういう具合に家が垂直および水平次元で構成される枠組の中心に位置を占めていたかを考察しなければなるまい。

空想や時代錯誤抜きで言うのだが、わが村人たちの自然に対する感覚には宿命観が浸透していて、そのためにマクロの世界とミクロの世界が関連していると考える。動物に対する態度を見た結果、侮蔑すべき動物、愛すべき動物、どちらでもない動物の区別のあることが確認された。そのおかげで、人間家族と極めて身近な家畜との境界が明確となっている。この種の動物は象徴的には相姦の禁止範囲内に包括されているのである。また同様にそのおかげで、ずっと人間から離れた所にいる有害で厭うべき野獣との区別が明確化している。これらは侮蔑と排除の対象となる三番目の動物圏を形成していて、その内側に好ましい、あるいはどちらでもない動物の圏ができている。

次にわれわれの考察は社会的ならびに政治的道徳、慣習に対する態度、程度の差こそあれ共通の理想だった清貧にまで及んだ。この領域においては、家、蓄積の否定、隣人関係に異議なく高い価値が認められていた。特に隣人関係は好評や軽蔑を配分する役割を果している。罪の感覚がない代わり、サバルテスの人びとはいざとなれば恥と体面の感覚を知っていた。

　宗教的ないし神話的価値を概観したところ、改めて民衆文化という五足の羊を追う破目になった。五足というのは、一本はローマ・カトリックに、二本目はアルビジョア派に、三本目は適当な表現がないので仮に素朴スピノザ主義と名付けておいた農民的唯物論ないし自然主義に、そして残りの二本は民俗の中に踏み込んでいるからである。いずれの場合にも、死後の世界が出発点となっていることに変りはない(13)。冥界の観念はある者たちの場合には民俗に規定され、別の連中の場合はそうでない。それがカトリックやアルビジョア派などの形のもとに取り込まれているのである。死後家を離れて彷徨する、幻影でありながら肉体らしきものを備えた「死霊」がいる以上、モンタイユーのみならずサバルテスの住民は何らかの解答を探さざるを得ない。結論はさまざまであった。まず、幽霊は地上にいるのだという民俗の「水平」的な考えがある。次に、聖書の宗教に教えられて天なる冥界を考える「垂直」の解答がある。最後にカタリ派が、水平的には動物と人間を輪廻転生し、垂直的には天なる究極の彼岸に行くのだと説いて、二つの考えを両立させた。多くの者にとって、救済が最大の関心事だったことに変りはない。サバルテスの一村民が供述している。

　「神さまのことでわたくしが存じておりますのは、わたくしどもを救って下さるために神さまが作られたということだけであります」(14)

神は個々の霊魂の救済のためにあると、いとも無邪気に人間中心主義的な考え方をしているのだ。したがって、神を敬うことは、人間がおのれ自身を愛することに帰着する。それも、差し当っては自分の家にいる自分を、やがて家を離れた後は不滅の時のなかにいる自分を愛することに帰着する。天はみずから愛する者を愛す。人こそ人の神（ホモ・ホミニ・デウス）。

　この世では家、あの世では楽園。モンタイユーの切実な理想を一言で要約すれば、こうなるであろう。人間中心的な自然主義を特に評価するならば、この理想は不完全ながらヒューマニズムめいたものになっていると言ってよい(15)。次の時代に執拗につきまとう死骸の腐乱という強迫観念に、まだ浸食されていないヒューマニズムである(16)。

地上と天上、家と楽園、現世と彼岸。この二つは別々のもので、時によっては矛盾しかねない。たとえば異端の場合、家を確保した上に救いを手に入れようとしても、それは難しい。辻褄の合うわけがないのだ。あれか、これか、なのだ。ところが、家と彼岸を両立させようとする、それどころか統合しようとする試みは決して放棄されなかった。本書のあつかう時期よりはずっと後のことになるが、謝肉祭にことよせて若者たちの後見のもとに仮面をかぶった幽霊(ルヴナン)が立ちもどり、家々に入って食事をする風習が見られる。「娘衆(ドモアゼル)」は、性や季節の転換の要求に従って幽霊が変装しているのだ。して見れば、あらゆる種類の転換に沿って、生から死へ、また反対に死から生へと行き来が可能なのであろう。しかし、民俗的で反体制的な思想の最終的かつ大規模な覚醒（十九世紀アリエージュ地方の「仮面擬闘(ゲール・デ・マスク)」ないし「娘衆争い(ゲール・デ・ドモアゼル)」がその代表的なものだ）が起こる遥か以前、永遠に生命を失うことのないもとの家(ドムス)を亡霊と化した死者が規則的に訪れるという考えは、アルノー・ジェリの托宣ですでにはっきり述べられている。農婦リグザンド・コルティルは、生者の畑の豊饒と善信者によって保証される死者の霊魂の救済の相関を確信していた。どちらか一つだけということはあり得ないのだ。その他さまざまの手がかりも結局は一点を指している。つまり、ローマの信仰の天国なるものは広壮な家(ドムス)のごときものだし、アルビジョア派の天国にしても、ありとあらゆる霊魂があたかも一家の親子兄弟のように愛しあいながら住む住居なのだ。モンタイユーの羊飼いどもは現世の矮小な家(ドムス)と天の高きところにある豪壮な家の間に永劫回帰の大循環があるかも知れないとは考えないのかと、ジャック・フルニエは疑ってみることもできたはずである。もちろん、答の返って来るような問題ではない。異端審問官は二重の打撃を与えた。村にある罪人の家を破却し、もし罪人が故人であればその墓を壊したのである。すなわち、この機に乗じて彼岸の安息をも奪おうとしたのであった。

☆

モンタイユーで荒れ狂った二極的権力に関連して思うのは、モンタイユーの強靭な再生力であり、またいかに深くサバルテスの大地に根を下ろしていたかということである。三分の二世紀を経過した一三九〇年、情況はどうなっていたであろうか。一三〇八年から一三二五年まで村を打ちひしいだ苛烈な弾圧も次第に弱まり、結局はおさまったのだが、それでもいくつかの残酷で悲惨な挿話が残っている。一三四八年には黒死病が襲って来る（アリエージュ上流に黒死病がどれだけの打撃をあたえたかは、よく判らない。さして深刻ではなかったかとも思われる）。その後、何度かの疫病、盗賊や傭兵の横行と略奪……。一三九〇年のモンタイユーはもはや二三戸を数えるにすぎない。一三〇〇―一三二〇年の数字に比べて半分、あるいは半分以下である(17)。桁はずれの人口喪失……。ほとんど全滅と言ってもよいくらいなのだが、それでも主だった家が跡を断ったわけではない。異端審問も、疫病も、戦乱もくぐり抜けて……。一三九〇年のモンタイユー住民の中には、ブネ、クレルグ、モール、フェリエ、バイユ、フォール、アゼマ、プルセル、リーヴ、オーティエ、アルジェリエの名が見られる。いずれも世紀初頭の同名の家の子孫で、かずかずの試練に痛めつけられながら、存続しているのだ。新しい（多分）名はただ一戸にすぎない。要するに、家（ドムス）は健在だったのだ。この山岳高地は魅力に乏しいから、新来の移住者が混入することもなかった。もとのままのモンタイユーが生き残っているのだ。一九七〇年代になってもまだ電話帳にクレルグという名が載っているが、これも数知れないクレルグたちの子孫にほかならない。創設（多分カロリング時代）以来現代に至るまでモンタイユーは、歴史（イストワール）の陰にかくれて、とはいえ幾多の波乱（イストワール）を経験しながら脈々と続いて来た。信条問題による弾圧にも致命的な病原菌にも耐え抜いたこの古い村を、現在、山岳耕地の放棄による過疎化が脅かしている。すでに見た通り、モンタイユーの文化は単純再生産、自己保存、そして現世における家（ドムス）の永続を志向していた。一三〇五年頃この村が敢えて試みた唯一の「成長」要因も、移動放牧を別にすれば経済とは何の関係もなかった。それは、死の彼方の世界、たまたまアルビジョア派の天国に集約された霊的超越に関連していた。アルビジョア派は、「善きキリスト教徒」たらんとする熱情のあまりに逸脱し偏向し歪曲されたキリスト教徒、あまりにも特殊なキリスト教徒であった。

周知のごとく、司教にして審問官たるジャック・フルニエがこれらすべてをしかるべき状態に引戻そうとした。カタリ派は五〇〇年にわたる掩蔽（えんぺい）の後の今、冷たい光でわれわれを魅することがあるにしても、所詮は死せる星にすぎない。しかし、一三二〇年の忌まわしい思想警察に弾圧されたモンタイユーそのものは、一時の向こう見ずな逸脱よりも遥かに大いなる存在である。モンタイユーは、名もなき人びとの体験の記録である。ラテン語の作品ながらオクシタニー文学の一大記念碑たるを失わない典型的な抑圧文書から再構成された、生のおののきである。モンタイユー、それはピエールとベアトリスの愛であり、またピエール・モリの羊の群である。モンタイユー、それは家（オスタル）の官能の熱気であり、輪廻する農民的彼岸の約束である(18)。一方が他方の中にあり、他方が一方を支えているのだ。

史料、ならびに謝辞

各章の注は巻末の文献目録とあわせ参照されたい。一九七五年の出版コスト高騰によって書物紙数に如何ともなしがたい制約が加えられた結果、「あとがき」は実質上割愛せざるを得なくなった。それは雑誌『農村研究（エチュード・リュラール）』に投稿しようと思っている。

ここでは問題の時期（一二九四－一三二四年）のモンタイユー人口を二〇〇ないし二五〇と見積った理由を述べるにとどめたい。ジャック・フルニエの徹底的な捜査によって記録されたモンタイユー住民は全部で二〇四名に達するが(1)、この数字は不完全である。司教は文字通り一戸一戸掘返したのだが、それでも一戸も残さず調査したわけではない――われわれからすればこの点が残念なところだ。成人若干名がジャック・フルニエの尋問したモンタイユー出身の証人ないし被告のうちに入っていないと思われるし、かなり多数の嬰児、さらに場合によっては幼い子供が脱落しているのは確実である。しかも別の面から見れば、モンタイユー住民二〇四という数字はやや過大でもある。二〇四人全員がそのまま常にモンタイユーに住んでいたわけではないからである（問題の時期が始まって後に死んだ者や出て行った者がいる反面、この種の死亡や流出の後に生れた者と転入して来た者がいるからである）。こういうわけで欠落と過大記載の中を取って、人口二〇〇ないし二五〇とするのが妥当なところである。この数字は、一三四八年以後の疫病や戦乱その他の災害による大量の人口喪失（五〇パーセント、あるいはそれ以上）を経過した後の一三九〇年、村の人口僅か一〇〇名という事実とも整合する。

☆

巻末に文献目録をつけたが、私の本質的な史料は何と言ってもジャック・フルニエの審問記録である（本書の前書き、および文献目録を参照されたい）。そのほかにも、概して対象時期よりは後代のものに属するが諸文書館の古文書を利用した。同時代、あるいは先行する時代の史料で重要なものとしては、モンタイユーに直接関係しないとはいえ、ジョフロア・ダブリの異端審問記録（一三〇八—〇九年、国立図書館ラテン語手稿本四二六九号）がある。後代の史料では特に次のものを用いた。

アリエージュ県立文書館、J七九号文書（十七世紀モンタイユーの領主徴収権。典型的な中世領主権を示している。第一章参照）。

モンタイユー村立文書庫。ほとんどが十九、二十世紀の文書（戸籍、住民名簿、徴税簿、極めて貴重な一八二〇年の土地台帳。なおアリエージュ県立文書館一〇M四号文書にモンタイユー関係の人名簿が若干ある）。

☆

終りに当って、助言を頂いた多くの方々、特にジャン・デュヴェルノア、ジャン・マルク・レウヴェン、ジョルジュ・デュビー、アラン・ブザンソン、ユーグ・ヌヴー、フランソア・ジロー、パトリック・オーフレ、アントアネット・シャムー、ピエール・フェノ、ミシェール・ド・ラ・プラデル、ダニエル・ファーブルならびにジャン・ラクロアの諸氏に感謝する。同様にモンタイユー村長、デュラン女史以下多くのモンタイユー村民に感謝の意を表する。

原注・訳注

第十三章

原注

(1) 問題の夫婦一八組とは、以下の者たちのことである。

ポンス・クレルグとマンガルド夫婦は四男二女（ギヨーム、ベルナール、ピエール、レモン、エスクラルモンド、ギユメット）。

バールなる者を家長とする、あまりよく判らない一家は三男二女（ピエール、レモン、ギヨーム、マンガルド、ギユメット）。

ベルナール・リーヴとアラザイス夫婦は一男二女（ポンス、レモンド、ギユメット。後にギユメットはクレルグ家の一員に嫁ぐ）。

ポンス・アゼマとアラザイス夫婦は一男のみ（レモン）。

ベルナール・クレルグ（代官とは同名異人）とゴージア夫婦は一男一女（レモン、エスクラルモンド）。

ベルナール・クレルグ（モンタイユーの代官）とレモンド夫婦には子供はない。

ブロ家の主人（洗礼名不明）とギユメットの夫婦は四男二女（レモン、ギヨーム、ベルナール、アルノー、レモンド、アラザイス）。

ギヨーム・ブネとギユメット夫婦は二男四女（レモン、ベルナール、アラザイス、モンターニュ、ガイヤルド、エスクラルモンド）。

レモン・バイユ（妻の名は不明）は四男（ピエール、ジャック、レモン、アルノー）。

ヴィタル・バイユとエスクラルモンド夫婦は一男のみ（ジャック）。

ピエール・モールとマンガルド夫婦は四男一女（アルノー、ギヨーム、レモン、ピエール、ギユメット）。

レモン・モールとギユメット夫婦は二男（ピエール、ベルナール）。

マルティ四兄弟の両親の名は不明。四兄弟とはギヨーム、アルノー、ベルナール、およびジャン。

テスタニエール家（夫の名は不明、妻はアラザイス）は一男一女（プラド、ヴュイッサーヌ）。

レモン・モリとアラザイス夫婦は六男二女（ギヨーム、ピエール、ジャン、アルノー、レモン、ベルナール、ギユメット、レモンド）。
ジャン・ギヤベールとアルマンド夫婦は一男三女（ギヨーム、アラザイス、シビル、ギユメット）。

幼少年期のみならず壮老年期に寿命が尽きて消滅した非常に古い一族、例えばクレルグ家のポンスとギヨームたちの一族は除外した。同様に非常に若い夫婦も計算に入れなかった。フルニエの審問記録の最終年にも、やっと子供を作れる年齢にさしかかったばかりだからである。しかも、若い夫婦は異端審問によってあらゆる面で生活を攪乱されている。さらに、若くして寡婦となった女、カタルーニャへ逃亡した女も除外してある。自明のことながら、人口統計上の価値という点で、われわれの資料は間接的なものにすぎないし、もともとそのために作成されたものではないことを忘れてはならない。

この統計資料を集め上記の計算をしたあとで、グラマン女史の研究（未刊）を知った。それによると、同じ時期の低ラングドックにおける一夫婦あたりの子供の数は平均四・五人である（これに対して前世紀には六人ないし七人だった！）。したがって、モンタイユーと近似した数字である。人口動態には活力があって飢饉の圧迫はほとんど感じられない。

（2）関連してレモンド・ブロの供述が参考になる。また、アックス・レ・テルムのオーティエ家は極端な大家族（何組もの夫婦と多数の子供を含む）だった。C・モリニエ『十三・四世紀南フランスにおける異端審問』参照。

（3）四世紀ビザンティンの一史料が同様の考えを表明している。E・パトラジャン「多産の限界」（『アナール』一九六九年）。

（4）出生および出生に先立つモンタイユーの儀礼や慣行については知ることができない。ただ、村のマリア堂での式と一緒に感謝の行事が行われたらしい。貴族の家ではずっと昔から揺籃が使われていた。

（5）これはJ・デュヴェルノアの解釈である。おそらくその通りだったと思われるが、史料にはただ「下女」とあるのみである。

（6）この女の人生行路は異端に好意的な環境の中で終始している。

（7）アニェス・フランクーはワルドー派異端レモン・ド・ラ・コートの乳母であった。母親の死後レモンに授乳し、その後もずっと彼とともに暮らした。ただし、これはリヨンないしジュネーヴ出身の家のケースである。

（8）例えばレモン・ピエールとシビルの夫婦の場合がそうだった。

（9）P・アリエス『アンシアン・レジーム期の子供と家族

生活』（一九七三年）。F・ルブラン『十七、八世紀アンジューにおける人と死』（一九七一年）。特に幼年期と幼年死亡率をあつかった章を参照。

(10) フランドル派絵画のマドンナ像に描かれた小さな成人、乳房にすがるほとんど老人のような小さな人間を想起すればよい（たとえば、フランクフルトの美術館所蔵、ファン・アイクの『ルッカのマドンナ』）。初期吟遊詩人と同じ頃のオクシタニー彫刻でも、聖母の膝にいる幼いイエスは成人の縮小として表現されている（現ピュイ・ド・ドーム県、サン・ジェルマン・ランブロンの近く、サン・ジェルヴァジーのオーヴェルニュ風ロマネスクの聖母）。しかし、このような図像は果して大衆の子供に対する感情を表現しているのだろうか。それとも、それが人びとに慈しまれるようにという当時の成年男子の「母性」願望を表現しているのではないだろうか。

(11) アリエス前掲書に、この問題に関するJ・B・ド・ラ・サールの意味深い文章が引用されている。

(12) もちろん、供述者はオック語でさまざまに語ったので、それをできるだけよく伝えようと書記が二つのラテン語に訳し分けたのである。この二種類の表現がもとの言葉で何というのか、確定できなかった。英語にはアイ・ラヴ・ユーおよびアイ・ライク・ユー・ヴェリー・マッチという二つの言い方があるから、われわれの資料の表現をそれぞれ正確に伝えるにはフランス語よりも英語の方が適しているかも知れない。

(13) ドゥニ・ド・ルージュモンの名著『愛と西欧』（一九三九年）を参照。これに批判がないわけではないが、同時に素晴らしいと思う気持に変りはない。ただ、繰り返して言っておきたい。本章では子供に対する態度のことを考えているのだが、この問題に限らずほかでも感情の「発現」と、それが文芸という狭い文化の世界に「記入」されることとの混同があるようだ。

(14) レモン・ルーセルも同様のことを述べている。パミエのワルドー派も、胎児に霊魂があると考えていた。

(15) 一件だけ、「自然の」流産に関する言及がある。ただし、実際に流産だったか、そう思っただけかは不明。

(16) P・アリエス『……子供と家族生活』参照。なお、アリエスの文章には曖昧なところがあって、ある個所では可愛がり（ミニョタージュ）は十六世紀の「新事実」だと言いながら、別の個所では古来の風習が文化の中に顔を出したにすぎないと言っている。もちろん、後の解釈の方が正しい。

(17) 「どうして子供たちを残して行けよう。あんなに小さいのに」、とベアトリス・ド・プラニッソルは嘆いた。

(18) プラド・タヴェルニエは農村出身の完徳者で、町民出身のオーティエとはこの点が違っている。プラドはカトリックの行動様式に見られる「包括主義的な」傾向の影響を受けているのだ。その結果、何たることであろうか、ローマ教会の聖職者が類似の情況で洗礼を授けるのとまったく同じに、嬰児に救慰礼を施すまでに立ち至ったのである。

(19) マンガルド・ビュスカイユについても同じような挿話がある。子供に対する純粋無垢な愛着は民族の魂(ジェニー)そのものの内奥に発している。これに対し、「外部」からアリエージュ上流に持ち込まれ、しかも農民の思想のみならず感覚においてもそれなりに重きをなしたカタリ派のようなイデオロギーの潮流は、どちらかと言えば子供に敵対的である。シビル・ピエールは母であると同時にカタリ派共鳴者であって、その分だけ大きな矛盾に引き裂かれざるを得なかった。そして、彼女は母たることをえらんだのである。

(20) C・マルティノー女史もわれわれ同様、この点に関するアリエスの考えとは違う結論を出そうとしている。前掲学位論文『フランス詩における死のテーマ』。なお、F・ボネー『ジャン・ジェルソンと子供』(第三段階課程論文、ボルドー大学第三、未刊)。

(21) この問題についてはもう大分筆を費やしたのだが、B・ヴールゼー女史の見方には反対である。多くの歴史家と同様女史は、他方では非常にすぐれた研究のなかで、モンタイユー出身の人びとにとって「子供は取るに足りない存在だった」と書いている(『オクシタニー・カタリ派のカタルーニャ流出』未刊)。いつ裏切って異端審問に告げ口をするかも知れないと、アリエージュ上流生れの大人たちが子供に不信感を抱いていたのは女史の指摘するとおりである。しかし、一斑をもって全豹を推すわけには行かない。私の見るところでは、この不信は特殊なもので、そのために愛情次元の無視が生じたとは考えられない。

(22) モンタイユーの嬰児死亡が多かったのは確かなのに、記録に出てこないことは考慮する必要がある。

(23) 集中的かつ多様な資料が十分でないので、祖父母の孫に対する態度の問題には触れないでおく。それでも手がかりが皆無というわけではない。ベアトリス・ド・プラニッソルは孫の健康に心を痛めるやさしい祖母であった。死せる祖母が幻(ファントム)となって孫を愛撫しに寝床へ出て来た話もある。これに反し、審問記録には「祖父たる術(すべ)」については何ひとつ見当らない。理由は簡単で、男は老人になってから長く生きる見込みがないことと、結婚年齢が遅い（女が祖母になる機会に比べれば、男が祖父になる機会ははるかに少ない）ため、一三〇〇年から一三二〇年ごろのアリエージュ上流にこの「術（すべ）」は開発される余地がなかったのである。ヴィクトル・ユゴー時代や、ましてその後のフランスとは違うのだ。もちろん、系譜の行末について関心がなかったわけではない。レモン・オーティエ（完徳者とは別人）は孫娘ギユメット・コルティルの結婚に際して積極的に振舞っている。

(24) シャトーヴェルダンの貴族の家で「揺籃」が使われている。

(25) 赤ん坊を腕で抱いていた――「乳母車」の時代たる現代に比べれば一日当たり遥かに長時間――ということは、今よりも身体の密着度が高かったということにほかならず、これはそのまま母子間相互の愛着を増す原因となったはずである。瀕死の子を一日中抱いていた女の例は先にも見た。

(26) いわゆる「幼児圧迫死」問題である。

(27) 大人から子供への文化伝承については後述、第十六章。

(28) ここで貧困な家の子供、ないし無一物の孤児の生き方が判る。

(29) この「若者」の時期は二〇歳あるいは二五歳まで続く場合がある。ここには、「子供」が早くから成人ないし疑似成人の生活に入ったとするP・アリエスの正当な見解（まさしく、そのために十九世紀とは違って「子供」はもう「子供でない」というのだ）の実例が見出される。

(30) 年齢が一、二歳は不確かなことについては前述、第一、三章。なお、一二五四年アルビ教会会議決議では一四歳以上の男および一二歳以上の女は全員、異端から離れることを誓約させると定められた。マンシ『教会会議決議集』（一七五九―九八年）第二三巻。

(31) パミエのワルドー派の説では、キリストの死の年齢、つまり三三歳が男のもっとも完成した年齢だということになっている。最終審判に際して男はこの年齢の肉体をもって復活するというのである。

(32) ジャック・フルニエが尋問した約六〇人の男性供述者の中にも老人は非常に少ない。六〇歳程度の者は二人しかいない（ともにモンタイユー住民ではない）。当時（十三世紀でも同じだが）、四〇歳を過ぎればもうあまり長くは生きないことを人びとは意識していた。この点に関して、C・マルティノー女史が引用したインノケンティウス三世の勅書「悲惨（デ・ミセリア）について」は意味深い。

(33) カタルーニャに離散したモンタイユー出身の中年ないし老年の女たちも同様だった。

(34) 強力な姑の例では、マンガルド・クレルグ、ギユメット・ブロ、ギユメット・ブネ、ギユメット・モリなどがいる。マンガルド・ビュスカイユの姑もそうであった。老女で見下されている例も述べたが、いずれも妻たるかぎりにおいて見下されていたのである。

訳注

〔一〕カタリ派教義は、救済されない限り霊魂は現世の物質界で輪廻転生すると説いた。厳密に言えば、カタリ派の中にもやや考え方の違う者たちがあって、同一霊魂の単純な転生ではないとする流派もあったのだが、南フランスに展開したカタリ派は人間と動物とを問わない単純明快な輪廻転生を信じる者たちだった。

〔二〕オットー朝。オットー大帝の神聖ローマ帝国創建（九六二年）からオットー三世の死（一〇〇二年）までの時期。この間、ドイツが西欧の指導的地位に立ち、強力にイタリア政策を展開した。三代にわたるオットーは、復古的な帝国理念とも関係していずれも文化教養に関心が深く、いわゆるオットー朝文芸復興を現出した。

〔三〕ドゥニ・ド・ルージュモン（一九〇六―　　年）は評論家。スイス、フランス、アメリカで活躍した。代表作『愛と西欧』は日本でも『愛について』の訳題でよく知られている。愛の観念の変遷を通して西欧文明の本質を解き明かそうとしたのだが、この中で吟遊詩人を大きく取り上げている。

〔四〕カタリ派の開闢(かいびゃく)神話では、善神の国（天国）に悪神が侵入して天使（霊魂）を誘惑、あるいは拉致して現世へ連れてきたことになっている。誘惑に当って悪神が自分の国（現世）の魅力の数々を並べ立てるくだりが異端の説教に出るが、これはその一節。はしなくも、当時一般の価値観が露呈している。

〔五〕当時、麦の取入れは株を根本から刈取るのでなく、小鎌を使って穂の部分を切取った。著者が穂を摘むと書いたのは、そのため。

〔六〕「その夜も、早くから寝床に入っていました……」。マルセル・プルーストの『失われた時を求めて』、冒頭の一句。

〔七〕アルビジョア十字軍がベジエの町を攻めおとした時、空前の無差別大虐殺に走った。その時の合い言葉が「すべてを殺せ。神はおのれに属する者を知りたまう」だったという。異端かどうかいちいち調べる手間には及ばない。手当たり次第に殺しても、神の思し召しで正しい者は自然に逃れるはずだから、という意味である。そもそもの出典はテモテ後書二章。ここではただの拘束で虐殺ではないが、明らかに右の故事を踏まえている。

第十四章

原注

（1） 以下はヴァルゼー女史の作成した一覧表である。ただし、エメルサンド・モリとその娘ジャンヌ・ブフェイに関する部分は修正した。傍線を付したのはモンタイユー出身者。

A. 病死あるいは事故死

ベルナール・ベリバスト、ピュイグセルダの施療院にて病死。

レモン・ド・カステルノー、グラナデラにて病死。

レモン・モール、サレアルにて病死。

ベルナール・マルティ（モール家生れの「女家長」ギユメットの夫）、オルタ山中で死亡。

ベルナール・セルヴェル、レリダで死亡。

ギヨーム・マルティ（ジュナック生れ）、カタルーニャで死亡。

マルティ家の今一人の兄弟（?）、カタルーニャで死亡。

ベルナール・ブフェイ、森林で事故死。

エメルサンド・モリおよびその娘、疫病で死亡。

B. 逮捕（処刑を含む）

ギヨーム・ベリバストおよびフィリップ・ダレイラック、火刑。

ピエール・モリおよびジャン・モリ兄弟、ギヨーム・モールおよびアルノー・モール兄弟、逮捕。

エスペルト・セルヴェルおよびマテナ・セルヴェルの母子、逮捕。

C. 自由に生きのびた者

ギユメット・モリ一家（本人。二人の息子アルノー・モリと今一人のジャン・モリ。その兄弟、今一人のピエール・モリ。計四名）。

ジュナックのレモンド・マルティとブランシュ・マルティ。

レモン・イッソーラ。

（2） スペインで死んだ従兄弟で同名のレモン・モールとは別人。

（3） ギユメット・フォレは若くして同じく若い夫と結婚して離婚し、その後間もなく再婚した。これから判断すると、彼女は若いうちに死んだものと思われる。一五日間という英雄的な耐忍（エンドウラ）の後に死んでいる。

（4） ここで、このほかにも病気重篤で救慰礼を受けた者を挙げておく。ただし、モンタイユー住民ではない。

プラドの老女レモンド・ビュスカイユ。

キエのマンガルド・アリベール。既婚の女。

アックスの女。既婚の息子あり。

プラドのアルノー・サヴィニャン。孫のある年齢に達していた。

プラドの若い男。

アックスの女。年齢不明。

ジュナックの母親と若い娘。

同地でカタリ派の定めに反して受礼した赤ん坊二名。これは完徳者プラド・タヴェルニエがいとも無造作に定めを侵して授礼したのであった。一人はシビル・ピエールの子、今一人はマンガルド・ビュスカイユの子である。

(5) ここで「ペスト以前」というのは、大まかに見て一二九五年から一三四八年の黒死病までのことである。「年寄り」とは五〇歳ないし六〇歳を越えた実際の老人。これに対して、すでに既婚の子供のある者たちを「年配の成人」と呼んでおいた。すぐ気の付くことだが、「年配の成人」が実際はかなり若いこともあり得たので、繰り返して言うが、すでに娘は嫁いでいても特定の母親はまだ四〇歳になるかならぬかの年だったということもあったのである。私のいう「若者」とは、上述「年配の成人」の定義に当てはまらない独身の青年、および「若い」既婚者のことである。

(6) この時代の何度かの生存の危機については前述、第一章。

(7) 前述、第十三章。

(8) 前述、第十三章。マンガルド・ビュスカイユの赤ん坊、およびある木こりの赤ん坊の死のケース。——さらに、シビル・ピエールの幼い娘二人の死。一夫婦の子三人の死。ある女の幼い子四人の死のケース等。

(9) 十四世紀のごく初め、羊飼いベルナール・マルティがラバの貴族ド・カステル家の四人兄弟（三人は嫡出子、一人が私生子）を訪ねたら、四人とも病臥していた。一人は台所、今一人は穴倉、残る二人は中庭のはずれの小屋で寝ていた。嫡出子たち三人は今にも息を引取りそうであった。主として、重病人のまわりに人びとが集まるために疫病感染が重大化したのである。

(10) 感染が恐慌を惹起したのは癩だけである。この場合、患者は辱められ、郷里を追われた。後述、第十五章。

(11) かと言って彼らは、かならずしも「内部」に無知だったわけではない。ベルナール・マルティの父は密告者らしいというのでジュナックのお偉方に殺された。この殺人事件のあとベルナールが、被害者は「顎の下の肺の柱ないし管（気管）を砕かれ押し潰されていた」と指摘している。

(12) 癩に関する地域統計資料は皆無である。ただ、長い間ピレネーがカゴと癩嫌疑者〔の差別〕で有名な国だったことを想起すべきであろう。癩は恐怖と性的煩悶の種であった。――〔訳者補注〕カゴは、ピレネーとは言っても西部、バスク地方の少数被差別民。最古の記録出現は一二八〇年頃という。居住は集落外に隔離され、農業牧畜等の基幹産業から排除され、教会でも十字架に触れることを許されなかったという。起源は西ゴートの子孫とも、癩患者とも言われるが、定かでない。十五世紀、ジプシーと混血したものはカスカロと呼ばれた。

(13) 後に見るように、救済が一種の強迫観念になっているモンタイユーの住民は、気持の上では身体の救いと霊魂の救いをほとんど区別していない。

(14) ここでは触れないでおくが、家畜の医療はかなり進んでいたはずだし、普及もしていたはずである。特にらばとろばについて発達していた模様である。耕耘と運送の役畜たるこの二種はとりわけ貴重な家畜だった。

(15) 死の予兆は供述の中に出て来ない。死は「突発的」に現れるのだが、これについてはヴールゼー女史が審問記録から抽出した一連のテキストを呈示している（前掲論文）。同様に、もちろん回復した場合に限ってのことだが、突発的な「治癒」にも驚くほかない。回復期という観念が欠けているのである。治るか治らぬかで、すぐ旅に出、あるいは鋤の柄を握っている。ほとんど絶望と思われたジャン・モリは、その直後に仕事をしている。プラドでも、大病をしながらすぐ旅に出た例がある（第四章）。時代が厳（デュール）しかっただけ、人間も頑健（デュール）だった。

(16) 少なくとも貴族の臨終には、出入りの者、親族、知人たちが敬意を表すべく大挙して枕頭に押しかける社会慣行があったらしい。

(17) 女とは反対に、近親を失った男は慎み深く嘆かねばならなかった。

(18) オクシタニー文化における葬送の悲嘆については、例えば『ベルトラン・ド・ボルン全詩集』（一八八八年）。C・マルティノー・ジュニエス、前掲論文。

(19) M・モース『社会学試論』（一九六八・六九年）。

(20) モンタイユーでは、死者の顔だけ洗って、そのあと布で覆った。

(21) 死亡から埋葬までの間、小刻みに鐘を鳴らした。埋葬には住民の大多数が参列した。

(22) 後述、第二十三章。

(23) 一般論として、この時代のモンタイユー住民にもフォア住民にも、現代言うような意味での自殺志向はまったくない。だから、この観点から見ればモンタイユーは、明らかに自殺が増加している現代のごとき「文明世界」の外側に位置している（デュルケムの諸著作、たとえば『自殺』一八九七年、参照）。しかし、まさしくカタリ派農民の間に耐忍という大問題があった。論理を押し詰めれば、これは独特の自殺にほかならない。それ自体は救済を求めての「厳密に宗教的」な行為と観念されているが、意識下ないし意識希薄の次元ではどうだったであろうか？

(24) M・ヴォヴェル『バロック期の敬虔と脱キリスト教化』（一九七三年）。

(25) 救慰礼を授けるためには山野の跋渉も辞さなかった善信者の勇気をくじいたのは、雪よりもむしろ驟雨である。ブルターニュやノルマンディの軽快な驟雨に比べるなら、地中海地方の豪雨はあたりが真っ暗になるほどで凄まじい。

(26) 耐忍の完全絶食中の生存記録では、一三日一三夜および一五日が最高。参考までに、一六四三年ルエルグ地方の飢饉の際の完全絶食で一四日生き延びた記録がある。ル・ロワ・ラデュリ『ラングドックの農民』（一九六六年）。

(27) ラルナのユゲットについても見事な記録がある。彼女は受礼ののち耐忍の苦痛に耐えた。付添いの人びと、特に樽にかくれて彼女の最期をうかがっていた完徳者に向かって、「わたしはすぐに死ぬだろうか」と尋ねている。

(28) 梟（ふくろう）の件と関連して、オクシタニーの北境に隣接するブルボネ地方にも、一九一〇年代にE・ギヨーマンの採集した話がある。「なお健在のゴベール爺さん（小作人）の祖父フランソア、通称フランシには話（レジャンド）があった。彼は家代々の呪い師（まじないし）だったが、死んだ時不思議な梟が一羽寝床の天井を破って飛び込んで来、遺骸を運び出す時そこから飛び去った。棺を運ぶには牛八頭が必要だった」（E・ギヨーマン『ボージニュー協会』一九五九年）。これはマドレーヌ・ル・ロワ・ラデュリが教えてくれたところである。ある異端審問官の臨終の床に猫（すなわち悪魔）が来た話は後述する（第十九章）。悪魔的動物、霊魂の運搬者についても後述する（第十九、二十七章）。悪魔的動物としての猫と梟の結合についてはゴットフリート・ケラーの幻想民俗小説『小猫のミロアール』参照。

(29) ギヤベール家に関する資料は多くの供述中に散在している。

(30) すぐ気がつくことだが、モンタイユーのフォレ、ギヤベール両家とジェベツのクレマン家との関係は二重である。クレマン家の娘が、ギヤベール家とは濃い血縁に当るフォレ家の者（不能者だった）に嫁いでいる。

訳注

〔一〕御公現の祝日は一月六日。聖母お潔めの祝日は二月二日。ここではあい次いで死んだことを言っている。

〔二〕アヴァリダ、聖アントアーヌの火、聖マルシアルの火。いずれも病名の俗称。アヴァリダが眼病、後二者が皮膚の炎症であることは明らかだが、今日の医学上の病名の何に当るか特定できない。ただ、聖アントアーヌの火はもともとイネ科植物の病気である麦角の中毒ではなかったかと言われている。いずれにせよ、皮膚の焼けるような痛みを「火」と表現しているのは奇妙に実感がある。聖者の名が使われているのは本来治癒の効験に由来し、転じて聖者の罰と考えられたためであろう。

〔三〕ドメニコ会もフランチェスコ会も托鉢僧団だが、ここでは後者。今問題にしている地方でドメニコ会が異端審問を推進しとかく民衆と疎隔していたのに対し、フランチェスコ会は深く民衆の間に浸透していた。

〔四〕カルヴァン派のプロテスタントをフランスではユグノーと呼んだ。旧教と対立して宗教戦争、いわゆるユグノー戦争（一五六二―九八年）を現出した。

第十五章

原注

(1) 起源の問題と言えば、ラングドックの場合、カタリ派が本来都市的異端であったことについて、J・ル・ゴフ編『異端と社会』（一九六八年）所収のフィリップ・ヴォルフ論文参照。

(2) 上巻一六五頁の地図参照。これはヴールゼーが作成した地図をもとに再構成したものである。

(3) J・ル・ゴフ論文（『フランスとフランス人』一九七二年、所収）。

(4) 社会的懸隔が欠如、少なくとも薄弱だったことを示す例を審問記録から挙げれば次の通りである。領主夫人が農民を抱擁している例。特に「温情家」とも「社交家」とも思えない城代夫人がしばしば農家の女を訪れている例。鱒漁師の女房とジュナックの貴族の若者の交友。豊かとはいえ所詮は一農民にすぎないベリバスト家の食卓にナルボンヌ大司教の手代が迎えられ、しかも特別の客とされた様子もないこと。ベルナール・クレルグのような人物が一方では普段は農家と交際し縁組みまでしながら、他方ではフォア伯の高級役人とも交際があったこと。

実は、モンタイユーのみならずフォア伯領全体でこのように社会的懸隔が目立たなかったからこそ、社会的宗教的抗争は劇的にもなったし重苦しくもなったのである。かならずと言ってよいほど、抗争は交際範囲内あるいは互いに知りあっている者同士、つまり近親間で生じている。

(5) アリエージュ上流でも労働で手を汚さないことに一種の権威が認められたのは事実だが、「良い家」の子が悲運に見舞われるかどうかした場合、職人になるのを別に恥とは考えなかった（恥になるかも知れないという考えが頭をかすめることすらない）。公証人の息子で靴屋になったアルノー・シクルがその例である。同じく公証人だったオーティエ一家の場合も仕立屋になりながら何の問題も感じていない。もちろん落ちぶれたなどとは考えもしない。こういう健全な考え方は今でもアメリカの若者に見られるが、人間、特にブルジョアを一個の考える自我（コギト）に作り替えようとしたデカルトの時代以後のフランスでは次第に見られなくなった。

(6) これとはまったく別の文脈でのことだが、M・アギュロンもこの点を強調している。『村の共和国』（一九七〇年）。

(7) 前述、第十二、三章。たとえばジャンヌ・ブフェイと母親の争い。

(8) ヴァルゼー女史は審問記録に基づいてカタルーニャ移住を研究し、移住先では強く都市化、近代化、正統化の圧力がかかっていること、のみならず疎外や反目が生じたことを浮き彫りにして見せてくれた。女史が指摘した事実には、たとえば次のようなものがある。商人との交渉。移住地で一人きりになった女の困窮と落ちこぼれ。カタルーニャ人の倨傲からする差別。家族の不和。女性の解放の傾向と、アリエージュ上流のモンタイユーから持ち越した閉鎖的な家（ドムス）の崩壊。死亡が多いのに対してほとんど人口再生産がないことによる移住民集団の数的弱体化。カタルーニャ社会に入ってからの解放に触発された若い世代と旧世代との対立。

(9) A・グーロン『中世ラングドックの同職仲間』（一九五八年）。十三、四世紀ベジエ地方農村史に関するM・グラマン論文（近刊）。

(10) 書物が希少だった十三世紀に比べて、十四世紀に図書、特に俗語訳聖書が豊富になったことについてはM・モラ「十四、五世紀の生活と宗教慣行」（C・D・U、一九六二、六三年）。

(11) 十三世紀の教会会議決議は、聖書をも含む多くの図書に対する不信感を広げた。原則として、異端の嫌疑を受けかねないため、書物の所持は禁じられたに等しい。K・J・フォン・ヘーフェル『教会会議史』仏訳第五巻。

(12) 端的に言えば、農民は自分自身文字を識らないにもかかわらず「書き物」（さまざまな意味での）を典拠と見なしていたのである。次のような例がある。牧羊家レモン・ド・ラビュラはカトリックだったが十分の一税を拒否して破門された時、一聖職者に不安げに尋ねた。「破門のことは何かの書き物で決めてあるのか」。また、ある粉屋の例だが、「復活は確かなことだ。何故なら紙や書物に書いてあると坊さまたちが言うのだから」と言っている。権威としての書き物の機能については、レヴィ・ストロース『悲しき熱帯』第二八章参照。一三〇〇年から一三二〇年にかけてのアリエージュ上流では、本は今日に比べて極端に希少だった。しかし、その権威と影響は極端に大きかった！　だから、ある程度は釣合いがとれていたと言える。

(13) パミエのワルドー派は時祷書も、その他の書物も持っていた。この時代、およびもう少し後の時代における時祷書の普及については、前掲モラ参照。

(14) これはJ・デュヴェルノアの推測だが、まったく合理的である。

(15) メキシコのチャン・コム村を研究したR・レッドフィールドは、一九三〇年頃読むことのできる者および字母を知っている者はごく少数で、回覧されるのは『新約聖書』一冊と『暦』一冊だけだったと言っている。一三一〇年頃のモンタイユーもおそらくこれに似ていたであろう。R・レッドフィールド『チャン・コム。マヤの一村落』（一九三四年）。

(16) 当然のことながら、村の聖職者や司祭はある程度の知的教養を具えていた。ユナックの分院長はヨブ記や聖アウグスティヌス書簡を引用している。

(17) オーティエ家の「図書館」蔵書には、半分ラテン語、半分ロマン語で書かれた本が一冊あった。

(18) 完徳者は歌うように語ったので、その魅力はある種の薬物に似ていた。

(19) ギヨーム・アンドランは「大声で」読んでいた。この習慣は、ピレネー地方には今でも、昔の教育を受けた七〇歳代の人びとに残っていることがある。タラスコン・シュル・アリエージュの石工アルノー・ド・サヴィニャンは賛歌集を一冊もっていて、読んでいた。賛歌集と時祷書の発達については、G・デュビー『新人文主義の基礎、一二八〇－一四四〇年』（一九六六年）。

(20) 元代官ベルナール・クレルグに触れて聖職者バルテルミー・アミヤックが「彼の顔色を読めば判る……」と言

っているのは注目に値する。これが文字を知らないただの農夫の口から出たのであれば、さしたる意味はない。

(21) プラド・タヴェルニエは本来の家族名と個人名の上にもう一つの洗礼名アンドレを付け加えていた。地名に由来する呼称（プラド）を使徒（聖アンデレ）に由来する呼称に変えたわけである。

(22) ベリバストに学識がないとは、おそらく帰依者をも含めて皆が思っていたことらしい。ピエール・モリが古典的な清貧の理想（それ自体知的な）に基づいて彼を誉めているからである。つまり、この理想では、善き掟を遵守しさえすれば、さして賢くなかろうと学識が足りなかろうと世界中の賢者を全部集めたよりも尊い、というのである。

(23) 四人とは司祭クレルグ、弟子僧（スコラーリス）、ベルナール・クレルグ、および隣の教区の生れでモンタイユーの本当の住人とは言いがたいが長く滞在したプラド・タヴェルニエのことである。しかも、司祭クレルグと弟子僧（それに皆が物知りだというベルナール・クレルグも多分）はある程度ラテン語も知っていた！ 全体として識字率は一・六％前後ということになる。ちなみに、ルイ十四世時代フランスの識字率は男女平均して二二％である。M・フルーリおよびP・ヴァルマリ「ルイ十四世時代からナポレオン三世時代に至る初等教育」（『ポピュラシオン』一九五七年）。F・フュレおよびW・サックス「フランスの識字化（アルファベティザシオン）」（『アナール』一九七四年）。ただし、フォア伯領はひどく遅れていたから一六八六年にも二二％には到底達していない。

(24) 前述、第十三章。

(25) 異端審問は証人や容疑者に福音書に手を置いて宣誓させている。アルノー・ド・ヴェルニオルの男色相手の少年たちも何がしか神聖な書物に手を置いて誓っている。もっと水準の低い連中は自分の頭、パンやぶどう酒、小麦粉などに手を置いて宣誓した。

(26) 前段ではもっぱら書物について述べた。知るところが少ないので敢えて触れなかったが、これ以外にも文化伝播の手段はある。たとえば、特に教会内でのことだが、絵画あるいは彫刻などの図像、それに歌唱。

(27) M・モース『社会学試論』（一九六八、六九年）。

(28) ジャン・モリも強調した通り、まだ幼い彼を異端にすべく文字通り家（ドムス）を挙げて、それこそ父も母も兄も「一体となって」努力したのである。

(29) 十六世紀については、ノエル・デュ・ファイユ『村の話』（プレイアード叢書『十六世紀フランスの語り手』一九六五年に収録）。

(30)　野良仕事（耕耘や蕪の収穫）をしながら父から息子へ文化の直接的伝達が行われている例、母親や夫、それに愛人が文化的役割を演じている例、叔母が同様の役を果している例は、審問記録の随所に見られる。一九七三年一一月、セミネールに出席したレヴィ・ストロース氏は、かつては文化が主として（大集団の場合は別として）父から子へという具合に垂直の樋を通じて、つまり世代から世代へと浸透したのに対し、今では文化は水平方向に拡大し、そのため世代間の危機が生じていると力説した。もっとも、昔でも義理の兄弟、友人、従兄弟などの関係を通じ比較的年長の者から年少者への「疑似水平的」な文化伝播はあったので、その例は審問記録に見ることができる。学校教師が文化伝達に役割を果したのはもちろんだが、高地の渓谷では主として町（ブールガード）でのことで、当然のことながら、今見ているような山村ではほとんど、あるいはまったく問題にならない。

(31)　幼い者への教育が早過ぎて、大人が面倒や危険な目（密告という）に会いかねない例、年長の仲間や大人による若者教育（野良仕事や道すがらの会話を通じて）の例、多くの場合日常教育は子供が比較的大きくなってから行われたことを示す例は、審問記録に出ている。――前掲モース『社会学試論』参照。

(32)　現代世界に根を下ろした極めて多様な「モデル」については、民族学者マーガレット・ミードのインタヴュー記事参照（『ヌーヴェル・オプセルヴァトゥール』一九七三年九月一八日号）。

(33)　ギユメット・モリも、「カタルーニャ人の嫁」を可愛がってはいたが、異端ではないので用心を怠らなかった。

(34)　レモン・ド・ラビュラは羊を飼っているため羊肉に十分の一税を課された。これに対して完全に農民的な反応と行動を示した。

(35)　前述、第十三章。

(36)　前述、第十四章。

(37)　前々から息子に救慰礼を求めさせる気でいたカタリ派の母親が、同じくカタリ派の息子や娘によって思い留まらされた例はある。しかし、ここで問題にしている世代間の争いとは本質的に、カタリ派のままでいる父や母がカトリック教会の懐に帰った子供たちに同調できない場合のことを指している。同じ文脈での母親と息子の不一致の例には、異端の信仰を捨てずに火刑にされた母の思い出を憎み続けたアルノー・バイユ・シクルのケースがある。

(38)　M・アギュロン『旧プロヴァンスにおける悔悛者団とフリー・メイソン』（一九六八年）。

(39) 同胞団と世俗的な同職仲間との相違については、フィリップ・ヴォルフ『トゥルーズの商業と商人』（一九五四年）参照。審問記録に「同胞」を示唆する語はあるが、概括的かつ暗喩的である。グラマン女史の未刊論文は、十三世紀および十四世紀初期のラングドック農村には同胞団は稀であったし、禁止される場合もあったと指摘している。これに対し、ロルサン女史の『十四、五世紀リヨン地方農村』（一九七四年）は当時の同地方村落に純粋に農民的な同胞団が多数存在したことを指摘している。

(40) 後述、第二十二章。

(41) 鱒漁はアリエージュ上流の諸渓谷の重要な経済活動であった。

(42) 後述、第二十四章。

(43) これは前掲ノエル・デュ・ファイユ『村の話』所出ロバン・シュヴェの夜の集いに匹敵するであろう。

(44) 前述、ベルナール・クレルグが姑に贈った贈物を想起されたい。

(45) 前述、アミエル家の集い。および第十二章、ジャンヌ・ブフェイ。

(46) アルノー・シクルは泥酔を装ったことがある。パミエの「告白」には酩酊が出て来る。

(47) これに対しギヨーム・オーティエの弁舌家としての資質については審問記録は何も言っていない。M・T・アンドリュー『アリエージュ上流における新カタリ派の教説』(大学高等課程修了論文、トゥルーズ大学。一九六七年）の指摘する通りである。

(48) モリエール劇に登場する女中たちとは何という違いだろう。

訳注

〔一〕 原書の「ソシアビリテ」とあるのは、まことに訳しにくい。近年、学術レヴェルでは「社会的結合」あるいは「社会的結合関係」などの訳語が定着しつつあるように見受けられるが、それ自体はなはだわかりにくい。本書では右の訳語のほか文脈に応じて「社交」、「交際」、「集団」などの語をあてた場合もある。要は人と人との繋がり、繋がり方、つながりの範囲などを指すのだが、本書第十五、六、七章では、規模も大小さまざま、性格も極めてルースなものから閉鎖的な団体に近いものまで包括している。いずれにしても、集団心性ないし文化の醸成や伝達の基盤として問題にされていることに注意が必要。

〔二〕 初期の異端関係史料に織布工が登場することがある。時には「織布工」が異端の同義語になっている場合すらある。ここから、都市間を移動する職人、特に織布工が異端伝播の媒体になったのではないかという、かならずしも実証できてはいない仮説が生じた。本文はこの仮説を踏まえて、今やカタリ派が完全に農村化したと言っているのである。

〔三〕七一一年西ゴート王国が滅亡して、イベリア半島のほぼ全土がイスラム教徒の支配下に入った。これに対するキリスト教勢力の奪回戦が再征服（レコンキスタ）で、一四九二年のグラナダ陥落までほぼ中世全期間をつうじて延々と続けられた。今問題にしている十四世紀初め、戦線は半島南端のガダルキビル河のあたりに停滞していた。イスラム支配下にあった時期が長かったため、スペイン文化には独特の特徴が見られ、一時は極めて高い文化水準を誇った。

〔四〕時祷書とは聖務日課の祈祷文を記した本。俗人信徒が個人的に作る場合は教会の統制下にあったわけではないから、多種多様なものが流布した。後には有名なベリー公の「絢爛極まりなき時祷書」のように王侯貴族が美術工芸品としての時祷書を作らせることが流行した。

〔五〕「初めに言葉ありき」。ヨハネ伝福音書冒頭の句。

〔六〕ロベール・ル・ディアーブル。フランスの古譚で、もっとも古くは十二世紀にこの題の韻文物語があるという。以後繰り返して再話されるが、近世初頭の大衆読み物の段階でも人気を失わなかった模様。ノルマンディ公夫妻には子がなかった。これを悲しんだ公妃は悪魔に願って一子を得た。この子が主人公「悪魔のロベール」で、成長とともに残忍な性格をあらわし非道の限りを尽くした。人びとが皆彼から離れ去った時、母に出生の秘密を教えられる。卒然として悔悟するところがあり、十字軍に加わって異教徒と戦い、帰国後は隠者として苦行のうちに死に、聖者に列せられて聖ロベールとなったというのが梗概。

〔七〕青表紙本は近世フランスの農村に流布した図書の一範疇。仮綴じで青い紙の表紙付きだったためにこの名で総称される。十七世紀初めに出現、都市で印刷され行商人の手を通じて農村に持込まれた。農村の識字人口はまだ限られていたが、読者が再話あるいは朗読して文盲層にも浸透する。たとえば『ユオン・ド・ボルドー』など、七二頁の小冊子なのに八二章に別れているのは、夜の集いに朗読する便宜を考えたのではないかという解釈もある。

〔八〕カトリック教会の考え方では、天地創造から最終審判まで世界の存在は時間的に有限である。これに対し、カタリ派（中でも南フランスに展開した一派）は、本来善悪二つの世界が互いに無関係に存在していたが、現在は二つが部分的に混合している、しかしやがては両者分離して本来の在り方に返って永遠に存続すると説いた。

〔九〕　ペール・カルドナル。十三世紀の吟遊詩人。一一八〇年頃ル・ピュイ・アン・ヴレーの名門に生れ、高僧たるべく教育されながら風雅の道を選んだ。トゥルーズ伯レモン七世の宮廷にいたほか、南欧の多くの君侯と昵懇であった。相聞歌と風刺詩をよくし、北方のフランスやローマ教会を非難する作品が多い。

〔一〇〕　同胞団（コンフレリー）の起源は非常に古い。中世初期、日を定めて参集しともに飲食する同胞団を異教的だとして教会が論難した例がある。中世を通じて存在したが、初期のものについては実態がよく判っていない。対等のメンバーによる自発的な団体という原則は、常に不変だったらしい。聖人崇拝、相互扶助、慈善（シャリテ）など目的も規模もさまざまであった。

〔一一〕　客人の完徳者が魚を賞味し、また主人側が特に魚を用意したのは理解できるが、客がチーズを食べたらしいのはやや奇妙である。カタリ派戒律「木と水によって成れるもの」以外には摂らないというのは、殺生戒に基づく肉食禁止ではなくて、生殖の不浄視、「およそ交尾によりて成れるもの」の忌避でチーズも当然これに含まれるし、またカタリ派がこれを厳守したことが知られているからである。

〔一二〕　聖霊降臨祭。復活祭後五〇日目にあたる。移動祝日なので年によって異なるが、大体五月中旬から六月下旬の間。

第十六章

原注

（1）　女子修道院類似のものでは、審問記録に「ベギーヌ」が出て来る。ジュナックのブランシュ・マルティは一時だがカステルノーダリのベギーヌの家に隠棲したことがある〔俗人でありながら、求道に熱心な女性が共同生活をする風潮が中世後半に生じた。こういう女性をベギーヌと総称した――訳者〕。

（2）　このギユメット・モリは今までにもカタルーニャ移住者として頻出したギユメット・モリと同一人物である。ただ、ここではまだカタルーニャへ出発する前、モンタイユーの自分の家にいた頃の同女である。

今見たところからも、どちらも異端の農婦でありながら女性社交の層が村には二つあったことが知られる。気取り方の点でも、親しくする相手の点でも、大まかに言って、それぞれ経済水準と社会階層（上流および中流下層）の差に対応している。マンガルド・クレルグ、ギユメット・ブネ、ナ・ロッカは地元の最上層に属し、今一つのグループ「四人組」は土地の「標準的」農民層にずっと近い。また、女性社交にとって自然のあるいは人為的な関係（母娘、叔母姪、従姉妹、あいい親）が重要だったことは言うまでもない（これは先に述べたところと矛盾しない）。

(3) たとえば、マンガルド・クレルグはギュメット・ブネとあいい親の関係にある。ベアトリス・ド・プラニッソルも、マンガルド・クレルグの息子司祭クレルグとはあいい親であった。したがって、元城代夫人とカタリ派刀自たちの一党とは二重の関係にあったことになる。

(4) これに加えて、女性社交特有のものとして死後（ポスト・モルテム）の、つまり亡霊（ルヴナン）ないし女の亡霊との交友がある。

(5) たとえば、ベアトリス・ド・プラニッソルの召使で話相手だったモンタイユーのシビル・テッセールは、取り持ちもするが主人に口うるさく小言を言ってもいる。豊かな農家のオード・フォレには取り巻きの下女や乳母がいて、お祈りの時にも、病気の時にも、同家の畑の取入れの時にも、絶えず彼女に付添っている。

(6) なお、リグザンド・パヤレス自身もアックス・レ・テルムのカタリ派びいきの女のグループのもとに足しげく出入りしている。社会的水準から言えば、概してこのグループの方がリグザンドよりも高い。

(7) ほかにも少女が密告した例がある。

(8) ポンス・クレルグの通夜やギュメット・ブロの臨終については、前述、第二章。

(9) アラザイス・アゼマは、ベアトリス・ド・プラニッソルのパトーやピエール・クレルグとの「問題のある」情事について「モンタイユーの噂」を小売りしてまわった。都市の記録に見られる情況については、E・モラン『オルレアンの噂』（一九六九年）参照。

(10) 審問記録には、男を相手取った時突如として農婦二人の間に友情が生れた例がある。

(11) レモンド・マルティはギョーム・マルティの妻、ピエール・モリの姉妹。

(12) ここに出るベルナール・マルティは、ジュナックのベルナール・マルティとは別人。

(13) L・F・セリーヌ『異国の城』（一九五三年）。

(14) 人口構成に不均衡があるだけに、女性の社会活動は一層の重みをもって来る。事実、モンタイユーでは、もっぱら男の仕事だった羊飼いが村外に出ているため、女が人口の大部分を占めたはずである。

(15) アラザイス・アゼマ、レモンド・アルサン、ブリュンヌ・プルセル、アラザイス・フォレ、アルマンド・ギヤベール、ギユメット・アルジェリエ、ギユメット・モリ、ゴージア・クレルグはいずれもモンタイユーの女だが、彼女らについてはM・ピエリーの前掲論文「ジャック・フルニエによるモンタイユー」が論証したところである。彼女たちは完徳者に出会っても、決して進んで「礼拝」するどころか、およそ気のない態度をとっている。

(16) ベアトリス・ド・プラニッソルの「心臓(こころ)」も参照。中世後半期ならびにルネサンス期の思想における「心臓」の概念については、D・ジュリア論文（J・ル・ゴフおよびP・ノラ編『歴史の作法』一九七四年、所収）参照。同時に注意しておかねばならないが、モンタイユーやサバルテスでは「心臓」は女性の独占ではない。

(17) 女同士の間に争いがなかったなどというのは、およそ問題外である。モンタイユーでもそれはかなり激しかった。それでも、アナイス・ニンが女同士の愛について次のように述べたことは、モンタイユーの女性社交にもある程度あてはまるように思われる。もっとも、モンタイユーにはそのものずばりの同性愛(レスビアン)は存在しなかったのだが。「女同士の愛は逃避、抗争を逃れて調和とナルシズムへの逃避にほかならない。男女間の愛には抵抗と対立がある。女二人なら互いに裁くこともない。同盟ができる。それは自己愛への道だ」（アナイス・ニン『日記、一九三一—三四年』一九六七年）。

もっと具体的かつ政治的な面でのことだが、公共の広場に制度化されて、十三、四世紀の肝煎り(コンシュル)制度の展開を現出した男性社交の高揚は、女性の発言権の後退を伴っていたのではないだろうか。肝煎り(コンシュル)制度は「民主化」の名に値したであろうか。ともあれ、ベルナール・クレルグのケースが参考になる。彼は代官として、領主制に由来する権力、肝煎り(コンシュル)出現以前の権力の典型的な代表者なのだが、女たちには文字通り細やかな配慮をしているし、彼の家そのものが母権的だった。

(18) レモン・ド・ラ・コートはパミエのワルドー派異端。

(19) 村の公共の広場での男性的（同時に自治的）社交は、同時代の低(バ)ラングドック地方についても検証されている。M・グラマン論文（未刊）参照。

(20) 何回かの集まりのうち、一回だけ女が数名参加している例がある。

(21) レモン・ド・ラビュラの供述は何個所にも別れているが、本文中の引用はそれをまとめたもの。

(22) 司祭クレルグがモール家と対立した、ホメーロスの叙事詩を思わせるような男同士の争いもあった。その後では、モール家の連中は司祭に報復するための準備の集まりを、これも男だけで開いている。前述、第二章。

(23)　ピエール・モリその他羊飼いの生涯については上述第四章から第七章を参照。同時に、モンタイユー独自の諸問題（強力な女性の社会的行動、一三二〇年以前における肝煎り制度の欠如、公共広場での男による公式の社会的行動の薄弱、伝統的かつ領主制的な代官の権勢、など）が、完全に組合わされていたかどうか、そしてそれが新しい村落構造に対立するようなものだったかどうか、考えて見る必要がある。

(24)　この観点からすれば、遊戯的であると否とを問わず若者の社交は、われわれの村よりもノエル・デュ・ファイユ（『村の話』）が描出したブルターニュの村の方がはるかに活発だったように思われる。レティフ（『父の生涯』）の村についても同様で、モンタイユーよりもずっと強く若者の意識が表明されている。おそらくモンタイユーの若者が、まだ年の行かないうちから移動放牧に出て行ったせいであろう……。結婚年齢の不均衡（娘は思春期で、男は二五歳を過ぎてから結婚する）も、若者集団の形成を妨げた可能性がある。そうでなかったら、全体として、若者の男女二つのまとまりに均衡が取れて若者集団らしい性格が現れたに違いない。一般的に言って、モンタイユーの場合、男女の「断絶」は最大の問題ではないにしても、少なくともこの方が若者とそれ以外の者との「断絶」より強く感じられるのである。

(25)　前述、第十三章。ピエール・オーティエが一八歳を云々したのは宣教戦術としてであったが、これが文化上の境界線だったことも確かである。

訳注

〔一〕　サテュロス。ギリシア、ローマの山野の精で、陽気で好色。山羊の蹄と角のある姿で考えられることが多かった。

〔二〕　ルイ・フェルディナン・セリーヌ（一八九四―一九六一）。本名デトゥーシュ。フランスの作家。『夜の終わりの旅』（一九三二年）、『わが罪』（一九三六年）などで強烈な反イギリス、反ユダヤ、親ドイツ感情を打出し、第二次大戦後は数年間国外へ亡命した。本文に引用されている『異国の城』は、その折異国の城を転々としていた時の作品。

〔三〕　聖母被昇天祭。八月一五日。

〔四〕　アゴラ。古代ギリシアのポリスの中心を占める広場。市民社交の場でもあれば、露天が出てマーケットともなり、さらには政治や軍事の集会も開かれた。市民（男子）生活の集中する特徴的な空間で、ここで民論が形成されるから、民主政とは切っても切れない関係があった。ローマでこれに対応するものはフォールムと呼ばれる。

〔五〕 聖ヨハネ（使徒）祭は一二月二七日だが、ここでは麦の収穫を論じているから、洗者ヨハネ祭（六月二四日）かと思われる。

聖務日課は一日の特定時刻に割当てられた祈禱。ベネディクト会則では朝課から終課まで七回と定められている。一般には日中の時刻を示す基準にされた。中世は不等時法だから季節によって差異があるが、本文の九時課は午後二時から三時ごろまでの間、晩禱は日没。

〔六〕 復活祭。春分後の最初の満月の次の日曜日。三月か四月中。一連の移動祭日の起算点となる祭日。

枝の主日は復活祭直前の日曜日。棕櫚（しゅろ）の小枝を手にして民衆がイエスのイエルサレム入城をたたえた故事にちなむ。

〔七〕 毛織物の仕上げ工程に縮充あるいは搗縮と呼ばれる作業がある。湿らせた布を折りたたみ、踏んだり叩いたりして織り目を詰め表面をフェルト化する。中世半ばからこれに水車の動力が応用されるようになった。

〔八〕 南フランス中世都市の自治機構では市長が見られず、代りにコンシュルと呼ばれる複数の役職がいる。普通「執政」と訳される。都市的な居住様式と制度が純粋の農業集落にまで広がっているのが南フランスの特徴で、やがて本文に見られるように農村コンシュルが出現するのだが、おのずから巨大都市とは実態が異なる。「執政」も奇妙なので、ここでは仮に「肝煎り」とした。

〔九〕 聖体とはキリストの肉と血。カトリックの秘蹟。ミサにおいて聖体に変じたパンと葡萄酒を奉献し、信者も拝領する。

第十七章

〔一〇〕 聖ペテロ・パオロ祭は六月二九日。

原注

(1) ギブレーの定期市の際の「男女の客を迎える」居酒屋を描いた十七世紀の版画が残っている（個人蔵）。一般論として、居酒屋、というよりもむしろ酒店で男（通りがかりの）と女（店の主人）が「一緒に飲む」場面は審問記録にも出ている。一緒に飲んだという事実は、打ち解けて何でも喋ったものと見なされている。

(2) 前掲B・ピエリー論文。

(3) 女家長ナ・ロンガはカミュラックのレモン・マルティの寡婦だが、モンタイユーに、おそらく亡父の家に住んでいる。

(4) 体、家、財産。ここに、いかにもモンタイユーらしい見事な価値序列が見られる。

(5) ジャン・デュヴェルノアは、ナ・ロゼラとはグラジッド・リジエのことだろうと考えた（『パミエの異端審問』）。一理あるが、それよりもアルノー・リジエの寡婦、次いでアルノー・ブロの妻となったレモンド・ダルジェリエのことと考えたい（ナという言葉は女家長を意味している）。同女を訴人しようという動きがあった時ピエール・アゼマがこれを制止し、その後で同女を使って他の何人かを密告させている。

(6) 数の上で「クレルグ」は、十四世紀から十九世紀初めに到るまで一貫してモンタイユーでは一番多い姓である（アリエージュ県立文書館およびモンタイユー自治体文書庫の資料、なかんずく十九世紀の戸口調査の人名一覧による）。

(7) 前掲デュフォー・ド・マリュケ『一三九〇年フォア伯領戸口台帳』所収の人名一覧。

(8) F・テンニエス『ゲマインシャフトとゲゼルシャフト』（一八八七年）。

(9) R・レッドフィールド『小共同体。農村社会と文化』（一九六二年）。

(10) シャンゾーについてL・ワイリーも、時間的に区分が統一に先行すると考えている。『シャンゾー。アンジューの村』（仏訳、一九六二年）。

(11) そもそも、これ以外の在り方があり得ただろうか。マルクシズムにおなじみの用語でいうなら「封建制度（フェオダリテ）」が地元の有力な党派によって動かされるなにがしかの農民集団に依存できなかったとしたら、長くは存続しなかったであろう。「エリート主義」による孤立ということだけでも、短時日のうちに倒れたはずである。

(12) グラマン女史が準備中の、十二―十四世紀低（バ）ラングドックの農村に関する学位論文（未刊）。そのうちの自治活動を扱った部分を女史から借覧することができた。重要かつ刺激的な論考に接し得たことを、女流ラングドック史家に感謝している。

(13) 実際、肝煎りベルナール・マルティは唯々諾々、恥ずかし気もなくピエール・アゼマの言いなりになっている。

(14) ここでもグラマン女史が用いた、時代錯誤ではあるものの、はなはだ理解しやすいレッテルを借用しておく。

訳注

〔一〕 陣取り遊び。ジュー・デ・カートル・コアン。それぞれ四辺形の四隅を占めた四人が、合図とともに移動して位置を変える。そのすきを狙って五人目が一角に割り込んでもとの一人を排除しようと争う遊戯。

〔二〕 フェルディナンド・テンニエス（一八五五―一九三六年）。ドイツの社会学者。本文で引用されている『ゲマインシャフトとゲゼルシャフト。純粋社会学の基本概念』は社会学の古典的著作とされる。日常漠然と「社会」と呼ばれている人間集団のうちに、「実在的有機的な生命体」たるゲマインシャフトと「観念的機械的な形成物」たるゲゼルシャフトという性格を異にする二つの範疇を識別したのが、彼の立論の出発点であった。前者は例えば「家族」のように自然発生的に形成される社会、後者は「商事会社」や「学術団体」のように意図的に組織される社会のことである。

本書原著者はゲマインシャフトに「共同体（コミユノーテ）」、ゲゼルシャフトに「団体（ソシエテ）」の訳語を当てている。ただ、これらのフランス語にしても語義はかなり広範だから、厳格に一貫しているとは言いがたい。本章末尾に「共同体の意識」云々とあるところでは、自治体、住民団結、住民団（コミューヌ）が念頭にあるらしいから、そこの共同体（コミユノーテ）はむしろゲゼルシャフトの意味に近いと思われる。

第十八章

原注

(1) J・ル・ゴフ「教会の時間と商人の時間」（『アナール』一九六〇年）〔邦訳『思想』六六三号〕。

(2) 「主の祈り」が果した役割については後述、第二十一―二十二章。なお、時間の尺度としての主の祈りについてはルルド自治体文書庫BB一六六〇―一六七〇号資料参照。

(3) ル・ゴフ、前掲論文。

(4) 旅や行程の長さは日の長さと関係する。そのため冬よりも夏の方に、この種の言及が多い。

(5) ここで問題になっている女たちとは、ゴージア・クレルグ、レモンド・ダルジェリエ、ギユメット・ブネ（以上モンタイユー）、およびベルナデット・ド・リュー（アックス）のことである。パミエのワルドー派も聖務日課で時刻を指しているが、彼らの祈りと聖務日課の祈りとは一致しない。ピエール・モリも九時課と言う場合がある。

(6) ル・ゴフ、前掲論文。

(7) たとえば、ゴージア・クレルグは「月曜日」と言わずに「日曜日の次の日」と言っている。アスクーの牧羊家レモン・シクルが「木曜日」と言っている例があるが、これは例外である。これに対して異端審問の書記は曜日を使うのが普通だった。バルテルミー・アミヤックは「月曜日」といっているが、彼はまぎれもなく聖職者である。

(8) いうまでもなく一五日(カンゼーヌ)は半月である。八日(ユイテーヌ)は十進法とは別の計算で、ほぼ四分の一ヶ月に当る（一ヶ月が三〇ないし三一日なのに対して四×八＝三二）。厳密に言えば一週の方が四分の一ヶ月との差が大きい（四×七＝二八）。共和政期ローマの暦法については、『エンサイクロペディア・ブリタニカ』、「暦(カレンダー)」の項参照。

(9) ここに出るギユメット・ブネは、モンタイユーの女家長とは同名異人。

(10) アリエージュ上流の山国に比べれば、ワルドー派やパミエ住民の方が聖ローランを尊信したらしい。ただし、司祭ピエール・クレルグがベアトリスにした物語の中に聖ローランへの言及がある。

(11) 聖ステパノ（聖エティエンヌ）と聖ヴァンサンの聖遺物発見の祝祭の日付（旧来の）をめぐる論争については、ヴァン・ジェネップ『現代フランス民俗学提要』（一九三七年）第三巻、参照。

(12) 村民が読み書きもできないのに、多少は計算ができたことに気付くであろう。別に不思議はないので、絶えず羊を数えねばならなかったのだ。

(13) フィリップ・アリエス『歴史の時』（一九五四年）。ベルナール・ブネやギヨーム・オースタッツは相対年代で出来事を語っている。「何年も前のこと……」等々。これはトゥールのグレゴリウスとまったく同じやり方なのだ。

(14) ほかにも、モンタイユーの女がはっきり一三二〇年と言っている例がある。ただし、この場合、文脈から見ると異端審問の書記が記入したものらしい。

(15) ユーグ・ヌヴーが私信で教えてくれたところでは、カンブレー地方の農民は十六世紀の最初の四半期にはごく普通に紀元千何百何十何年という言い方をしていた。

(16) 「野生の思考の特徴は無時間ということだ」（レヴィ・ストロース『野生の思考』一九六三年）。これに対して、文字の使用は「現在という時間の呪縛から人びとを解き放つ」（オズヴァルト・シュペングラー『西欧の没落』一九一八―二二年）。

(17) 後述、第二十三、二十四、二十七章。

(18) アダムとエヴァの物語は農村司祭の説教から普及したのだ。

(19) 原初の物語と言えば、羊飼いジャン・モリもベアトリス・ド・プラニッソルも、昔アダムとエヴァがいたことは知っていた。モリは司祭の説教を聞いたからだし、ベアトリスはおそらく貴族社会普通の教養として知っていたものと思われる。

(20) カタリ派の村民も世の終末を信じていた。ただし、いつとは知れぬ未来のことと思っていた。

(21) ル・ゴフ、前掲論文。

(22) 前述、第七章。

(23) 〔民話ではしばしば〕隻手、跛行者、隻眼の人物が文化的英雄になっていることが思い合わされる。創造が欠陥の導入であることを意味しているのである。

(24) レッドフィールド、前掲『チャン・コム』。

(25) オウィディウスについては、前出ヴェルニオル関係の記述（第八章）参照。パミエの聖職者がファンジョーを、ラテン名でファーヌム・ヨーヴムと書いたのは、この地名の語源がローマ古代神話にあることを知っていたからである。

(26) 総じて、供述の中には老人が登場しない。例外は老ベルトラン・ド・テックスに関する供述で、同人の若い頃、一二七〇年頃のことが述べられている。

(27) ル・ゴフ、前掲論文。

(28) R・ロバン『一七八九年のフランス社会』（一九七〇年）。

(29) 一般に証人たちは、自分が考えていることや考えたことは供述していない。自分がしたこと、厳密に言えばしたと信じていること、したと信じたことを供述している。

(30) 審問記録には畑や葡萄畑に関する言及が非常に多いのに、また容積の単位、たとえばスティエ、エミーヌ、カルティエ等に関する言及も多いのに、農地面積の単位はまったく見出されない。アリエージュ上流でもセテレという単位が使われていたことは、他の史料からも確実である。日常生活に不可欠だったはずの地積の計量がフルニエの審問記録に出て来ないのは、それがわが農民の第一級の関心事でなかったからにすぎない。播種量から推計するのではあっても、彼らは農地の面積を測る能力を十分もっていたのだから。

(31) ここで、民衆の考えの中に、閉ざされた完全な宇宙（コスモス）というアリストテレス風の観念があったことが判る。「体と家」については前引の、アルジェリエ生れのレモンド・ブロに向かって司祭クレルグが言った脅しの言葉を想起されたい。彼はこう言ったのである。「訴人でもしようものなら、お前は体も、家も、持ち物もなくしてしまうぞ」

(32) 後述、第二十八章。

(33) アイヨン地方は一つの城主支配領域（シャテルニー）である。領域（テール）という言葉をよく口にするのは単なる農民よりも、むしろ領主役人や貴族であった。

(34) P・ムーリ『ソーの国』（一九五八年）。

(35) サバルテスがカロリング時代の古い下級行政管区（ヴィグリー）だったことについては、M・シュヴァリエの前掲『アリエージュ・ピレネーの人間生活』参照。十四世紀にはこの同じ区域が広大な一首席司祭管区になっていることについてはJ・デュヴェルノアの『ジャック・フルニエ審問記録』第三巻に引用の『フォア文書集』参照。しかし、これら行政的ないし教会的な地方区分に劣らず重要なのが、サバルテス住民が実際に抱いていた共同体感覚である。

(36) M・シュヴァリエ、前掲書。

(37) ここには、諸所に散在しているテキストをまとめて出しておく。

(38) モンタイユーの商業関係については前述、第一章。

(39) カタルーニャでも同様に、国（パウ）（ペイ、パグス）は伯領の下級区分である。

(40) この辺地的性格は、十三世紀前半になってやっとアイヨン地方（モンタイユーとプラド）がフォア伯領およびサバルテスに最終的に編入されたという事実に由来する。

P・ムーリ、前掲書。

(41) サヴァールの教会はアックス・レ・テルム地区にある。同教会の名からサバルテスという領域の名が生じた。

(42) M・シュヴァリエ、前掲書より引用。

(43) ほかにも、この地方の霊魂の数を見積った供述がある。ユナックのピエール・ギヨームが、「坊主たちの間違いのために、サバルテスでは一万の魂が迷っている」と言っている。

(44) このほか、後になくなってしまったが古い時代にはアイヨン地方とソー地方の間に政治上の関係があったことも考慮に入れる必要がある。

(45) 伯領の下級行政管区（ヴィグリー）の長官がヴィギエ（ヴィカリウス）。この制度は古く西ゴート王国の時代に由来する。「紀元一〇〇〇年前後に至るまで、ヴィカリウスは地域において伯の代理を果した。管区内で伯の権限を代行する国家の官僚である」（P・ボナシー）。十五世紀以後になると、サバルテスという名はフォア伯領内でも行政上の用語としてはほとんど使われなくなる。しかし、「上フォア伯領」あるいは「高地」、「アリエージュ上流」（ラバル峡谷以南の）という地理上の観念は長く生き続ける。

(46) バリエール・フラヴィ編『ミグロス文書集』（一八八四年）。

(47) アリエージュにおける「三身分」は、今一度アンシアン・レジームの末期に全フォア伯領規模で表面化した。司教を議長とするフォア伯領「三部会」が定期的に開催されたからである（エクスピリー『ガリア・フランス地理事典』一七六二―七〇年。「フォア伯領」の項）。今われわれが考察している時期、およびそれ以前における「三つの序列」の重要性についてはル・ゴフ『中世の文明』（一九六四年）およびJ・シェリーニ『中世西欧宗教史』（一九六八年）を参照。

(48) この時代には、サバルテスであれどこであれ、「聖なる祖国愛」などは存在しない。その代わり小さな国（ほかならぬサバルテス）の慣習と全体的利益に対する「忠誠」が存在した。

(49) 「サバルテスを去りますことで、わたくしは異端を離れたのであります」と、ベアトリス・ド・プラニッソルは本質をついた供述をしている。オーティエ兄弟が自分の国（パグス）つまりサバルテスでしか宣教しなかったのは、注目に値する。人はどこでも構わずに福音を伝えたりはしなかったのだ。

(50) A・ガリグー『旧フォア地方の歴史研究』（一八四六年）。

(51) フランス国王によって「オック語」の国へ派遣されたオイル語地帯出身の官僚のことは、ここでは論じない。彼らが征服した民の国を地理的にどう考えていたかは、直接本書の目的ではないからである。しかし本書主題の範囲内に限って言えば、皮肉なことに、オクシタニー・カタルーニャ複合体の外側の出身者の方がむしろ現地人よりも強く、実体（ペルソナリテ）としてのオクシタニーを意識していた。少なくともオクシタニーの東部および西部の周辺で、そういう現象が見られた。よくあることだが、「オクシタニーそのもの（プール・ソワ）」は「北方から見られて初めて存在」したのである。

(52) サン・マテオはスペイン、タラゴナ地方。自明のことながら、審問記録には特定方言に対する蔑視はまったく見られない。

(53) モンタイユーとタラスコン間の「サバルテス」言語共同体意識のおかげで、スペイン亡命者同士の結婚が正当化されている。その例は前出。

(54) ここに出る「ガリア人」が、本当にオイル語地帯の出身者だったかどうか、確証はない。

(55) N・コーン『千年王国の探求』（一九五七年）。

(56) M・カスタン・シカールは、この時期のラングドック、フォア伯領の峠道のあたりではトゥール銀貨の流通が「強制」されたと言っている（『ラングドックの封建貨幣と貨幣流通』一九六一年）。これよりはずっと北の地方だし、そのためもあって時期もこれより少し前になるが、類似の方策によるトゥール銀貨の進出と制覇の例がある（ドヴァイイ『十世紀から十三世紀に至るベリー地方』一九七三年）。

(57) 常に信仰上の相違が見られたわけではない。一二六〇年から一二八〇年頃までのフォア伯領低地部のパミエはまだカタリ派を知らなかった。

(58) 十分の一税をめぐる調停については、J・プー「サバルテスあてフィリップ端麗書簡」（『歴史学・文献学報告』一九〇〇年）。

訳注

〔一〕 次の祈りを二回唱えるくらいの時間というのである。「天に在す（まします）我らの父よ、願わくば御名の尊まれんことを、御国の来たらんことを、御旨の天に行わるる如く地にも行われんことを。我らの日用の糧を、今日我らに与え給え。我らが人に赦す如く、我らの罪を赦し給え。我らを試みに引き給わざれ。我らを悪より救い給え。アーメン」。因みに、主の祈りはカトリックでも最も重要な祈りだが、カタリ派が認めたのはこの祈りだけであった。

〔二〕 聖ローラン祭、八月一〇日。

〔三〕 言うまでもないが、祝祭日は年中行事で季節感を伴う。固定祭日と移動祭日がある。本文中に出る祝祭日は次の通り。万聖節、一一月一日。謝肉祭（移動祭日）、四旬節に入る直前の三日間。四旬節は灰の水曜日から復活祭前日までの六週間半で、週日だけ数えれば四〇日間になる。枝の主日（移動祭日）と復活祭（移動祭日）は前述。昇天祭（移動祭日）は復活祭後四〇日目。聖霊降臨祭（移動祭日）、昇天祭後一〇日目。聖母被昇天祭、八月一五日。聖母誕生の祝日、九月八日。聖十字架頌揚祭、九月一四日。

〔四〕 聖ピリポ祭、五月一日（現在は五月一一日）。聖ヤコブ祭、七月二五日。洗者ヨハネ祭、六月二四日。聖ペテロ・パオロ祭、六月二九日。聖キリコ祭、八月八日。大天使ミカエル祭、九月二九日。聖ステパノ祭、一二月二六日。聖ヴァンサン祭、一月二二日。

〔五〕 聖マルタンはフランスでもっとも尊信された、いわば国民的な聖者。それなのにこの地方ではその祭日が見られない、という意味。祝祭は七月四日（夏の聖マルタン）と一一月一一日（秋の聖マルタン）の二回。なかでも、秋の祝祭の頃は小春日和となることが多いのでこれを「聖マルタンの夏」という。

聖アントアーヌは第十九章訳注〔二〕参照。

〔六〕 一九六八年五月とは、パリで学生運動が高揚して世界各地に波及するきっかけとなった、いわゆる「五月革命」を指す。

〔七〕トゥールのグレゴリウス（五三八―五九四）はトゥールの司教で、メロヴィング時代の代表的な歴史家。『フランク人の歴史』その他を著す。

六四二年まで、さらに続編として七六八年までの事件を記した『フランク年代記』という文献が伝わっている。もともと編者不詳だが、伝統的にその編者ないし編者たちに擬せられる人物がフレデガリウス。正確を期して偽（いわゆる）フレデガリウスともいう。

〔八〕千年王国。原始キリスト教徒のもっていた終末感は中世になって薄れ、最終審判は無限の未来に押しやられる傾向を生じたが、十二世紀頃から一部に終末の切迫を感じる者たちが現れた。往々にして千年王国説の始祖とされるヨアキム・デ・フィオーレは一種の歴史哲学を述べたにすぎないが、これが現実と混同される段階で多くのヴァリエーションと狂信を生み、多くは異端として弾圧された。

〔九〕クリオ。ギリシア神話の学芸の女神ムーサイ（ミューズ）九柱の一。巻物をもった姿で表され、歴史記述を司るとされた。

〔一〇〕ヤーヌス。ローマでもっとも古い神の一つ。市門そのものが神殿であった。すべての開閉者、始めかつ終らせる神、過去と未来をつなぐ時間の神、四季を司る者とされた。

すぐ後に出るクロノスは、ギリシア神話の原初の巨神。ウラノス（天空）とゲー（大地）の子。クロノスとは時間の意。すべてを生み、すべてを貪る神とされる。サトゥルヌスはクロノスに対応するローマの神。

〔一一〕単子（モナド）。ライプニッツ（一六四七―一七一六年）が『単子論』で、表象とは自己完結している単子だが、予定調和によりたがいに無関係な無数の単子が集合して宇宙の統一を形成すると考えた。彼は単子の自己完結性を「単子には窓がない」と表現した。

〔一二〕イタリア北部、スイスとの国境に近いあたりの湖、ラーゴ・マジョーレに浮かぶ四つの島がボローメの島々（イソーレ）である。このうち花卉栽培で有名なイソーラ・ベラには、ボローメオの伯が美しい宮殿を造営した。温和な気候と明媚な風光で知られる。

〔一三〕『グーテンベルクの銀河系。活字人間の形勢』は、M・マクルーハンの著書。

〔一四〕ラバルの難所。フォアの北数キロの所が前ピレネー（プレ）山地の縁辺に当っている。この急斜面を流れ落ちてパミエ周辺の低平地に入るまでのアリエージュ川は急流、深い峡谷となっている。この区間がいわゆるラバル峡谷で、フォア伯領の北半低平地と南半山岳部を結ぶ隘路だが、いうまでもなく往時は交通の難所であった。

〔一五〕 H・ゴサン。地理学者。『ピレネー中東部の植生』（一九二六年）その他の研究がある。

〔一六〕 ダモクレスは紀元前四世紀、シラクサの廷臣。僭主ディオニュシオス一世におもねって幸運を賛美したところ、僭主はダモクレスを豪華な宴会に招き、彼の頭上に馬の尾の毛一本で剣を吊して、幸運がいかに危ういものかを教えたという故事がある。

〔一七〕 領主や都市がそれぞれ鋳造した貨幣がいわゆる封建貨幣で、十二世紀初めにはフランスでおよそ三百種類の貨幣が流通していたという。一二六二年の勅令はトゥール銀貨を王国の法定通貨と宣言。パリ銀貨もトゥール銀貨も同品位で、ともに国王通貨。王の肖像が刻印してあった。

第十九章

原注

(1) マルティノーは、吟遊詩人に風景美の感覚が見出されることを指摘している。しかし、これは本書が扱うのとは異なる「文化水準」の問題である。前出C・マルティノー『……フランス詩における死のテーマ』。

(2) 前述、第二章。ル・ゴフ『中世の文明』、「運命の車輪」参照。

(3) ここで星を引合いにだしているのは、農民の知恵に発するオリジナルな発言である。というのも、この前後ではベリバストは福音書（マタイ伝、五章三六）を根拠に話しているのに、これだけ無関係な発言になっているからである。

(4) その他の点ではサバルテスの文化とひどく違っている別の地方の文化に関係することだが、シャルル・ボヴァリーの有名な言葉「運が悪いのだ」を思い出す必要がある。これは、単に滑稽なだけだなどと言ってすますわけには行かない。ノルマンディ文化の奥底から出た言葉なのだ。かつて著者はノルマンディの老農夫、あるいはそれほどの老人でもない農夫たちと話して、確信を得ることができた。

(5) アルビジョア派は自由意志を否定する傾向が強いことに注意する必要がある。天使にさえ自由意志を認めようとしないのだ。十三世紀半ば過ぎのカタリ派神学書であるC・トゥーゼリエ校訂『二つの原理の書』（一九七三年）「自由意志について」の項、参照。もともとサバルテスの民衆の思想に著しかったある種の宿命論を、たまたまこの傾向が助長したのである。

(6) 十一世紀以後の神学における、さらに再生カルヴァン派やジャンセニズムにおける、アウグスティヌスの思想の重要性については、前出、ヌーナン『避妊と婚姻』参照。

(7) 山岳地帯パヤルス司教区からアリエージュ上流へやって来た、よく判っていない人物の影響があったらしい。

(8) 審問記録中、この二つの文章はオック語で記録されている。

(9) 前出、オリヴィエ・ド・セール『農業の舞台』参照。また、ノルマンディを始めとするオイル語地方のあらゆる民俗学調査との比較が必要。

(10) ル・ゴフ『中世の文明』。

(11) J・デュヴェルノア『パミエの異端審問』六四、六五頁所載の十四世紀トゥルーズの細密画を参照。羊飼いの犬はかなり後代の発明だとする、広く受容されている説には問題があると思われる。

(12) ガストン・フェビュス暗殺のための毒を犬で試した例がある。M・モラ『十四、五世紀の生活と宗教慣行』第一冊(一九六二年)。

(13) 牝犬も胎児を身ごもる哺乳動物たる以上、ベリバストによって霊魂の輪廻の宿主たり得るとされた。ただし、その順位ははっきり女や牝馬や牝兎の後に置かれている。ル・ゴフは、農村民衆に比べれば貴族のもつ犬のイメージの方がよい(そこでは忠誠の象徴とされた)ことを指摘している(『中世の文明』)。

(14) 一三〇七年の神殿騎士団員の告白にも、猫の姿をした悪魔が登場する。ドヴィックおよびヴェセット『ラングドック全史』(プリヴァ版)第九巻。

(15) ベリバストもタヴェルニエもあらゆる動物を殺すことを禁じたが、鼠と蛇と蟇は例外であった。

(16) 前述、第十二章。

(17) 審問記録には「善きキリスト教徒」とある。ジャック・フルニエの法廷に出頭した者たちの言葉では善信者ないし完徳者を意味する。神話の異説の一つでは、文章の上でも文脈の上でも、この善きキリスト教徒ないし善信者を「単なる帰依者」つまり聴聞者に明瞭に対置している。

(18) 現実の社会と政治におけるサバルテスの三身分を参照。前述、第十八章。

(19) 後述、第二十七章。

(20) 「素直なろばと慎み深い牛」のイメージは、明らかにキリスト降誕、株桶(まぐさおけ)の場面と関係がある。M・ヴィケール「聖ドメニコの研究」(『カイエ・ド・ファンジョー』第一号、一九六六年)。

(21) 前述、第五章、羊飼いに対するオーティエたちの説教、参照。

(22) ジャン・モリが怒りにまかせて異端者を羊呼ばわりした時は大騒ぎとなった。「神秘の仔羊」といえば、もちろんキリストのことである。

(23) 葡萄酒にも類似の作用があると思われていた。

(24) 爬虫類と両棲類は輪廻転生の、考えられるかぎりで最低の段階だとした証言がいくつかある。

(25) 前述、第十四章。

(26) ベリバストは、魚類は水から生れ、肉も欲望も持たないがゆえに清浄だ、と言っている。

(27) 記録には農民のさまざまの意見が供述されている。たとえば、神が決定的に大地の豊穣を造り出し、かつ保証するという意見。神が咲かせ実らせるという意見。自然が咲かせ実らせるという意見。土壌の肥料分および人間の作業が実らせる、という意見（モンタイユーの者）。悪魔が咲かせ実らせる、という意見（農民レヴェルでは一件のみ）。雹、嵐、その他自然のうちの有害な部分は悪魔の業とする意見（素朴二元論）。

(28) E・リーチ「言語の人類学的側面。動物の諸範疇と言葉の乱用」（E・レンヌバーグ編『言語学の新動向』一九六六年、所収）。

(29) われわれが寛容な理由は簡単だ。フランスでは狼は絶滅して、もはやわれわれの敵でないからである。

(30) レティフ・ド・ラ・ブルトンヌ『父の生涯』。J・メリエ『作品集』（一九七〇年）、第三巻。後者には的確な一文がある。「百姓に向かって、お前の牝牛は道具じゃないか、などと言って見るがよい。馬鹿にされるだけだ」。

訳注

〔一〕「善きわざ」とは、罪に対する罰の全部または一部の免除、つまり贖宥を受けるための行為のこと。ただし寄進、喜捨、十字軍、巡礼など教会が認定した一定の行為のことで、いわゆる道徳的に好ましい行為一般ではない。その乱用ないし堕落形態が、ルターの宗教改革の発端となった免罪符の販売であることは周知の通りである。

〔二〕聖アントアーヌ（二五一－三五六）。二八六年から三〇六年までエジプトのピスピルの荒地に隠遁苦行した、東方修道制の代表者。豚と縁のある聖者で、火事、悪疫、家畜特に豚の疫病除けの守護者として尊信された。聖アントアーヌ救護者団（一一〇〇年頃設立）が鈴を鳴らしながら喜捨を求めてまわり、豚の首に鈴をかけて病気除けの祝福とした。図像には彼の表号として豚と鈴が書添えられることが多い。

〔三〕ジョルジュ・デュメジル。『神話と叙事詩』（一九六八一七三年)、『インド・ヨーロッパ語族の至高神』(一九七七年) 等の著者。――なお、中世の社会理論だった「三身分論」については、G・デュビー『三身分。封建社会の理想像』(一九七八年)、J・ル・ゴフ「九―十二世紀キリスト教世界における三区分社会と王政の思想と経済の革新」(論文集『今一つの中世のために』一九七七年) 等、参照。

〔四〕 スピノザ(一六三二―七七年)。オランダの哲学者。もっともよく知られた著書に『倫理学』がある。彼の立場は汎神論的一元論と呼ばれるもので、物質界も精神界も神の属性と考えて神即自然観に到達した。二つの世界とも神の因果法則に支配されるから、偶然や自由はないとする決定論でもある。

〔五〕 親密な男女間の呼びかけ。

〔六〕 ジャン・メリエ(一六六四―一七二九年)。シャンパーニュの農民の子に生れ、同地方エトレピニー村の司祭として生涯を過ごした。死後、手記(一七一九―二九年間に執筆と推定)が発見され、その一部がヴォルテールなどにより刊行された。教会の偽善、社会の矛盾に対して著しく批判的。

レティフ・ド・ラ・ブルトンヌについては前述。上巻、序章訳註〔一〕。

第二十章

原注

(1) J・デリュモー『カトリシズム。ルターの時代からヴォルテールの時代まで』(一九七一年)。前掲K・トーマス『宗教と魔術の衰退』のうち「中世教会の魔術」の章。R・レッドフィールドおよびA・ビラ・ロハス『小共同体。農村社会と文化』(一九六二年)。A・デュプロン「宗教。歴史人類学」(J・ル・ゴフおよびP・ノラ編『歴史の作法』所収)。同「近代フランス宗教の生活と創造」(M・フランソア編『フランスとフランス人』一九七二年、所収)。デュプロンは農民宗教を過度に呪術的に捉えることに反対しているが、同感である。

(2) 中世(なお、その後にも)盛んに行われた豊熟祈願祭の野良行列については、前掲、M・モラ「一四、五世紀の生活と宗教慣行」。および、N・ベルモン『旧フランスにおける神話と信仰』(一九七三年)参照。後者はヴァン・ジェネップの資料に立脚している。オクシタニー諸司教区で豊熟祈願祭が建前上は祝祭日として義務化されていただけに(一二二九年トゥルーズ教会会議決議。フォン・ヘーフェル『教会会議史』)、モンタイユー・サバルテスで閑却されていたことが注意を引くのである。

(3)「大地が咲かせ実らせる」のは神のわざなのか、自然のわざなのか、それとも悪魔のわざなのか、農民が議論したことは審問記録のいくつかの所に出ている。

(4) ごく僅かの識字層をも含めて住民の知らない神秘的な文字（アラビア文字）を数える占いがあったのは、極めて自然である。

(5) 後述、第二十一章。

(6) モンタイユーの民俗に関する一九七四年の聞取り調査でも、司祭が大きな呪術的役割を果していたことの名残が見られた。司祭は悪運に強い。司祭がナイフを投げつけると雹が止む。そうすることで、雹を村から遠い荒地へ追い払うことができる、等々。

(7) 同様に、村の毒使いや堕胎者などは呪文よりも薬草や化学物質の操作に熟達していた（効果のほどは不明としても）。

(8) 前掲、K・トーマス『宗教と魔術の衰退』。

(9) 後述、第二十一章。

(10) J・グッディ他『伝統社会における識字の問題』参照。

(11) このくだりはL・フェーヴルの図式を展開したものである。『十六世紀の宗教心情』（一九五七年）、『十六世紀の宗教的無関心』（一九四二年）参照。

(12)「現世の」運命に関して「宿命論者」だったピエール・モリが、彼岸における救済については他人に祈ってもらう、特にすでに救われた霊魂に祈ってもらうことの効果を確信していた点に注意。

(13) モンタイユーのカトリック信者の「救済願望」の考え方を示すのは、アルノー・リジエの後家レモンド・ブロのケースである。レモンドは確固たるカトリックとして育てられた人物。

(14) 後述、第二十八章。

(15) 前引「尻に蠟燭を」云々とともに、肛門や排便は天上の救済の明確な対立物とされている。排便は悪霊と関係があるので、人は深淵（ボース）や断崖（ボー）に排便するし、そこには悪霊が出没し亡霊を引込むとされていた。

(16) E・ドラリュエル「中世の民衆宗教」（ル・ゴフ編『異端と社会』所収）。

(17) 同論文。

(18) G・デュビー『新人文主義の基礎』（一九六六年）。

(19) この感情の推移に言及した歴史家は多いが、特に以下のものを参照。ドラリュエル、前掲論文（『異端と社会』所収）。G・デュビー、前掲書。G・シュニューラー『教会と中世文明』第二、三巻（仏訳、一九三三―三八年）。A・フリッシュおよびV・マルタン編『教会史』第九巻、第一〇巻（聖フランチェスコとキリストの受難）、第一四巻（十字架の道）。M・モラ、前掲書。F・ラップ『中世末期の教会と宗教生活』（一九七一年）。J・シェリーニ、前掲書。前掲A・デュプロン論文（『フランスとフランス人』所収）。A・ラトレイユ、E・ドラリュエル、J・R・パランク『フランス・カトリシズム史』（一九六三年）。モンタイユーの教区教会には荊棘冠を戴いた十五世紀のキリスト像があって、悲しげに祭壇を見下している。

(20) A・デュプロン、前掲論文。

(21) 中世末期には受難の刑具に言及するのが普通となる。ジョルジュ・シャストランの『死の鏡』（『シャストラン全集』一八六二―六六年）。時代はやや下るが、ユスタッシュ・デシャン（一三四六―一四〇六年）の『ジュロンの歌』（『デシャン全集』第一巻、一八七八年）。

(22) アルノー・シクルのようにある程度進んだ半都会人には、十字架上のキリストに対する信仰も見られる。

(23) イベリア半島の巡礼霊場の地理的位置はサラセンに占領されていなかった地域、少なくとも長期間占領されていなかった地域の周縁部、換言すればかつてのカトリック領域の前線に対応している。また、この供述はわがモンタイユーの文化と経済の地平に占めるカタルーニャ・スペインの新たな役割をも示している。

(24) G・デュビーおよびA・デュビー『ジャンヌ・ダルク裁判』（一九七三年）。J・シェリーニ前掲書。先行する時代（十二、三世紀）の民衆の実践についてはフリッシュおよびマルタン『教会史』第九巻（説教、告白、比較的稀な聖体拝領、ミサ出席、蠟燭、サンチャゴ巡礼、シャルトル巡礼、ル・ピュイ・アン・ヴレー巡礼、等）。

(25) 農民が簡単ながら個人的に祈る習慣は、すでに定着していたと思われる。教会が鐘を鳴らして人びとに祈れと告げた。たとえばモンタイユーの羊飼いギヨーム・モールが言っている。「鐘というものは結構なものだ。お祈りをせずにはいられないようにするのだから」。一三〇〇年から一三二〇年に至る時期、モンタイユーに鐘があったのは確かである。その他の南フランス諸地方に鐘が普及するのは十五世紀の中頃だから（フリッシュ）、この地方は早かったと言わねばならない。モンタイユーのみならずサバルテスでは、聖体奉挙の時、それに埋葬の時に鐘を鳴らした。もちろん、そのほかにも鳴らしたと思われる。異端にとっては鐘の音は角笛を思い出させる騒音にすぎなかった。ベリバストが鐘を聞いて、「あの角笛め」と言っている。

(26) 彼よりはもう少し高い階層だが、ほかにも食卓や寝床の上で十字を切る者たちの例がある。

(27)　いうまでもなく、夏は蝿の季節。

(28)　黄十字に対する嘲弄はスペインで特にひどかった。アリエージュ上流ほど見慣れていないからである。

(29)　十字架信仰が古くからあることは、ル・ゴフ「中世西欧のキリスト教」(プレイアード百科全書『宗教史』第二巻、一九七二年、所収) 参照。

(30)　聖餐には子の位格における神が存在するのだが、普通の農民は「神」、あるいは「主の体」と言っている。一方、貴族で多少の教養もあったベアトリスは「キリストの体」と言っている。サバルテスの農民はしばしば、キリストそのものと神を混同している。

(31)　フィリップ・アリエス『アンシアン・レジーム期の子供と家族生活』。初聖体が重要視されるようになったのは十七世紀ジャンセニズムの時代からである。ただし、オード・フォレの供述を見れば、今問題の時期にもフォア伯領ならびにラングドックで初聖体が軽々しく扱われたのでないことは判る。

(32)　ギヨーム・オースタッツに対するこの告発には、おそらく悪意による誇張が混入している。オルノラックのアラザイス・ミュニエの証言はギヨームが「主の体を受ける」のを見たと言っている。

(33)　十三世紀ラングドックの諸司教区会議は、「信者は年一度聖体を拝領しなければならない」(アルビ司教区)、「年二度、復活祭と聖霊降臨祭に拝領」(アルル司教区) と定めている。モンタイユー、サバルテス、あるいはフォア伯領での聖体拝領の実態と比べてみるがよい。この点に関して、R・フォルヴィル「十三世紀南フランスにおける教会会議決議と司牧改革」(『カイエ・ド・ファンジョー』第六号、一九七一年) 参照。他方、一二五四年のアルビ会議は年三回、降誕祭、復活祭、聖霊降臨祭の拝領を命じた。これよりほぼ二五年以前、すでにトゥルーズ会議が同じ規定を定めている。

(34)　司祭が病人の寝床に来たのを利用して、自分も聖体拝領を願い出た女の例がある。

(35)　前述、第二章。

(36)　ここでは記録原文を縮約した。十三世紀末以降における宗教的心情および民俗的心情を知る手がかりとしての『黄金伝説』の重要性については、F・ラップ前掲書。J・シェリーニ前掲書。G・デュビー『新人文主義……』。K・トーマス前掲書。フリッシュおよびマルタン前掲書、第一〇巻。M・モラ前掲書。

(37)　V・ショメル「一五、六世紀ナルボンヌ地方の宗教慣行」(『古文書学校紀要』一九五七年)。

(38)　いうまでもないが、地方教会会議は日曜日のミサ出席を命じている。

(39) ミサ出席に関する全般的な問題については、M・モラ前掲書。マンシ『教会会議決議集』第二三巻。

(40) 資料必ずしも明瞭とは言いがたいが、サバルテス農村教区の場合、日曜のミサに規則的に出席するのは住民の約半数だったと推定できる。

(41) キリスト教的愛の問題、遺言による喜捨の問題については、フリッシュおよびマルタン、第一三巻。M・モラ前掲書、参照。オクシタニー中部では、若干の大胆にものを考える者たちの間に、キリストの苦しみ愛する位格でなく、君主としての側面を強調する傾向があった。これを念頭に置けば、サバルテスの住民は神に対してある種の情愛の通った態度をとったのである。ただ、それは愛というより、むしろ「宮廷風の崇拝」と友情に近い。それでも、「神の愛のために」という表現は喜捨に関連して幾度か、たとえばギユメット・モリやベアトリス・ド・プラニッソルなどに見出される。カタリ派に傾斜した村人は好んで「神の友」と自称した。これはアリエージュ上流文明の基本的な価値観の一つ（「友情」、「神とは仲好しだ」）に対応しているが、同時にアルビジョア派の遠い精神上の祖先が用いた表現にも対応している（ギリシア語のテオフィル、スラヴ語のボゴミリは「神の友」の意）。

(42) 後述、第二十七章。

訳注

〔一〕 大赦年（ジュビレ）。この年のうちに一定の善行（たとえばローマ巡礼）を果せば全贖罪が与えられると教皇が布告する年。はじめは一〇〇年に一度だったが、中世後半になってからは五〇年に一度。ジュビレの語源はヘブライ語のヨベル（祝祭日を告げる角笛の意）。

〔二〕 ロマネスク、ゴシックとも本来は建築様式、ひいては美術様式を指す術語。ロマネスクは十一、二世紀。ゴシックは十二世紀半ばに出現して特に十三世紀に全面的開花を見た。本文では主として時代区分を指すために使われている。

少し後に出るタンパンは、会堂扉口の上部、半円形（ゴシックなら尖頭形）の部分。ここにもっとも大きな浮き彫りが置かれるのが普通。栄光のキリスト、聖霊降臨、最終審判、など聖書中の大場面の刻まれることが多かった。

〔三〕 信経（クレド）。信仰告白ともいう。「我信ず（クレド）」で始まるから、この名がある。アリウス派に対抗すべく第一次ニカエア公会議（三二五年）で採択されたものを「ニカエア信経」、コンスタンティノープル公会議（三八一年）でこれに補足を加えたものを「ニカエア・コンスタンティノープル信経」という。ミサに際して、福音書朗読のあと司祭が祭壇中央で読誦する。「我は天地の創造主、全能の父なる天主を信じ、またその御独子、我らの主イエス・キリストすなわち聖霊によりて宿り、童貞マリアより生れ、ポンシオ・ピラトの管下にて苦しみを受け、十字架につけられ、死して葬られ、古聖所に降りて三日目に死者の中より蘇り、天に昇りて全能の父なる天主の右に座し、かしこより生ける人と死せる人とを裁かんために来りたまう主を信じ奉る。我は聖霊、聖なる公教会、諸聖人の通功、罪の赦し、肉身の復活、終りなき命を信じ奉る。アーメン」。

〔四〕　黄色い星。ナチスがユダヤ人を迫害して衣服に強制着用させたマーク。

〔五〕　聖餐の秘蹟。聖体の秘蹟、パンと葡萄酒の秘蹟、祭壇の秘蹟ともいう。外観はパンと葡萄酒のままでいながらキリストの肉と血が「実在」するとするのがカトリックの教義。宗教改革で問題にされたのは周知の通りだが、中世でも神学者の間に論議があった。

パンと葡萄酒の外観のもとにあるキリストの肉と血を犠牲として捧げる祭儀がミサ聖祭。これと十字架上のキリストの犠牲は実体において同じとされる。

〔六〕　『黄金伝説』。聖者伝説の一大集成。ドメニコ会士、ジェノア大司教ヤコブス・デ・ヴォラギネ（一二三〇年頃―一二九八年）が編集。

〔七〕　書簡と福音書の間。ミサ聖祭では、信者席から見て祭壇の右側で書簡（新約聖書のパオロ書簡その他）が、左側で福音書が朗読される。そのため、書簡側、福音書側などという言い方をする。両者の間とは、要するに祭壇の真正面の意。

第二十一章

原注

(1)　シュニューラー『教会と中世文明』第二巻。シェリーニ『中世西欧宗教史』。M・モラ『十四、五世紀の生活と宗教慣行』。E・ペロア『十三世紀の宗教生活』（一九六〇年）。フリッシュおよびマルタン『教会史』第九、一〇巻。F・ラップ『中世末期の教会と宗教生活』。E・ジャリー「中世キリスト教世界」（M・フランソア編『フランスとフランス人』所収）。J・トゥセール『中世末期フランドルの宗教感情』（一九六三年）。

(2)　マンシ『教会会議決議集』第二三巻。

(3)　J・T・ヌーナン『避妊と婚姻』。

(4) アリエージュ上流のカタリ派と違って、パミエのワルドー派はアヴェ・マリアを尊んだ。
(5) 十七世紀末に編集された南部フランス教区一覧を参照。C・ソーグラン『フランス全事典』(一七二六年)に収録。
(6) M・デルコール『セルダーニュおよびコンフランのロマネスク聖母像』(一九七〇年)。ロマネスク彫像の点でセルダーニュとコンフランは文字通り「マリアの園」だと、デルコールは言っている。
(7) 前述、第十八章。
(8) A・ガリグー『旧フォア地方の歴史研究』(一八四五年)中の「サバール礼拝堂の考察」。H・デュクロ『アリエージュ地方史』(一八八五―八七年)。
(9) ギヨーム・オースタッツのガイヤルド・ロスに対する一風変わった返答の中で、この考えはさらに強調されている。彼の意見では、聖母はガイヤルドをお助けにはなるまい、なぜならガイヤルドには盗賊を殺せないから、ということになっている。
(10) 前述、第四、五、十八章参照。
(11) カタリ派神学が、ローマ教会のマリア論を排斥したことと、ローマ教会とはかなり異なるものの積極的な、自分たちの信仰に沿った形でのマリア論を採用したこととの間には別に論理的矛盾があるわけではない。ただし、この問題は本書の主題外である。
(12) 農婦リグザンド・コルティルの場合にも、カタリ派的逸脱と心情的マリア論の土俗民衆的な混淆が見られる。
(13) M・モラの前掲書にはモントーバンおよびサン・フルール両司教区の統計抜粋がある。パミエ司教区に関するデータはないが、アイヨン地方を含めてパミエ司教区でも他地方同様、当時休業祝祭日は多かったと思われる。
(14) G・ジャックマン監修『カトリシスム。アンシクロペディ』(一九四八―　年)。「救護者ジュリアン(ジュリアン・デュ・マン)」の項、参照。ベルナール・マルティの証言は公現祭の頃のことを言っているので、ジュリアンの祭日一月二七日が話題になるのは自然である。ヴァン・ジェネップ『現代フランス民俗学提要』参照。
(15) 前述、第十九章。
(16) 聖アントアーヌだけでなく聖マルシアルも、この種の「火のような」、「悪臭のある」、「焼けつくような」皮膚の炎症の発病と治癒に関係があるとされていた。
(17) 豚、有用な家畜(アリエージュ上流では羊)の保護、皮膚病などと関係のある聖アントアーヌ信仰については、コフィネ師「聖アントアーヌの持物に関する歴史的考古学的研究」(『オード県農業・文芸協会雑誌』第二八巻、一八六八年)。ヴァン・ジェネップ「サヴォアにおける聖アントアーヌ信仰」(『宗教史学会報告』第二巻、一九二三年)。同『ドフィネの民俗学』(一九三二年)および『フランドルの民俗学』(一九三六年)。また、聖アントアーヌと豚についてK・トーマス『宗教と魔術の衰退』。M・モラ、前掲書。フリッシュおよびマルタン、前掲書第一〇巻。P・セビヨ『フランス民俗学』(一九六八年)。

(18) 他の聖者のうちでは特に聖ジョルジュが(モンゴージの聖母は別として)、失せ物や盗品の発見に関係があった。

(19) E・ドラリュエル「中世の民衆宗教」(ル・ゴフ編『異端と社会』所収)。

(20) たとえばプラドにおける「使徒マタイ」祭日の奉祝。そのほか、洗者ヨハネ信仰の重要性も指摘しなければならない。

(21) フォン・ヘーフェル『教会会議史』第五巻、一二二九年トゥルーズ会議。

(22) M・H・ヴィケール、前掲論文(『カイエ・ド・ファンジョー』第一号)。その他、シェリーニ、前掲書。E・ジャリー前掲論文(M・フランソア編『フランスとフランス人』所収)。

(23) ベリバストの教育のせいで、ピエール・モリは特に聖パオロのことをよく知っていた。

(24) 祝祭日の定期市の例としては、たとえば十字架頌揚祭がアックス・レ・テルムの市日に当っている。

(25) この問題については、聖ドメニコと使徒的生活に関するヴィケールの分析を参照。「ラングドックにおける聖ドメニコ」(『カイエ・ド・ファンジョー』第一号)。同『聖ドメニコ。使徒的生活』(一九六五年)。十三世紀初め以降、ラングドックの善信者と聖ドメニコはともに使徒的生活の理想を共有——たがいに、よりよく闘うために——していたというのが彼の意見である。

このような使徒や教会に対する関心は、思いも寄らない方向へ行くことがあった。ベアトリス・ド・プラニッソルは、「わたくしが司祭に身を任せましたのは、使徒の聖パオロ・ヨハネ祭の週でありました」と供述している。

(26) 中世初期、万霊節の起源についてはヴァン・ジェネップ『現代フランス民俗学提要』。

(27) 万聖節の食物施与の児童遊戯化あるいは「実際目的化」した名残については、ヴァン・ジェネップ『提要』参照(ソーヌ上流地方の子供の贈り物。ベアルンやランド地方の多かれ少なかれ儀礼化した小作料支払)。なお、A・ムーリ、前掲書。

(28) モンタイユーの聖者信仰について完璧を期すためには、農民の教養(使徒とごく僅かの聖者しか知らない)と、ピエール・クレルグのように同じく殉教の聖者に関心のあるもっと高い教育を受けた人物の教養を分けて考察する必要があるだろう。

訳注

〔一〕アヴェ・マリア（天使祝禱）。教会が主の祈りに次いで重んじた祈禱文。「めでたし。聖寵充ち満てるマリア、主おん身とともに在(ましま)す。おん身は女の中(うち)にて祝せられ、御胎内のおん子イエズスも祝せられたもう。天主のおん母聖マリア、罪人なる我らのために、今も臨終の時も祈りたまえ。アーメン」。

〔二〕礼拝は神にのみ帰すべきもので、聖母以下諸聖者は崇敬の対象でこそあれ礼拝するのは逸脱である。論理的にはともかく、民衆の信仰実践上この区別は見失われがちであった。本文もそれを言っている。

〔三〕T・B・マコーレー（一八〇〇―五九年）。イギリスの歴史家。名誉革命前後の時期を叙述した代表作『イギリス史』全六巻は世界的な名声を博した。

〔四〕公現祭(エピファニー)（一月六日）は東方の三博士が幼な子イエスを拝した日を記念する祝祭。ユダヤ人以外の者に、つまり全人類に救世主の出現が示されたという意味で公現という。

〔五〕救護者(オスピタリエ)ジュリアン。年代も生国も経歴も不明で、完全に伝説中の聖者だが、十三世紀に伝説が弘通したことは諸寺の図像からも推察できる。『黄金伝説』によって西欧でもっとも人口に膾炙した聖者の一人となる。近代でもフローベールが『聖ジュリアン伝』（『トロア・コント』所収）を書いている。

伝説の概要は次の通り。青年貴族ジュリアンは狩りをしていて追い詰めた牡鹿から予言を聞く。お前は両親を殺すだろう。予言の実現をおそれたジュリアンは遠国の王に仕え一城の主となる。不在中にはるばる訪ねて来た両親を、妻はとりあえず彼の寝床に休ませた。帰城してこれを見たジュリアンは妻の密通と誤解し、両親を殺してしまった。放浪の身となったジュリアンは川のほとりに庵を結び、旅人を助けて贖罪の生活をする。ある日凍死寸前の旅人を救護したが、この人物は姿を変えて天に昇り罪の赦されたことを告げた。

原注(14)を見ると、ル・マンの聖ジュリアンとの混同があるのではないかと思われる。これは四世紀ル・マンの初代司教とされる聖者で、同じく伝説的な聖者ながら救護者ジュリアンとは別人である。祝祭日は一月二七日。これに対し、救護者ジュリアンの祝祭日は一月二九日。

第二十二章

原注

(1) たとえばインノケンティウス三世書簡。なかんずくワルドー派の説を排して、洗礼の秘蹟により原罪が「消去」ないし「赦免」されることを再確認している。G・デュメージュ『カトリック信仰』(一九六九年)に引用。

(2) これに対し、農民階層以外では、例えばおよそ農民とは無縁のジャン・ロックは洗礼が原罪を消去するものとされていることを知った上で、これに反対した。同様に、パミエに在留したワルドー派の者たちはいずれも原罪の問題に精通していた。

(3) 一二一五年ラテラノ公会議で決定された告解の年回数については、C・カロッチ論文(『カイエ・ド・ファンジョー』第八号、一九七三年)参照。同じくJ・トゥセール『中世末期フランドルの宗教感情』参照。

(4) ピエール・クレルグは、もっぱら聖職にもとづく物質的収益が目的で懺悔を聞いたと言っている。

(5) ピエール・モリの場合、どちらでも霊魂が救われるようにカトリックとカタリ派の二重信仰だったので、このような年一回の懺悔の習慣があったのである。

(6) 罪と恥の問題については後述、第二十四章。

(7) 個人内心の罪という感覚が出現しているのは、農村地帯でなく、都市的異端たるワルドー派の前衛の間であった。

(8) カトリック的救済の観念は、モンタイユーなどよりはるかにローマ教会に忠実だったオルノラックの女たちの間に普及していた。

(9) オクシタニー、さらに西欧における告解という全般的な問題については、前掲C・カロッチ論文参照。なお、マンシ『教会会議決議集』第二三巻(アルビ会議、一二五四年、「聖体拝領の前にはかならず告解し……」)。フォン・ヘーフェル『教会会議史』第五巻(トゥルーズ会議、一二二九年、「年三回の告解を義務づけ……」)。これはサバルテスの標準に比べて遥かに多い。M・モラ、前掲書。F・ラップ、前掲書。J・トゥセール、前掲書。

(10) 本書が扱う時代すでに初聖体が「通過儀礼」だったといえば、疑問に思う読者がいるかも知れない。しかし、オード・フォレ関係の記録は、これが重要な体験だったこと、そしてまさしく通過儀礼として意識されていたことを示している。

(11) 今問題の時期、のみならず十三、四、五世紀を通じて、特に農村や貧民の間では堅振の秘蹟の執行は恒常化せず怠られがちであった。これは一つには、司教が管区内を授礼のために巡回することが少なかったことによる。J・シェリーニ『中世西欧宗教史』。G・デュビー『新人文主義の基礎』。G・デュビーおよびA・デュビー『ジャンヌ・ダルク裁判』。F・ラップ、前掲書。M・モラ、前掲書。トゥセール、前掲書。J・デリュモー、前掲書。

(12) これはシェリーニの表現である。P・アダムも同様に、この時期の南フランスではほとんど実行されなかったと指摘している(『十四世紀フランスの教区生活』一九六四年)。

(13) サバルテス農村で堅振と終油が行われなかったのは地域聖職者がこれについて無知だったせいだと言えば異論が出るかも知れないが、実際にまったく行われていないのである。司祭の前で授けられた七秘蹟の一覧表(完全に網羅的な)がある。

(14) 遺言状作成に関するラングドック地方教会会議決議。たとえば、一二五四年アルビ会議。マンシ『教会会議決議集』第二三巻。

(15) パミエで、それにおそらくプラド・ダイヨンでも、灰の水曜日の宗教行事はよく知られていた。サバルテス農村で行われていたことは確実である。

(16) 審問記録には、死者および死の準備に関する慣行の詳しい言及がある。蠟燭を点すのは低平地でもサバルテス農村でも見られた慣習である。死者のためのミサは、農村よりもむしろ都市で行われる傾向がある。都市地帯でも、若干ワルドー派が死者のためのミサを非難した例がある。この件に関してはF・ラップ前掲書に出るアヴェ・マリアを含む死者のための祈禱(貴族社会の例だが異議があった)との比較が必要。このほか、死骸に灌水器で聖水を散布する風習も見られる。

(17) 古い聖遺物のあるアルナーヴ(現アリエージュ県)のサン・ポール礼拝堂には、病気治癒を願う巡礼が集まった。アルナーヴ一八六〇年婚姻記録簿冒頭の同地エステーブ司祭の注記(A・ムーリ『アリエージュの古聖所』一九七二年)。

(18) 一方、田舎町の小市民で、行き届いたカトリック教育を受けているアルノー・シクルは、理由を弁えた上で聖母の祭日の前夜の断食を実行している。

(19) 前述、第七章。

(20) 「一度は」というのは、後述するように(第二十四章)、敢えていうが変則は規則ではないからである。

(21) もちろん、「戦う」という修飾語は言葉の綾である。将来における信者の救いを確保しなければならないという意味で、地上の教会は「戦う」のである。同時に教会は「戦う」装置となっているが、これは現代のわれわれが使うのと同じ意味である。

(22)　サバルテスないしフォア伯領内の特定教会には、極めて少数ながら修道僧や修道尼が所属しているのが資料の諸所に散見されるが、これについては触れないでおいた。パミエのフランチェスコ会については審問記録中の男色者ヴェルニオル関係部分参照。パミエのドメニコ会士は、熱心な十分の一税徴収者で滞納者に対して猛烈な敵意を示した。この時期の南フランス都市社会における托鉢修道団の強力な定着と説教については、『アナール』一九七〇年および『カイエ・ド・ファンジョー』第八号のル・ゴフその他の論文、さらにF・ラップ前掲書参照。全般的諸問題についてはG・デュビー『新人文主義の基礎』、フリッシュ前掲書、シェリーニ前掲書参照。全体としてアリエージュ上流には修道僧（托鉢修道団であると在来型の修道団であるとを問わず）がほとんどいなかったのだが、いないという点では、修道僧よりも修道尼の方がさらに著しい。

(23)　ピエール・クレルグの強力な性格は、この教区が極端に小規模なために、ことさら劇的な威力を発揮したのである。N・クーレ「プリエール、一三六八年―一四三〇年」（『農村研究』一九七三年）、およびF・ラップ前掲書参照。その上、モンタイユーには長い間在地領主がいなかったこと、さらにB・ド・ロックフォール以後は城代すら常駐でなかったことが、これに拍車をかけた。

(24)　聖職者駐在の問題については、V・ショメル前掲論文参照。一四〇四年のナルボンヌ司教区では教区聖職者のうち任地在住しているのは約四分の一にすぎない。全員のうち約半数は都市に居住している。われわれの史料（この点で網羅的ではないけれど）で見る限り、これよりはアリエージュ上流の任地在住の方が高率のように思われる。

任地在住の問題と並んで、村落ごとに教区教会が存在したか否かの問題がある。サバルテスの場合には、隣接地に特約の教会があるため教会不在というケースはほとんどなかったらしい。たとえばキエの村民はサバール・タラスコンの教会に行っている。グーリエについては定かでない。

(25)　フォア伯領内で、どうやって宗務執行に必要な数の聖職者を養成していたか、という問題についてはここで触れない。ただ、聖職者の不足を示すような徴候はまったく見出されない。

(26)　司祭の権勢は村民の懺悔によって確保される面があることに注意。村民は同じ村の司祭に告白するのである。

(27)　司祭の権力とこれに対する村落ないし田舎町の世俗共

同体側の認識の問題（つまり自治体役場と教区教会の対立、現世の法（ユース）と神の法（ファース）の対立）は、本書で扱う時代より後、近現代の南フランス人の心情を理解する上では核心となる問題である。すでに一三〇〇年から一三二〇年にかけてのサバルテスでも、十分の一税徴収者たる司祭に対する反感が、教会そのものに対する要求となって現れている場合がある。村民は教会を共同体財産とみなして、聖職者のものとは考えなかったのである。「教会はおれたちのものだ」と一農民が言っている。それに村民は、どこの住人であるかということと、どの教区に属するかということを、よく識別し自覚している（教区が居住地に一致するとは限らない）。レモン・ド・ラビュラは、キエの村民（ヴィラジョア）でサバールの教区民（パロアッシアン）だった。

(28) 前述、第三章。村の司祭が裕福だったのは間違いない。他の地方については、F・ピポニエ『中世末期ブルゴーニュの遺産文書の研究』（未刊）参照。他の時代については、J・P・ドゼーヴ「パリ北部農村聖職者の収入」（『近現代史学雑誌』一九七〇年）参照。ところで、グラマン女史は未刊論文の序文で、司祭たちは領主館への立入も許されず、ほとんど農民の地位にいたと強調している。

(29) デュラン・ド・「プレスビテリア」という名前は多分当人が聖職にあったことに由来している。ただし、仇名なのか、地名に関係があるのか、それとも代々聖職者を輩出する家系なのかは不明。

(30) ゴージア・クレルグはピエール・クレルグの従姉妹である。なお、ここで家系（リニャージュ）とした語は審問記録のラテン語では種族（ゲヌス）となっている。

(31) 司祭の呪力はベアトリス・ド・プラニッソルが強調するところであった（前述、第九章）。二十世紀になってもモンタイユーの民俗はなおその痕跡をとどめている（雹除け、その他）。

(32) 梵妻（フォカリア）はパヤルスでは一般化していた。イギリスでも同じ言葉が使われている。

(33) デュフォー・ド・マリュケ「ガストン・フェビュス時代のフォア地方。一三九〇年フォア伯領戸口台帳」（『ポー学術文芸会紀要』第二八巻）は聖職者の妻女、同棲者を記載している。審問記録には聖職者の私生児も出て来る。モンタイユーでもピエール・クレルグの前任司祭は女（おそらく下女）と同棲していた。司祭の蓄妾は、カタリ派が説教で攻撃している。パミエ司教区に近いパヤルス司教区では、事実上合法的な同棲生活をしている。それでも宗教ないし教義の手前、保証金（承認料ないし罰金）を払わねばならないこともあった。これに対して、善信者は自分たちこそ貞潔の模範だと（時には事実に反することもあったが）主張した。この時代の「僧侶妻帯（クレロガミー）」および聖職者の風紀紊乱の問題全般については、シェリーニ前掲書参照。

(34) M・モラ前掲書に、一三二五年から一四二五年に至るグルノーブル、アックス、ナルボンヌ各司教区司祭の蓄妾に関する統計がある。全体の中では少数だが、絶対数としてはかなり多い。

(35) C・ティリー『ラ・ヴァンデー』（仏訳、一九七〇年）、およびG・ブシャール『動かざる村』（一九七二年）参照。

(36) 住職（シャプラン）とか司祭（レクトウール）とかの語彙は興味深い問題である。ピエール・クレルグは場合によって司祭（レクトウール）と呼ばれたり（特にベアトリス・ド・プラニッソルから）、住職（シャプラン）と呼ばれたりしている。おそらく起源においてモンタイユー教会の寺格は土地の聖母信仰と関係のある礼拝堂（シャペル）だったのであろう。中世の礼拝堂の問題についてはG・デュビー『新人文主義の基礎』、モンタイユーそのものについてP・ムーリ『ソーの国』参照。

(37) オクシタニーの若干地帯におけるグレゴリウス改革の不徹底については、シェリーニ前掲書参照。

(38) まだ内陣侍童が一般化していないこの時代の、この種の聖職者については、シェリーニ前掲書、フリッシュ前掲書第一四巻参照。

(39) 「職人」ないし管理人（マルギリエ）については、M・モラ前掲書（ラングドックの場合）およびフリッシュ前掲書第一二巻、参照。

(40) ジャック・フルニエの後任者就任以後、パミエの司教区会議は少なくとも規則の上では年二回開催されることになっている。実際は、それにこの時期以前には、これほど頻繁に開かれてはいない。他方、パミエ司教区の下級区分たるサバルテスの首席司祭管区と歴代モンタイユー司祭との関係については何も知ることができない。前述、第十八章参照。なお首席司祭管区の問題全般についてはフリッシュ前掲書第一二巻およびシェリーニ前掲書参照。

(41) 正確に訳すならば「丸呑みにする教皇」。

(42) マンシ『教会会議決議集』第二三巻。

(43) フリッシュ前掲書第一二巻（司祭の義務に関する項）。

(44) 厳密に言えば「説教壇上」というのは無意味である。当時の農村教会には説教壇なるものがまだなかったのだから。

(45) モンタイユーのギヨーム・フォールも、教会で復活に関する説教を聞いたと供述している。

(46) F・ラップ前掲書、参照。

(47) 前述、第二十一章。なおF・ラップ前掲書、M・モラ前掲書参照。

(48) 芸術、特に造形芸術による民衆のカトリック教育の問題全般については、G・デュビー『新人文主義の基礎』、M・モラ前掲書参照。

訳注

〔一〕秘蹟。カトリック教会の定める特定の儀典のことで、信者に聖寵を施す印であると同時に聖寵をうける手段でもあるとされる。洗礼、堅振、聖体、悔悛、終油、婚姻、品級の七つある。このうち堅振は司教から受けなければならない。本章後段で司教が出歩かないから堅振が受けにくい云々とあるのはそのため。

〔二〕三位一体。正統カトリックの基本教義。神は唯一つだが、その位格(ペルソナ)は父と子と聖霊の三つあるとする。創造のわざを特に父のわざとみなして父を創造主と呼び、救世のわざを子に帰して子を救い主と呼び、成聖を聖霊のわざとみなして聖霊を聖寵の与え主と呼ぶ。三位は同じく神だから先後上下の差別はないとされる。

〔三〕灰の水曜日。四旬節の第一日でこの期間中最初の斎日。当日、信者の額に聖灰で十字をしるして、悔悛を想起するよすがとしたところからこの名がある。

〔四〕断食と訳したが絶食ではない。教会の用語では大斎という。時代と地方によって内容がやや異なるが、現行では昼食は普通、朝食はごく少量、夕食は半分程度とするのが標準。いずれにしても鳥獣の肉は避け、魚肉や鶏卵で代替する。本文は、カタリ派善信者はもともと肉食を嫌い、魚はよしとしたから、大斎期間中は食事で異端が露顕する心配がない、との意。

〔五〕在俗(セキュリエ)の聖職者。俗人信徒の司牧を任とする聖職者、つまり本来の、普通の聖職者のことだが、修道僧つまり規律(レギュリエ)聖職者との区別を強調する時にしばしばこう呼ぶ。

〔六〕著者の言う通り、クレルグという姓が普通名詞の聖職者(クレルジェ)の転訛であることに間違いはない。審問記録の原文では彼の姓は聖職者を示す普通名詞クレリクスのままとなっている。

〔七〕コンコルダ(宗教協約)。国家と教会(特に教皇)間に締結される協約をいう。史上いく度か例があるが、ここでは一八〇一年、ナポレオンと教皇ピウス七世の間に合意された協約を指すと思われる。

〔八〕完全かつ標準的な聖職者は司祭だが、厳密に言えば聖職の品級には下級の四段(守門、読師、祓魔師(ふつまし)、侍祭)と上級三段(副助祭、助祭、司祭)がある。農民でありながら聖職を兼ねている者たちが本文中に出るが、いずれも下級の聖職を兼ねているにすぎない。

第二十三章

原注

(1) 土地のアルビジョア派もそうだったが、カトリック信者が現世の終末を信じていたことはいうまでもない。ただ、その時期は漠然たる未来と考えるだけであった。

(2) ヨハネ黙示録、二二章。

(3) ベリバストの幻想は、一三〇四年ベルナール・デリシューがマジョルカ王の息子に詳しく述べた筋書とかすかに照応している。ピエール・モリがベリバストの所説を供述しているが、ベリバストは新皇帝フレデリックが来て、アルビジョア派教会を高きに置きカトリック教会を転覆すると言っている。これが千年王国論者の発想に近いことは一目瞭然であろう。ほかのことではベリバストの言うことをすぐ信じたピエール・モリも、この確言は疑っていた。

(4) 前出、第十八章。

(5) ただし、ピエール・モリのようにモンタイユー出身ながら「亡命者」になった羊飼いは、ベリバストの影響でユダヤ人嫌いになっている。最終審判の後ユダヤ人は皆地獄へ行く、とベリバストは説いたのである。

(6) アックス・レ・テルムでは一三三五年にも、現世は永遠に存続する、死後の報いや罰などはない、と公言したかどで「逸脱者」が追求されている。A・ガリグー、前掲書。

(7) ここでは「代（シエークル）」という語は「世（モンド）」を意味している。このシエークル（サエクルム）なる言葉には、空間と時間の両義がある。

(8) フォア伯領低地部における托鉢僧団の定着については、A・カーズナーヴのすぐれた研究がある。「オードならびにアリエージュにおける托鉢僧団」（『カイエ・ド・ファンジョー』第八号、一九七三年）。当面の時期について言えば、一二八九年以来ドメニコ会もフランチェスコ会もパミエに地歩を築いているが、ラバル峡谷以南、サバルテスには彼等の重要な僧院はない。

(9) キエの農夫レモン・ド・ラビュラもキリストのための復讐を望む点では同様だったが、パリ盆地やアキテーヌ平野の牧童一揆（パストゥロー）がこの願望からユダヤ人迫害という結論を引出したのと違って、土地の高級聖職者たちが十字軍に派遣されるべきだと主張したにすぎない。大体、レモンはユダヤ人の何たるかを知らない。「ヘブライというのも人間なのか」と司祭に尋ねている始末である！ 彼の住んでいた農村社会ではありふれたことだったが、他にも無知をさらけ出している。キリストその人（彼は度々神と呼んでいる）と神一般を混同しているのである。

(10) この問題についてはN・コーン前掲書、およびF・ラップ前掲書、参照。なお、現世永在の信念についてはE・H・カントロヴィッチ前掲書、参照。

(11) キリストその人と神一般との混同は、サバルテスではごくありふれていた。農民は両方を一括無差別に「神」と呼んでいる。

(12) おそらく、これは若い役畜を調教する際の呪術に付属した技術だった形跡がある。それを密告者、あるいは被告自身が悪魔のものと考えたのだ。

(13) 「肉の命は血にあればなり」（レビ記、一七章）。テルトゥリアヌスやオリゲネス時代の「血液霊魂」説については、M・スパヌー『教会教父のストア哲学』一九五七年。オリゲネス『ヘラクレイデスとの対話』。十世紀から十三世紀にかけてのラングドック地方の異端が考えた血液霊魂説についてはアラン・ド・リール『反異端論』。

(14) カタルーニャやバレンシアなど程遠くない土地にイスラム教徒がいたことも、山岳住民の精神におけるカトリック教義を浸食する一因となっている。

(15) 羊飼いジャン・モリは「咲かせ実らせるのは神だ」と考えていた。これは穏和二元論に傾斜した今一つの傾向である。

(16) 牧牛羊家アルノー・コギュルの考えはさらに違っている。原則として神が可視の世界における創造者であることを認めるのだが、牛や羊を襲う狼その他悪魔的な害獣は神の作ったものと考えない。

(17) オード・フォレは、「神」あるいは「主」だけでなく、「キリスト」ないし「イエス・キリスト」という言葉も使っている。本書のあちこちで指摘したように、これは単なる農民層とは異なる農村エリートのキリスト教教養のしるしである。

(18) 長期的に見た場合、汚れの強迫観念は当時の時代感覚に共通している。インノケンティウス三世の勅書『悲惨なる（デ・ミセリア）』に関するC・マルティノーの前掲書参照。

(19) 「神に対する絶大な渇望」については前掲L・フェーヴル『十六世紀の宗教心情』、同じく前掲F・ラップ『中世末期の教会と宗教生活』参照。リュシアン・フェーヴル、それにモラやペロアなど優れた中世史家は、中世ならびに十六世紀の「無信仰の問題」は圧倒的多数の人びとの本質的に宗教的、超自然主義的、呪術的で信じやすい心性（マンタリテ）との関係の中で考察すべきだと考えている。不可能の感覚、したがって合理性の感覚、さらに無信仰の感覚を獲得できたのは、一六四一年（これはシラノ・ド・

ベルジュラックが「一人の人間から人間の本性を信じてはならぬ」と言い放った年だ）以後にすぎない、とリュシアン・フェーヴルはいうのだが、実はこのシラノの言葉はモンテーニュのものなのだ（『随想録』魔女に関する章）。リュシアン・フェーヴルの大著にモンテーニュはほとんど引用されていない（たった二度、それも些末なことで）。リュシアン・フェーヴルのようなすぐれた歴史家がモンテーニュを十分に利用していたならば、非合理主義的傾向を過大視した彼の十六世紀像は違ったものになっていたであろう。旧制度時代の知性を論じるに当たって、農民をはじめとして単純な、理屈っぽくない大衆が無信仰であったはずがないと考える人びとに対して、ベニーニュ・ボッシュエの鋭い指摘を強調したい（『聖木曜日。福音をめぐる省察』）。彼の考えには不当な蔑視が混入しているが、にもかかわらず聖餐の秘蹟に対する懐疑に関する限りリュシアン・フェーヴルよりも正しいのである。リュシアン・フェーヴルの誤謬は、おそらく彼が彼自身の方法を貫徹しなかったこと、そして中世ないしルネサンス期の無信仰を啓蒙時代の合理主義的で現代的な無信仰の型によって判断したことによるであろう。

(20)　一三〇〇年からのオーティエ兄弟によるカタリ派教説のサバルテス、なかんずくモンタイユー再導入については繰り返し指摘した。しかしすでに十三世紀から、そして十三世紀の間中、異端は絶えずこの地域につきまとっていたのである。

(21)　モンタイユーおよびサバルテス住民の多くは、宗教でも政治でも二つのテーブルでゲームをする、ティニャックの農夫アルノー・ローフルの表現を借りるなら「両岸で釣る」習慣をもっている。

(22)　一三〇〇年から一三二四年に至るアリエージュ上流およびモンタイユー住民の間のカタリ派教義に関する最も詳細ですぐれた研究は、一九七〇年前後にC・トゥーゼリエ嬢の指導下に執筆されたA・パレス・ゴビラール夫人のそれである。『フォア伯領とカタリ派』（未刊）。古いもので偏向もあるけれどJ・M・ヴィダルの論文「末期アルビジョア派伝道師の教説と倫理」（『歴史の諸問題』一九〇九年）は極めて情報豊富である。

(23)　この供述は、輪廻転生が原初の堕落に際して霊魂が「天界」で犯した罪の償いであることを強調している。

(24)　E・ドラリュエルによるモルゲンとドンデーヌの論争の紹介、参照。『カイエ・ド・ファンジョー』第三号、一九六八年。

(25)　G・デュビー『ブーヴィーヌの日曜日』一九七三年。A・ヴォシェ『中世の宗教精神』一九七五年、参照。

(26) E・ジェルナー『アトラスの聖者たち』一九六九年。

第二十四章

原注

(1) 前掲、J・シェリーニ『西欧中世宗教史』。

(2) 前掲、P・ブルデュー『慣習のための試論』。

(3) 「隣人の評判」や「近所の噂」に関する懸念の上に司直に対する恐怖が加わって、非行の歯止めとなっている。これは、ピエール・モリが供述したオーティエ兄弟の所言に典型的に見られる。

(4) 前述、第十、十一章。

(5) 同右、第十、十一章。

(6) パレス・ゴビラール夫人の論文（未刊）にこの点が詳述されている。なお、恥（伝統的な）の問題については、前掲D・リースマン『プール族の社会と自由』参照。さらに「体面（パラッチエ）」の観念についてE・マルタン・シャボ校訂、ギヨーム・ド・テュデール『アルビジョア十字軍の歌』第二巻、参照。

(7) この点で、典型的なのはピエール・モリがアルノー・シクルに言った言葉である。司教フルニエにギヨーム・ベリバストを引渡して賞金を貰えと勧めているのだが、これはもちろん、密告者の正体を暴露させようと罠を仕掛けているのだ。ピエールはこう言っている。「アルノーよ。この異端をサバルテスまで連れて行こうというのだな。そうすりゃトゥール銀貨五〇枚、いや一〇〇枚にはなるだろう。この田吾作（ベリバスト）はいい加減な説教をするしか能がないが、それだけの金になれば俺たちは立派な暮らしができる」。二人の男にとって、銀貨五〇ないし一〇〇枚は家の一、二軒は十分手に入る金額であった（家の価格は大体四〇から八〇リーヴルの間）。この額は働かずに暮らすのには足りないとしても、家一軒の価格に相当する財産さえあれば「立派（オノラーブルマン）に」暮らして行けたのである。それだけのものがないと「立派さ（オノラビリテ）」の分量が不足して、人に軽蔑されたのである。

(8) モンタイユーの農婦で下女だった女は、手を挙げ「自分の頭にかけて」誓いを立てている（これは地中海の古来の伝統である。マタイ伝、第五章）。「わたしの頭にかけて、きっと一荒れするよ」。モンタイユーの羊飼いたちが仲間で復讐しようとした時には「パンと葡萄酒にかけて」誓った。水車小屋に来ていた女は、復活など信じないと「手に持った粉にかけて」断言したために告発されている。してみれば、民衆は自分の身体の一部、あるいは身体を養う食物にかけて誓いを立てたのである。もう少し教育のある階層——貴族、町民——になると、暦の本（福音書の章句が書込んである）、それに四福音書（特に異端審問官の前で）にかけて誓っている。このほか、ただ「約束」するだけのこともあった（簡単に破られたが）。場合によっては「真ごころから（ボンヌ・フォア）」約束している。カタリ派（ベリバストも含めて）はマタイ伝五章を根拠に宣誓を敵視した。前掲F・ラップ『中世末期の教会と宗教生活』参照。歴史的に見れば、法的証拠としての宣誓はこの地域では東部ピレネーの「封建化」と並行して十一世紀以後の現象であった。

(9) アルビジョア派は別として、十四世紀の異端諸派はプロテスタントとこの点で決定的に違っている。後者はもっとも単純な信者の場合ですら、倫理ないし価値の「内面化」に急であった。

(10) ギヨーム・オーティエは同席して陽気で楽しい人物であったが、同時に巧みな舞踏家でもあった。

(11) 恥の前提となっている外在的な価値体系の問題は、虚言に関する地域慣習の面からも考察することができる。モンタイユーで善信者は「嘘を吐かない」がゆえに異例の人物と見做された。これに対して普通の人間は、他人の前での「宣誓による」場合は別として、平気で嘘を吐いたのである。ここにも価値の外在化が見て取れる。

(12) ベルケール（ソー地方の零細都市）では、職業的な泥棒がはたらいていた。街道の盗賊については、カオール司教区出身の人物が言及している。

(13) 他の地域でも情況は同じであった。M・モラ、前掲書。

(14) モール事件はベルナール・クレルグの代官職権によって遂行されたので「合法的」と言えるかも知れないが、リジエの殺害はどう見ても違法である。

(15) ジュナックの名士たちの犯罪には、ベルナール・マルティの証言がある。

(16) 後述、第二十六、七章。

(17) 前述、第二章。

(18) P・アリギ『コルシカ史』（一九七一年）。一六三八年から一七一五年までの間、人口十二万の「麗（うるわ）しの島」の年間殺人件数は九〇〇であった。

(19) ニューヨーク・タイムズに掲載された一九七一年歳末三ケ月間および一九七二年年初三ケ月間の犯罪調査、参照。セントラル・パークからほど遠からぬマンハッタン・ハーレムの最危険区域での人口に対する最大殺人率は〇・二七パーセントに達する。

(20) 前述。

(21) クレルグ家やベリバストの犯罪については、前述第三、四、五章。なお、J・デュヴェルノア「ピエール・オーティエ」(『カイエ・デ・ゼチュード・カタール』一九七九年秋季号)。

訳注

〔一〕 エートス、ハビトゥスともに人間を特定の行動に駆りたてる力、あるいは特定の行動様式を規定する要因のことだが、本章の少し後に説明があるように、著者は前者を個人的内在的、後者を社会的外在的なものとして使っている。訳しにくい言葉だがここでは仮に前者を性格、後者を慣習としておいた。なお、宮島喬「選別とハビトゥの社会学。ブルデュー社会学への接近の一つの試み」(『思想』八〇四号)参照。

〔二〕 ピエール・ジョゼフ・プルードン(一八〇九―一八六五年)。フランスの社会主義者。アナーキズムの祖とされる。一貫して私有財産制度を攻撃した。著書に『財産とは何か』(一八四〇年)、『貧困の哲学』(一八四六年)等。後者を批判したのがマルクスの『哲学の貧困』である。

第二十五章

原注

(1) 本書第三章冒頭で言った通り、「貧困(ポーヴル)」という言葉は厳密な意味での「赤貧(アンディジャン)」より上層を指している。

(2) モンタイユーのアルノー・ブロが「貧しい」とされたのは、彼の財産がトゥール銀貨で一五リーヴルになるやならずやだったからである。一方、彼の女房の財産は、家屋一軒の価格が四〇リーヴルなのに、五〇リーヴルに達している。このほかアルノー・ブロの「貧しさ」は、彼が職人の資格をもっていないことにもよる。職人資格をもっていない結果、これまで豊かであっても一朝破産すれば手で働く術を知らないため「貧乏人」にならざるを得ない。貧乏人の対極に当る「本当の金持」、「非常な金持」とはトゥール銀貨換算で一〇〇〇リーヴルももっている者のことである。ベルナール・クレルグは兄弟のために七〇〇リーヴルを支出している。

(3) 異端のかどで家屋破却、財産没収の憂目を見たモンタイユーのモリ夫婦の「貧窮」については、前述、第十六章。

(4) M・モラ『貧困の史的研究』(一九七四年)。パーセンテージはプロヴァンス山岳部およびラングドック農村部に関するもの。モンタイユーだけについての数字は入手できない。

(5) M・モラ、前掲書。

(6) 貴族や聖職者の最下層の者たちについても同じことが

言える。

(7) F・ラップ、前掲書。

(8) マタイ伝、二三章。

(9) この点に関連してフレデリック・ミストラルの指摘がある。『プロヴァンサル語辞典』Armassièの項。彼はスペイン語のanimeroと高ラングドックのArmassièないしarmièの関連を確証した。前者は故人の霊魂の安息のために信心の喜捨を集める「キリスト教徒」の徴収人だが、後者は「民俗的な」死者の魂の使者で、彼自身も謝礼を受ける。なお、本書最終章後半部、参照。

(10) フォア伯領カタリ派の贖宥に対する反対は、ワルドー派より遥かに激烈である。後者は贖宥に対して比較的寛大であった。

(11) この時期の贖宥乱発とこれに対する反対については、J・トゥセール『中世末期フランドルの宗教感情』、A・フリッシュ『教会史』第一四巻、F・ラップ『中世末期の教会と宗教生活』、J・シェリーニ『西欧中世宗教史』、参照。

(12) G・フレーシュ『トゥルーズ地域、一六七〇―一七八九年』(学位論文、一九六九年、パリ大学法学部)。拙著『ラングドックの農民』。

(13) 十四世紀ラングドックに「いかなる司教も贖宥を与えることはできない」という異議が一般化していたことについては、ドゥヴィックおよびヴェセット『ラングドック全史』第八巻所収「過誤の一覧表」第一五項(一三〇〇年頃)参照。

(14) ヘブル書、三八章。

(15) オルノラックの代官ギョーム・オースタッツも、同じく福音書のらくだと針のたとえを引用して同じ意見を述べている。差配と代官が同じことを口にしているのは、差配や代官その他領主役人を出す富裕な農民層に福音書のこの部分の教育がよく浸透している――善信者の宣伝によるか、聖職者の説教によるか、あるいは両方かは別として――ことを示すものと思われる。

(16) M・モラ『貧困の史的研究』、参照。

(17) 同書。「貧者」と「巡礼」の等置。

(18) 同書参照。C・トゥーゼリエもC・ド・ラ・ロンシエールもこの面におけるカタリ派と托鉢僧団の相似を強調している。なお、T・マントゥフェル『異端の誕生、清貧の誕生』(一九七〇年)参照。

(19) J・ル・ゴフ『中世の文明』。

(20) 手を労せずに家と比較的大きな農場を維持する。これこそ、大ていの無一文の農民が夢見るところであった。反対に、多くの者が中産階級から職人や場合によっては羊飼いの境遇に平気で移っているけれど、このような下層への移動は金持にとっては容易なことではなかった。これは富裕で労働する必要のない、現に手を使って労働することのない特権的な世界が存在したことを示している。あまり骨の折れない、当時の労働のリズムについてはB・ヴールゼー、前掲論文。

(21) M・モラ『貧困の史的研究』所収J・C・シュミット論文に聖書からの引用の集成がある。

(22) 豚飼いのピエール・デュポンの供述も、ユダヤ人であろうとイスラム教徒であろうとキリスト教徒であろうと、「生きるためによく働く」ことは積極的な価値であると認めている。

(23) D・オコンネル『ルイ聖王の諸問題』(一九七四年)に付したJ・ル・ゴフの序文、参照。

(24) オルノラックの代官で農村エリート気質のよき証言者たるギヨーム・オースタッツは、富には正当に得られた富と不正に得られた富の区別があるという、当時の古典的な区別を述べている。ただし、異端審問によって投獄された後一度言っているだけである。

(25) M・モラ『貧困の史的研究』所収レスター・K・リトル論文、参照。

(26) 一九七四年のモンタイユー実地調査で、貧乏を主題とした民話の存続についてある程度の手がかりが得られた(デュラン夫人からの聞き取り)。例えば、老兵が長い兵役の後に家に帰ったが誰も気付かなかった話のごときは、有名な聖アレクシスの伝説の若干側面を思出させる。M・モラ『貧困の史的研究』所収A・ガイスター論文、参照。

訳注

〔一〕 小さな兄弟たちとはフランチェスコ会士のこと。同様に、説教の兄弟たちとはドメニコ会士のこと。

〔二〕 贖宥。インダルジェンス。巡礼、十字軍参加、喜捨、寄進など特定の善行を確認して、教会が罪の償いの一部または全部を免除すること。その堕落形態がいわゆる免罪符の販売で、宗教改革の発端となったことは周知の通りである。

〔三〕 「善きわざ」。教会が救いに効果ありと確認する信者の行動。前注の巡礼、十字軍参加、喜捨、寄進などで、ここでは贖宥とほとんど同義に用いられている。宗教改革はこのような外形的な救済手段を排して内面的な信仰に力点を置いたが、それがルターの「信仰によってのみ義とされる」という有名な言葉である。

〔四〕 北フランスの慣習法地帯に対して南フランスを成文法地帯という。識字率が極度に低かった中世、すべての者が法典を参照したわけでは決してないが、法的拘束力の根拠を成文に求める点で北フランスとは違っていた。婚姻、遺贈、契約なども文書にすることが多く、そのため多くの公証人がいた。「書類好きな文明」とは南フランスのこういう事情をやや揶揄して言ったもの。

第二十六章

原注

(1) クレルグ家の者たち（農村の「上流社会」に属する）もプラニッソル一族（貴族）も、「迷信」を信じている点では貧しい私生児の農婦と変らない。同じく、後述する通り、モンタイユーでもパミエでも亡霊の存在はほぼ同じような形で信じられている。

(2) J・P・ピニエス「呪術書に関する覚書」（D・ファーブルおよびJ・ラクロア編『オック語地帯農村社会の諸側面。ソー地方の文化人類学的研究』第一巻、トゥルーズ大学ピレネー文化人類学研究所、一九七二年、所収）。

(3) C・ジョアタン『アリエージュ民話集』（一九六五年）。

(4) V・オルフォード『ピレネーの祝祭』（一九三七年）。C・ジョアタン前掲書。

(5) D・ファーブルおよびJ・ラクロア『十九世紀ラングドック農民の日常生活』（一九七三年）。

(6) J・ボルドナーヴおよびM・ヴィアレル『中世アルビ地方農民の宗教感情』（一九七三年）。上述、第二十一章。

(7) L・コラ『バスク人の墓』（一九二三年）。G・プラトン「アンドラ法における財産制度と家族の権利の関係」（『経済学社会学報告』一九〇二年）。

(8) 日用品も一緒に埋める半ば異教風の埋葬についてはJ・ボルドナーヴ前掲書参照。

(9) J・ボルドナーヴ前掲書参照。

(10) J・ミシュレ『魔女』（一八六二年）。

(11) 拙稿「エギエット」（雑誌『ユロップ』フロイト特集号、一九七四年三月）。精液や凝乳に関する呪術儀礼については前述、第十章参照。なお、『魔女の鉄槌』、獣乳の魔術、参照。

(12) ベリバストは、普通聖人の功徳とされる利益（りやく）や罰（たとえば聖アントアーヌの火あるいは聖マルシアルの火と呼ばれる皮膚病の治癒など）を「悪魔のせい（ディアボリゼ）」にしている。超自然現象を悪魔に帰する考え方は、中世末およびルネサンス期には魔女狩りの大きな理由の一つであった（K・トーマス『宗教と魔術の衰退』一九七一年）。他方、ジャック・フルニエも低平地の癩病患者を追及した際に、後に十五、六世紀の魔女裁判で流行する「悪魔の蟇蛙（ひきがえる）の粉」をひきあいに出しているのは同一類型の悪魔化のでっちあげである。ただし、この癩病患者狩りはフランス王がパミエ司教に命じたものであって、ジャック・フルニエの通常の振舞にはこういう傾向は見られない。行動の自由がある時のジャック・フルニエはただ事実を発見しようとするのみで、ボゲ流ないしボーダン流に悪魔的な告発を捏造しようなどとはしていない。

(13) J・カロ・バロハ『魔女とその世界』(仏訳、一九七二年)。同書に採録された文書は、カタリ派二元論から牡山羊の夜宴(サバト)に至る派生関係、少なくとも一三三五年の異端審問で拷問を受けた側と加えた側の精神における連続関係を指摘している。なお、H・C・リー『スペイン異端審問の歴史』(一九〇七年)第四巻、参照。一三三五年の文書の最初の刊行はE・ド・ラモート・ランゴン『フランス異端審問史』(一八二九年)第三巻だが、そこでは十八世紀末P・イヤサント・セルメが集成した『トゥルーズ異端審問文書抜粋』から転写したとされている。ヨーゼフ・ハンセンの『魔女妄想の歴史に関する史料と研究』(一九〇一年)もこの史料を採録しているが、ラモート・ランゴンの原史料はラモート・ランゴンの上記第三巻出版以後に散佚したと見ている。これに対し、N・コーンの『ヨーロッパの内なる悪霊(デモン)』(一九七五年)は、「一三三五年の」文書は十九世紀の贋作で、犯人はラモート・ランゴン当人だと見ている。

(14) これまでのところ全体について、R・ネリ『ラングドック、フォア伯領、ルシヨン』(一九五八年)参照。ネリは霊媒(アルミエないしアルマリエ)(生者。死者・亡霊・幻影・死霊と接触する役を帯びた生者、つまり「霊魂の使者」)と占い師および呪術師を区別しているが、これは重要な識別だと思われる。

なお、真贋のほどは別として、牡山羊の登場する最初の夜宴(サバト)は一三三五年トゥルーズ地方で「発見」されている。前注参照。

(15) J・ル・ゴフ「西欧中世の驚異談」(一九七四年コレージュ・ド・フランスで開催された「中世アラブ・イスラム驚異談研究会」での報告。未刊)。

(16) 善き帰依者の霊魂は「異端入信」直後に直接天に昇る。ただし、この「奇蹟」は純粋に信仰上のものなので、現実世界の異常な現象という意味ではない。

(17) 中世末期における「素朴オッカム主義」については前掲K・トーマス『宗教と魔術の衰退』ロラード関係の部分を参照。十四世紀初頭から七五年頃までの、中でも六〇年頃までのパリ唯名論者(ノミナリスト)たちのオッカム主義(本来の)については、E・ブレイエ『哲学史』第一巻(一九二八年)。「それまでの動態的解釈が樹立した事物の形而下的理論と宇宙の形而上学的構造の間の連続関係を、パリの唯名論者たちは断切ってしまい……、(宇宙の運行に対する)神の特段の協力を無効にしてしまった」。

(18) M・ヴィレル編『霊性辞典』第四巻第二冊(一九六一年)。なお、J・ル・ゴフは高等研究の年間セミネールで例話(エクセンプラ)を取上げた(一九七二―七三年)。ル・ゴフのD・オコンネル前掲書序文。さらに、T・ウェルテル『宗教文学における例話(エクセンプラ)と中世の教育』(一九二七年)参照。

(19) この小話は黄金伝説集成の中に収められている。ジャック・ド・ヴォラジーヌ『黄金伝説』(仏訳、一九〇二年)、三月一二日教皇聖グレゴリウスの項。ヴォラジーヌのテクストでは葡萄酒と血が出て来ないが、オード・フォレ版に登場するこの二要素は後述する聖ドメニコ伝の逸話との関連を示すものである。

(20) J・ギロー『中世異端審問史』第一巻(一九三五年)。

(21) 図像と錬金術におけるペリカン―キリストについてはC・G・ユング『心理学と錬金術』(仏訳、一九七〇年)参照。なお、W・メンツェル『キリスト教の象徴的表現』第二巻(一八五四年)、およびF・ピーペル『キリスト教芸術における神話』(一八四七年)参照。

(22) L・クレダ『十三世紀プロヴァンサル語訳新約聖書。附カタリ派典礼書』(一八八七年)。

(23) ピエール・デ・ヴォーセルネー『アルビジョア異端の歴史』(ギゾー編『フランス史料集』第一四巻所収、一八二四年)。

(24) 「水平」「垂直」の区分は大層判りやすい。前掲C・マルティノー・ジュニエス論文「死のテーマ」。M・バフチーン『フランソア・ラブレーの作品と中世ならびにルネサンス期の民衆文化』(仏訳、一九七〇年)。

(25) 精霊や霊魂が肉体の形をした霊的体躯をもつという考えは、この時期のアリエージュ上流ではごく普通であった。アリエージュに限らずどこでもそうであったかと思われる。神、霊魂、精霊についても同様である。この頃の民衆の間では、霊魂の「非立体的」性格にまで考えが及んでいない。

(26) P・ムーリ『ソーの国』(一九五八年)。

(27) 前掲R・ネリ『ラングドック、フォア伯領、ルション』。

訳注

〔一〕 実在のアルベール(一二〇〇―一二八〇)はドメニコ会士でスコラ哲学者。レーゲンスブルク、ストラスブール、パリ等で教え、学問系譜上はトマス・アキナスの師匠に当る。最大の業績はアラブやユダヤの文献を渉猟してアリストテレスの思想体系を再構成したことだが、自然科学にも関心が深く化学の実験を試みたという。伝説では彼の作った自動人形は質問に答えて秘密を教えたという。後世には魔術師として記憶され、『大アルベールの秘法』『小アルベールの秘法』などの魔術書が流布した。近世初頭、行商人の手によって普及した青表紙本の中にもこの二つの本の大衆版のあったことが確認されている。

〔二〕魔女に対する迫害は十五世紀の中頃から表面化するが、本格的な魔女狩りで多くの犠牲者を出したのは主として十六世紀半ばから十七世紀半ばにかけてである。その頃になれば日常の些細な呪(まじな)いも重大な結果を招いた。「紐結び(エギエット)」は、紐を結紮することによって特定人物に何らかの効果を生じさせる呪法。この風習は古代からあったらしいが、特に十六世紀半ばから十七世紀にかけて魔女の仕業として恐れられた。何者かによって、つまり魔女によって紐結びの呪法をかけられた男は性的に不能になり、女は不妊になると信じられた。まさしく婚礼の時刻に呪法を行うともっとも効果的だと信じられたために、教会で正式の結婚を忌避する者すらあったという。

〔三〕ジャン・ポール・サルトル（一九〇五―八〇年）。フランスの作家、思想家。著者がここでどの作品を想起しているのか判らないが、ドイツ農民戦争直前のゲッツ・フォン・ベルリッヒンゲンを主人公にした戯曲『悪魔と神』（一九五一年）の終幕近くで「天はない。地獄はない。ただ地上のみだ」というゲッツの台詞がある（生島遼一訳）。

〔四〕ウィリアム・オヴ・オッカム（一三〇〇年頃―一三四九年頃）。イギリスのスコラ哲学者。唯名論の祖。原注(17)参照。

〔五〕救慰礼の手順やその際の訓話の範例を記載したカタリ派の典礼書なるものが二点（断片を併せれば三点）残っている。「鳥獣を見ても心を動かしてはならぬ」云々は、プロヴァンサル典礼書の訓話中の一節だが、文章が短かすぎて意味がよく取れない。カタリ派に仏教風の慈悲の掟があったとも思えないので、果して著者のように理解してよいか、疑問が残らないでもない。

第二十七章

原注

(1) ボッカチオの『デカメロン』に「地獄の騎行(シャッス・アンフエルナル)」と題する類似の話がある。

(2) 倒錯の民俗（謝肉祭の行事なども含めて）は死の民俗にほかならない。ピレネーの伝承に関連して、V・オルフォードはこのように直感した。前掲『ピレネーの祝祭』。

(3) この問題については供述が二件あるが、いずれも控え目でどこにも偏執じみたところはない。ベアトリス・ド・プラニッソルとギヨーム・オースタッツの供述がそれである。

(4) このようなジェリの考えは中世末期の幾人かの詩人にも見られる。たとえばピエール・ド・ネッソン（一三八三―一四四二年）が死に対して呼びかけた詩の中に、「なんじの子、なんじの妻、懐かしきなんじの家はそもいずこにありや」とある。前述、第二十二章参照。

(5) A・ジャンロアおよびA・ヴィニョー校注『聖パトリックの煉獄の旅』（一九〇三年）。R・エルツ『宗教社会学と民俗』（再版、一九七〇年）。

(6) P・ヴォルフ『トゥルーズの商業と商人』（一九五四年）。一〇パーセントを超える利率は暴利とされた。

(7) V・オルフォード前掲書。彼は主としてJ・B・ラボルド『ベアルンの謝肉祭』（一九一四年）に依拠している。なお、ヴァン・ジェネップ『現代フランス民俗学提要』「謝肉祭・四旬節」の項はオルフォードとは異なる見解を示している。

(8) F・バビー「娘衆争い」（雑誌『民俗』一九七二年秋季号、カルカッソンヌ）。

(9) 司教フルニエがギヨーム・オースタッツを審理した時、霊魂に体があるというサバルテスの俗信が大きな問題点となった。民衆のカトリック信仰が受容れていたこの俗信を調べて行けば、これがカタリ派の輪廻転生説に傾斜する可能性が暴露されるのである。

(10) V・プロップ『小噺の形態学』（一九七〇年）。

(11) ピレネーではないが、アルプス地帯における山岳や山頂の悪霊については、エティエンヌ・ド・ブルボンの作品（十三世紀）を参照。A・ルコア・ド・ラ・マルシュ校注『歴史逸事集』（一八七七年）。

(12) この点では、グラジッド・リジエやギヨーム・オースタッツも同じ考えを述べている。

(13) ギヨーム・オースタッツの供述は前引。ジャン・モリは、死後三日間の煉獄とその後の地上の楽園行きを語っている。口伝聖書フォア伯領版ないしオクシタニー版では、この楽園なるものは伝統民俗思想の安息の場所と同じだとされている。継起の順序は次のようになる。

ジャン・モリの場合。①死→②煉獄（三日間）→③地上の楽園→④天なる楽園（最終審判の後）。

アルノー・ジェリの場合。①死→②彷徨（贖罪のため、一五日間あるいはそれ以上）→③安息、すなわち地上の楽園→④天なる楽園（最終審判の後）。

ギヨーム・フォールの場合。①死→②彷徨→③?

ここに見られる順序の相違は、これよりすぐ後の時期のオクシタン文学やオクシタニー出身教皇ヨハネス二十二世の神学（多少とも問題的な）に出る順序の食い違いと一致している（A・ジャンロアおよびA・ヴィニョー校注『聖パトリックの煉獄の旅』）。この神学はヨハネス二十二世の死後、ベネディクトゥス十二世なる名の下にその跡を襲って教皇となったジャック・フルニエその人によって排撃された。さまざまの異説を整理すると次のようになる。

ジャン・モリ	①→②→③→④
アルノー・ジェリ	①→②→③→④
ギヨーム・フォール	①→②→……?
ビュスカイユ	……②　………
ジャンロア	①→②→③→④
ヨハネス二十二世	①→?→③→④

マンガルド・ビュスカイユのカタリ派神学は空想的でその上強く民俗の影響を受けているのだが、その説によれば霊魂が死後ただちに安息の場におもむくのは異端に入れてもらった（救慰礼を受けた）場合に限る。異端になっていなければ、マンガルド・ビュスカイユにおいても死後の彷徨という古典的かつ予備的な期間がおそらく想定されているのである。ヨハネス二十二世について簡単な事実は、『カトリック百科事典』（一九一〇年版および一九六七年版）「ヨハネス二十二世」の項、ならびにV・ヴェルラック『ヨハネス二十二世』（一八八三年）を参照。

(14) A・ムーリ『我等の地の伝承』（一九七二年）。前掲J・ボルドナーヴおよびM・ヴィアレル『中世アルビ地方農民の宗教感情』。

(15) V・ヴェルラック前掲書。一三九七・九八年の作品たる『聖パトリックの煉獄の旅』（A・ジャンロア他校注）では、選ばれた者たちの旅路は①死→②煉獄→③安息すなわち地上の楽園→④天なる楽園、という順序になっている。なお、R・エルツ『宗教社会学と民俗』の死の原初観念に関する章を参照。

(16) 一般的に見て、死後の霊魂の運命をめぐる冥界の観念が多様（カトリック的、異端的、民俗的、唯物論的、等々）なのに対して、それが地上にあってしかも家に収斂する点ではほぼ一致している。

(17) この点についてはA・カーズナーヴ女史の大作（刊行準備中）を参照。

(18) 原則として、モンタイユーの救済願望の宗教は、当然のことながらおよそ考え得る限りの楽園に行くという期待に立脚している。

(19) 「数次にわたる循環」という奇妙な説はピエール・モリに対するジャック・フルニエの尋問の中に出て来る。これに対してピエール・モリは簡単に知らないむね返答している。

(20) カタリ派の原初堕落の神話は、これより先、十二世紀末の作品『異端反駁の書』（トゥーゼリエ校注、一九六四年）にかなり詳しく出ている。

(21) 死んだ子供の魂が次に生れる子供の体に宿っているという「家族」的輪廻転生説は、明らかに家の思想と関係がある。

(22) ヴォルテール『妻よ、夫に従順なれ』は『哲学論集』第四巻（一七七三年）所収。

訳注

〔一〕本章で論じられているのは一般に普遍的な亡霊、つまり物故した家族や知人の亡霊だが、諸所に出る「身分も富も備えた奥方」、「立派な奥方の車（シャロット・デ・ボンヌ・ダーム）」、「風の中を堂々と歩む女たち」は、もちろん境界は曖昧ながら、それとはやや種類の違う亡霊、むしろ妖怪ではないかと思われる。百鬼夜行に関する俗信はこの地方に限らず中世ヨーロッパに広く見られたところで、英語ではワイルド・チェイスという。たまたま見かければ発病したり死んだりするが、反対に福を得ることもあると考えられた。

〔二〕カプチン会。開祖の精神への回帰を標榜してフランチェスコ会から分離独立した修道会。頭巾を着用したのでこの名がある。ただし、教皇庁の認可を得たのが一五二八年、フランスでの初出現が一五七三年だから、本文での言及は比喩的な行文でない限り時代錯誤を免れない。

〔三〕死の舞踏（ダンス・マカブル）。骸骨ないし死骸と生者が一対ずつ組になって群舞する図柄。初めて描かれたのはパリ、レ・ジノサン墓地回廊の壁画だという。『パリ市民の日記』一四二五年の記事に、「昨年八月に着手されたレ・ジノサンの死の舞踏が完成した」とある。同墓地も壁画も今日は存在しないが、一四八五年ギヨ・マルシャンによって転写、版画として刊行され、広く一般に流布した。類似の図柄が諸所の壁画に描かれ、あるいは版画として刊行された。デューラーによってほぼその型が確立された。ホルバインにも同題の版画がある。さまざまの身分や職業の者が登場するのが常套で、レ・ジノサン壁画を詠んだフランソア・ヴィヨンの作品にも「人足も町のお偉方も……」とある。場面ごとに銘文があって皇帝の場面には「この黄金の球（世界）を捨てて行かねばならぬのか」、美食に肥え太った修道院長の場面には「これが腐り出したらさぞ見事だろう」とある。生者と一緒に踊っているのは死神ではなく死後の姿、つまり今の自分と将来の自分だという解釈もある。

〔四〕 凶作に起因するいわゆる一三一五年危機でヨーロッパ北西部にかなりの餓死者を出したのを手始めに、一三四八年の黒死病とその後の散発的な疫病、戦乱等でヨーロッパ人口は激減し、この傾向は十五世紀後半まで続いた。フランスの場合、黒死病直前の人口を回復したのは十七世紀であったともいう。この世相を反映して、この時代には前注の死の舞踏、往生術（アルス・モリエンディ）、死を忘れるな（メメント・モリ）など不吉で陰惨な題材が大衆美術に流行する。人びとの念頭から死が離れず、しかも人びとの観念において死とは端的に腐敗を意味していたらしい。十二、三世紀においても死は常に宗教芸術のテーマであったがむしろ生と死の境界が曖昧な捉え方をしていたのに対し、十五世紀の色調は格段に強烈でまさに死と腐敗の偏執というにふさわしい。

〔五〕 スペイン西北部、コンポステラのサンチャゴは使徒ヤコブの墓所と信じられたヨーロッパ有数の大霊場。サン・ジルは南フランス地中海岸、ニームの近く。ほとんど伝説の聖者ジル（八世紀？）に捧げられた同名の僧院があって巡礼が集まった。ロカマドゥールは南フランス、ロット県の山中。十一世紀から岩窟の黒聖母像（ヴィエルジュ・ノアール）が尊信を集めた。

〔六〕 煉獄。浄罪界ともいう。本書刊行の後J・ル・ゴフが『煉獄の誕生』（一九八一年）を発表して反響を呼んだ。論旨はル・ロワ・ラデュリが本文の中で言っている通り、十二世紀に煉獄の観念が登場したというにある。本書著者が「大きな忘れものが一つある。それは煉獄だ」と述べてモンタイユーにはまだこの観念が登場していないと考えたのに対し、ル・ゴフは「彼の見解には少し修正を加えておく必要がある」としてジャン・バラの供述が煉獄に言及していることを指摘している（渡辺香根夫・内田洋訳、四九六頁）。

〔七〕 ピエール・ド・ネッソン（一三八三—一四四二年）。十五世紀前半もっとも有名であった詩人。ブルボン公ジャン一世の祐筆でもあった。作品に『戦いの歌』『死者の警護』等がある。後者にはこの時代の特徴たる死の嫌悪や死骸腐散の強迫観念を歌った詩句が多い。「おお死骸。何たる恥さらし」、「死んだその日からお前の穢れた肉は臭い匂いを放ち始めよう」、「お前は地中に埋められて大きな石がかぶされよう。二度とお前を見なくてすむように」等、若干の句がフィリップ・アリエス『死を前にした人間』（成瀬駒男訳）に引用されている。なお、本章原注（4）参照。

〔八〕 地獄の炎火は硫黄が燃えているのだという。薪の臭いとは、もちろん火刑台の煙である。

〔九〕 娘(ドモアゼル)衆争い。原注(8)のF・バビー論文を見ることができないので正確には判らないが、R・ネリ等によればラングドック地方には、仮装した若者たちが娘たちを追いかけて無理矢理抱きついたり、手や顔に煤をつけたりする謝肉祭民俗行事があるという。

〔一〇〕 七天。天界は七層からできているという考えは古くからあったらしく、カタリ派独特の考え方ではないが、バルカン半島のボゴミリ派からカタリ派に伝わった偽書『ヨハネ問答録』に、叛天使が七天を上下する話がある。さらに『ヨハネ問答録』に材を供給した古代の偽書『イザヤ昇天記』には預言者が七つの天界を次々に上って行く記事がある。二つの偽書のいずれから伝わったかは定かでないが、南フランスのカタリ派が七天の話を知っていたのは確かである。

第二十八章

原注

(1) 社会生活、農業生活、家族生活の統一概念としての家(ドムス)の歴史的起源の問題はあらためて考えねばなるまい。本書の冒頭でイベリア・バスク地方、より広くは地中海地方の極めて古い基層という言い古された問題を顧みた。中世初期カタルーニャに関するP・ボナシーの新しい論文(未刊)を読んだ結果、イベリア・バスクの基層の問題を一層重要と思うようになった。しかしこの著者は同時に九、十世紀から十一、二世紀にかけての家構造の「強化」をも指摘している。

(2) 前掲M・サーリンズ『石器時代の経済学』。M・ゴドリエ『問題の領域。経済人類学』(一九七四年)。なおゴドリエにマルクスからの引用がある。

(3) あまりにも古い時代に言及して、読者を驚かせたであろうか。しかし、ヒルトンが見事な形にまとめた「封建・中世」モデルと、千年単位の長期間を「農民経済」という一つの視野に収めたシャナンのモデルとでは、後者の方に心を引かれることを告白せざるを得ない。――R・ヒルトン「中世の農民」(『農民研究』一九七四年一月号)。T・シャナン「農民経済」(同上誌、同上号)。

(4) 以下、K・ポランニー『原始、古代ならびに近代の経済学』(G・ダルトン編、一九七一年)参照。

(5) A・チャヤーノフ『農民経済の理論』(英訳、一九六六年)。なおサーリンズ前掲書参照。

(6) 「草(エルブ)」には家畜飼料の草と、家族用の野菜の両義がある。

(7) レティフ・ド・ラ・ブルトンヌ『当代の女たち』第二巻所収、「農夫の妻」。

(8) ポランニー前掲書。

(9) サーリンズ前掲書。チャヤーノフ前掲書。

(10) ベアルン地方についても事情はおそらく同じである。前掲P・テュコー・シャラ『ガストン・フェビュスとベアルン領』。

(11) サーリンズによるホッブスの注釈参照。

(12) ジャック・フルニエの異端審問記録に同胞団という語は一度だけ出て来る。それも抽象的な意味で用いられているし、モンタイユーに関係したくだりでもない。

(13) わがモンタイユー住民の心性における家（ドムス）の重要性には議論の余地もないだろうが、彼岸の重要性は史料の性格そのもの（異端審問および教会関係の史料ということ）によって強調（人為的に）されすぎているという意見が出るかも知れない。その種の異議に対しては次のように答えたい。幾度か指摘されたように宗教問題に関する農民の心性が本質的に土地と豊饒への関心に向かいがちだとしても、われわれの史料が公式キリスト教からの考え得る限りの逸脱に関しておそろしく綿密かつ網羅的である以上、このような異端的傾向とその独特の色調を書きもらしているとは考えられない。彼岸については実にさまざまな形で考えられ、語られ、あるいは否定されていて、史料そのものが、農村文化の焦点の一つたる村の宗教（あるいは反宗教）の中で彼岸の問題が決定的な役割を果していることを示しているのである。

(14) そもそもこの問題については（前にも述べたが）、普遍概念としての「神」と特殊概念としてのキリストが常に混同されている。

(15) 前掲C・マルティノー『フランス詩における死のテーマ』。家と救い、土地と天、この二重の関心については、ブネ家の父親が息子を失ったときの反応を想起されたい。前述、第十三章。

(16) C・マルティノー前掲書。

(17) 前掲デュフォー・ド・マリュケ『ガストン・フェビュス時代のフォア地方』。

(18) この問題についてはA・R・ラドクリッフ・ブラウン『原始社会の構造と機能』（一九六五年）参照。なお、N・フュステル・ド・クーランジュ『古代都市』（一八六四年）の初めの部分。

訳注

〔一〕 ヘシオドス。古代ギリシアの詩人。ホメロスとほぼ同時代と言われるが年代は不詳。『神統記』および『仕事と日々』の二作が伝わっている。ここで問題になっているのは後者で、農民の生活とモラルを歌っている。

〔二〕エスプリ・ド・クロッシェ。字義通りには「鐘楼の精神」。村や町が競って教会に鐘楼を建立し他町や他村の鐘楼よりも高いことを自慢したところから、「お国自慢」「見栄っぱり」などの意味になる。本文では「共同体意識」という意味で使われている。

〔三〕トーマス・ホッブス（一五八八—一六七九年）。イギリスの哲学者、政治思想家。『リヴァイアサン』（一六五一年）の著者。人間の最高善は自己保存だという前提から、原初の自然状態は「万人が万人の敵」であったと想定し、これを制御するために国家権力が創設されたと説いた。

史料、ならびに謝辞

原　注

(1) この数字は、J・デュヴェルノアの貴重な索引（『異端審問記録』第三巻、巻末）に挙名されているもの全部と、索引には挙げられていないが著者が『異端審問記録』本文から抽出した若干名を合算した結果である。

参考書目

モンタイユーにとってカタリ派教説が重要なことはいうまでもないが、以下に掲げるのはカタリ派関係の網羅的な文献目録ではない。その方面の文献については、たとえばH. Grundmannの目録（Le Goff, *Hérésies et sociétés* 所収）あるいはC. Thouzellier, *Catharisme et valdéisme en Languedoc* を参照されたい。

W. Abel, *Crises agraires en Europe, XIII*^{e}*–XX*^{e} *siècles* (trad.), Paris, 1973.

L. d'Achery, *Spicilegium*..., Paris, 1666, vol. VII.

P. Adam, *La vie paroissiale en France au XIV*^{e} *siècle*, Paris, 1964.

M. Agulhon, *Pénitents et francs-maçons de l'ancienne Provence*, Paris, 1968.

V. Alford, *Pyrenean Festivals*..., London, 1937.

M. T. Andrieu, *La Doctrine néo-cathare en haut Ariège*, D.E.S. d'hist. (Univ. Toulouse), sous la direction de G. Caster, 1967.

Archéologie du village déserté, Cahiers des Annales, nº 27, Paris, 1970.

Ph. Ariès, *Le temps de l'histoire*, Monaco, 1954.

Ph. Ariès, *L'Enfant et la vie familiale sous l'Ancien Régime*, Paris, 1973 (nouvelle édition).〔杉山光信・杉山恵美子訳、フィリップ・アリエス『「子供」の誕生。アンシァン・レジーム期の子供と家族生活』　みすず書房　一九八〇年〕

J. P. Aron, P. Dumont, E. Le Roy Ladurie, *Anthropologie du conscrit français*, Paris, 1972.

F. Baby, *La Guerre des demoiselles*, Éditions de la revue *Folklore*, automne 1972, Carcassonne.

M. Bakhtine, *L'Œuvre de François Rabelais* (trad. du russe), Paris, 1970.〔川端香男里訳、ミハイール・バフチーン『フランソワ・ラブレーの作品と中世・ルネッサンスの民衆文化』　せりか書房　一九七三年〕

C. Barrière-Flavy（この歴史家によるフォア伯領関係諸業績のうち特に重要なのは la *Baronnie de Miglos*, Toulouse, 1894; le *Censier du pays de Foix en 1385*, Toulouse,1898; le *Dénombrement du comté de Foix sous Louis XIV, étude...suivie du texte du dénombrement*, Toulouse,1889〈モンタイユーに関しもっとも基本的〉; *Histoire du Saverdun*, Toulouse, 1890).

A. Baudrillart, *Dictionnaire d'histoire*...参照。

P. Bec, *Les interférences linguistiques entre gascon et languedocien dans les parlers du Comminges et du Couserans*, Paris, 1968（サバルテス南西部の言語境界の問題に関して重要）.

N. Belmont, *Mythes et croyances dans l'ancienne France*, Paris, 1973.

B. Bennassar,《Mentalités...et croyances pyrénéennes》, 論文集 *Les Pyrénées*, Privat éditeur, Toulouse, 1974 所収。

L. Berkner,《The stem family...an Eighteenth Century Austrian Example》, *American historical Review*, april 1972 所収。

A. Besançon, *L'Histoire psychanalytique*, Paris-La Haye, 1974.

M. Bloch, *La France sous les derniers Capétiens, 1223*–1328, Paris, éd. 1964.

M. Bloch, *La Société féodale*, Paris, 1939–1940.〔新村猛・森岡敬一郎他訳、マルク・ブロック『封建社会』　みすず書房　一九七三年〕

M. Bloch, *Caractères originaux de l'histoire rurale française*, Paris, éd. 1952.〔河野健二・飯沼二郎訳、マルク・ブロック『フランス農村史の基本的性格』　創文社　一九五九年〕

G. Bollène, *Les Almanachs populaires aux XVII*^e^ *et XVIII*^e^ *siècles*, Paris, 1969.

M. Bonnassie, J. Schneider 編の論文集所収論文。J. Schneider の項参照。
M. Bonnassie, 中世カタルーニャ社会史に関する国家学位論文（未刊）、Univ. de Toulouse-Le Mirail, 1972.
F. Bonney, *Jean Gerson et l'enfance,* Thèse de 3e cycle（未刊）,Univ. de Bordeaux-III.
J. Bordenave et M. Vialelle, *La Mentalité religieuse des paysans de l'Albigeois médiéval,* Toulouse, 1973.
A. Borst, *Die Katharer,* Stuttgart, 1953 (trad. française: Paris, 1974).〔藤代幸一訳、アルノ・ボルスト『中世の異端カタリ派』 新泉社 一九七五年〕
B. Bossuet, *Le Jeudi saint, méditations sur l'Évangile,* Paris, éd. 1963.
G. Bouchard, *Le Village immobile,* Paris, 1972.
E. de Bourbon, *Anecdotes historiques... apologues,* publiés par A. Lecoy de la Marche, *Soc. de l'Hist. de France,* Paris, 1877.
P. Bourdieu, *Esquisse d'une théorie de la pratique,* Genève, 1972.
P. Bourdieu, 《Les Stratégies matrimoniales》, *Annales,* juillet 1972.
P. Bourdieu, *Sociologie de l'Algérie,* Paris, 1961, et nouvelle éd. 1973.
R. Boutruche, *La Crise d'une société. Seigneurs et paysans du Bordelais pendant la guerre de Cent ans,* Paris, 1947.
R. Boutruche, *Seigneurie et féodalité,* vol. II, Paris, 1970.
F. Braudel, *La Méditerranée... à l'époque de Philippe II,* Paris, 1966.〔浜名優美訳、フェルナン・ブローデル『地中海』、第一分冊「環境の役割」 藤原出版 一九九一年〕
E. Bréhier, *Histoire de la philosophie,* vol. I, Paris, 1938.
Cahiers de Fanjeaux, édités à Toulouse, chez Privat. 本書では特に第I、II、III、IV、VIおよびVIII巻（一九六六―一九七三年）を利用した。
J. Caro Baroja, *Les Sorcières et leur monde* (trad.), Paris, 1972.

C. Carozzi, *Cahiers de Fanjeaux,* vol. 8 (1973) 所収の論文。

M. Castaing-Sicard, *Monnaies féodales et circulation monétaire en Languedoc,* Toulouse, 1961.

G. Caster et J. Séguy, ジャック・フルニエの審問記録ならびに J. Duvernoy によるその刊行に関する紹介。*Annales du Midi,* 1968, p.92–94.

The Catholic Encyclopedia, New York, 1907 et années suivantes; et *New Catholic Encyclopedia,* New York, 1967（特にベネディクトゥス十二世に関する G. Mollat 執筆の項目）.

Catholicisme... Encyclopédie... Jacquemet の項参照。

Cazenave (A.M.), 南フランス・カタリ派に関する準備中の学位論文。なお、同氏の論文《Les Ordres mendiants dans l'Aude et l'Ariège》, *Cahiers de Fanjeaux,* nº 8, 1973 および《Cathares en Sabarthès》*Comité des trav. hist. et scientif., Bull. hist. et philol., jusqu'à 1610* (1969 〈paru en 1972〉) 参照。

Chanson de la Croisade, E. Martin-Chabot の項参照。

G. Chastelain,《Miroir de mort》, *Œuvres complètes,* Bruxelles, 1862–1866 所収 (C. Martineau に引用。C. Martineau の項参照)。

A. Chayanov, *Theory of peasant economy,* trad. anglaise, Homewood, Illinois, U. S. A., 1966.

J. Chelini, *Histoire religieuse de l'Occident médiéval,* Paris, 1968.

M. Chevalier, *La Vie humaine dans les Pyrénées ariégeoises,* Paris, 1956（基本的文献）.

V. Chomel,《La pratique religieuse en Narbonnais aux XVe–XVIe siècles》, *Bibliothèque de l'École des Chartes,* 1957.

L. Clédat, *Nouveau Testament, traduit au XIIIe siècle en langue provençale, suivi d'un rituel cathare*（特に p.XXI–XXII), Paris, 1887 (Bibl. de la Fac. des Lettres de Lyon, vol. IV).

N. Cohn, *The Pursuit of the millenium,* New York, éd. 1961.〔江河徹訳、ノーマン・コーン『千年王国の追求』　紀伊国屋書店　一九七八年〕

L. Colas, *La tombe basque,* Bayonne, 1923.

P. Coste, 《Vie pastorale en Provence au XIVe siècle》, *Études rurales,* avril 1972.

N. Coulet, 《Pourrières, 1368–1430》, *Études rurales,* juillet 1973.

P. Deffontaines, *L'Homme et sa maison,* Paris, 1972.

E. Delaruelle, *Cahiers de Fanjeaux,* n° 3, 1968所収論文（カタリ派に関する最近の研究について。および Morghen対Dondaineの論争について）。

E. Delaruelle, 《Dévotion populaire...au Moyen Age》 (J. Le Goff, *Hérésies...* の項参照).

E. Delaruelle, A. Flicheの項参照。

M. Delcor, *Les Vierges romanes de Cerdagne et Conflent,* Barcelone, 1970.

J. Delumeau, *Le Catholicisme entre Luther et Voltaire,* Paris, 1971.

J. Demos, 《Thèmes dans la sorcellerie...》, A. Besançonの項参照。

E. Dermenghem, *Le Culte des Saints dans l'Islam maghrébin,* Paris, 1954（特に p.165 sq.）.

J. P. Desaive,《Revenus des prêtres de campagne au nord de Paris》, *Rev. d'hist. mod. et cont.,* oct. 1970.

E. Deschamps, 《Ballade sur les jurons》, dans *Œuvres complètes,* Paris, 1878, vol. I（C. Martineauに引用。Martineauの項参照).

G. Devailly, *Le Berry* (*X^e^*–XIIIe siècles), Paris-La Haye, 1973.

C. Devic et J. Vaissette, *Histoire générale de Languedoc,* t. 9 (1 et 2) et 10 (1 et 2), Toulouse, édition de 1886.

Dictionnaire d'histoire et de géographie ecclésiastiques, par A. Baudrillart et ses collaborateurs, Paris, 1935, vol. 8（ベネディクトゥス十二世の項目).

Dictionnaire de spiritualité, M. Villerの項参照。

I. Döllinger, *Beiträge zur Sektengeschichte des Mittelalters,* vol. II, München, 1890.

A. Dondaine, 《Le *Registre* de J. Fournier, à propos d'une édition récente》(書評)、*Rev. de l'hist. des religions,* oct. 1970.

Y. Dossat, *Les Crises de l'Inquisition toulousaine au XIIIe siècle (1233*–1273), Bordeaux, 1959.

C. Douais (Mgr), *Documents pour...l'histoire de l'Inquisition dans le Languedoc,* Paris, 1900 (p.140 sqq. ジャック・フルニエ異端審問記録の分析).

G. Duby, *Fondements d'un nouvel humanisme, 1280*–1440, Genève, Paris, 1966.

G. Duby, *Le Dimanche de Bouvines,* Paris, 1973.

G. Duby, 《Techniques... dans les Alpes du Sud en 1338》, *Annales du Midi*, 1958.

G. Duby, 《Lignage, noblesse et chevalerie au XIIe siècle dans la région mâconnaise》, *Annales,* 1972.

G. Duby, *Hommes et structures du Moyen Âge,* Paris-La Haye, 1973.

G. et A. Duby, *Les Procès de Jeanne d'Arc,* Paris, 1973.

H. Duclos, *Histoire des Ariégeois,* Paris, 1885–1887.

A. de Dufau de Maluquer, 《Le pays de Foix sous Gaston Phœbus. Rôle des feux de comté de Foix en 1390》, *Bull. de la soc. des sciences, lettres et arts de Pau,* 2e série, t. 28, 1898–1899 (Foix, 1901).

G. Dumeige, *La Foi catholique,* Paris, 1969.

A. Dupront, 《La religion, anthropologie religieuse》, dans J. Le Goff et P. Nora, *Faire de l'Histoire,* vol.II (J. Le GoffとP. Noraの項参照).

A. Dupront, 《Vie et création religieuse dans la France moderne (XIVe–XVIIIe siècles)》, M. François, *La France et les Français,* Paris, 1972所収。

E. Durkheim, *Le Suicide,* Paris, 1897.〔宮島喬訳、デュルケーム『自殺論』　中公文庫　一九八五年〕

J. Duvernoy, Jacques Fournierの項参照。

J. Duvernoy, *Inquisition à Pamiers,* Toulouse, 1966.

J. Duvernoy, 《La noblesse du comté de Foix au début du XIVe siècle》, *XIVe Congrès de la Fédération des sociétés académiques et savantes, Languedoc, Pyrénées, Gascogne*, Auch, 1961. この著者の業績の中では特に《Nourriture en Languedoc à l'époque cathare》(*ibid.*, 24e Congrès de 1968, édité à Carcassonne en 1970) および《Pierre Authié》(*Cahiers d'études cathares*, automne 1970) が重要。なお *Corrections* à l'édition du *Registre* de Jacques Fournier (Toulouse, Privat éditeur, opuscule, 1972) も参照。

N. Elias, *La Civilisation des mœurs*, vol. I (trad.), Paris, 1973.

M. Escalon de Fonton, *Préhistoire de la Basse-Provence...*, Martigues, 1968.

Expilly (Abbé), *Dictionnaire géographique des Gaules et de la France*, Paris, 6 volumes, 1762–1770（特に *Comté de Foix* の項目）.

N. Eymerich et F. Peña, *Le Manuel des inquisiteurs*, éd. et trad. par L. Sala-Molins, Paris-La Haye, 1973（この *Manuel* は本書が対象とする時代よりも後に作成されたもの。その理論はジャック・フルニエの措置に比べてはるかに苛酷で，およそ牧歌的なところを含まない）.

D. Fabre et J. Lacroix, *La Vie quotidienne des paysans du Languedoc au XIXe siècle*, Paris, 1973.

Noël du Fail, *Propos rustiques* (*Conteurs français du XVIe siècle*, Paris [Pléiade, N. R. F.], éd. 1965所収).

J. Favier, *Finances et fiscalité au bas Moyen Âge*, Paris, 1971.

L. Febvre, *Au cœur religieux du XVIe siècle*, Paris, 1957.

L. Febvre, *Le problème de l'incroyance au XVIe siècle*, Paris, 1942 (éd. 1968).

Ph. de Félice, *L'autre monde..., le purgatoire de saint Patrice*, Paris, 1906.

J.-L. Flandrin, *L'Église et le contrôle des naissances*, Paris, 1970.

J.-L. Flandrin, *Les Amour paysannes. Amours et sexualité dans les campagnes de l'ancienne France (XVIe–XIXe siècle)*, Paris, 1975.〔蔵持不三也・野池恵子訳，フランドラン『農民の愛と性。新しい愛の歴史学』白水社　一九八九年〕

J.-L. Flandrin, 《Contraception, mariage et relations amoureuses dans l'Occident chrétien》, *Annales*, nov. 1969.

M. Fleury et P. Valmary, 《Les progrès de l'instruction élémentaire de Louis XIV à Napoléon III》, *Population*, 1957.

A. Fliche et V. Martin, *Histoire de l'Église*, vol. X, XII, XIII et XIV（一一九八年から一四四九年までの期間について）. C. Thouzellier (vol. X) および E. Delaruelle (vol. XIV) の執筆担当部分が本書にとって特に重要。

R. Foreville, 《Les statuts synodaux et le renouveau pastoral du XIIIe siècle dans le Midi de la France》, *Cahiers de Fanjeaux*, n° 6, 1971.

R. Fossier, *La Terre et les hommes en Picardie jusqu'à la fin du XIIIe siècle*, Paris-Louvain, 1968.

R. Fossier, *Histoire sociale de l'Occident médiéval*, Paris, 1970.

M. Foucault, *L'Ordre du discours*, Paris, 1971.〔中村雄二郎訳、ミシェル・フーコー『言語表現の秩序』 河出書房新社 一九八一年〕

J. Fournier, *Le Registre d'Inquisition de Jacques Fournier, évêque de Pamiers (1318–1325)*, manuscrit latin n° 4030 de la Bibliothèque vaticane, édité par Jean Duvernoy, Toulouse, 1965, 3 vol.（上記 Duvernoy, 1972 をも参照）

P. Fournier, 《Jacques Fournier (Benoît XII)》, *Histoire littéraire de la France*, vol. XXXVII, 1938, p.174–209.

G. Fourquin, *Les Campagnes de la région parisienne à la fin du Moyen Âge*, Paris, 1964.

G. Fourquin, *Seigneurie et féodalité au Moyen Âge*, Paris, 1970.〔神戸大学西洋経済史研究室訳、フルカン『封建制・領主制とは何か』 晃洋書房 一九八二年〕

G. Fourquin, *Le Paysans d'Occident au Moyen Âge*, Paris, 1972.

G. Fourquin, *Histoire économique de l'Occident médiéval,* Paris, 1969.

G. Frèche, *La Région toulousaine (1670*–1789), thèse de droit, Paris-Droit, 1969.

F. Furet et W. Sachs, 《Alphabétisation en France》, *Annales,* mai-juin 1974.

N. Fustel de Coulanges, *La Cité antique,* Paris, 1864.〔田辺貞之助訳，フュステル・ド・クーランジュ『古代都市』白水社 一九四七年〕

A. Garrigou（このアリエージュ地方史の大家の多方面にわたる研究は次に収録されている。*Études historiques sur l'ancien pays de Foix,* Toulouse, 1845［その中 *Notice sur la chapelle de Sabart*］および *Études historiques...*［同題］, 1843–1863, 3 vol.; さらに *Histoire de l'Église de Sabar[t],* Sabart 1849）.

H. Gaussen, *Végétation de la moitié orientale des Pyrénées,* Toulouse, 1926（サバルテスに関して重要）.

E. Gellner, *Saints of the Atlas,* London, 1969（この著者の同一主題の論文は *Annales,* mai 1970 に掲載）.

L. Génicot, *Le XIII*ᵉ *siècle européen,* Paris, 1968.

A. Gieysztor, *Histoire de la pauvreté* 所収論文。M. Mollat の項参照。

F. Giraud, *Hérésie et société paysanne à Montaillou,* D. E. S. d'hist. (Univ. Paris-VII), 1971.

D. Glass et D. Eversley, *Population in history,* London, 1965. 論文集。（特に結婚年齢に関する J. Hajnal の論文が重要）

J. Glénisson et collaborateurs, *Histoire de la France, 1300*–1450, Paris, 1971.

M. Godelier, *Un domaine contesté, l'anthropologie économique,* Paris-La Haye, 1974.

J. Goody et collaborateurs, *Literacy in traditional societies,* Cambridge, 1968.

P. Goubert, *Beauvais et le Beauvaisis, de 1600 à 1730,* Paris, 1960.

A. Gouron, *La Réglementation des métiers en Languedoc au Moyen Âge,* Genève, 1958.

M. Gramain (de l'Université de Tours). 十三—十四世紀のベジエ地方農村史に関する準備中の学位論文。

M. Gramain, 《Démographie de la viguerie de Béziers vers 1300–1340》, *La Démographie médiévale, An-*

nales Fac. Let. Nice, nº 17, 1972 所収。

E. Griffe, *Le Languedoc cathare de 1140 à 1229,* Paris, 1969–1973, 3 vol.（事件中心の研究。その面で有益）

B. Guenée, *L'Occident aux XIVe et XVe siècles,* Paris, 1971.

B. Gui, *Manuel de l'inquisiteur,* éd. par G. Mollat, Paris, 1926, 2 vol.

Guillaume de Tudèle, Tudèle の項参照。

E. Guillaumin, *Le Syndicat de Baugignoux,* Paris, éd. 1959.

B. Guillemain, *La Cour pontificale d'Avignon,* Paris, 1962（教皇登位後のジャック・フルニエに関する同じ著者の *La Politique bénéficiale du pape Benoît XII,* Paris, 1952 も参照）.

J. Guiraud, *Histoire de l'Inquisition au Moyen Âge,* 2 vol., Paris, 1935, 1938.

A. Gurevic, 《Représentations et attitudes à l'égard de la propriété pendant le haut Moyen Âge》, *Annales,* mai 1972.

J. Hajnal, Glass の項参照。

J. Heers, *L'Occident aux XIVe et XVe siècles, aspects économiques et sociaux,* Paris, 1963.

J. Heers, *Le Clan familial au Moyen Âge,* Paris, 1974（特にp.23, 137）.

C. Hefele, *Histoire des conciles,* Paris, 1913, 特に volume V-2.

R. Hertz, *Sociologie religieuse et folklore,* Paris, 1979 (réédition).

R. Hilton, 《Medieval peasants》, *Journal of peasant Studies,* janv. 1974.

A. Hirschman, *The Strategy of economic development,* Yale Univ. Press, New Haven, 1958.〔麻田四郎訳、A・O・ハーシュマン『経済発展の戦略』 巌松堂出版 一九八二年〕

Histoires et légendes du Chat, K. Alpar-Ashton による収集、R. Laufer の序文。Paris, Tchou, 1973（オック語地帯に由来しわれわれの史料と合致する多くの話を含む）.

P. Imbart de La Tour, *Origines religieuses de la France. Les paroisses rurales...,* Paris, 1900.

H. Institoris et J. Sprenger, *La Marteau des sorcières,* trad. par A. Danet, Paris, 1973.

K. Jacob, *Studien über Papst Benedikt XII,* Berlin, 1910（厳密な史料に裏づけられた研究）.

G. Jacquemet et collaborateurs, *Catholicisme... Encyclopédie,* Paris, 1948, et années suivantes.

E. Jarry, 《La Chrétienté médiévale》, dans M. François, *La France et les Français,* Paris, 1972.

A. Jeanroy et A. Vignaux, édition du *Voyage au purgatoire de saint Patrice,* Toulouse, 1903 (Bibliothèque méridionale, vol. 8).

C. Joisten, *Contes populaires de l'Ariège,* Paris, 1965.

D. Julia, J. Le Goff および P. Nora の編書所収論文（その項参照）。

C. G. Jung, *Psychologie et alchimie,* Paris (trad.), 1970.〔池田紘一郎訳、ユング『心理学と錬金術』 人文書院 一九七六年〕

E. H. Kantorowicz, *The King's two bodies,* Princeton, 1957.

G. Keller, *Le Petit Chat miroir*（猫および梟のテーマ）. A. et H. Richter, *L'Allemagne fantastique,* Verviers-Paris (Marabout), 1973 に再録。

C. Klapisch, 《Fiscalité et démographie en Toscane》, *Annales,* nov. 1969（特に結婚年齢について）.

C. Klapisch, 《L'enfance en Toscane au début du XVe siècle》, *Annales de démong. historique,* 1973.

J. Lacaze, *Les Vaudois d'après la Registre de Jacques Fournier,* D. E. S. hist. (Univ. Toulouse), sous la direction de G. Caster, s. d.

R. Lafont：オクシタニー意識に関するあらゆる方面の理解に（当然、歴史の理解にも）有用なこの著者の数多い作品のうち、特に次のものを挙げておく。*Clefs pour l'Occitanie* (Paris, 1971), *Lettre ouverte aux Français* (1973), *La Revendication occitane* (1974).

E. de Lamothe-Langon, *Histoire de l'Inquisition en France,* Paris, 1829.

P. Laslett, *The World we have lost,* London, ed. 1970（さらに同じ著者の編集にかかる次の論集も参照）, *House-*

hold and family in past time, Cambridge, 1972.〔川北稔・指博訳、ラスレット『われら失いし世界。近代イギリス社会史』　三嶺書房　一九八六年〕

A. Latreille, E. Delaruelle, J.-R. Palanque, *Histoire du catholicisme en France*, vol. II, Paris, 1963.

E. Lavisse, *Histoire de France*, vol. 6 et 7 (par C. Langlois et A. Coville), Paris, 1911.

M. Lazar, *Amour courtois et Fin'Amors*, Paris, 1964.

E. Leach, 《Anthropological aspects of language : animal categories and verbal abuse》. *New directions in the Study of language*, edited by E. Lenneberg, M. I. T. Press, Cambridge (U.S.A.), 1964 所収。

F. Lebrun, *Les hommes et la mort en Anjou, aux XVIIe et XVIIIe siècles*, Paris, 1971.

J. Le Goff, *La Civilisation de l'Occident médiéval*, Paris, 1964.

J. Le Goff, 《Au Moyen Âge, temps de l'Église et temps du marchand》, *Annales*, mai-juin 1960.〔新倉俊一訳、ジャック・ル・ゴフ「教会の時間と商人の時間」、『思想』第六六三号〕

J. Le Goff, préface à D. O'Connell, *Les Propos de Saint Louis*, Paris, 1974.

J. Le Goff, et colaborateurs, *Hérésies et Sociétés*, Paris-La Haye, 1968.

J. Le Goff, 《Le Christianisme médiéval en Occident...》, *Histoire des religions*, vol. II, Encycl. de la Pléiade, Paris, 1972 所収。

J. Le Goff, articles dans *Annales*, juillet 1970, et dans *Cahiers de Fanjeaux*, nº 8, 1973, 托鉢修道団僧院の特に南フランスにおける地理的分布に関して。

J. Le Goff, 《Le Merveilleux dans l'Occident médiéval》, communication inédite présentée au colloque de 1974, sur *Le Merveilleux arabo-musulman médiéval*, tenu au Collège de France par *l'Assoc. pour l'avancement des ét. islamiques*.

J. Le Goff et P. Nora, *Faire de l'Histoire*, Paris, 1974（特に第三巻所収の論文 D. Julia, 《Histoire religieuse》, p.156–167).〔ル・ゴフおよびノラ編『歴史の作法』　刀水書房　近刊〕

E. Le Roy Ladurie, *Les Paysans de Languedoc*, Paris, 1966.

E. Le Roy Ladurie, 《La verdeur du bocage》, Introduction à A. Tollemer, *Un sire de Gouberville...*, Paris-La Haye, 1972. 同序文は後出 *Le Territoire de l'historien* に再録。

E. Le Roy Ladurie, *Le Territoire de l'historien*, Paris, 1973.〔樺山紘一他訳、ル・ロワ・ラデュリ『新しい歴史学』 新評論 一九八七年。ただし部分訳〕

E. Le Roy Ladurie, 《L'aiguillette》, *Europe*, mars 1974 (numéro spécial sur Freud).

C. Lévi-Strauss, *Tristes Tropiques*, Paris, 1955.〔川田順造訳、レヴィ・ストロース『悲しき熱帯』 中央公論社 一八七七年〕

A. de Lille, J.-P. Migne の項参照。

C. Limborch, *Liber sententiarum Inquisitionis tholosanae, Historia Inquisitionis*, Amsterdam, 1692.

M. T. Lorcin, *Les Campagnes de la région lyonnaise aux XIV*^{e} *et XV*^{e} *siècles*, Lyon, 1974.

Malleus maleficarum. Institoris の項参照。

R. Manselli, *L'Eresia del male*, Napoli, 1963(なお同著者による *Cahiers de Fanjeaux*, vol. 8 所収論文参照).

G. Mansi, *Sacrorum conciliorum nova et amplissima collectio*, Firenze, 1759-1798.

T. Manteuffel, *Naissance d'une hérésie..., la pauvreté volontaire...*, Paris-La Haye, 1970.

E. Martin-Chabot, édition de la *Chanson de la Croisade*; vol. I : 《chanson de Guillaume de Tudèle》; vol. II : 《poème de l'auteur anonyme》; Paris, 1931 et 1957.

C. Martineau-Genieys, *Le Thème de la mort dans la poésie française de 1450 à 1550* (重要。国家学位論文〈未刊〉、一九七四年、モンペリエ、ポール・ヴァレリー大学).

Y. Maurin, *L'Élevage ovin en Languedoc, 1800-1850*, thèse (inédite), Montpellier, 1973 (なお「われわれの」移動放牧の関連領域については A. Duplat, *Élevage dans les Pyrénées orientales*, D. E. S., Montpellier, 1963 参照).

M. Mauss, *Essais de sociologie*, Paris, éd. 1968–1969.

W. Menzel, *Christliche Symbolik*, Regensburg, 1854.

J. Meslier, *Œuvres*, Paris, 3 vol., éd. 1970.

J.-P. Migne, *Patrologie latine*, vol. 210, Paris, 1855 (*Œuvres* d'Alain de Lille).

Ch. Molinier, *L'Inquisition dans le Midi de la France au XIII*^{e} *et au XIV*^{e} *siècle*, Toulouse, 1880（われわれの地域に密接に関係）.

Ch. Molinier, *L'Endura...*, Bordeaux, 1881 (tiré à part, B. N.).

Ch. Molinier, 《Étude sur quelques manuscrits des bibliothèques d'Italie》, *Arch. des missions scientif. et littéraires*, vol. XIII (tiré à part, B. N.), Paris, 1887 (p.89–151：ジャック・フルニエ異端審問記録の分析).

M. Mollat, *La Vie et la pratique religieuses aux XIV*^{e} *et XV*^{e} *siècles*, Paris, C. D. U., fascicules de 1962 et 1963.

M. Mollat, *Études sur l'histoire de la pauvreté*, Paris, 1974.

E. Morin, *L'Homme et la mort*, éd., de 1970, notamment p.137 et suiv.（死後の「亡霊」に関して）.〔古田幸雄訳、モラン『人間と死』 法政大学出版局 一九七三年〕

E. Morin, *La Rumeur d'Orléans*, Paris, 1969.〔杉山光信訳、モラン『オルレアンのうわさ』 みすず書房 一九八〇年〕

E. Morin, *Le Paradigme perdu*, Paris, 1973.〔古田幸雄訳、モラン『失われた範例。人間の自然性』 法政大学出版局 一九七五年〕

A. Moulis（地域民俗に精通したこのアリエージュ学者には多数の作品がある。例えば：*L'Ariège et ses châteaux*, Toulouse, 1964; *Vieux sanctuaires ariégeois*, Verniolle, 1967–1972; *Visages d'Ariège*, *ibid.*, 1964; *Ax-les-Thermes*, *ibid.*, 1964; *Traditions...de mon terroir*, *ibid.*, 1972; *Vie et mort d'une maison en mon-

tagne, ibid., 1974).

P. Moulis, *Le Pays de Sault,* Narbonne, 1958（アイヨン地方に関する若干の資料）.

R. Nelli, *Le Languedoc, le comté de Foix et le Roussillon,* Paris, 1958（オクシタニー民俗に関するこの著者の不可欠の業績の一つ）.

R. Nelli, *L'Érotique des troubadours,* Toulouse, 1963 (et réédition récente en《10–18》).

H. Neveux, *Les Grains du Cambrésis,* thèse inédite (Université de Paris-IV), 1973.

J. T. Noonan, *Contraception, a history...*, Cambridge, U. S. A., 1966; et trad. française (*Contraception et mariage*), Paris, 1969.

Origène, *Entretien avec Héraclide,* édité par J. Scherer (特にp.77–82), Paris, 1960.〔小豪毅訳、オリゲネス『ヘラクレイデスとの対話』　創文社　一九八六年〕

Palès-Gobillard (M.), *Le Comté de Foix et le catharisme des origines à 1325,* C. Thouzellier 女史の指導により作成された未刊学位論文。同一著者によるM. Mollat氏指導下に準備中の国家学位論文 *Le Catharisme au comté de Foix.*

F. Pasquier（アリエージュの諸問題に関するこの碩学のおびただしい著作のうち、モンタイユーの自由との比較のために次の論文を挙げておく。《Servage... au comté de Foix, XIe–XVIe siècles》, *Bull. périodique de la Soc. ariégeoise des Sciences, Lettres et Arts,* vol. XV, n° 67, Foix, 1907).

R. Pastor de Togneri, article sur《La laine en Espagne avant la Mesta》, dans son recueil *Conflictos sociales... en la España medieval,* Barcelona (Ariel), 1973.

E. Patlagean,《Sur la limitation de la fécondité》, *Annales,* nov. 1969.

J. Peristiany,etc., *Honour and shame,* London, Weidenfeld, 1965.

E. Perroy, *La Vie religieuse au XIIIe siècle,* Paris, C. D. U., 1960.

J. M. Pesez, *Archéologie du village déserté...* の項を参照。

B. Pierry, *Montaillou d'après Jacques Fournier*, D. E. S. d'hist. (Univ. Toulouse), sous la direction de G. Caster, 1969.

J. P. Piniès, 《Note sur le livre de magie》, dans *Aspects des collectivités rurales en domaine occitan, étude anthropologique en pays de Sault*, édité par D. Fabre et J. Lacroix, t. I, 1972 (Institut pyrénéen d'études anthropologiques, Université de Toulouse-III).

F. Piper, *Mythologie und Symbolik der christlichen Kunst*, Weimar, 1847.

F. Piponnier. 中世末期ブルゴーニュの過去帳に関する研究（未刊）。

J. Pitt-Rivers, *People of the sierra*, Chicago, 1961.〔野村雅一訳、ピット・リヴァーズ『シエラの人々。スペイン・アンダルシア民族誌』 弘文堂 一九八〇年〕

G. Platon,《Du droit de la famille dans ses rapports avec le régime des biens en droit andorran》, *Bull. des sciences économiques et sociales du Comité des travaux historiques et scientifiques*, 1902 (publié en 1903: tiré à part B. N.).

A. Poitrineau, *La Vie rurale en basse Auvergne au XVIIIe siècle*, Paris, 1965.

K. Polanyi, *Primitive, archaic and modern economics*, présenté par G. Dalton, Beacon Press, Boston, 1971.

M. Postan, *Essays on medieval agriculture and general problems of the medieval economy* (recueil d'articles), Cambridge, 1973.

J. Poumarède, *Les Successions dans le sud-ouest de la France au Moyen Âge*, Paris, 1972 (*ostal* ないし *oustau* の問題に関して重要).

J. Poux, édition des《Lettres de Philippe le Bel pour le Sabarthès》, *Bulletin historique et philologique*..., 1900 (tiré à part, B. N. Paris, 1901).

V. Propp, *Morphologie du conte*, Paris, 1970.〔北岡誠司・福田美智代訳、プロップ『昔話の形態学』 書肆風の薔薇〈白馬書房〉 一九八七年〕

A. Radcliffe-Brown, *Structure and function in primitive society,* New York, 1965.〔青柳まち子訳、ラドクリフ・ブラウン『未開社会における構造と機能』　新泉社　一九七五年〕

F. Rapp, *L'Église et la vie religieuse en Occident à la fin du Moyen Âge,* Paris, 1971.

R. Redfield, *Tepoztlan, a mexican village,* Univ. of Chicago, 1930 ; *Chankom, a Maya village,* Washington, D. C., 1934 (村落個別研究).

R. Redfield, *The Little Community,* and *Peasant Society and Culture*; in one volume, University of Chicago, 1962.〔安藤慶一郎訳、レッドフィールド『文明の文化人類学。農村社会と文化』　誠信書房　一九六〇年〕

N. Rétif de La Bretonne, *La Vie de mon père* (texte présenté par G. Rouger), Paris, 1970.

D. Riesman, *La Foule solitaire,* Paris (trad.), 1964.〔加藤秀俊訳、リースマン『孤独な群衆』　みすず書房　一九六四年〕

P. Riesman, *Société et liberté chez les Peul...,* Paris-La Haye, 1974.

U. Robert, 《Les signes d'infamie...; hérétiques, cagots...》, *Mém. de la Soc. nat. des antiquaires de France,* vol. 49 (1889).

G. Rocher, *Introduction à la sociologie générale,* Paris, 1968.

C. de la Roncière, *Histoire de la pauvreté* 所収論文 (M. Mollat の項参照).

D. de Rougemont, *L'Amour et l'Occident,* Paris, 1939 (et la réédition récente: 1972).〔鈴木健郎・川村克己訳、ルージュモン『愛について。エロスとアガペ』　岩波書店　一九五九年〕

S. Runciman, *Le Manichéisme médiéval,* Paris, nouvelle éd., 1972.

M. Sahlins, *Stone age economics,* Chicago-New York, 1972(同じ筆者による同一テーマの *Les Temps modernes,* oct. 1968 への寄稿も参照).〔山内昶訳、サーリンズ『石器時代の経済学』　法政大学出版局　一九八四年〕

A. Sarramon, *Les Paroisses... de Comminges en 1786,* Paris, 1968 (Coll. doc. inéd. hist. écon. de la

Révol. française).

C. Saugrain, *Dictionnaire universel de la France,* Paris, 1726; et *Nouveau dénombrement du royaume,* Paris, 1720.

J.-C. Schmitt, *Histoire de la pauvreté* 所収論文（M. Mollat, 1974 の項参照）.

J. Schneider et collaborateurs, *Les Structures sociales de l'Aquitaine, du Languedoc et de l'Espagne au premier âge féodal,* éd. du C. N. R. S. (colloques internationaux), Paris, 1969.

G. Schnürer, *L'Église et la civilisation au Moyen Âge,* trad., Paris, 1933–1938.

P. Sébillot, *Le Folklore de la France,* 4 vol., Paris, 2e édition, 1968.

J. Séguy, *Atlas linguistique de la Gascogne,* C. N. R. S., Paris, 1954–1974.

J. Séguy, G. Caster の項参照。

O. de Serres, *Théâtre d'agriculture,* Paris, 1600.

Sexualité humaine, recueil collectif avec P. Antoine, etc., Paris, 1970（特に L.Thoré の論文）.

T. Shanin, 《Peasant economy》, *The Journal of peasant studies,* jan. 1974.

E. Shorter, 《Différences de classes et sentiments depuis 1750》, *Annales,* juillet 1974.

H. Söderberg, *La Religion des cathares,* Upsala, 1949.

J.-F. Soulet, *Traditions et réformes religieuses dans les Pyrénées centrales...,* Pau, 1974.

J.-F. Soulet, *La Vie quotidienne dans les Pyrénées sous l'Ancien Régime...,* Paris, 1974.

M. Spanneut, *Le Stoïcisme des Pères de l'Église,* Paris, 1957（特に p.181–182）.

K. Thomas, *Religion and the decline of magic,* London, 1971.

L. Thoré, *Sexualité humaine* の項参照。

C. Thouzellier, Fliche の項参照。

C. Thouzellier, *Rev. d'hist. de l'Égl.,* 1960 および *Arch. d'hist. doctr. et litt. du Moyen Âge,* t. 27 (1960) 掲

載の《Liber antiheresis》関係論文。
C. Thouzellier, *Une somme anticathare, le* 《*Liber contra Manicheos*》... Texte publié par C. T., Louvain, 1964.
C. Thouzellier, *Catharisme et valdéisme en Languedoc à la fin du XII*^{e} *et au début du XIII*^{e} *siècle*, Paris, 1965.
C. Thouzellier, *Livre des deux principes* (texte du XIIIe siècle, édité et présenté par C. T.), Paris, 1973.
C. Thouzellier, *Histoire de la pauvreté* 所収論文（M. Mollat の項参照）.
C. Tilly, *La Vendée*, Paris (trad.), 1970.
F. Tönnies, *Gemeinschaft und Gesellschaft*, Darmstadt, nouvelle édition, 1963.〔杉之原寿一訳『ゲマインシャフトとゲゼルシャフト。純粋社会学の基本概念』 岩波文庫 一九五七年〕
J. Toussaert, *Le Sentiment religieux en Flandre à la fin du Moyen Âge*, Paris, 1963.
P. Tucoo-Chala, *Gaston Fébus et le vicomté de Béarn*, Bordeaux, 1959.
G. de Tudèle, E. Martin-Chabot の項参照。
A. van Gennep, *Manuel du folklore français contemporain*, Paris, 1937–1958.
R. Vaultier, *Le Folklore... d'après les lettres de rémission*, Paris, 1965.
P. des Vaux de Cernay, *Histoire de l'hérésie des Albigeois*, éd. Guizot, *Coll. mém. rel. hist. France*, t. XIV, Paris, 1824.
V. Verlaque, *Jean XXII*, Paris, 1883.
M. Vicaire, *Cahiers de Fanjeaux*, vol. I, 1966 所収の聖ドメニコの研究、ならびに同一著者による *Saint Dominique, la vie apostolique*, Paris, 1965.
J. M. Vidal, 《Une secte... à Pamiers en 1320》, *Annales de Saint-Louis-des-Français*, Rome, 3e année,

fasc. 3, avril 1899 (A. Gélis の審理について重要).

J. M. Vidal, 《Origines de la province ecclés. de Toulouse》, *Annales du Midi*, XV, 1903（特にパミエ司教区の成立について）.

J. M. Vidal, *Le Tribunal d'Inquisition de Pamiers*, Toulouse, 1906（基本文献）. Volume extrait des *Annales de Saint-Louis-des-Français à Moscou*, 8e à 10e année, 1904–1905.

J. M. Vidal, 《Doctrine et morale des derniers ministres albigeois》, *Rev. des quest. hist.*, vol. 85 et 86, de l'année 1909.

J. M. Vidal, *Bullaire de l'Inquisition française au XIV*^{e} *siècle*, Paris, 1913（特に p.104–105. ジャック・フルニエについて）.

J. M. Vidal, *Note sur la parenté de Jacques Fournier-Benoît XII*, Foix, 1929 (tiré à part, B N.).

J. M. Vidal, 《Histoire des évêques de Pamiers》, *1312–1467*, Castillon, *Bull. hist. du dioc. de Pamiers*, 1932.

M. Viller et collaborateurs, *Dictionnaire de spiritualité*, Paris, 1937 et années suivantes.

J. de Voragine, *La Légende dorée*, trad. de T. Wyzewa, Paris, 1902.〔前田敬作他訳、ヤコブス・デ・ヴォラギネ『黄金伝説』　人文書院　一九七九—八七年〕

B. Vourzay, *L'Émigration des Cathares occitans en Catalogne, d'après le Registre de J. Fournier*, D. E. S. Aix, dirigé par G. Duby, 1969（未刊）.

M. Vovelle, *Piété baroque et déchristianisation*, Paris, 1973.

M. Wachtel, *Compte rendu de mission en Bolivie*, 1973（未刊。村落の史的ならびに構造的研究として重要）.

M. Wakefield, *Heresy...in southern France*, London, 1974.

P. Weaver, *Familia Caesaris...*, Cambridge (Angleterre), 1972.

Th. Welter, *L'Exemplum dans la littérature religieuse et didactique du Moyen Âge*, Toulouse, 1927.

A. Wemyss, *Les Protestants du Mas d'Azil,* Toulouse, 1961.
E. Wolf, *Peasants,* Prentice Hall (U. S. A.), 1966.
Ph. Wolff, *Commerce et marchands de Toulouse,* Paris, 1954.
L. Wylie, *Un village en Vaucluse,* trad., Paris, 1968.
L. Wylie, *Chanzeaux, village d'Anjou,* Paris (traduit de l'anglais), 1970.
Y. Yver, *Essai de géographie coutumière,* Paris, 1966.
A. Zink, *Azereix,* Paris, 1969.

次の二点は非常に興味深い文献だが、本書での利用には間に合わなかった。

A. Vauchez, *Spiritualité du Moyen Âge,* Paris, P.U.F., 1975.
J. Musy, 《Mouvements populaires et hérésies au XIe siècle》, *Rev. hist.,* jan. 1975.

〔訳註〕　上記書目では未刊とされている P. Bonnassie の中世カタルーニャ社会史に関する国家学位論文はその後刊行されている。本書の主題に関連して特に重要な文献なので注記しておく。

P. Bonnassie, *La Catalogne du milieu du Xe à la fin du XIe siècle. Croissance et mutation d'une société,* 2 vols., Toulouse, 1975.

訳者付記

下巻の訳稿分担は次の通りである。第十三－十七章、渡邊。第十八－二十二章、井上。第二十三－二十八章、波木居。全体の整理統一については上巻と同じ方法によった。地図は訳書として付したもので、原書にはない。地図その他はもっぱら中村文江氏の手を煩わせた。

なお、原著巻末の参考書目ははじめ割愛する方針で、上巻の「訳者あとがき」にもその旨書き添えたのだが、その後原著の成立過程を探る手がかりになることも考え、敢えて訳出した。刊・未刊は、もちろん初版（一九七五年）当時のものである。

《訳者紹介》

井 上 幸 治（いのうえ こうじ）

1910年埼玉県に生れる。1933年東京帝国大学文学部卒業。神戸大学，立教大学，津田塾大学教授を歴任。1989年死去。著作：『ナポレオン』岩波新書 1957年，『秩父事件―自由民権期の農民蜂起―』中公新書 1968年，M.ブロック『奇妙な敗北』（訳書）東京大学出版会 1970年，『秩父事件史料集成』（共編著）二玄社 1989年，など多くを遺す

渡 邊 昌 美（わたなべ まさみ）

1930年岡山県に生れる。1953年東京大学文学部卒業。高知大学，中央大学教授を歴任。高知大学名誉教授。2016年死去。著作：『巡礼の道』中公新書 1980年，『異端カタリ派の研究』岩波書店 1989年，『中世の奇跡と幻想』岩波新書 1989年，『フランス中世史夜話』白水社 1993年。翻訳：M.ブロック『王の奇跡』（共訳）刀水書房 1995年，J.-C. シュミット『中世歴史人類学試論』刀水書房 2008年，他

波 木 居 純 一（はぎい じゅんいつ）

1937年京都府に生れる。1959年学習院大学文学部卒業，61年フランス，ストラスブール大学プロテスタント神学部卒業。現在，津田塾大学名誉教授。著作：『現代キリスト教用語辞典』（共著）大修館 1985年，「テオドール・ド・ベーズの『臣民に対する為政者の権利』について」（『国際関係学研究』1975・80・86年所収），「ファレルとメスの改革派教会」（『国際関係学研究』1978年所収），R.メール『プロテスタント神学』（訳書）白水社 1968年

〈歴史・民族・文明〉

刀水歴史全書26

モンタイユー　ピレネーの村 1294～1324（下）［新装版］

1991年10月20日　初版1刷発行
2021年8月30日　新装版1刷発行

著　者　エマニュエル・ル・ロワ・ラデュリ
訳　者　井上幸治
渡邊昌美
波木居純一
発行者　中村文江

発行所　株式会社　刀水書房
〒101-0065　東京都千代田区西神田2-4-1　東方学会本館
TEL 03-3261-6190　FAX 03-3261-2234　振替00110-9-75805

印刷　亜細亜印刷株式会社
製本　株式会社ブロケード

 ISBN978-4-88708-471-1　C1322

刀水歴史全書—歴史・民族・文明—

四六上製　平均300頁　随時刊　(価格は税別)

樺山紘一 1 **カタロニアへの眼**（新装版）☆ 歴史・社会・文化 1979, 2005(新装版)　000-X　四六上製　289頁＋口絵12頁　¥2300	西洋の辺境，文明の十字路カタロニアはいかに内戦を闘い，なぜピカソら美の巨人を輩出したか。カタロニア語を習い，バルセロナに住んで調査研究した歴史家によるカタロニア文明論
R. C. リチャードソン／今井　宏訳 2 **イギリス革命論争史** 1979　001-8　四六上製　353頁　¥2200	市民革命とは何であったか？　同時代人の主張から左翼の論客，現代の冷静な視線まで，革命研究はそれぞれの時代,立場を反映する。論者の心情をも汲んで著された類書のない学説史
山崎元一 3 **インド社会と新仏教**☆ アンベードカルの人と思想〔付〕カースト制度と不可触民制 1979　＊002-7　四六上製　275頁　¥2200	ガンディーに対立してヒンドゥーの差別と闘い，インドに仏教を復興した不可触民出身の政治家の生涯。日本のアンベードカル研究の原典であり，インドの差別研究のほとんど最初の一冊
G. バラクロウ編／木村尚三郎解説・宮島直機訳 4 **新しいヨーロッパ像の試み** 中世における東欧と西欧 1979　003-4　四六上製　258頁　¥2330	最新の中世史・東欧史の研究成果を背景に，ヨーロッパの直面する文明的危機に警鐘を鳴らした文明史家の広ヨーロッパ論。現代のヨーロッパの統一的傾向を最も早く洞察した名著。図版127点
W. ルイス，村上直次郎編／富田虎男訳訂 5 **マクドナルド「日本回想記」**☆ [再訂版]　インディアンの見た幕末の日本 1979　＊005-8　四六上製　313頁　¥2200	日本をインディアンの母国と信じて密航した青年の日本観察記。混血青年を優しくあたたかく遇した幕末の日本と日本人の美質を評価。また幕末最初の英語教師として評価されて，高校英語教科書にものっている
J. スペイン／勝藤　猛・中川　弘訳 6 **シルクロードの謎の民** パターン民族誌 1980　006-9　四六上製　306頁　¥2200	文明を拒否して部族の掟に生き，中央アジア国境地帯を自由に往来するアフガン・ゲリラの主体パターン人，かつてはイギリスを，近くはロシアを退けた反文明の遊牧民。その唯一のドキュメンタルな記録
B. A. トゥゴルコフ／加藤九祚解説・斎藤晨二訳 7 **トナカイに乗った狩人たち** 北方ツングース民族誌 1981　024-7　四六上製　253頁　¥2233	広大なシベリアのタイガを漂泊するエベンキ族の生態。衣食住，狩猟・遊牧生活から家族，氏族，原始文字，暦，シャーマン，宇宙観まで。ロシア少数民族の運命
G. サルガードー／松村　赳訳 8 **エリザベス朝の裏社会** 1985　060-3　四六上製　338頁　¥2500	シェイクスピアの戯曲や当時のパンフレット“イカサマ読物”“浮浪者文学”による華麗な宮廷文化の時代の裏面。スリ・盗賊・ペテン師などの活躍する新興の大都会の猥雑な現実

P. F. シュガー, I. J. レデラー 編／東欧史研究会訳

9 **東欧のナショナリズム**

歴史と現在

1981　025-5　四六上製　578頁　¥4800

東欧諸民族と諸国家の成立と現在を，19世紀の反トルコ・反ドイツ・反ロシアの具体的な史実と意識のうえに捉え，東欧紛争の現在の根源と今後の世界のナショナリズム研究に指針を与える大著

R. H. C. デーヴィス／柴田忠作訳

10 **ノルマン人**　[品切]

その文明学的考察

1981　027-1　四六上製　199頁　¥2233

ヨーロッパ中世に大きな足跡をのこしたヴァイキングの実像を文明史的に再評価し，ヨーロッパの新しい中世史を構築する第一人者の論究。ノルマン人史の概説として最適。図版70余点

中村寅一

11 **村の生活の記録**　(下)［品切］

(上)上伊那の江戸時代 (下)上伊那の明治・大正・昭和

1981　028-X　029-8　四六上製　195頁, 310頁　¥1845 ¥1800

村の中から村を描く。柳田・折口体験をへて有賀喜左衛門らとともに，民俗・歴史・社会学を総合した地域史をめざした信州伊那谷の先覚者の業績。中央に追従することなく，地域史として独立し得た数少ない例の一つ

岩本由輝

12 ききき書き**六万石の職人衆**

相馬の社会史

1980　010-7　四六上製　252頁　¥1800

相馬に生き残った100種の職人の聞き書き。歴史家と職人の心の交流から生れた明治・大正・昭和の社会史。旅職人から産婆，ほとんど他に見られない諸職が特に貴重

13 **(缺番)**

田中圭一

14 **天領佐渡**　(1)［品切］

(1)(2)村の江戸時代史 上・下(3)島の幕末

1985　061-1, 062-X, 063-8　四六上製　(1)275頁 (2) 277頁 (3) 280頁　(1)(2) ¥2000 (3)¥2330

戦国末～維新のムラと村ビトを一次史料で具体的に追求し, 天領の政治と村の構造に迫り, 江戸～明治の村社会と日本を発展的にとらえる。民衆の活躍する江戸時代史として評価され，新しい歴史学の方向を示す

岩本由輝

15 **もう一つの遠野物語**［追補版］☆

(付) 柳田國男南洋委任統治資料六点

1994　＊130-7　四六上製　275頁　¥2200

水野葉舟・佐々木喜善によって書かれたもう一つの「遠野物語」の発見。柳田をめぐる人間関係,「遠野物語」執筆前後の事情から山人～常民の柳田学の変容を探る。その後の柳田学批判の先端として功績は大きい

森田安一

16 **スイス**［三補版］☆

歴史から現代へ

1980, 1995(三補版)　159-6　四六上製　304頁　¥2200

13世紀スイス盟約者団の成立から流血の歴史をたどり，理想の平和郷スイスの現実を分析して新しい歴史学の先駆と評価され，中世史家の現代史として，中世から現代スイスまでを一望のもとにとらえる

樺山紘一・賀集セリーナ・富永茂樹・鳴海邦碩

17 **アンデス高地都市**　［品切］

ラ・パスの肖像

1981　020-4　四六上製　図版多数　257頁　¥2800

ボリビアの首都ラ・パスに展開するスペイン，インディオ両文明の相克。歴史・建築・文化人類・社会学者の学際協力による報告。図版多数。若く多才な学者たちの協力の成功例の一つといわれる

A.ノーヴ／和田春樹・中井和夫訳　［品切］

18 **スターリンからブレジネフまで**

ソヴェト現代史

1983　043-3　四六上製　315頁　¥2427

スターリン主義はいかに出現し，いかなる性格のものだったか？　冷静で大胆な大局観をもつ第一人者による現代ソ連研究の基礎文献。ソ連崩壊よりはるか前に書かれていた先覚者の業績

19 **（缺番）**

増井經夫

20 **中国の歴史書**

中国史学史

1984　052-2　四六上製　298頁　¥2500

内藤湖南以後誰も書かなかった中国史学史。尚書・左伝から梁啓超，清朝野史大観まで，古典と現代史学の蘊蓄を傾けて，中国の歴史意識に迫る。自由で闊達な理解で中国学の世界に新風を吹きこむ。ようやく評価が高い

G.P.ローウィック／西川　進訳

21 **日没から夜明けまで**

アメリカ黒人奴隷制の社会史

1986　064-6　四六上製　299頁　¥2400

アメリカの黒人奴隷は，夜の秘密集会を持ち，祈り，歌い，逃亡を助け，人間の誇りを失わなかった。奴隷と奴隷制の常識をくつがえす新しい社会史。人間としての彼らを再評価するとともに，社会の構造自体を見なおすべき衝撃の書

山本　新著／神川正彦・吉澤五郎編

22 **周 辺 文 明 論**

欧化と土着

1985　066-2　四六上製　305頁　¥2200

文明の伝播における様式論・価値論を根底に，ロシア・日本・インド・トルコなど非西洋の近代化＝欧化と反西洋＝土着の相克から現代の文明情況まで。日本文明学の先駆者の業績として忘れ得ない名著

小林多加士

23 **中国の文明と革命**

現代化の構造

1985　067-0　四六上製　274頁　¥2200

万元戸，多国籍企業に象徴される中国現代の意味を文化大革命をへた中国の歴史意識の変革とマルキシズムの新展開に求める新中国史論

R.タカキ／富田虎男・白井洋子訳

24 **パ ウ ・ ハ ナ**

ハワイ移民の社会史

1986　071-9　四六上製　293頁　¥2400

ハワイ王朝末期に，全世界から集められたプランテーション労働者が，人種差別を克服して，ハワイ文化形成にいたる道程。著者は日系３世で，少数民族・多文化主義研究の歴史家として評価が高い

原田淑人

25 **古代人の化粧と装身具**

1987　076-X　四六上製　図版180余点　227頁　¥2200

東洋考古学の創始者，中国服飾史の開拓者による古代人の人間美の集成。エジプト・地中海，インド，中央アジアから中国・日本まで，正倉院御物に及ぶ美の伝播，唯一の概説書

E.ル・ロワ・ラデュリ／井上幸治・渡邊昌美・波木居純一訳

26 **モンタイユー**（上）（下［新装版］）

ピレネーの村　1294〜1324

(上)1990 (下)2021　＊086-7　＊471-1　四六上製　367頁 425頁　¥2800 ¥3300

中世南仏の一寒村の異端審問文書から，当時の農村生活を人類学的手法で描き，75年発刊以来，社会史ブームをまきおこしたアナール派第３世代の代表作。ピレネー山中寒村の，50戸，200人の村人の生活と心性の精細な描写

	書名	内容
27	ダヴ・ローネン／浦野起央・信夫隆司訳 **自決とは何か** ［品切］ ナショナリズムからエスニック紛争へ 1988 095-6 四六上製 318頁 ¥2800	自殺ではない。みずからを決定する自決。革命・反植民地・エスニック紛争など，近現代の激動を"自決 Self-determination への希求"で解く新たなる視角。人文・社会科学者の必読書
28	メアリ・プライア編著／三好洋子編訳 **結婚・受胎・労働** ［品切］ イギリス女性史1500〜1800 1989 099-9 四六上製 270頁 ¥2500	イギリス女性史の画期的成果。結婚・再婚・出産・授乳，職業生活・日常生活，日記・著作。実証的な掘り起こし作業によって現れる普通の女性たちの生活の歴史
29	M. I. フィンレイ／柴田平三郎訳 **民主主義—古代と現代** ［品切］ 1991 118-9 四六上製 199頁 ¥2816	古代ギリシア史の専門家が思想史として対比考察した古代・現代の民主主義。現代の形骸化した制度への正統なアカデミズムからの警鐘であり，民主主義の本質に迫る一書
30	木崎良平 **光太夫とラクスマン** 幕末日露交渉史の一側面 1992 134-0 四六上製 266頁 ¥2524	ひろく史料を探索して見出した光太夫とラクスマンの実像。「鎖国三百年史観」をうち破る新しい事実の発見が，日本の夜明けを告げる。実証史学によってはじめて可能な歴史の本当の姿の発見
31	青木　豊 **和鏡の文化史** 水鑑から魔鏡まで 1992 139-1 四六上製 図版300余点 305頁 ¥2500	水に顔を映す鏡の始まりから，その発達・変遷，鏡にまつわる信仰・民俗，十数年の蓄積による和鏡に関する知識体系化の試み。鏡に寄せた信仰と美の追求に人間の実像が現れる
32	Y. イチオカ／富田虎男・粂井輝子・篠田左多江訳 **一　　世** 黎明期アメリカ移民の物語り 1992 141-3 四六上製 283頁 ¥3301	人種差別と排日運動の嵐の中で，日本人留学生，労働者，売春婦はいかに生きたか。日系アメリカ人一世に関する初の本格的研究の始まり，その差別と苦悩と忍耐を見よ（著者は日系二世）
33	鄧　搏鵬／後藤均平訳 **越南義烈史**☆ 抗仏独立運動の死の記録 1993 143-X 四六上製 230頁 ¥3301	19世紀後半，抗仏独立闘争に殉じたベトナムの志士たちの略伝・追悼文集。反植民地・民族独立思想の原点（1918年上海で秘密出版）。東遊運動で日本に渡った留学生200人は，やがて日本を追われ，各地で母国の独立運動を展開して敗れ，つぎつぎと斃れるその記録
34	D. ジョルジェヴィチ, S. フィシャー・ガラティ／佐原徹哉訳 **バルカン近代史** ナショナリズムと革命 1994 153-7 四六上製 262頁 ¥2800	かつて世界の火薬庫といわれ，現在もエスニック紛争に明け暮れるバルカンを，異民族支配への抵抗と失敗する農民蜂起の連続ととらえる。現代は，過去の紛争の延長としてあり，一朝にして解決するようなものではない
35	C. メクゼーパー, E. シュラウト共編／瀬原義生監訳, 赤阪俊一・佐藤専次共訳 **ドイツ中世の日常生活** 騎士・農民・都市民 1995 ＊179-6 四六上製 205頁 ¥2800	ドイツ中世史家たちのたしかな目が多くの史料から読みとる新しい日常史。普通の"中世人"の日常と心性を描くが，おのずと重厚なドイツ史学の学風を見せて興味深い

神山四郎　［比較文明学叢書１］

36 **比較文明と歴史哲学**

1995　182-0　四六上製　257頁　¥2800

歴史哲学者による比較文明案内。歴史をタテに発展とみる旧来の見方に対し，ヨコに比較する多系文明の立場を推奨。ボシュエ，ヴィコ，イブン・ハルドゥーン，トインビーと文明学の流れを簡明に

神川正彦　［比較文明学叢書２］

37 **比較文明の方法**

新しい知のパラダイムを求めて

1995　184-7　四六上製　275頁　¥2800

地球規模の歴史的大変動の中で，トインビー以降ようやく高まる歴史と現代へのパースペクティヴ，新しい知の枠組み，学の体系化の試み。ニーチェ，ヴェーバー，シュペングラーを超えてトインビー，山本新にいたり，原理と方法を論じる

B. A. トゥゴルコフ／斎藤晨二訳

38 **オーロラの民**

ユカギール民族誌

1995　183-9　四六上製　220頁　¥2800

北東シベリアの少数民族人口1000人のユカギール人の歴史と文化。多数の資料と現地調査が明らかにするトナカイと犬ぞりの生活・信仰・言語。巻末に調査報告「ユカギール人の現在」

D. W. ローマックス／林　邦夫訳

39 **レコンキスタ**

中世スペインの国土回復運動

1996　180-4　四六上製　314頁　¥3300

克明に史実を追って，800年間にわたるイスラム教徒の支配からのイベリア半島奪還とばかりはいいきれない，レコンキスタの本格的通史。ユダヤ教徒をふくめ，三者の対立あるいは協力，複雑な800年の情勢に迫る

A. R. マイヤーズ／宮島直機訳

40 **中世ヨーロッパの身分制議会**

新しいヨーロッパ像の試み（２）

1996　186-3　四六上製　214頁　¥2800

各国の総合的・比較史的研究に基づき，身分制議会をカトリック圏固有のシステムととらえ，近代の人権思想もここから導かれるとする文化史的な画期的発見，その影響に注目が集まる。図写79点

M. ローランソン，J. E. シーヴァー／白井洋子訳

41 **インディアンに囚われた白人女性の物語**

1996　195-2　四六上製　274頁　¥2800

植民地時代アメリカの実話。捕虜となり生き残った２女性の見たインディアンの心と生活。牧師夫人の手記とインディアンの養女となった少女の生涯。しばしば不幸であった両者の関係を見なおすために

木崎良平

42 **仙台漂民とレザノフ**

幕末日露交渉史の一側面No. 2

1997　198-7　四六上製　261頁　¥2800

日本人最初の世界一周と日露交渉。『環海異聞』などに現れる若宮丸の遭難と漂民16人の数奇な運命。彼らを伴って通商を迫ったロシア使節レザノフ。幕末日本の実相を歴史家が初めて追求した

U. イム・ホーフ／森田安一監訳，岩井隆夫・米原小百合・佐藤るみ子・黒澤隆文・踊共二共訳

43 **スイスの歴史**

1997　207-X　四六上製　308頁　¥2800

日本初の本格的スイス通史。ドイツ語圏でベストセラーを続ける好著の完訳。独・仏・伊のことばの壁をこえてバランスよくスイス社会と文化を追求，現在の政治情況に及ぶ

E. フリート／柴嵜雅子訳

44 **ナチスの陰の子ども時代**

あるユダヤ系ドイツ詩人の回想

1998　203-7　四六上製　215頁　¥2800

ナチスの迫害を逃れ，17歳の少年が単身ウィーンからロンドンに亡命する前後の数奇な体験を中心にした回想録。著者は戦後のドイツで著名なユダヤ系詩人で，本書が本邦初訳

今谷明・大濱徹也・尾形勇・樺山紘一・木畑洋一編

45 **20世紀の歴史家たち**

(1)日本編(上) (2)日本編(下) (5)日本編(続) (3)世界編(上) (4)世界編(下)

1997〜2006　四六上製　平均300頁　各￥2800

歴史家は20世紀をどう生きたか，歴史学はいかに展開したか。科学としての歴史学と人間としての歴史家，その生と知とを生々しく見つめようとする。書かれる歴史家と書く歴史家，それを読む読者と三者の生きた時代

日本編(上)　1997 211-8

1 徳富蘇峰（大濱徹也）
2 白鳥庫吉（窪添慶文）
3 鳥居龍蔵（中薗英助）
4 原勝郎（樺山紘一）
5 喜田貞吉（今谷明）
6 三浦周行（今谷明）
7 幸田成友（西垣晴次）
8 柳田國男（西垣晴次）
9 伊波普猷（高良倉吉）
10 今井登志喜（樺山紘一）
11 本庄栄治郎（今谷明）
12 高群逸枝（栗原弘）
13 平泉澄（今谷明）
14 上原専祿（三木亘）
15 野呂栄太郎（神田文人）
16 宮崎市定（礪波護）
17 仁井田陞（尾形勇）
18 大塚久雄（近藤和彦）
19 高橋幸八郎（遅塚忠躬）
20 石母田正（今谷明）

日本編(下)　1999 212-6

1 久米邦武（田中彰）
2 内藤湖南（礪波護）
3 山路愛山（大濱徹也）
4 津田左右吉（大室幹雄）
5 朝河貫一（甚野尚志）
6 黒板勝美（石井進）
7 福田徳三（今谷明）
8 辻善之助（圭室文雄）
9 池内宏（武田幸男）
10 羽田亨（羽田正）
11 村岡典嗣（玉懸博之）
12 田村栄太郎（芳賀登）
13 山田盛太郎（伊藤晃）
14 大久保利謙（由井正臣）
15 濱口重國（菊池英夫）
16 村川堅太郎（長谷川博隆）
17 宮本常一（西垣晴次）
18 丸山眞男（坂本多加雄）
19 和歌森太郎（宮田登）
20 井上光貞（笹山晴生）

日本編(続)　2006 232-0

1 狩野直喜（戸川芳郎）
2 桑原隲蔵（礪波護）
3 矢野仁一（挾間直樹）
4 加藤繁（尾形勇）
5 中村孝也（中田易直）
6 宮地直一（西垣晴次）
7 和辻哲郎（樺山紘一）
8 一志茂樹（古川貞雄）
9 田中惣五郎（本間恂一）
10 西岡虎之助（西垣晴次）
11 岡正雄（大林太良）
12 羽仁五郎（斉藤孝）
13 服部之總（大濱徹也）
14 坂本太郎（笹山晴生）
15 前嶋信次（窪寺紘一）
16 中村吉治（岩本由輝）
17 竹内理三（樋口州男）
18 清水三男（網野善彦）
19 江口朴郎（木畑洋一）
20 林屋辰三郎（今谷明）

世界編(上)　1999 213-4

1 ピレンヌ（河原温）
2 マイネッケ（坂井榮八郎）
3 ゾンバルト（金森誠也）
4 メネンデス・ピダール（小林一宏）
5 梁啓超（佐藤慎一）
6 トーニー（越智武臣）
7 アレクセーエフ（加藤九祚）
8 マスペロ（池田温）
9 トインビー（芝井敬司）
10 ウィーラー（小西正捷）
11 カー（木畑洋一）
12 ウィットフォーゲル（鶴間和幸）
13 エリアス（木村靖二）
14 侯外盧（多田狷介）
15 ブローデル（浜名優美）
16 エーバーハルト（大林太良）
17 ウィリアムズ（川北稔）
18 アリエス（杉山光信）
19 楊寛（高木智見）
20 クラーク（ドン・ベイカー 藤川隆男訳）
21 ホブズボーム（水田洋）
22 マクニール（高橋均）
23 ジャンセン（三谷博）
24 ダニーロフ（奥田央）
25 フーコー（福井憲彦）
26 デイヴィス（近藤和彦）
27 サイード（杉田英明）
28 タカキ，R.（富田虎男）

世界編(下)　2001 214-2

1 スタイン（池田温）
2 ヴェーバー（伊藤貞夫）
3 バルトリド（小松久男）
4 ホイジンガ（樺山紘一）
5 ルフェーヴル（松浦義弘）
6 フェーヴル（長谷川輝夫）
7 グラネ（桐本東太）
8 ブロック（二宮宏之）
9 陳寅恪（尾形勇）
10 顧頡剛（小倉芳彦）
11 カントロヴィッチ（藤田朋久）
12 ギブ（湯川武）
13 ゴイテイン（湯川武）
14 ニーダム（草光俊雄）
15 コーサンビー（山崎利男）
16 フェアバンク（平野健一郎）
17 モミリアーノ（本村凌二）
18 ライシャワー（W.スティール）
19 陳夢家（松丸道雄）
20 フィンリー（桜井万里子）
21 イナルジク（永田雄三）
22 トムスン（近藤和彦）
23 グレーヴィチ（石井規衛）
24 ル・ロワ・ラデュリ（阿河雄二郎）
25 ヴェーラー（木村靖二）
26 イレート（池端雪浦）

戸上　一
46 **千　利　休**
ヒト・モノ・カネ
1998　＊210-6　四六上製　212頁　￥2000

高価な茶道具にまつわる美と醜の世界を視野に入れぬ従来の利休論にあきたらぬ筆者が，書き下ろした利休の実像。モノの美とそれにまつわるカネの醜に対決する筆者の気迫に注目

大濱徹也
47 **日本人と戦争**☆
歴史としての戦争体験
2002　220-7　四六上製　280頁　￥2400

幕末，尊皇攘夷以来，日本は10年ごとの戦争で大国への道をひた走った。やがて敗戦。大東亜戦争は正義か不正義かは鏡の表と裏にすぎないかもしれない。日本人の“戦争体験”が民族共有の記憶に到達するのはいつか？

K. B. ウルフ／林　邦夫訳
48 **コルドバの殉教者たち**
イスラム・スペインのキリスト教徒
1998　226-6　四六上製　214頁　￥2800

9世紀，イスラム時代のコルドバで，49人のキリスト教徒がイスラム教を批難して首をはねられた。かれらは極刑となって殉教者となることを企図したのである。三つの宗教の混在するスペインの不思議な事件である

U. ブレーカー／阪口修平・鈴木直志訳
49 **スイス傭兵ブレーカーの自伝**
2000　240-1　四六上製　263頁　￥2800

18世紀スイス傭兵の自伝。貧農に生まれ，20歳で騙されてプロイセン軍に売られ，軍隊生活の後，七年戦争中に逃亡。彼の生涯で最も劇的なこの時期の記述は，近代以前の軍隊生活を知る類例のない史料として注目

田中圭一
50 **日本の江戸時代**☆
舞台に上がった百姓たち
1999　＊233-5　四六上製　259頁　￥2400

日本の古い体質のシンボルである江戸時代封建論に真向から挑戦する江戸近代論。「検地は百姓の土地私有の確認である」ことを実証し，一揆は幕府の約束違反に対するムラの抗議だとして，日本史全体像の変革を迫る

平松幸三編　　2001年度 沖縄タイムス出版文化賞受賞
51 **沖縄の反戦ばあちゃん**
松田カメ口述生活史
2001　242-8　四六上製　199頁　￥2000

沖縄に生まれ，内地で女工，結婚後サイパンへ出稼いで，戦争に巻込まれる。帰郷して米軍から返却された土地は騒音下。嘉手納基地爆音訴訟など反戦平和運動の先頭に立ったカメさんの原動力は理屈ではなく，生活体験だ

---

52 **（缺番）**

原田勝正
53 **日　本　鉄　道　史**
技術と人間
2001　275-4　四六上製　488頁　￥3300

幕末維新から現代まで，日本の鉄道130年の発展を，技術の進歩がもつ意味を社会との関わりの中に確かめながら，改めて見直したユニークな技術文化史

J. キーガン／井上堯裕訳
54 **戦争と人間の歴史**
人間はなぜ戦争をするのか？
2000　264-9　四六上製　205頁　￥2000

人間はなぜ戦争をするのか？　人間本性にその起源を探り，国家や個人と戦争の関わりを考え，現実を見つめながら「戦争はなくなる」と結論づける。原本は豊かな内容で知られるＢＢＣ放送の連続講演（1998年）

M.シェーファー／大津留厚監訳・永島とも子訳
55 **エリザベート―栄光と悲劇**
2000 265-7 四六上製 183頁 ¥2000

ハプスブルク朝の皇后“シシー”の生涯を内面から描く。美貌で頭が良く，自信にあふれ，決断力を持ちながらも孤独に苦しんでいた。従来の映画や小説では得られない“変革の時代”に生きた高貴な人間像

地中海学会編
56 **地中海の暦と祭り**
2002 230-4 四六上製 285頁 ¥2500

季節の巡行や人生・社会の成長・転変に対応する祭は暦や時間と深く連関する。その暦と祭を地中海世界の歴史と地域の広がりの中でとらえ，かつ現在の祭慣行や暦制度をも描いた，歴史から現代までの「地中海世界案内」

堀　敏一
57 **曹　　操**
三国志の真の主人公
2001 ＊283-0 四六上製 220頁 ¥2800

諸葛孔明や劉備の活躍する『三国志演義』はおもしろいが，小説であって事実ではない。中国史の第一人者が慎重に選んだ“事実は小説よりも奇”で，人間曹操と三国時代が描かれる

P. ブラウン／宮島直機訳
58 **古代末期の世界** ［改訂新版］
ローマ帝国はなぜキリスト教化したか
2002 ＊354-7 四六上製 233頁 ¥2800

古代末期を中世への移行期とするのではなく独自の文化的世界と見なす画期的な書。鬼才P. ブラウンによる「この数十年の間で最も影響力をもつ歴史書！」(書評から)

宮脇淳子
59 **モンゴルの歴史** ［増補新版］
遊牧民の誕生からモンゴル国まで
2018 ＊446-9 四六上製 320頁 ¥2800

紀元前1000年に中央ユーラシア草原に遊牧騎馬民が誕生してから，現在21世紀のモンゴル系民族の最新情報までを1冊におさめた，世界初の通史。2017年には，モンゴルでも訳書完成

永井三明
60 **ヴェネツィアの歴史**
共和国の残照
2004 285-1 四六上製 270頁 ¥2800

1797年「唐突に」姿を消した共和国。ヴェネツィアの1000年を越える歴史を草創期より説き起こす。貴族から貧困層まで，人々の心の襞までわけ入り描き出される日々の生活，etc. ヴェネツィア史の第一人者による書き下ろし

H. バイアス／内山秀夫・増田修代訳
61 **敵　国　日　本**
太平洋戦争時，アメリカは日本をどう見たか？
2001 286-X 四六上製 215頁 ¥2000

パールハーバーからたった70日で執筆・出版され，アメリカで大ベストセラーとなったニューヨークタイムズ記者の日本論。天皇制・政治経済・軍隊から日本人の心理まで，アメリカは日本人以上に日本を知っていた……

伊東俊太郎　［比較文明学叢書 3］
62 **文明と自然**
対立から統合へ
2002 293-2 四六上製 256頁 ¥2400

かつて西洋の近代科学は，文明が利用する対象として自然を破壊し，自然は利用すべき資源でしかなかった。いま「自から然る」自然が，生々発展して新しい地球文明が成る。自然と文明の統合の時代である

P. V. グロブ／荒川明久・牧野正憲訳
63 **甦る古代人**
デンマークの湿地埋葬
2002 298-3 四六上製 191頁 ¥2500

デンマーク，北ドイツなど北欧の寒冷な湿地帯から出土した，生々しい古代人の遺体（約700例）をめぐる“謎”の解明。原著の写真全77点を収録した，北欧先史・古代史研究の基本図書

大濱徹也
64 **庶民のみた日清・日露戦争**
帝国への歩み
2003　316-5　四六上製　265頁　￥2200

明治維新以後10年ごとの戦争に明けくれた日本人の戦争観・時代観を根底に，著者は日本の現代を描こうとする。庶民の皮膚感覚に支えられた生々しい日本の現代史像に注目が集まる。『明治の墓標』改題

喜安　朗
65 **天皇の影をめぐるある少年の物語**
戦中戦後私史
2003　312-2　四六上製　251頁　￥2200

第二次大戦の前後を少年から青年へ成長した多くの日本人の誰もが見た敗戦から復興の光景を，今あらためて注視する少年の感性と歴史家の視線。変転する社会状況をくぐりぬけて今現われた日本論

スーザン・W. ハル／佐藤清隆・滝口晴生・菅原秀二訳
66 **女は男に従うもの？**
近世イギリス女性の日常生活
2003　315-7　四六上製　285頁　￥2800

16～17世紀，女性向けに出版されていた多くの結婚生活の手引書や宗教書など（著者は男性）を材料に，あらゆる面で制約の下に生きていた女性達の日常を描く（図版多数集録）

G. スピーニ／森田義之・松本典昭訳
67 **ミケランジェロと政治**
メディチに抵抗した《市民＝芸術家》
2003　318-1　四六上製　181頁　￥2500

フィレンツェの政治的激動期，この天才芸術家が否応なく権力交替劇に巻き込まれながらも，いかに生き抜いたか？　ルネサンス美術史研究における社会史的分析の先駆的議論。ミケランジェロとその時代の理解のために

金七紀男
68 **エンリケ航海王子**
大航海時代の先駆者とその時代
2004　322-X　四六上製　232頁　￥2500

初期大航海時代を導いたポルトガルの王子エンリケは，死後理想化されて「エンリケ伝説」が生れる。本書は，生身で等身大の王子とその時代を描く。付録に「エンリケ伝説の創出」「エンリケの肖像画をめぐる謎」の2論文も

H. バイアス／内山秀夫・増田修代訳
69 **昭和帝国の暗殺政治**
テロとクーデタの時代
2004　314-9　四六上製　341頁　￥2500

戦前，『ニューヨーク・タイムズ』の日本特派員による，日本のテロリズムとクーデタ論。記者の遭遇した5.15事件や2.26事件を，日本人独特の前近代的心象と見て，独自の日本論を展開する。『敵国日本』の姉妹篇

E. L. ミューラー／飯野正子監訳
70 **祖国のために死ぬ自由**
徴兵拒否の日系アメリカ人たち
2004　331-9　四六上製　343頁　￥3000

第二次大戦中，強制収容所に囚われた日系2世は，市民権と自由を奪われながら徴兵された。その中に，法廷で闘って自由を回復しアメリカ人として戦う道を選んだ人々がいた。60年も知られなかった日系人の闘いの記録

松浦高嶺・速水敏彦・高橋　秀
71 **学　生　反　乱**
―1969―　立教大学文学部
2005　335-1　四六上製　281頁　￥2800

1960年代末，世界中を巻きこんだ大学紛争。学生たちの要求に真摯に向合い，かつ果敢に闘った立教大学文学部の教師たち。35年後の今，闘いの歴史はいかに継承されているか？

神川正彦　［比較文明学叢書　5］
72 **比較文明文化への道**
日本文明の多元性
2005　343-2　四六上製　311頁　￥2800

日本文明は中国のみならずアイヌや琉球を含め，多くの文化的要素を吸収して成立している。その文化的要素を重視して“文明文化”を一語として日本を考える新しい視角

藤川隆男編

73 **白人とは何か？**

ホワイトネス・スタディーズ入門

2005　＊346-2　四六上製　257頁　￥2200

近年欧米で急速に拡大している「白人性研究」を日本で初めて本格的に紹介。差別の根源「白人」を人類学者が未開の民族を見るように研究の俎上に載せ，社会的・歴史的な存在である事を解明する多分野17人が協力

W.フライシャー／内山秀夫訳

74 **太平洋戦争にいたる道**

あるアメリカ人記者の見た日本

2006　349-1　四六上製　273頁　￥2800

昭和初・中期の日本が世界の動乱に巻込まれていくさまを，アメリカ人記者の眼で冷静に見つめる。世界の動きを背景に，日本政府の情勢分析の幼稚とテロリズムを描いて，小社既刊『敵国日本』と対をなす必読日本論

白井洋子

75 **ベトナム戦争のアメリカ**

もう一つのアメリカ史

2006　352-1　四六上製　258頁　￥2500

「インディアン虐殺」の延長線上にベトナム戦争を位置づけ，さらに，ベトナム戦没者記念碑「黒い壁」とそれを訪れる人々の姿の中にアメリカの歴史の新しい可能性を見る。「植民地時代の先住民研究」専門の著者だからこその視点

L. カッソン／新海邦治訳

76 **図書館の誕生**

古代オリエントからローマへ

2007　＊356-1　四六上製　222頁　￥2300

古代の図書館についての最初の包括的研究。紀元前3千年紀の古代オリエントの図書館の誕生から，図書館史の流れを根本的に変えた初期ビザンツ時代まで。碑文，遺跡の中の図書館の遺構，墓碑銘など多様な資料は語る

英国王立国際問題研究所／坂井達朗訳

77 **敗北しつつある大日本帝国**

日本敗戦7ヵ月前の英国王立研究所報告

2007　＊361-5　四六上製　253頁　￥2700

対日戦略の一環として準備された日本分析。極東の後進国日本が世界経済・政治の中に進出，ファシズムの波にのって戦争を遂行する様を冷静に判断。日本文化社会の理解は，戦中にも拘わらず的確で大英帝国の底力を見る

史学会編

78 **歴史の風**

2007　＊369-1　四六上製　295頁　￥2800

『史学雑誌』連載の歴史研究者によるエッセー「コラム 歴史の風」を1巻に編集。1996年の第1回「歴史学雑誌に未来から風が吹く」(樺山紘一）から昨2006年末の「日本の歴史学はどこに向かうのか」（三谷 博）まで11年間55篇を収載

青木 健→99巻『新ゾロアスター教史』

79 **ゾロアスター教史**　[絶版]

古代アーリア・中世ペルシア・現代インド

2008　＊374-5　四六上製　308頁　￥2800

本邦初の書下ろし。謎の多い古代アーリア人の宗教，サーサーン朝国教としての全盛期，ムスリム支配後のインドで復活，現代まで。世界諸宗教への影響，ペルシア語文献の解読，ソグドや中国の最新研究成果が注目される

城戸 毅

80 **百　年　戦　争**

中世末期の英仏関係

2010　＊379-0　四六上製　373頁　￥3000

今まで我が国にまとまった研究もなく，欧米における理解からずれていたこのテーマ。英仏関係及びフランスの領邦君主諸侯間の関係を通して，戦争の前史から結末までを描いた，本邦初の本格的百年戦争の全体像

R. オズボン／佐藤 昇訳

81 **ギリシアの古代**

歴史はどのように創られるか？

2011　＊396-7　四六上製　261頁　￥2800

最新の研究成果から古代ギリシア史研究の重要トピックに新しい光を当て，歴史学的な思考の方法，「歴史の創り方」を入門的に，そして刺戟的に紹介する。まずは「おなじみ」のスポーツ競技，円盤投げの一場面への疑問から始める

藤川隆男

82 **人種差別の世界史**

白人性とは何か？

2011　＊398-1　四六上製　274頁　￥2300

差別と平等が同居する近代世界の特徴を，身近な問題（ファッション他）を取り上げながら，前近代との比較を通じて検討。人種主義と啓蒙主義の問題，白人性とジェンダーや階級の問題などを，世界史的な枠組で解明かす

Ch. ビュヒ／片山淳子訳

83 **もう一つのスイス史**

独語圏・仏語圏の間の深い溝

2012　＊395-0　四六上製　246頁　￥2500

スイスは，なぜそしていかに，多民族国家・多言語国家・多文化国家になったのか，そのため生じた問題にいかに対処してきたか等々。独仏両言語圏の間の隔たりから語る，今までに無い「いわば言語から覗くスイスの歴史」

坂井榮八郎

84 **ドイツの歴史百話**

2012　＊407-0　四六上製　330頁　￥3000

「ドイツ史の語り部」を自任する著者が，半世紀を超える歴史家人生で出会った人，出会った事，出会った本，そして様ざまな歴史のエピソードなどを，百のエッセイに紡いで時代順に語ったユニークなドイツ史

田中圭一

85 **良寛の実像**

歴史家からのメッセージ

2013　＊411-7　四六上製　239頁　￥2400

捏造された「家譜」・「自筆過去帳」や無責任な小説や教訓の類いが，いかに良寛像を過らせたか！　良寛を愛し，良寛の眞実を求め，人間良寛の苦悩を追って，その実像に到達した，唯一，歴史としての良寛伝が本書である

A. ジョティシュキー／森田安一訳

86 **十字軍の歴史**

2013　＊388-2　四六上製　480頁　￥3800

カトリック対ギリシア東方正教対イスラームの抗争という，従来の東方十字軍の視点だけではなく，レコンキスタ・アルビショワ十字軍・ヴェンデ十字軍なども叙述，中世社会を壮大な絵巻として描いた十字軍の全体史

W. ベーリンガー／長谷川直子訳

87 **魔女と魔女狩り**

2014　＊413-1　四六上製　480頁　￥3500

ヨーロッパ魔女狩りの時代の総合的な概説から，現代の魔女狩りに関する最新の情報まで，初めての魔女の世界史。魔女狩りの歴史の考察から現代世界を照射する問題提起が鋭い。110頁を超える索引・文献・年表も好評

J.＝C. シュミット／小池寿子訳

88 **中世の聖なるイメージと身体**

キリスト教における信仰と実践

2015　＊380-6　四六上製　430頁　￥3800

中世キリスト教文明の中心テーマ！　目に見えない「神性」にどのように「身体」が与えられたか，豊富な具体例で解き明かす。民衆の心性を見つめて歴史人類学という新しい地平を開拓したシュミットの，更なる到達点

W. D. エアハート／白井洋子訳

89 **ある反戦ベトナム帰還兵の回想**

2015　＊420-9　四六上製　480頁　￥3500

詩人で元米国海兵隊員の著者が，ベトナム戦争の従軍体験と，帰還後に反戦平和を訴える闘士となるまでを綴った自伝的回想の記録三部作第二作目 *Passing Time* の全訳。「小説ではないがそのようにも読める」(著者まえがき)

岩崎 賢

90 **アステカ王国の生贄の祭祀**

血・花・笑・戦

2015　＊423-0　四六上製　202頁　￥2200

古代メキシコに偉大な文明を打ち立てたアステカ人の宗教的伝統の中心＝生贄の祭りのリアリティに，古代語文献，考古学・人類学史料及び厳選した図像史料を駆使して肉迫する。本邦ではほとんど他に例のない大胆な挑戦

藤川隆男

91 **妖獣バニヤップの歴史**

オーストラリア先住民と白人侵略者のあいだで

2016 ＊431-5 四六上製 300頁＋カラー口絵 8 頁 ¥2300

バニヤップはオーストラリア先住民に伝わる水陸両生の幻の生き物。イギリスの侵略が進むなか，白人入植者の民話としても取り入れられ，著名な童話のキャラクターとなる。この動物の記録を通して語るオーストラリア史

ジョー・グルディ＆D.アーミテイジ／平田雅博・細川道久訳

92 **これが歴史だ！**

21世紀の歴史学宣言

2017 ＊429-2 四六上製 250頁 ¥2500

気候変動を始め現代の難問を長期的に捉えるのが歴史家本来の仕事。短期の視点が台頭する今，長期の視点の重要性の再認識を主張。歴史学研究の流れから，膨大な史料データ対応の最新デジタル歴史学の成果までを本書に

杉山博久

93 **直良信夫の世界**

20世紀最後の博物学者

2016 ＊430-8 四六上製 300頁 ¥2500

考古学，古人類学，古生物学，現生動物学，先史地理学，古代農業……。最後の博物学者と評されたその研究領域を可能な限り辿り，没後30年に顕彰。「明石原人」に関わる諸見解も紹介し，今後の再評価が期待される

永田陽一 野球文化學會学会賞受賞

94 **日系人戦時収容所のベースボール**

ハーブ栗間の輝いた日々

2018 ＊439-1 四六上製 210頁 ¥2000

「やる者も見る者もベースボールが本気だった」カリフォルニアから強制立ち退きでアメリカ南部の収容所に送られた若者たち。屈辱の鉄条網のなかで生き延びるための野球に熱中，数千の観衆を前に強豪チームを迎え撃つ

三佐川亮宏

95 **紀元千年の皇帝**

オットー三世とその時代

2018 ＊437-7 四六上製 430頁＋カラー口絵 2 頁 ¥3700

その並外れた教養と知性の故に，「世界の奇跡」と呼ばれた若き皇帝。彼の孤高にして大胆な冒険に満ちた儚い生涯と，「紀元千年」の終末論の高揚する中世ローマ帝国の世界に，今日のヨーロッパ統合の原点を探る旅

山﨑耕一

96 **フランス革命**

「共和国」の誕生

2018 ＊443-8 四六上製 370頁 ¥3000

「革命前夜のフランスの状況」から説かれる本書。1 冊で，「革命」とは何か，複雑なフランス革命の諸々の動きと人々の生き方，共和国の成立からナポレオンの登場，帝政の開始までの，すべてを理解できる革命史が完成

ヒュー・ボーデン／佐藤昇訳

97 **アレクサンドロス大王**

2019 ＊442-1 四六上製 234頁 ¥2300

歴史の中に浮び上る真の姿。「西アジアで発見の重要文書から，アレクサンドロスは基本的に「西洋的な人物」であると考えなくなる」と，著者。最新の研究成果を踏まえ旧来のアレクサンドロス像に異議を唱えた入門書

トーマス・W.アルフォード／中田佳昭・村田信行訳

98 **インディアンの「文明化」**

ショーニー族の物語

2018 ＊438-4 四六上製 300頁 ¥3000

小さな部族のエリートが「白人的価値」と「インディアンの価値」の中で苦悩し翻弄されながら，両者の懸け橋を目指して懸命に生きた姿。アメリカ白人社会への強制的同化を受け入れ生き残る ⇒ 現代社会への問いかけ？

青木 健

99 **新ゾロアスター教史**

古代中央アジアのアーリア人・中世ペルシアの神聖帝国・現代インドの神官財閥

2019 ＊450-6 四六上製 370頁 ¥3000

10年前の本邦初の書下ろし（本全書79巻）が既に品切れて，全面改稿！ 最新の研究成果と巻末に詳細な日本におけるゾロアスター教研究の現状を記録。旧版の良さを生かしながら，本来の諸言語の音を取り入れる

森田安一

100 **スイスの歴史百話**

2021　＊462-9　四六上製　400頁　(仮)

ヨーロッパの中央に位置するスイスの歴史は，周囲の大国との関係を無視して語ることはできない。あえて，いやむしろスイスから語った百遍の歴史エピソードから，連綿と続くヨーロッパの物語を浮かび上がらせた

桜井万里子

101 **古代ギリシアの歴史**

(2021年刊行予定)

2021　＊445-2　四六上製　370頁　(仮)